Socio-Economic History
of the Manila Regional Zone

フィリピン社会経済史

都市と農村の織り成す生活世界

千葉芳広 著

北海道大学出版会

北海道大学は、学術的価値が高く、かつ、独創的な著作物の刊行を促進し、学術研究成果の社会への還元及び学術の国際交流の推進に資するため、ここに「北海道大学刊行助成」による著作物を刊行することとした。

二〇〇九年九月

まえがき

　本書は，19世紀以降の近代世界資本主義システムの展開を視野に入れながら，アメリカ統治下におけるフィリピンの一地域経済の動態を分析することをねらいとしている。中国やインドに一中核地域を置いた18世紀後半までの世界経済にもまして，電信・電話や交通網の発展・整備を背景に，世界各地において情報や人，物が国際的により頻繁に行き交うようになり，フィリピンもまた19世紀後半から欧米社会が支配する近代世界資本主義システムのもとに本格的に置かれていた。それと同時に第一次世界大戦までには，タイを除く東南アジアのほぼ全域が欧米諸国によって植民地統治された。こうしたなか1896年にアジアで最初となる独立革命がフィリピンで勃発し，アメリカは遅れてきた帝国としてこの革命を抑圧して，アジアにおける帝国的分割を日本などとともに完了させることになる。アメリカは，マッキンレー(William McKinley)大統領が布告した「友愛的同化(benevolent assimilation)」宣言のもとで，フィリピン革命に引き続いて勃発したフィリピン・アメリカ戦争における軍事的平定を正当化し，さまざまな植民地政策を実施してフィリピン人を支配した。本書は，こうした世界史的位相に置かれたフィリピンの一地域を主な分析対象とするものである。

　本書において取り上げる地域は，マニラ(Manila)と中部ルソン(Central Luzon)平野から構成される一地域経済圏である(以下では，マニラ地域経済圏と呼ぶ。図序-1参照)。本書では，この地域の歴史的特徴を労働と商品流通の面から分析したい。地域経済圏は，通時的に実態が変化することは言うまでもなく，どのような視点から考察するかによってもその地理的境界や緊密性が可変的となるがために，重層性を有している。

　ここで，本書においてマニラと中部ルソンをひとつの地域経済圏という枠組で捉え，それを考察していく現代的関心を述べておこう。1980年代後半

以降のアセアン諸国では，外国資本の流入に伴って急激な社会変動を経験している。1986年にマルコス政権が崩壊したあとのフィリピンでも，市場原理主義的な世界経済の動向に適合するような規制緩和が次々と進み，日本をはじめとする外国資本の流入，海外出稼ぎのさらなる進展，携帯電話などを通じた情報の流動性の高まりに示されるようなグローバル化現象が顕著にみられるようになっている。マニラ近郊の農村社会も，そうしたグローバル化の波に巻き込まれ，人々の行動様式も大衆消費社会にいっそう迎合したものになっている。実際に，1980年代後半以降のマニラ首都圏および近郊地域においては，農村地域を巻き込む形で，投資や人口，さらに経営管理や生産など諸機能の空間的再編を経験してきた。カラバルソン計画やクラーク旧米空軍基地などでの開発政策を背景に，工場や宅地がマニラ首都圏周辺に拡大し，近郊農村地域は新たな開発の波にさらされている状況にある。宅地や外資系工場が立地するようになったマニラ首都圏近郊地域は，労働力を首都圏内部に送り出すだけでなく，その周辺地域からも多くの人口を吸収している。

その一方で，外国資本や機械化生産とは無縁な在来的方法による食糧生産も，各地に分散しながら存続しているのも事実である。その顕著な事例として，ブラカン(Bulacan)州沿岸部では，現在も塩田を利用した製塩が行なわれ，同じ中部ルソン平野一帯において流通し消費されている。こうした在来的生業は，近年のグローバル化現象をよりいっそう際立たせるだけでなく，現状の経済開発の在り方にも問題を投げかける存在になっている。

地方における経済開発は，人々の就業先を確保する意味でも確かに重要である。しかしながら，そうした経済開発は環境を破壊するだけでなく，住民の社会的規範や人間関係を大きく変える契機になっている。また海外出稼ぎを典型的事例とした，より高い収入や社会的地位を求めた労働力移動は，地方農村にその他家族を取り残すケースが多くみられ，地縁・血縁関係に基づく相互扶助に以前にもまして依存せざるをえない事態を引き起こしている。私的利益を追求する人々の行動は，地域全体の社会問題に有効に対処する上で，地方社会において人と人との関係が如何にあるべきかを改めて問う状況を提起しているのである。グローバル化の進行に対抗する意味でも，経済開

発の在り方と併せて，新たな共同体的社会関係の構築を吟味する必要があろう。

　本書で主に問題としているのは，むしろ大衆消費社会の形成とも重なり合う過程として，商品流通と社会的労働が地域的にどのような空間的広がりと内実(分業・集約性)を展開してきたのかを考察することである。すなわち，19世紀前半以降に顕在化する，大量生産に基づく世界資本主義経済の影響のもとで，種族的社会関係に制約された公共性を備えるマニラ地域経済圏が如何に展開してきたのかをみていきたい。本書のひとつの課題は，現地および世界における消費需要が地域経済の在り方を規定していた段階から，世界市場向けの大量生産によって主導される世界資本主義経済に，地域が組み込まれていく歴史をみることにある。しかしながら，都市と農村に跨る人のネットワークや職場の労働関係は，必ずしも自己利益のみを追求する功利主義的傾向に塗りつぶされるのではなく，植民地支配や資本に対抗しうる組織の形成につながるような公共性の契機をも内在化させていた。この意味で，マニラ地域経済圏の歴史的分析は，近年のフィリピンにおけるグローバル化やそうした流れに迎合しがちな国家権力に対抗すると同時に，環境問題というすぐれて現代的な課題にも対処しうるような公共空間を構築するための社会経済史的背景を提示することでもある。本書においては，商品流通や社会的労働の在り方を20世紀前半を中心として分析するなかで，人々の自律的な社会活動を促す空間形成の契機になりうるような，地域社会における物や人の結びつきの在り方をできる限り抽出することをひとつの意図としているのである。したがって，マニラ都市社会と中部ルソン平野を含む周辺村落地域が織り成す社会経済空間の歴史的展開を考察することは，今後の開発政策の展開や現地住民の生活を理解する上で重要なことであろう。

　本書を執筆するにあたって利用した未公刊一次史料は，主にアメリカ合衆国国立公文書館(United States National Archives, Washington, D.C.)およびフィリピン国立図書館(Philippine National Library, Manila)で収集したものから成っている。アメリカ合衆国国立公文書館では，フィリピンを植民地として行政的に管轄していた合衆国陸軍省島嶼局(Bureau of Insular

Affairs, War Department)が保持していた文書(Record Group 350, Records of the Bureau of Insular Affairs)を利用した。フィリピン国立図書館においては，フィリピン部門(Filipiniana Division)が所蔵していたマヌエル・ケソン文書(Manuel Quezon Papers)とマヌエル・ロハス文書(Manuel Roxas Papers)などの文書集を参照した。マヌエル・ケソン文書は，アメリカ統治下のフィリピンにおいて絶大な権力を握っていたマヌエル・ケソン(Manuel Quezon)が保有していた文書類を整理したものである。マヌエル・ロハス文書は，第二次世界大戦後のフィリピン共和国初代大統領であったマヌエル・ロハス(Manuel Roxas)が保持していた文書類である。本書は，こうした一次史料を用いながら，マニラ地域経済圏内部の社会経済的空間編成に関して歴史具体的な分析を行なった。

　本書は，3部から構成される。序章では，研究史を考察しながら，本書の方法と課題を吟味する。第1部では，人口成長の動向を踏まえながら，マニラ地域経済圏における労働力移動やエスニシティ・性ごとの労働力編成をみる。第1章では，19～20世紀前半のマニラと中部ルソンにおける労働力移動を扱う。第2章では，アメリカが19世紀から20世紀への世紀転換期においてフィリピンで実施した中国人移民政策を取り上げ，マニラ地域経済圏における民族別の就業や職業的位階編成を考察する。

　第2部では，マニラと中部ルソン平野の生産労働を分析する。すなわち，マニラ地域経済圏における労働力移動の背景にある，都市と農村の両地域における労働諸関係の考察を行なう。第3章では，都市型産業の一例として20世紀前半における葉巻産業を取り上げる。とりわけ1920年代のフィリピン葉巻産業の構造不況に焦点を当てながら，マニラの葉巻製造職場における労働関係を扱った。第4章では，20世紀前半の中部ルソンおよび南部タガログ地方の米作生産地域における刈分け小作農の農業経営を，農業労働者層の増加を踏まえながら分析するものである。

　第3部では，マニラ地域経済圏における流通取引の展開を，とくに米の取引およびその市場の展開に焦点を当てて議論する。第5章では，19世紀以降のマニラと中部ルソンにおける市場圏を2つの側面(地方市場圏と首都市

場圏)から分析し，それを前提として，フィリピンの穀倉地帯中部ルソン平野のヌエバエシハ(Nueva Ecija)州における米産地の形成過程と，中国人商人を主な担い手とする，米の取引関係の展開について考察する。第6章では，アメリカ統治下における米穀市場の展開を踏まえて，両大戦間期における2つの米穀危機においてフィリピン社会諸階層が如何に関与し，また当時の植民地政府がどのような米価政策を実施していたのかを論じる。マニラを米の消費・集散地としていたマニラ地域経済圏の米穀流通について，多角的にアプローチすることがそのねらいとしてある。

なお本書で使用する中部ルソンとは，2009年現在の行政区分(Region III)とは別のものであり，自然環境の側面を重視する観点から，「中部ルソン平野」を構成する地域を指すものとする。したがって同平野部を構成する州は，アメリカ統治下に入るまでにほぼその行政領域を確定したブラカン，パンパンガ(Pampanga)，タルラック(Tarlac)，ヌエバエシハ，パンガシナン(Pangasinan)の5つの州から構成されるものとする(図序-1および図序-2参照)。

アメリカ統治下における中部ルソン平野には，タガログ(Tagalog)，パンパンガ，パンガシナン，イロカノ(Ilocano)の4つを日常言語とする，主要な言語集団もしくは種族が存在していた。本書におけるマニラ地域経済圏の考察では，タガログ語をその地域における文化的特性として重視した。その理由としては，タガログ語を主要言語とするブラカン州がマニラと歴史的に密接な経済関係を構築してきたということ，ブラカン州以外にもマニラおよびその周辺地域ではタガログ語を日常言語とする人の数が圧倒的に多かったということ，そして本書で重視する米の産地が，イロカノ語圏に加えて，タガログ語圏の拡大として形成されてきたことの3つを挙げることができる。

また中部ルソン平野の南側には，同じくタガログ語を主要言語とする南部タガログ地方(Southern Tagalog Region)が広がっていた。この地域も，アメリカ統治下に入るまでにマニラとの強い経済的結びつきを展開していた。それにもかかわらず本書は，南部タガログ地方を除外してマニラ地域経済圏を設定している。その理由は，筆者の能力を超える課題であることのほかに，労働力移動や商品流通の面において，中部ルソン平野ほどマニラと密接な関

係を展開していなかったということと，マニラと結びつく人と物のルートが中部ルソン平野と南部タガログ地方では相違していたということがある。以下では，こうした戦略的地域設定に基づき，マニラ地域経済圏の考察を進めていくことにしたい。

(本書は，2007年3月に認可を受けた北海道大学審査学位論文に基づくものであることを明記する。)

目　次

まえがき

序　章　地域経済圏の設定 ……………………………………………………1
　　　　　——課題と方法論——

　一　課題の設定　1

　二　フィリピン研究にみる地域的歴史世界　9
　　　1．19世紀初頭〜フィリピン革命およびフィリピン・アメリカ戦争　9
　　　2．アメリカ統治期　14

　三　各論と研究動向　16

第1部　人口と就業編成

第1章　マニラ地域経済圏における労働力移動 ………………………41
　　　　　——19世紀初頭から20世紀前半まで——

　一　19世紀の中部ルソンにおける労働力移動　43
　　　1．生態環境　43
　　　2．人口増加と耕作化　46

　二　19世紀のマニラにおける労働力移動　49
　　　1．マニラの社会経済空間　49
　　　2．中部ルソンからの人口移動とマニラの労働力構成　50

　三　アメリカ統治下の向都移動　56

　　まとめ　65

第2章　アメリカ統治と民族別就業 ……………………………………73
　　　　　——中国人移民政策からみる——

一　フィリピンにおける中国人移民制限　76
　　　　1. 政策のフレームワーク　76
　　　　2. 現地社会との軋轢　80
　　二　植民地統治と現地労働力　85
　　　　1. 第二次フィリピン統治委員会の要求　86
　　　　2. マニラの中国人　91
　　　　ま　と　め　99

第2部　労　　働

第3章　20世紀前半のマニラ地域経済圏における都市型雇用労働 ……111
　　　　──構造不況下の葉巻製造工──

　　一　マニラにおける葉巻製造業　113
　　二　製造工程と職階の編成　121
　　　　1. 工程と熟練　121
　　　　2. 職　階　編　成　126
　　三　構造不況下の製造職工　134
　　　　1. 賃金と生活　134
　　　　2. 職場と職工の淘汰　138
　　　　ま　と　め　142

第4章　20世紀前半のマニラ地域経済圏における農業労働 ……151
　　　　──刈分け小作農による米生産──

　　一　中部ルソン平野・南部タガログ地方の地域構成　153
　　　　1. 歴史的概観　153
　　　　2. 土地所有の性格　158
　　二　刈分け小作農による経済活動の地域性　162
　　　　1. 小作経営の具体的様相　162
　　　　2. 小作経営と農外就業　172
　　三　農業労働者層の台頭　176
　　　　ま　と　め　186

第3部　商品流通

第5章　マニラ地域経済圏における商品流通の展開 …197
――19世紀初頭から20世紀前半における米穀取引を中心に――

一　19世紀の中部ルソンにおける市場圏　198
　　1．地方市場圏　198
　　2．首都市場圏　201

二　ヌエバエシハ州の農業開発――19世紀末から1910年代まで　207
　　1．20世紀初頭までの商品流通　207
　　2．アメリカ統治下の土地所有　210

三　20世紀前半のヌエバエシハ州における米の流通構造　216
　　ま　と　め　224

第6章　両大戦間期の米穀流通 ……………231
――中国人商人の支配と米穀危機――

一　米の市場取引の展開　232

二　1919年米穀危機における諸階層の動向　240

三　1935年米穀危機と流通政策　248
　　1．1935年米穀危機とその背景　248
　　2．米穀公社と中国人商人　255
　　ま　と　め　261

終　章　近代におけるマニラ地域経済圏の変容 ……………273

　　1．2つの視点からみた地域社会　273
　　2．都市，農村双方における社会的結びつき　276
　　3．マニラ地域経済圏の時期区分　279

参　考　文　献　283
あ　と　が　き　297
索　　　引　301

図表目次

図序-1 アメリカ統治下のフィリピン(主要州構成)　2
図序-2 中部ルソン平野(20世紀前半)　12

図1-1 中部ルソン平野のマニラ湾沿岸地域(19世紀後半)　44
表1-1 マニラ市の言語別人口構成(1903年：主要言語，1939年：使用可能言語)　52
図1-2 アメリカ統治下のマニラ市行政区　57
表1-2 マニラ市の人口動向(1903～39年)　59
表1-3 マニラ市およびフィリピンの死亡率・出生率(1904～32年)　60
表1-4 フィリピン人の産業別就業構成の推移(マニラ市，1903年，39年)　63

表2-1 中国人入国・出国者数の推移(1899～1940年)　81
表2-2 マニラ市における民族別職業構成(1903年)　92
表2-3 マニラ市における民族別職業構成(1939年)　98

図3-1 葉巻輸出額および対米比率(1880～1940年度)　115
図3-2 葉巻輸出量と単価(1899～1940年度)　116
表3-1 マニラ葉巻・紙巻タバコ製造工場従業員規模別構成(1911年)　118
図3-3 19世紀末のイサベラ工場　119
図3-4 フィリピンタバコ会社で製造されたキューバスタイル葉巻とフィリピンスタイル葉巻　123
表3-2 タバコ製造職種別従業員構成(31事業所，1900年)　127
表3-3 葉巻，紙巻タバコ製造労働者の職種別年齢，出生地，見習い期間(1927年)　130-131
表3-4 マニラ葉巻・紙巻タバコ工場職種構成(1914年)　132
表3-5 マニラ葉巻製造工の賃金動向(1902～38年)　135
表3-6 葉巻製造工の生活状況(22人，1909年)　137

図4-1 アメリカ統治下の中部ルソン平野および南部タガログ地方　154
表4-1 全国，ヌエバエシハ州および各町の人口増加(1903～39年)　156
表4-2 耕作地の動向(1903～38年)　157
表4-3 土地権利証書別農場数(1918年)　160
表4-4 各地域における経営の内容(1920～22年)　164-165
図4-2 19世紀から20世紀への転換期における，米の収穫労働　170
表4-5 州別製造業事業所数・被雇用者数(1914，15年)　173
表4-6 農業経営以外からの収入(1920～22年)　175
表4-7 水稲の生産量および土地生産性の動向(1938年)　179
表4-8 保有形態別・階層別農民の分布(1939年)　180
表4-9 州別職業構成(10歳以上，1939年)　183

図表目次　xi

表 4-10　農業関連主要職業別・年齢別構成(10歳以上男性，1939年)　184

図 5-1　1850年頃のマニラ中心部における市の様子　204
図 5-2　ヌエバエシハ州(1930年代)　208
表 5-1　米作付け面積・生産量の各年平均(全国・ヌエバエシハ州，1910～38年)　211
表 5-2　土地局による測量実績(全国，1908～18年)　213
表 5-3　公有地処分の進展状況(1904～18年)　214
表 5-4　精米所の地域別・民族別分布(1922，36年)　217
表 5-5　精米の州別鉄道輸送量(マニラ向け，1921～29年)　222

図 6-1　フィリピンの米輸入量の動向(1910～38年)　234
表 6-1　米不足量(推定消費量－生産量)上位10地域・州(1918～38年)　237
表 6-2　船舶による年平均精米移入量上位10州(マニラから各州へ，1922～29年)　239
図 6-2　マニラ卸売米価(1913～25年)　241
表 6-3　マニラ卸売米価，輸入米価，産地籾価格の比較(1926～40年)　250
表 6-4　マニラ卸売米価と輸入米価(関税込み)・産地籾価格の単純相関係数(1913～39年)　251
表 6-5　全国の人口推移と米の1人当り消費・供給量(1918～38年)　251
表 6-6　フィリピン全体における米の供給量・消費量の動向(1911～36年)　252
表 6-7　東南アジア大陸部からの米輸入量(年平均，1908～40年)　259
図 6-3　アメリカ統治下フィリピンの中国人による籾・精米取引の概念図　260

序　章　地域経済圏の設定
——課題と方法論——

一　課題の設定

　本書は，情報，生産物商品，資本，労働力の連鎖がその範囲を拡大して強化されると同時に，植民地支配とそれへの対抗がせめぎあうという世界史的状況に置かれた一社会を分析することを課題とする。その際，支配を受ける人々が居住する地域への帰属意識を形づくる，社会経済史的環境を分析している。すなわち民衆の日常生活に焦点を当てつつ，それに影響を与える生態環境や政治経済的な出来事を分析対象に含むものである。衣食住などの日常生活が地域における文化システムの基底を形づくるという意味においても，こうした社会経済環境を対象とする分析は，フィリピン研究にとって少なからぬ重要性を持つものと考えられる。

　このような問題設定のもとで本書は，地理学的視点を用いて，マニラ地域経済圏内部の社会経済的空間編成に関して歴史具体的な分析を行なうものである。「マニラ地域経済圏」とは，現地住民の生活を成り立たせる地域として，マニラを中心とする都市部とその周辺の農村部となる中部ルソン平野の双方が埋め込まれた社会経済空間を意味する用語として設定されている。そしてこのマニラ地域経済圏は，労働力と生産物商品のネットワークから捉えられる。すなわち，世界経済の展開やフィリピンとしての一国的な社会経済空間の形成と関わらせながら，都市と農村の両者を包摂した地域経済圏をひとつの場として論じるものである。したがってここでいう「地域経済圏」と

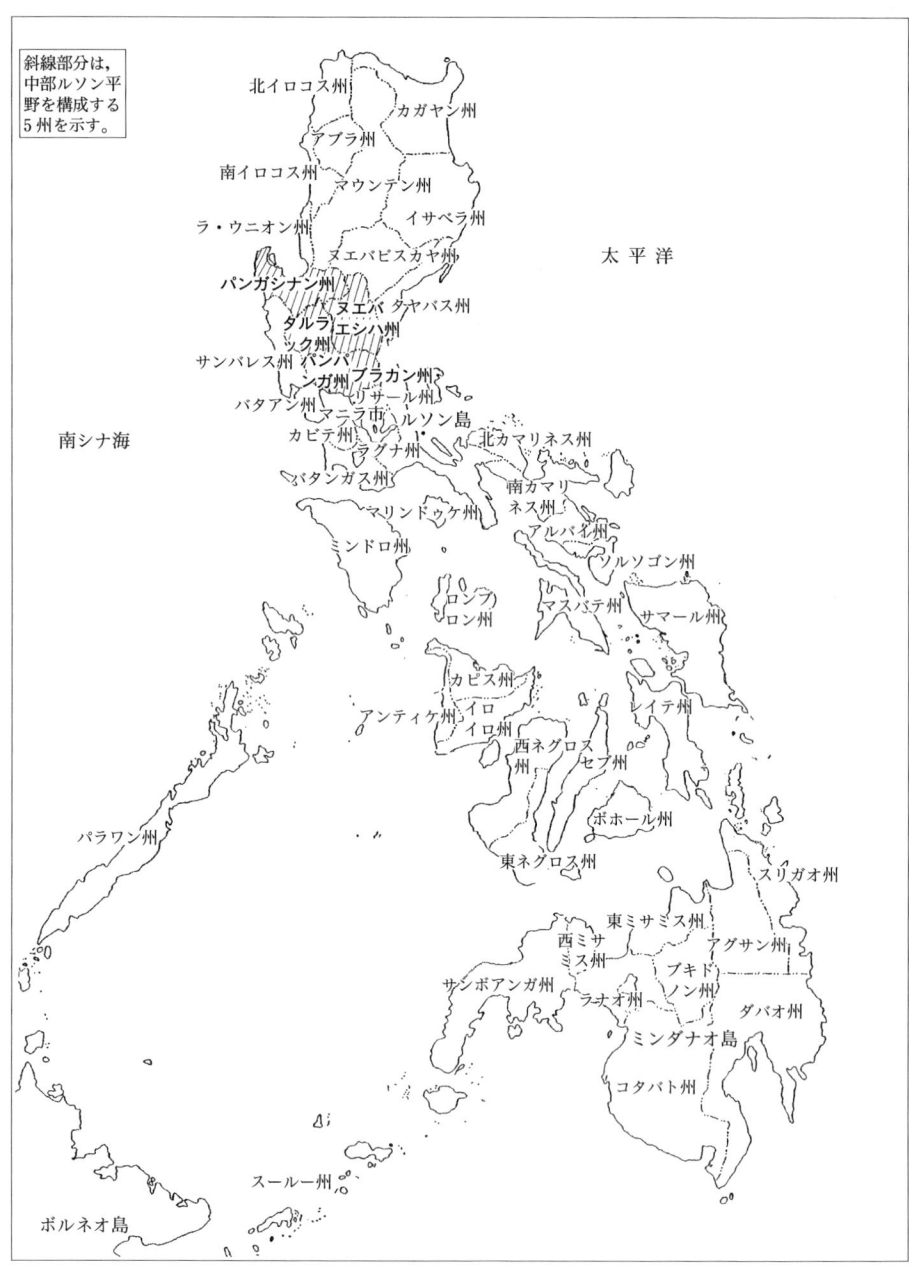

図序-1 アメリカ統治下のフィリピン(主要州構成)

出所) 筆者作成。

は，米などの食糧流通や労働力移動から，現地住民の生活を成り立たせる地域を指す。

このように本書は，時間と空間の両軸に沿ってマニラ地域経済圏について考察することを意図している。地域経済圏においてとくに労働を主要な分析対象とする場合には，企業の職場や農家経済における内的組織原理が重要となってくることは言うまでもない。それと同時に，地域をひとつのまとまりとして考察する場合，地域はそれを構成する人や集団のつながりとして把握されるため，移動を促す交通や言語を媒介とする人間関係に基づいて編成される社会空間を視野に収めなければならない。商品流通にとっても，19世紀以降には世界市場向け農産物生産が，交通手段の発達のもとで地域的まとまりをもって生起していたため，空間の分析は不可欠である。

ただし農村社会を考察するにあたっては，マニラ地域経済圏の下位の地域的範疇として，中部ルソン平野を人口稠密的農村と周辺フロンティアの2つの類型に区分している。この2類型の定義については第4章で詳述するが，ここでは簡単に次の点のみを示しておこう。2つの地域は，住民農業や商品経済の進展の度合い，人口増加，土地所有形態や生産関係などの基準によって識別されている。人口稠密的農村は，マニラ近郊の沿岸部に典型的事例として存在して，スペインがフィリピンを植民地化した16世紀後半から，マニラの食糧基地となっていた。これに対して周辺フロンティアは中部ルソン平野内陸部に位置して，19世紀以降において積極的な経済開発がなされてきた。19世紀以降の両地域は，商品流通や労働力移動を通じたマニラとの関係性においても好対照を成してきたのである。

しかしながら19世紀に入るまでの周辺フロンティアは，全く人間の手の入らない自然景観によって構成された空間ではなかった。そこは，人口稠密的農村と同様に，ネグリート（Negrito）と呼ばれた先住民がかつて居住していた空間であった。周辺フロンティアとなるヌエバエシハ州は，「異教徒」に対する治安と改宗を目的として1705年に軍管轄区域（militar comandancia）が設立されたことに起源を持ち，州として再編されたのは1848年のことであった。そこは，ネグリートが焼畑や狩猟・採集を営み，結果として，

その生活に適合するように自然がつくり変えられた空間を含んでいたのである。周辺フロンティアは，人口稠密的農村と同様，ネグリートら先住民を同化・排除することで成立していた。したがって，本書で「未墾地」という用語を使う場合，定住民が農業用に開墾していないという意味であり，人間が土地や景観のつくり変えを行なっていなかったということではない[1]。

ところで16世紀後半から19世紀初頭までのフィリピンでは，中国とアメリカ大陸との中継貿易の役割を持つガレオン(galleon)貿易が展開し，銀＝貨幣をアジアに注入した。16世紀後半以降の日本や朝鮮では中国との銀取引を制御する反応を引き起こす一方で，フィリピンはグローバルな中華的多国間交易を支える役割を果たしたのであった[2]。18世紀後半以降になると，世界資本主義経済が欧米社会の支配するものへと移行するなか，スールー(Sulu)諸島のほかにも，相次いで外国に開港するマニラ，イロイロ(Iloilo)，セブ(Cebu)の各港市を中心に人や物の流れが組織化されていた。こうしてマニラと中部ルソン平野は，経済的にひとつの地域的なまとまりをよりいっそう強めてきたのである。またフィリピン各地は，砂糖，マニラ麻，タバコ，ココナッツ，米などの特定の商品作物生産に特化するなどして独自の生産関係を展開することにもなった。例えば，19世紀のスールー諸島におけるイスラム王国では，中国を取引相手の中心とする対外交易の発展とともに，奴隷制が発展していた[3]。さらに20世紀前半までのマニラ麻や甘蔗の栽培では，たとえ栽培品目が同じであっても，地域によってその生産関係は全く異なっていた。とりわけ砂糖栽培において，ネグロス(Negros)島で賃労働関係が，中部ルソン平野のパンパンガ州で刈分け小作制が展開していたのはその顕著な事例であろう[4]。このようにフィリピンの各地域では，歴史的に言語集団もしくは種族の構成において多様性に富んでいたのみならず，経済的内容においても地方ごとに独自性を示していたのである。

20世紀前半までのマニラ地域経済圏では，労働力移動の視点において，向都移動とともに，人口稠密的農村から周辺フロンティアへの移動が重要になっていた。結果的に，マニラ地域経済圏全体では，主要な農業経営形態として，自作農や刈分け小作農などの家族農業が主要なものになった。また商

品流通の面からみたマニラ地域経済圏では，19世紀，人口稠密的農村地域内部において地方市場圏が，人口稠密的農村と都市マニラに跨る地域で首都市場圏が形成されていた。20世紀に入ると，交通網の整備や土地政策の進展を背景にして周辺フロンティアで経済開発が進んだ結果，周辺フロンティアと都市を結ぶ米穀流通が発展し，マニラ地域経済圏は地理的に拡大するのみでなく，その緊密性を高めることになったのである。

　アメリカ統治下の空間編成に影響した植民地政策は，フィリピン人エリート層，とりわけマニラを基盤にして教養と資産を兼ね備えたイルストラード（Ilustrado）層による植民地支配への協力体制が形成されていくなかで実施された。マニラ地域経済圏での民族別就業を編成するものとして，アメリカにより実施された中国人移民政策は，労働者の移民流入を禁止して，中国人が商業に専念する傾向をより強めた。また第一次世界大戦前における米比間自由貿易関係の構築は砂糖やマニラ麻の栽培を伸長させ，その結果としてマニラ地域経済圏からそれら栽培地域への米供給量が増加したことは，同経済圏内部での米生産をめぐる労働力移動や米穀流通の在り方を大きく変える契機になっている。さらに1916年に，米穀輸入関税立法の審議に関する権限が合衆国議会からフィリピン議会に移譲したことは，フィリピン人の米作地主に有利な米価や流通が形成される画期となった。アメリカの植民地政策は，マニラ地域経済圏を大きく変える契機となっている。

　このように，地域というものは，課題設定に応じて用いられる操作概念として方法的に組み替えられる可能性を持つと同時に，その実在性においても変化している[5]。そのため，どのように地域を認識するかは経済史的に重要な問題である。こうした地域設定の問題について，経済史内外の学問分野から大きな問題提起がなされてきた。例えば，フィリピンを含む東南アジア（Southeast Asia）は，第二次世界大戦以降の時期において国際的に認知された地域概念である一方で，その歴史実在性をめぐってはこれまでにも大きな問題を喚起してきた。植民地支配を受けた地域が多いなかで，とりわけ帝国による支配やそれに対抗するナショナリズムとの関連において如何に地域設定を行なうかは重要な問題であろう。第二次世界大戦後に多くの独立国家が

誕生し，国民国家を分析上の地域単位として暗に設定する社会科学的研究が主流を占めてきたのに対して，植民地支配を受けた社会について，それまでの一国史的枠組を超える地域史を提唱したのは板垣雄三の「n 地域」論であった。これは，差別体制の重層的構造を強いる帝国主義への対抗として，民衆が民族意識を形成するさまざまな規模の地域を「n 地域」ととりうることを示したものであった。こうした「n 地域」論は，研究対象となる人々の意識やアイデンティティーの側からの地域の規定性を重視しているのである[6]。

フィリピン人の民族意識に着目した場合，19 世紀から 20 世紀への世紀転換期に生起したフィリピン革命それ自体が，革命に参加した住民の側からの地域の規定性に大きく影響した出来事であった。日本のフィリピン史研究者として著名な池端雪浦は，フィリピン革命およびフィリピン・アメリカ戦争に至るまでの時期を対象にして，フィリピン人によって生み出された地域主義的世界観を分析している。そのひとつとして池端は，革命結社カティプーナン(Katipunan)が，フィリピン国民を互いに結びつける接着剤をカトリシズムに求めたことを背景として，1899 年に設立されたフィリピン共和国は，その国家領域に含まれていたイスラム教徒をフィリピン国民のコンセプトのなかに位置づける努力を行なっていなかったことを示している[7]。またフィリピン国家建設をめぐって，地域ごとに，主張する制度内容が相違していたという問題も存在した。ルソン島で単一共和制を追求したフィリピン共和国に対し，在地エリート層の自由主義的変革思想が前面に出たビサヤ(Visayas)地方の抵抗運動は，連邦共和制を主張していた[8]。こうした研究は，それぞれ宗教とエスニシティという観点から，地域主義の対立および重層性を示した事例といえる。

同じくフィリピン史研究者として著名なイレート(Reynaldo C. Ileto)は，19 世紀末に勃発したフィリピン革命の時期までに，フィリピン地方農村の下層社会において，政治的公共空間がどのように存立していたのかを示した[9]。イレートは，町(プエブロ, pueblo)を超えた，結社を通じて形成される民衆による自律的政治空間を考察している。このように，かつて 2 つの宗

主国から植民地支配を受けたフィリピンにとって，その支配に対する抵抗運動においてどのように地域主義が展開してきたのかは重要な問題となっている。

東南アジアを対象とする経済史的研究でも，地域をどのように把握するのかという方法論に関連して幾つかの新しい研究がみられるようになった。例えば，東南アジア地域研究に従事する桜井由躬雄は，先史期から20世紀に至る東南アジアの長期的な歴史を，複数の生態圏の政治的統合が交易ネットワークによりさらに大きな歴史圏に統合されていくプロセスとして示した[10]。また，帝国支配と地域形成の関連を問う国際経済史的研究において，アジア経済史研究者の杉原薫は，19世紀末以降の東南アジア，インド，日本，中国のあいだには，対欧米貿易と並行して，域内貿易が発展したことを示した。とりわけ東南アジアは，欧米のみならず日本やインドの工業製品を輸入するという「二重の周辺部化」を進行させ，海峡植民地を通じた米などの貿易によって経済的まとまりを持った地域として成長しつつあったという[11]。

東南アジア植民地において一国的に編成された社会を対象とした場合，都市や農村の関係をどのように捉えるかが大きな問題関心となってきた。しかしながら，都市と農村間の歴史的空間編成はいまだ十分に考察されていない研究領域でもある。その古典的研究として，インドネシア社会経済研究者のブーケ(J. H. Boeke)は，オランダ統治下のインドネシアについて植民地支配の問題を捨象して2つの異なる社会体系から成る経済的二重性を指摘している[12]。産業部門を社会的価値観や技術の在り方に着目して，二重経済的に把握する傾向はその後の東南アジア研究でも顕著にみられるであろう[13]。

近年，アジア近現代の都市経済史研究に対する関心の高まりを受けて，植民地統治下東南アジアのモノカルチャー経済について，都市・農村関係の結びつきを強く意識した研究もある。インドネシア経済研究者宮本謙介は，農村との関係を視野に入れながら，植民地都市の発展を民族・労働・生活習慣の多層性に着目して捉える視点を提示している。統治政策のもとでの就労の民族別棲み分け，労働の多層性，農村から都市への生活慣習の持ち込みなど，植民地都市の編成を考察するにあたっての重要な論点が幾つか提示されてい

る[14]。

　以上のような研究動向を踏まえて，本書は，都市と農村を含んだ地域の捉え方をさらに大胆に発展させて，植民地統治下で再編される一地域を，多面的に，すなわち商品流通や異なる産業の労働の在り方をひとつの分析対象に含めて考察している。結果的に，本書における分析では，都市と農村を全く異なる社会経済的空間として描いてはいない。例えば，19世紀において，都市と農村双方の同質的な生活文化の在り方が，農村の余剰農産物を吸収する都市向け商品流通を支えてきた側面を持つ。また20世紀前半までのマニラにおける地域社会や大規模工場では，労働力移動を通じて，農村と結びつく文化や人間関係が形成されてきた。都市空間内部では，地方村落から慣習等が持ち込まれて文化層が堆積し，住居や職場それぞれの環境ではエスニシティによる分節性がみられるようになるのである。

　以上のような研究動向を踏まえて，本節の最後に，地域を認識する方法について整理することにしたい。植民地支配を視野に入れた空間把握と関連して，次の3つの視点を提示することにしよう。

　第一には，地域のまとまりの基礎的単位をどのようにして認識するのかという問題がある。本書では，生態環境，人口，土地所有，生産関係，経営的特質，言語などの広い意味での社会的諸条件によって，この基礎的単位を把握することにしたい。前近代社会においては，衣食住などの基本的生活条件が基底となってひとつの地域的まとまりを構成していた。しかし近代以降において社会経済活動がいっそう複雑化して，人々の生活は自然の影響を受けるところが小さくなり，社会関係の空間的まとまりを自然と文化の相互交渉のみによって規定することは難しくなってくる[15]。したがって地域における社会関係を把握するにあたっては，時期や地域ごとの特性に応じて，重視する条件は異なってくるのである。実際に，マニラ地域経済圏を構成するマニラと中部ルソン平野は，言語を含むエスニシティ的要素や労働における社会関係の面で共通性を有して地域的まとまりを成してきた。その一方で，マニラ地域経済圏の下位の地域区分となる，中部ルソン平野における周辺フロンティアと人口稠密的農村の区分けについては，土地政策と関連した土地所有

形態，人口成長，農外就業の展開などの基準が地域における社会構造として重要となってくるのである。

　第二に，上述の社会関係としてのまとまりを異にする各地域が，ネットワークによりさらに大きな地域的まとまりを形成するとの見方がある。異質なものの交渉の場として，地域が把握されるといえよう。マニラ地域経済圏は，その内部において，社会経済的に異質な各地域が人と物のネットワークによって結びついてきたという面も有している。

　第三に，地域的特性としての文化が伝播して，同質的な文化的まとまりとなる地域の範囲が拡張するという見方がある。移民を通じた流動的かつ拡散的な地域形成は，その典型であろう。その結果として，文化の複合体としての地域は，文化の時間的な持続とともに空間的な広がりを含むようになるのである[16]。

　本書では，以上の3つの視点を事例に応じて採用し，地域編成の重層性を意識しながら分析することにしたい。

二　フィリピン研究にみる地域的歴史世界

1. 19世紀初頭〜フィリピン革命およびフィリピン・アメリカ戦争

　これまでのフィリピン研究において，数多くの地方史研究がみられた。しかしながら，言語集団や行政区域を暗黙の前提として地域を扱ってきた研究が多いため，地域の捉え方に関して理論的提示を行なってきた研究はそれほど多くない。ここでは，これまでに発表されてきたフィリピン研究のなかから，地域の把握の仕方に関して示唆に富むものを幾つか取り上げる。そのことによって，本書においてマニラ地域経済圏を考察することの意義や特質を浮かび上がらせることにしたい。本項では，19世紀初頭からフィリピン革命およびフィリピン・アメリカ戦争までを対象とする幾つかのフィリピン研究を整理する。

　最初に取り上げる研究として，池端雪浦は，プリンシパーリア(principalia)と呼ばれた地方有力者層の社会的地位と政治的支配力の性格から，19世紀後半のフィリピン社会における各地域を類型化している[17]。18世紀後半以降のフィリピンでは，タバコ専売制度など新たな植民地収奪制度において現地人官吏が採用された。また植民地官僚制度の専門職域別部門化の進行に伴い，州レベルの官僚機構への現地人登用がなされるようになっていた。さらに中国人非キリスト教徒の地方居住禁止といった状況も働いて，中国人と現地人のあいだに生まれた混血児である中国人メスティーソがフィリピン社会の新たな経済的支配層として台頭してきた。中国人メスティーソは，多くの中国人が商業活動から撤退するなかで，地方社会での経済活動における支配的地位を確固とすると同時に，町の官職にも参入するようになっていた。

　池端は，こうした社会的背景を念頭に置いて，フィリピンの各地域を次のように3つに類型化した。1つは，カガヤン(Cagayan)州など，自由な流通経済が展開せず，強力な新興有産階級が誕生しなかった地域のプリンシパーリアである。官職が最大の経済力の源泉で，伝統的家柄がそれを独占していた。2つ目は，パンパンガ州，ヌエバエシハ州，カビテ(Cavite)州，ビコール(Bicol)地方，セブ州，イロイロ州など，自由な流通経済が発展した結果，新興有産階級が競ってプリンシパーリア層に参画した地域である。ただしこれら諸地域には，プリンシパーリア層への参入に魅力を感じなくなってきている有産階級も登場しつつあった。3つ目は，西ネグロス(Negros Occidental)州，バタンガス(Batangas)州など，自由な流通経済によって強大な有産階級が形成されて，意識面で革新的思潮が優勢だった地域のプリンシパーリアである。有産階級がプリンシパーリア層への参画にほとんど関心を示さなくなるなどして，地方社会におけるプリンシパーリア層の社会的威信と政治的支配力の喪失がもたらされていた。以上のように，現地人有力者層の支配の様相は，社会経済発展の状況に応じて地域ごとにさまざまであったと同時に，地方の公的権力に収まりきらない支配力を有する現地人有力者層も登場する状況にあった。このように池端は，社会史的観点から，現地人有力者の性格によってフィリピンそれぞれの地域を認識している[18]。

　次に，フィリピン史研究者マッコイ(Alfred W. McCoy)の研究を取り上

げたい。マッコイは，フィリピン社会経済史研究の古典的地位を占める編著[19]の導入部分において，19世紀のフィリピンにおける地方都市ごとの経済空間の編成について言及している。そこでは，地主や大規模農業経営者，農産物加工業者などから成るエリート層が各地方における独自の経済的利益への関心を強めるがゆえに，地域別に経済空間は分断され，経済のみならず国家の国民的一体性は弱まるという見方を提示している。興味ある部分なので，次にその部分を引用することにしよう。

　19世紀の輸出向け農業の繁栄は，国民統合への上昇カーブを単に導いたのではなかった。それはまた，地域的自律性の増大へと向けた経済基盤も提供したのである。新たなネットワークの概念的枠組は，農村から地域貿易港，そして世界市場へとつながるものである。それは，地域貿易港としての役割を持った中部ルソンのケースを例外として，マニラを経由しない。この経済システムにおいては，各地方のエリート層の国民的統合へ向けた経済的関心は複雑で矛盾に満ちたものであった[20]。

ここで重要なのは，中部ルソンを後背地に抱える地域経済の結節点として，すなわち本書の言う地域経済圏の枠組においてマニラをみる視点を提示している点である。しかしながらその一方で，マッコイの記述では，現在のマニラが占めている首座都市としての地位の歴史的起源を探る視点は背後に退いている。実際のところ，マニラは，行政および教会の組織上，植民地政府や大司教管区の機能的中心に位置してきた。教育施設もマニラに集中していたために，当時においてイルストラードと呼ばれた有産知識階層を中心とする人々が，フィリピン各地からマニラへと集まる状況にあった。さらに経済的にみても，外国からの輸入はマニラを中心にして行なわれていた[21]。またフィリピン各地において欧米市場向けの輸出作物生産が進展するなかで，消費市場において食糧＝米の需要が喚起され，米の流通は，20世紀前半までにマニラを結節点として国民的経済空間を拡大してきたという側面を持ちあわせている。本書では国民的社会経済空間の形成を視野に入れながら，フィ

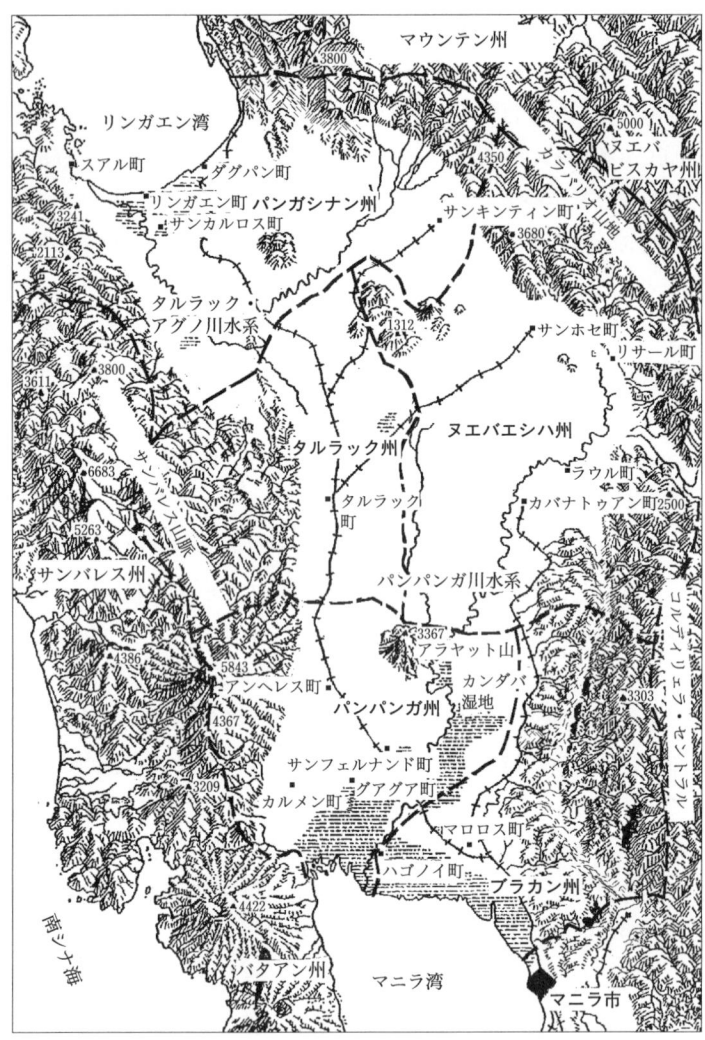

図序-2　中部ルソン平野(20世紀前半)

注) ┼┼ は，1930年代における鉄道路線を示す。
出所) F. L. Wernstedt and J. E. Spencer, *The Philippine Island World* (Berkeley and Los Angeles: University of California Press, 1967), p. 370.

リピン人下層住民の流動性や商品流通に着目してマニラ地域経済圏を分析することを特徴としている。

　他方東南アジア史研究者の早瀬晋三は，フィリピン植民地国家によって実質的には取り込まれていなかった，近代以前のスールー諸島などを含む海域東南アジア東部を扱った。そこには，イスラム教などの特定宗教の信仰が薄く，それと同時に流動性を持った海洋民や交易商人に依存した王国を生み出した歴史的地理世界が存在したとする。マラッカやジャワを中心とする歴史世界とは違う独自の自律的空間において，境界によって区切られることのない，血縁・地縁，言語や慣習を共有する流動的な空間が論じられている[22]。

　同じく本書の社会経済史的研究にとって方法論的に示唆に富むのが，東南アジア史研究者ワレン(James F. Warren)の研究である。ワレンは，18世紀後半から19世紀までのスールー諸島およびその周辺地域を扱っている。その研究は，スールー諸島を中心にして，ボルネオ島北東部海岸，ミンダナオ(Mindanao)島南部，セレベス島西岸を包摂する地域をスールー圏(Sulu zone)として，政治システムによってルースに統合されている地域像を提示した。その政治システムは，交易関係とも対応していたという。ヨーロッパやアジアの商人を通じた中国との対外的交易関係が発展するなかで，スールー王国は，スールー圏内部からなまこ，燕の巣や蜜蠟などの海・林産物を確保し，中国に再輸出していた。さらにスールー王国は，対外交易の発展とともにより多くの労働力を必要としたために，ルソン島やジャワ島にまで及ぶ海賊行為を展開していたのである[23]。

　ワレンは，スールー圏という地域統合の指標として，第一に政治システムを挙げているが，その背景においては中国との対外的商品流通ネットワークの存在を重視している。本書においても，地域を把握するための視角として同様に商品流通を取り上げているが，地域経済圏を，生産から消費までの完結した商品流通の循環というまとまりによって把握している。それは，近代世界資本主義システムのもとで再編された，世界および全国市場向けの流通ネットワークの形成を視野に入れつつ，市場の地域的重層性を考察しているためである。ただし，ワレンと本書のあいだにこうした地域認識の方法的差

異がみられた理由のひとつには，マニラ地域経済圏とスールー圏のあいだに社会経済的発展の地域的相違がみられたことがある。

2. アメリカ統治期

ここでは，アメリカ統治期を分析対象にしている幾つかの研究を取り上げることにしよう。方法的に地域を提示した研究として，とりわけ中部ルソン平野を分析対象にしたものについて幾つかの本格的な経済史研究がみられる。結論を先取りして言うならば，こうした諸研究は，農産物加工業における経営様式や農業における生産関係＝労働組織，農地所有の特質から地域を把握しようとした点を特徴としている。

最初に取り上げるのが，中部ルソン平野における米作農業の開発過程を分析した，フィリピン歴史地理学者マクレナン(Marshall S. Mclennan)の研究である[24]。マクレナンは，スペインとアメリカの両統治下に跨る18世紀後半から1940年代までの時期について考察し，なかでもアメリカ統治下において米の一大産地となったヌエバエシハ州に焦点を当てている。マクレナンは，ヌエバエシハ州を含む中部ルソン平野内陸部の農業開発を推進した要因として，次の2つを重視している。1つは，18世紀後半以降，近代世界経済がフィリピンにおける資源開発や土地所有に及ぼした影響である。もう1つには，19世紀初頭から20世紀初頭にかけて中部ルソン平野内陸部に流入した農業移民がある。とりわけルソン島北部のイロコス(Ilocos)地方から押し出された，イロカノ住民の移動に注目している。

マクレナンによると，1920年代までに継続した農業移民の流入を背景にして，中部ルソン平野には，2つの代表的な地主的土地所有がみられることになったという。すなわち，地主所有地が幾つかの場所に散在する分散的土地所有(scattered holdings)と，地主が大規模な一円的土地所有を行なうアシエンダ的土地所有(hacienda holdings)を提示した。前者は，18世紀後半以降，商品経済の展開が早かったマニラ近郊地域で一般的に形成された土地所有類型であった。フィリピン社会史研究者ラーキン(John A. Larkin)がパンパンガ州における地方史研究において指摘したように[25]，中国人メス

ティーソ商人および高利貸しによる現地住民への貸付け(pacto de retrovendendo)を基本的契機としていた。またマクレナンは，後者の土地所有には，人口の希薄な地域におけるスペイン期の土地政策(スペイン人への国王領 Realengas の下賜・払下げ)が影響していたとしている。さらに後者の事例となるヌエバエシハ州の地主的土地所有について，アメリカ統治下に入るまでに中国人メスティーソ起源の地主が，スペイン人所有アシエンダ(専一的大所有地)を獲得していたという。このようにマクレナンは，労働力移動，商品経済の進展，土地政策などの分析を通じて，土地所有の在り方が中部ルソン平野内部において地域ごとに相違していたことを示したのであった。

　フィリピン経済史研究者永野善子は，アメリカ統治下におけるフィリピン糖業の史的展開過程を分析している[26]。永野は，甘蔗作農業および製糖業の所有と経営について考察するなかで，中部ルソン平野のパンパンガ州とビサヤ地方のネグロス島の地域的な比較を行なっている。アメリカ統治下に組み込まれるまでに，パンパンガ州の甘蔗作農業は分散的土地所有下での刈分け小作関係によって，ネグロス島のそれはアシエンダ的土地所有下での賃労働雇用によって営まれていた。この2つの地域において異なる農業構造が形成された理由として，フィリピンにおいて糖業が輸出産業として大きく成長した19世紀後半までに，両地域において，住民の定住や農業経営などの土地占有状態，および農地所有の在り方が違っていたことがある。マニラに近かったパンパンガ州では，すでに住民による米作農業などが営まれるなかで，中国人メスティーソによる零細地片の土地集積が進んでいた。これに対してネグロス島には，広大な未墾地が存在していたがために，パナイ(Panay)島の商人などが，国王領の下賜を通じて数百ヘクタール以上の土地を獲得することになったのである。またフィリピンでは，1920年代までに設立された近代的製糖工場とそこに収穫された甘蔗を搬入するプランターのあいだにおいて，収益を生産物で分け合う分糖法が成立していた。その分糖法のもとでは，パンパンガ州が位置するルソン島よりもネグロス島のプランターが，相対的に大きな割合で生産物を受け取っていた。この理由として永野は，ネグロス島におけるプランターがより高い社会経済的地位を有していたことを挙

げている。

　また永野は，マニラ麻について，アメリカ統治下におけるその主要産地であるビコール地方とダバオ(Davao)州の生産構造の比較も行なっている[27]。ビコール地方では，フィリピン人による中小規模農業経営と現物歩合制による労働者の雇用がなされた。これに対して，ダバオ州では日系資本が大規模な公有地を獲得し，日本人移民が，「自営者請負耕作制度」と呼ばれる経営方式によってより合理的なマニラ麻栽培に従事していたとしている。

　ラーキンもまた，永野と同様に，パンパンガ州とネグロス島という2つの砂糖の産地を取り上げて考察している[28]。その研究は，スペインによって植民地化された16世紀半ばから日本によって侵略を受ける1940年代初頭までの時期において，砂糖輸出経済が民衆に対して如何なる影響を及ぼしていたのか研究することをねらいとしている。ラーキンは，人類学的手法を駆使しながら，社会経済的格差，文化変容，国家権力の歪みの観点において，それぞれの地域の歴史具体的事実を掘り起こしていった。しかしながらラーキンは，経済史的な論点として，永野が指摘した以上のものを提示してはいなかった。むしろ詳細な歴史的事実を示した点に，その貢献がある。

　このように，アメリカ統治期を取り扱ったフィリピン研究は，土地所有形態，生産関係＝労働組織，農産物加工業者と農業経営者との取引関係などの面から，地域の特徴を描き出してきた。本書でも，農業社会を構成する地域を区分するにあたっては，それらと同様の視点を取り入れている。ただし本書の地域を把握する上での方法的特徴としては，第一に，都市と農村を包摂する地域を扱っていることがある。第二の特徴は，労働力と商品のネットワークの観点から，重層的にマニラ地域経済圏を設定している。

三　各論と研究動向

　これまでは，本書における地域設定の方法に関わるフィリピン研究を取り上げてきた。ここでは，各章ごとの具体的論述内容に則して，個々のフィリピン研究を取り上げることにしたい。

第1部では，アメリカの植民地政策も強く意識しながら，マニラ地域経済圏における労働力移動やエスニシティ・性ごとの労働力編成をみる。第1章では，19～20世紀前半のマニラ地域経済圏における労働力移動を分析している。19世紀初めまでのマニラは，中部ルソン平野のなかでもブラカン州をはじめとするマニラ湾沿岸地域からの移民を受け入れていた。ブラカン州出身者が河川や海を通じて移動を行なった結果，マニラ市およびその郊外地域のなかでも，パシグ（Pasig）川北側の地域にタガログ人の居住区域が形成されていた。しかしながら，19世紀初頭から20世紀初頭までの1世紀において，フィリピン革命およびフィリピン・アメリカ戦争の勃発した特定時期を除いて，フィリピン農村社会全体からマニラへの人口移動が顕著に増大することはなかった。この最大の要因には，多くの農業移民を吸収していた周辺フロンティアの存在があった。ブラカン州などのマニラ近郊地域は，北部ルソンのイロカノ移民などとともに中部ルソンの未墾地への農業移民も送出していた。実際，アメリカ統治期においてマニラへの労働力移動が顕在化するのは，農業未墾地が枯渇する1920年代以降であった。この時期からマニラ地域経済圏における労働力移動は，マニラへの向都移動の性格を強めることになる。また交通網の整備を背景にして，タガログ語圏以外からの向都移動も増加し，マニラにおけるフィリピン人労働力の出身地が地域的に多様化した。こうしてアメリカ統治下のマニラではさまざまな地方出身者がタガログ語を共通語として受け入れるようになり，複数の言語圏出身者による生活文化の融合が進んでいたことを窺わせていた。しかしながらその過程は，タガログ語を母語とする者に対して，それ以外のフィリピン人を文化的に周縁化する過程でもあった。その証左として，マニラにおける就業状況では，同一言語集団および地縁・血縁関係に基づく人的ネットワークは強固に存続していたのである。

　このように19世紀以降のフィリピンにおいて，現地住民の人口流動性が高まり，多くの農業移民が生じていた。この背景には，当時のフィリピンは，世界の他地域と比べて相対的に人口成長率が高かったという事情がある。これに関連してラーキンは，近代世界市場への包摂およびそれと関連した内陸

地域における資源開発が，近代フィリピン社会を形成する基本的推進力であるとした。こうしてラーキンは，1820～1920年の時期を「フロンティアの世紀(The Century of the Frontier)」として幾つかの移住のパターンを示した。カガヤン峡谷(Cagayan Valley)へのイロカノ住民の流れ，ネグロス島甘蔗作地帯へのパナイ島住民の流れ，ミンダナオ島北岸へのセブ，レイテ(Leyte)，サマール(Samar)各島住民の流れなどがそれである。中部ルソンについては，現在のヌエバエシハとタルラック両州を流入先として，パンパンガ州と周辺のタガログ語圏からの北方への動き，イロカノ，パンガシナン語圏からの南方への動きがみられた。全体として移住は，同郷もしくは親族ごとのグループ別に行なわれ，時として地主が，パトロンとして小作人を新たな開墾先に導き，定住させるケースがみられた。総じて森林・草地の開墾は，富裕層と貧困層の格差をより大きなものにしたという[29]。こうした人の流れの一端を担うマニラ地域経済圏は，マニラ湾沿岸地域を核に，タガログ語を主要言語とする地域社会として形成されてきたのである。

　また，都市・農村間の労働力移動を扱った研究として，19世紀から20世紀への世紀転換期におけるマニラへの向都移動を検討した，フィリピン歴史地理研究者ダッパース(Daniel F. Doeppers)の一連の研究がある[30]。ダッパースは，性差，エスニシティなどの要因に留意しながら，移民の出身地域，移動形態，流入地域，就業について分析している。まず性差に関する大まかな見取図として，19世紀半ばからフィリピン革命までには男性と女性が均衡した流れを形成し，その後のフィリピン革命およびフィリピン・アメリカ戦争の時期には男性中心の流れとなり，1920，30年代には女性中心の流れに移行したという。その上で，19世紀から20世紀への世紀転換期において，マニラへ向けた移民を排出した地域は，ブラカン州，リサール(Rizal)州，カビテ州，パンパンガ州，バタアン(Bataan)州などの近郊地域であり，女性はより近隣地域からの移民に多かったとしている。こうしたリサール州やブラカン州などからの移民は，水路を通した移動経路先の特定地域に居住する傾向にあったという。なお，南部タガログ地方からマニラへの移民がその近隣に位置していたにもかかわらず少なかった理由として，同地方内部にお

ける就業口の多さを挙げていた。またマニラにおける就業について，中国人とフィリピン人とのあいだにおける民族別棲み分けが明白であったのみでなく，フィリピン人のあいだにおいても，移民は社会的ネットワークを利用して就業したために，業種や職業ごとに出身地域別の過多と過少が傾向的にみられたという。このように，マニラ都市社会内部の就業や経済的役割について，エスニシティ間の棲み分けが重要であった。

　エスニシティ間における居住や就業の分化について，ダッパースの研究と本書のあいだには問題関心の重複がある。しかしながら，本書の特徴は，労働力移動について19世紀初頭から20世紀前半までのより長期のタイムスパンを扱うなかで，方法論的には地域経済圏という概念的枠組を提起して，向都移動のみでなく，周辺フロンティアという農村地域への労働力移動も分析の俎上に載せたことにある。

　さらにここでは，マニラ地域経済圏での労働力移動について次の点を強調しておきたい。それは，都市と農村を相互に異質な社会経済空間という二項対立的視点に基づいて捉えてはいないということである。これには，労働力移動からみた場合，都市と農村のあいだよりも人口稠密的農村と周辺フロンティアのあいだにおける移動が優越的であったということと，都市と農村の両者は文化的・社会的に言語や社会慣行の面で共通性を有してきたという2つの意味を含んでいる。例えば19世紀初め以降の中部ルソン一帯では，ルソン島北部から流入するイロカノ移民以外に，未墾地の広範な存在を前提にして労働力の人口稠密的農村から周辺フロンティアへの移動が顕著であった。未墾地が広範に存在していた1920年代までの労働力移動において，必ずしも都市・村落間移動が優位性を占めていたわけではなかった。むしろ19世紀初頭以降，フィリピン内部の労働力移動で主流だったのは人口稠密的農村から周辺フロンティアへのそれであった。こうした人の移動は，近代世界システムのもとで喚起された，世界的な大量移民の一環としてみることができるのである[31]。

　農村から都市への労働力移動については，移動の経路やそれに要する時間など，実際の移動過程も重視した。とりわけ情報・交通網の不完全な状況で

の農村・都市間労働力移動においては，単なるプッシュ・プル要因の指摘だけでは不十分であると考えたためである。商品価格の一般均衡分析に対する批判として，商人論の不在や情報の完全性の非現実性を挙げて動態的過程として市場を分析することが求められるように，労働力移動の分析でもそれ自体の展開過程を考察することが必要となる。

以上のように，植民地統治下のマニラでは労働力移動のプル要因となる近代的産業が十分に発達しなかったことや，人口稠密的農村周辺には農業的に開墾の対象となるようなフロンティアが広範に存在していたため，人口稠密的農村住民による周辺への拡散的な労働力移動がみられた。こうしてマニラが近隣地域から女性人口を主に吸収する動きと併せて，タガログ語圏は地域的に拡大していくことになったのである。

第2章では，エスニシティごとの長期的就業動向を前提にして，アメリカ統治下のマニラ地域経済圏における民族別の就業および職業的位階編成を扱っている。すなわち，アメリカが19世紀から20世紀への世紀転換期のフィリピンで実施した中国人移民政策を取り上げ，中国人とフィリピン人との就業の相違をマニラを中心にして分析した。

19世紀末に米西戦争を繰り広げるアメリカは，フィリピン革命の最中となる1898年にフィリピンの軍事的占領にも乗り出した。こうした状況における軍令が，アメリカによる中国人移民政策の起点となった。その後1902年4月に合衆国議会で制定された法律(以下，1902年法)は，合衆国の中国人移民制限法をフィリピンにも適用することを追認し，フィリピンへの中国人労働者の入国を排除する内容を伴っていた。フィリピン革命に引き続いて展開するフィリピン・アメリカ戦争が継続するなか，在フィリピン統治機関において構想されていた中国人熟練労働者の導入は，フィリピン人エリート層を植民地統治の協力者とする誘引政策(attraction policy)の展開に支障をきたすと判断された。このためにアメリカは，フィリピンの平定作業やフィリピン人の利益を考慮する統治理念を重視して，中国人熟練労働者導入構想を放棄しなければならなかったのである。1902年法は，中国人移民が他の外国人と同様の割当制のもとに置かれる1940年まで，アメリカ統治下のフィリ

ピンにおける中国人移民政策の基本的枠組を定めるものであった。こうした一連の中国人移民政策は，当時のフィリピンにおける中国人とは何かを定義づけしたのみならず，移民後も身分証明書の携帯を義務づけることで，アメリカは中国人をその監視下に置いた。またアメリカの中国人移民政策は，すでに多くの中国人が商業に参入していた状況を背景にして，中国人労働者の移民を禁止することによりフィリピン社会に新たな職種上の位階秩序をもたらした。政策実施当初のマニラ労働市場では，幾つかの業種・職種の担い手は民族別に特化しており，必ずしも多くの中国人労働者が高度の熟練労働に従事していたわけではなかった。結果的に，アメリカの中国人移民政策は，マニラで労働者全体に占める中国人の比重を減少させることになった。また同政策は，移民制限を労働者のみに限定したために，すでに多くの中国人が上位の職種としての商人に従事していた状況を追認することになったのである。

　アメリカ統治下になると，マニラの全人口に占める中国人住民の割合が減少した。これまでの幾つかの研究でも，中国人移民政策が，フィリピンにおける中国人住民とりわけ中国人労働者の数を抑制したことを指摘した[32]。ダッパースは，マニラの就業動向について次のように述べている。小売・卸売において中国人商人が優位な立場にあったことに変化はなかったが，製靴業，大工，縫製業，港湾労働などの業種・職種では中国人に代わりフィリピン人が量的に優位に立っていた。このように，当時のマニラの社会構造は，職業・収入・教育のほかにも，民族別集団化という要因によって制度化されていたとする[33]。19世紀後半以降のフィリピンでは，中国人住民が商業を支配するようになった一方，アメリカ統治下のマニラ都市労働では，中国人に代わってフィリピン人が主要な担い手となる傾向にあったなかで，それぞれの就業先が業種・職種ごとに特化していたのである。この点は，本書でも強調する論点となる。

　アメリカ統治下のフィリピンにおける中国人移民政策について，唯一本格的な研究を行なったのはフォナシエール（Tomas S. Fonacier）である。同研究は，軍政期から民政下に1902年法が可決されるまでの，合衆国議会にお

ける議論を中心に分析している。同論文は，フィリピンにおける中国人移民政策の枠組となった1902年法成立の理由として，第一に，議会にはフィリピンから合衆国に中国人が流入することへの根深い恐怖心が存在していたこと，第二に，経済開発のために中国人移民を導入する構想は「フィリピン人のためのフィリピン」という統治原則に反するという問題に抵触していたことを挙げている[34]。本書の分析では，政策形成におけるフィリピン社会内部の要因を重視するために，フォナシエールが指摘した1902年法成立における第二の理由を論点として継承し，中国人移民政策の実施過程やその背景にある在フィリピン統治機関の主張を視野に入れる。同時に，同政策とフィリピン社会経済との対応関係を考察することで，マニラ地域経済圏により複眼的な評価を与えたい[35]。

　ここで，マニラ地域経済圏における，エスニシティごとの就業の棲み分けを概説的に指摘すると次のようになるだろう。19世紀後半までのフィリピンでは，中国人が商業活動での堅固な基盤を築くと同時に，中国人メスティーソは商業活動で蓄積した資金を土地所有に振り向け，地主化する傾向を有していた。さらに19世紀から20世紀への世紀転換期になると，アメリカはフィリピンを植民地化するにあたり，中国人移民政策を実施して中国人労働者の移民を制限し，中国人住民が商業活動に専念する傾向をよりいっそう強めた。これに対して農業は，フィリピン人が独占的に従事する産業となった。フィリピン人内部の言語集団に目を転じると，20世紀前半の中部ルソン平野は，タガログ，パンパンガ，パンガシナン，イロカノの各言語集団の農業社会から成っていた。さらにダッパースも指摘するように，20世紀初頭までのマニラでも，製造業などの下層労働内部では，フィリピン人と中国人のあいだだけでなく，フィリピン人各言語集団のあいだにおいて就業の棲み分けが展開する傾向を有していたことは見逃すべきではないだろう。

　第2部では，マニラ地域経済圏における労働力移動の背景にある，都市と農村の両地域における労働諸関係の考察を行なう。第3章では，マニラの葉巻製造業における職場労働が考察される。アメリカ統治下におけるマニラ葉巻製造工場は，中部ルソン平野の近郊地域から多くの人々が流入して，都市

と農村のあいだの社会的結びつきを保持するにあたってひとつの結節点となっていた。19世紀末にタバコ専売制度が廃止されたあと，マニラの大規模な葉巻製造工場の多くは外資系のものによって占められて，より郊外に立地するようになった。また1910年代後半までに，葉巻製造工場全体が平均的規模を拡大していた。そうした工場には，多くの女性を含む，タガログ語やパンパンガ語を主要言語とする葉巻製造工が働いていた。葉巻製造工は，ブランド，形態，大きさによって分化した葉巻ごとの作業に専門化して，手作業によって葉巻を生産した。そこでの同郷意識や高い熟練性は，葉巻製造工たちの強い凝集性や定着率の高さに結びついている。また労務管理がルースで，作業の進め方について裁量性の高かった労働環境は，女性にとって家事労働の制約を緩和し，長期勤務や昇進の重要な前提条件になっていた。こうして女性を含む葉巻製造工は，現場下級管理職であるマエストロ(maestro)の地位にまで昇進することができ，1920年代には同じ産業内のホワイトカラー層と同水準の給与を得ていたのである。しかし1920年代には，フィリピンの対米葉巻輸出額が減退したために，マニラ葉巻製造工は実質的な稼得賃金の減少に対処しなければならなかった。しかし当時の転職の困難な社会状況や葉巻製造工の団結力は，一時的にではあっても大規模な解雇を回避させることに成功している。

　次に，第3章の分析と関係する2つの研究を取り上げることにしよう。最初に取り上げるのは，カークブリート(M. T. Kerkvliet)による，20世紀前半マニラにおける労働組合活動の分析である[36]。内容は，産業横断的な労働組合連合と，葉巻製造業の企業別労働組合の2つについて扱っている。葉巻製造企業別組合は，労働組合連合にも積極的に関与しつつ，幾度となくストライキ行動を実行していた。葉巻製造工の置かれた経済的背景にも触れるなかで，葉巻製造企業別組合によるストライキの要因としては，賃金に関する要求，職場監督を行なうマエストロやフォアマン(foreman)の対応，企業経営者の労働組合に対する姿勢を挙げている。1920年をピークにして葉巻の対米輸出が減少するなか，葉巻製造工は賃金に関する要求を行なう一方で，相互扶助的貯蓄制度を利用するなど，家族，友人等のネットワークを利用し

て危機を乗り切っていたという。ブラカン州とパンパンガ州から流入した製造工のなかでも，とくに後者出身地域の製造工は特定の工場に集中して就業する傾向があったことを示した。

第二は，アメリカ統治下のマニラについて，雇用構造と階層社会の観点からフィリピン人社会構造の変化を扱ったダッパースの研究である[37]。同研究によれば，都市社会構造は，都市経済の輸出貿易への従属化と技術革新および公共政策の変化という2つのインパクトを受けていた。葉巻製造業については，本書も利用した労働局（Bureau of Labor, the Philippines）の1927年調査を主に利用して分析している。それによると，1920年代後半の葉巻，紙巻タバコ両産業労働者は長期的勤務の傾向にあると同時に，昇進や転職機会の不足を反映して高齢化していたという。産業内部では，職種，職位，性別に応じて報酬に格差がみられた。性別賃金格差が存在したのは，女性が不熟練な作業や低い職位に割り当てられたことを一因としていた。1930年代になると，教育水準の低い若年女性が単純作業を担う傾向はさらに強まったとする。カークブリートと同様に，葉巻，紙巻タバコ両産業労働者世帯にとって，他の世帯員による収入の補足が重要であったことも指摘している。

本書では，以上のような既存の研究によって指摘されてきた歴史的事実に学びつつ，葉巻製造業における職場の階層構成の在り方を技能の性格を踏まえて指摘し，その労働をめぐる社会関係を考察する。

第4章では，アメリカ統治下における中部ルソン平野および南部タガログ地方の米作刈分け小作経営をめぐる労働の在り方をみている。その労働力編成は，マニラ地域経済圏における労働力移動の社会経済的背景および帰結になると同時に，農村における社会的な人の結びつきの基盤となっていた。中部ルソン平野・南部タガログ地方は，すでに言及したような地域区分の基準によって，人口稠密的農村と周辺フロンティアという2つの地域に分けられている。

中部ルソン平野の内陸部に位置して人口の定住化が遅れた，アシエンダという土地所有形態を特徴とする周辺フロンティアに対して，人口稠密的農村では，スペイン統治下の比較的早い時期から商品経済が展開したことによっ

て，18世紀後半以降，土地所有は流動性に富むものであった。1910年代の同地域では，私的証書で土地所有を立証するケースや土地権利証書を持たないケースもあり，土地所有の性格はよりインフォーマルであった。また，自小作農が大きな比重を占め，経営規模は1ha未満層から5ha以上層まで広範囲に分布しているのが，戦間期の特徴であった。さらに人口稠密的農村は，生活をより安定させた，農業経営以外での就業機会にも恵まれている。こうした人口稠密的農村は，1920年代に入るまでに，マニラや周辺フロンティア地域への代表的な人口の送り出し地域となっていた。しかし1930年代までのフィリピンでは，全体的に土地生産性が停滞して，土地に対する人口圧力は増加していた。このことを基本的要因として，人口稠密的農村では過剰労働力が排出され，農業労働者が地域内部で滞留している。この背景には，1920年代以降になると，人口稠密的農村の過剰人口の受け入れ先であった周辺フロンティアで未墾地が消滅したことがある。

　以上のような研究内容に関係して，これまでには次のようなフィリピン研究がみられた。まずマクレナンは，すでに取り上げた研究のなかで，周辺フロンティアとなるヌエバエシハ州における刈分け小作農の存在形態について分析している[38]。それによると，ヌエバエシハ州における多くの地主は，19世紀後半以降，他地域から移動してきた労働力に前貸し金を与えるなどして土地開墾にあたらせ，その後には耕作者と定量物納小作契約を結んだという。しかし1920年代以降になると，地主は，人口増加を背景にして，収穫量に関係しない定量の収穫物を収取するものから刈分け小作へと契約形態を転換して小作料収入を増大させた。そこで示される刈分け小作農像は，地主に対して隷属的なものであった。

　また経済人類学者フェガン(Brian Fegan)は，19世紀後半から1970年代までのブラカン州サンミゲル(San Miguel)町の一村落を分析している[39]。19世紀の同地域は，人口増加と商品作物生産という2つの大きな変化を受容するなかで，新たな開墾地には，小作農が地主による融資を利用して定着するようになったという。19世紀から20世紀への世紀転換期以降になると，大地主は，小作料収取方法を定量物納小作料から刈分け小作制へと転換した。

こうした小作料収取に対して，刈分け小作農は，1910年代後半から小作人組合を通じた反地主闘争を展開するようになっている。小作農の抵抗を支えていた経済基盤には多様な農外収入への依存があったと同時に，地主の農業生産に果たす役割は小さかった。この意味で小作農は，独立的経営者としての性格を強く持つ「農民(peasant)」であったという。また小作農の経営が相続を通じて零細化することはなかったため，1940年代以降に農家世帯から独立した新世代は，土地なし農業労働者層として村落内部に滞留することになったとしている。ただしフェガンは，小作の経営規模が零細化しなかった理由については述べていない。また刈分け小作経営の評価においては，地主との関係を重視していたが，労働投入におけるほかの小作農との互助的関係や農業労働者の雇用関係には十分な関心を払っていない点も併せて指摘しておこう。

このように20世紀前半における米作農業の考察では，土地所有類型に関する場合を除き，とりわけ地主小作関係および刈分け小作経営に関して，中部ルソンおよび南部タガログ地方全体を俯瞰した実証的分析は提示されてこなかった。すなわちこれまでの研究においては，特定の州，町，村ごとに農民像が提示されてきたが，ほかの地域を視野に入れながら，各地域の農業経営および生活の在り方を比較検討する土壌は与えられていなかったといえよう。第4章では，中部ルソン平野・南部タガログ地方全体における比較史的視点から，とくに人口稠密的農村の刈分け小作農像を浮き彫りにしつつ本書の課題に接近している。人口稠密的農村の米作農業の独自性を考察するにあたって着目するのは，すでに述べた農業労働者層の形成の在り方である。小作経営において農業技術が停滞していただけでなく，人口増加が農業労働者形成において重要な要因であった。

次いで，農村における社会関係に関連した既存の研究として，農村の政治的支配の脈絡においてパトロン・クライアント関係(patron-client relationships)を扱ったフィリピン研究に触れることにしよう。第二次世界大戦後において，アメリカ人研究者を中心として学問的に定式化されてきた観のあるパトロン・クライアント関係は，近年，オリエンタリズム批判の観点から激

しい検討にさらされている[40]。同関係を政治学的モデルとして初めて提示したランデ(Carl H. Lande)によれば，戦後のフィリピン人政治家の政党への帰属意識は曖昧であり，権力は地方の派閥のあいだに分散していたという。この派閥は，公共的であるというよりは個人的なつながりである二者関係としてのパトロン・クライアント的結合の上に形成されるとして，フィリピン政治の後進性を指摘する。この二者関係の基礎を成すのは，農村における地主と小作農のあいだの隷属的関係であった[41]。このランデの分析的枠組は，他のフィリピン政治研究者のみならず，農村経済研究者にも影響を及ぼしてきた。フィリピン政治との関係を議論する場合，刈分け小作農を含めた下層民衆の隷属性が論点となってきたのに対して，アメリカ統治下の中部ルソン平野における地主と刈分け小作農の関係を扱った社会経済史的研究では，それを隷属的とみるか独立的とみるか，評価が分かれてきたというのが実情である[42]。

本書は，こうした政治的領域にまで分析を拡大する意図はない。しかしオリエンタリズム的観点に基づくフィリピン社会へのまなざしは，フィリピン人下層労働に焦点を当てた社会関係の実証を大きく歪めてきたように思われる。本書は，これまで十分に実証されてこなかった，都市農村双方における直接生産者の労働をめぐる社会関係を，マニラ地域経済圏における社会的基盤として位置づけ，アメリカ植民地支配や地域の特性を考慮しながら分析していくことを課題のひとつとしている。

このように第3章と第4章では，マニラ地域経済圏における労働力移動の背後にある，都市と農村それぞれの代表的産業の労働をめぐる社会関係について分析している。ここで，それら直接生産者の社会階層編成について論点を整理することにしよう。中部ルソン平野・南部タガログ地方の米作農村地域では，刈分け小作農の経営状態(土地保有形態や経営面積など)や地主小作関係は地域ごとに多様性を有していた。とくに東南アジアの社会関係の構築において歴史的に重要となってきた債務の契機についてみても，刈分け小作農が複数の地主から土地を借りると同時にお金の借入れ先を分散させて，地主による隷属的支配を回避する地域(＝人口稠密的農村)が存在した。1930

年代以降には農業労働者が増大するが，以前から存在していた刈分け小作農による季節的雇用がそれら労働者を村内に吸収する役割を果たしていた。その一方で，アシエンダといわれる専一的な大土地所有を特徴とする周辺フロンティアでは，1人の地主から隷属的な支配を受けやすい経済基盤が存在していたが，米作刈分け小作経営で外部から多くの労働力を雇い入れた点では同様であった。また都市部に目を転じると，マニラの葉巻製造業の職場では，葉巻製造工は特定地域出身者に偏重して強い凝集性がみられた。女性を含む葉巻製造工は，現場の下級管理職に昇進することが可能であり，階層間に流動性がみられたのである。

マニラ地域経済圏における社会的特質として，比較的高い女性の地位，直接労働力の階層分化と階層間にわたる協同作業を通じた相互扶助関係などをみてとることができる[43]。とりわけそうした協同作業は，階層間の人の流動性を背景にして，階層性を超えて対等の立場で社会関係を取り結んで自律的社会活動を展開しうる公共性の契機を包含していたことを本論では指摘していきたい。フィリピン人下層民衆の労働をめぐる社会関係において，これまでのフィリピン研究において強調されがちであった，地主と小作人のあいだにおける従属的関係からは見えてこない現象がそこには存在していた。こうした下層フィリピン人の労働をめぐる社会関係の複雑性を前提として，農村では，小作人が種々の農作業の取り決めを通じてむらの社会活動に参加していた。また葉巻製造工は，職場での仲間関係を拠り所にして，他の業種や職種に従事する人々と労働組合を結成して，工場経営者に対する経済的要求のみでなく，政治的ナショナリズムを主張することもできたのである。

第3部となる第5章と第6章では，商品流通を考察した。第5章は，19世紀初頭から20世紀前半までの中部ルソン平野における米穀を中心とする商品流通の側面から，マニラ地域経済圏を分析している。マニラ地域経済圏のなかでもヌエバエシハ州は，アメリカ統治下のフィリピンにおいて第一の米作地帯としての地位を確立した地域である。本章では，このヌエバエシハ州での米の流通取引がどのように形成されてきたのか，その特徴を同州における農業の生産構造の在り方を踏まえて明らかにすることを主要な研究課題

とするものである。そのために，ヌエバエシハ州における米の流通の前史として，19世紀のブラカン州における商品流通から考察を開始する。早い時期から余剰農産物の生産がみられるようになったブラカン州では，19世紀初めまでに，州内部で取引を完結させる市場圏(地方市場圏)とマニラと結びつく市場圏(首都市場圏)の2つの展開がみられた。こうした在来市場圏を背景にして，ヌエバエシハ州は，穀倉地帯として知られる中部ルソン平野のなかでも，1920年代までに新たな米作地帯としての存在感を際立たせるようになっていた。アシエンダと呼ばれた専一的大土地所有を農業生産上の特徴として，刈分け小作農が米作における直接生産者となっていたのである。そうしたヌエバエシハ州において，地主や農民が販売する米の流通取引を組織していたのは中国人商人であった。

　ところで，これまでのフィリピン経済史研究では，米穀の商品流通取引を分析した研究はほとんどない。19世紀以降の商品流通についての代表的研究としては，ウィックバーク(Edgar Wickberg)らの中国人商人の研究を挙げることができる[44]。また近年の研究としては，アメリカ統治下の貿易や商業の動向から，日本商品のフィリピン社会への浸透を重視してフィリピンの物質文化・消費生活を論じた早瀬晋三の論文がある[45]。さらにオーウェン(Norman G. Owen)は，19世紀から20世紀前半におけるビコール地方の社会経済史研究のなかで，マニラ麻取引について詳しく言及している。そこでオーウェンは，マニラ麻取引を階層的取引関係，前貸し金制度，民族的複合主義，相互不信，競争の制約のキーワードによって特徴づけた。すなわち19世紀前半までのビコール地方では，規制に守られた州長官がマニラ向け船舶交易に参入していたが，交易は，全体的に特定パターンを形成するほどの常態的取引には至っていなかった。19世紀後半以降になると，欧米商社を頂点として，前貸し金の連鎖によって結びついた代理人が地方の生産者とのあいだに組織されていた。19世紀半ばまでに，代理人の上層をスペイン人が，中層と下層を現地住民が支配していたが，それ以降の時期には，全体として中国人の参入が顕著になった。また現地住民の生活品の日常的取引を行なう市場についても，州の中心的商業センターや地方の市場などさまざま

な規模のものに触れている。オーウェンは，19世紀から20世紀前半の地方市場における最大の変化として，輸出産品や生活品の取引における中国人支配の進展を挙げている。しかし，地方市場をはじめとする在来的商品流通が，生産構造を含む輸出経済の台頭とどのような相互規定的関係があったのかについては十分に論じられていない[46]。

　こうした研究状況を踏まえて，本書では，土地所有を含む地域の生産構造と併せて商品流通を分析していることをひとつの特徴とするものである。そのことによって，農業を軸とした各地域の生産構造の違いが商品流通の在り方とどのような関連を持っているのかを明らかにしていきたい。またマニラから中部ルソン平野農村に流れる，輸入品などの流通を考慮しながら，逆ルートでの特産品となる米の取引に焦点を当てる。その際，市場を歴史上の実在的存在として，財貨交換の目的のために複数の取引主体が集まる場として定義している[47]。19世紀のブラカン州における商品取引では，州長官による独占・参入規制のほか，主要商品の価格規制が存在しており，そうした実際上の市場取引を分析するために市場圏という用語を充てた。

　以下では，第5章の分析視角を大まかに示すことにしよう。マニラ地域経済圏を商品流通の側面から捉えた場合，19世紀に入るまで，中部ルソンのブラカン州は2つのタイプの市場圏，すなわち地方内部で自律的な取引関係を形づくる地方市場圏と首都と結びつく市場圏を有していた。商品流通の側面からみた場合，マニラ地域経済圏は地方市場圏を抱え込みつつ，首都市場圏によって地理的外枠が形づくられていたのである。マニラ周辺地域における2つの市場圏では，ともに文化の基底を形づくる衣食住がそこでの取引を特色づけている。ただし経済生産システムが中部ルソン平野において各地に分散し，各地域は自給自足的性格を有していた。19世紀前半にはさまざまな商品に対して州長官による取引規制が存在するなかで，米の流通はマニラの集散・消費市場向けに効率的に組織されていなかったのである。

　しかし19世紀を通じて，フィリピンでは地域的分業関係が大きく展開していった。交通機関の整備，近代世界資本主義システムのフィリピン地方社会における展開などにより，消費市場向けの米生産地域は，中部ルソン平野

でも周辺フロンティアに重点を移すようになったと同時に，米穀取引は1920年代までにはマニラ集散・消費市場を中心としたものへと変化している。20世紀前半には，アメリカによる土地所有権確定事業がスペイン期にもまして進展して，周辺フロンティアにおける米作生産を拡大させた。さらにフィリピン米穀市場の地理的範囲が，以前よりも拡大するようになった結果，マニラ地域経済圏は全国的な米穀市場のなかに埋め込まれることになった。中国人商人がこうした市場取引の主な担い手となって，マニラとヌエバエシハ州のあいだにおける取引をより直接なものにしている。

　第6章では，アメリカ統治下の両大戦間期フィリピンにおける米穀市場を政治経済的に分析することを課題としている。フィリピン米穀市場は，仏領インドシナやタイからの米穀輸入を前提として，マニラを頂点にしてより全国的なものへと地域的に拡大する傾向にあった。このフィリピン米穀市場のなかで，マニラ地域経済圏の編成とその変化を探ることがここでは重要となってくる。分析視角は，こうした米穀市場における，米作地主および中国人商人の政治・経済的活動を考察していこうとするものである。とりわけ米価政策が集中的に展開する1919年および1935年の米穀危機を取り上げて，諸階層の動向について，米穀危機の生起理由やその展開過程の分析に則して言及している。この場合の米穀危機とは，政治を含む諸要因により，米の供給不足から引き起こされた社会不安を指す。

　1920年代までのマニラ地域経済圏をみると，とくに中国系マニラ米穀卸売商が米穀流通を組織する立場にあった。しかしながら世界恐慌以降になると，さまざまな構造的要因によって全国的米穀市場の規模は停滞して，市場環境は地主を含む生産者に有利なものとなっている。その一方で，中国人商人の利益基盤は弱体化する方向に向かっていた。

　基本的に2つの米穀危機は，米穀市場における地域的分業関係を顕在化させることになった。すなわち両米穀危機は，食糧生産に代わる対米輸出産品生産の増大や人口増加がもたらした食糧輸入への依存という，フィリピン食糧事情の基本的特質を示している。東南アジア全体が米不足となるなかで生じた1919年危機では，米穀流通が機能不全の状態となっていた。そのなか

で米作地主は，同業者団体などを通じ，米価上昇の観点から米穀輸入政策に影響を及ぼし，米穀市場に対して政治的に関与していくこととなった。

また1935年米穀危機は，関税が米穀輸入を停滞させるなかで生じていた。同米穀危機は，中部ルソン平野で小作農による飯米購入が問題になるなど，地域の社会階層構成の変化と関連した，需要側の構造的要因を抱え込むようになっていた。このような状況下で設立された国策会社は中国人商人の流通網もあって，その流通政策は消費者の利益擁護というよりも，相対的に自作農や地主による籾の販売に有利に作用していた。すなわち国策会社による消費者の利益保護は，中国人による既存の取引ネットワークが国策会社の販売先を制約していたことを一因として，十分に実現することが難しい状況にあったのである。

第6章の課題と重複する経済史研究は，これまでにほとんど存在しない。その意味で，中部ルソン平野における米穀生産・流通を対象とした，アメリカ統治下のフィリピン米穀市場の分析は本書全体を通じた大きな特徴のひとつとなっている。

最後に，地域経済圏の概念的枠組について要約的に述べておこう。ここでの地域は，民衆の経済生活を成立させる社会的結びつきの地理的広がりを指している。都市と農村における労働力移動や生産物取引を通じたネットワークにより構成される地域では，生態環境に適応した生活的営みが歴史的にその基層を成してきた。こうして地域経済圏は，都市と農村の二分法に基づいた近代化のベクトルに着目するよりも，むしろ言語，出身地，血縁関係などの共通した社会文化的要因を重視して捉えられる。この意味で，都市が地域社会にどのようにして埋め込まれたのかが重要となる。ただしマニラは，周辺地域やフィリピンさらには世界との経済的結節点として位置してきたと同時に，宗教や行政などの面においてフィリピン国民社会を統合する社会的権威および機能を歴史的に有してきたことは言うまでもない。長期にわたり東南アジアでは，地域社会を統合するにあたり，インド，中国，アラブ，西欧に外在的起源を持つ象徴を社会的権威として利用してきた。マニラの社会的エリートの場合もまた，外来の言語や宗教などを社会的権威として利用する

ことで，周辺社会に対して位階的優越性を保持していたことも押さえておきたい。

1) Marshall S. Mclennan, "Changing Human Ecology on the Central Luzon Plain: Nueva Ecija, 1705-1939," A. W. McCoy and Ed. C. de Jesus, eds., *Philippine Social History: Global Trade and Local Transformations* (Quezon City: Ateneo de Manila University Press, 1982), pp. 58-63；清水展『出来事の民族誌：フィリピン・ネグリート社会の変化と持続』九州大学出版会，1990年，13～36頁.
2) 黒田明伸『中華帝国の構造と世界経済』名古屋大学出版会，1994年，123～131頁.
3) James F. Warren, *The Sulu Zone, 1768-1898: The Dynamics of External Trade, Slavery, and Ethnicity in the Transformation of a Southeast Asian Maritime State* (Quezon City: New Day Publishers, 1985).
4) 永野善子『フィリピン経済史研究――糖業資本と地主制』勁草書房，1986年；永野善子「フィリピン――マニラ麻と砂糖」『岩波講座東南アジア史6 植民地経済の繁栄と凋落』岩波書店，2001年，89～113頁.
5) 古田元夫「地域区分論――つくられる地域，こわされる地域」『岩波講座世界歴史1 世界史へのアプローチ』岩波書店，1998年，37～53頁.
6) 板垣雄三『歴史の現在と地域学――現代中東への視角』岩波書店，1992年，12～31頁.
7) 池端雪浦「フィリピン国民国家の創出」池端雪浦編『変わる東南アジア史像』山川出版社，1994年，306～327頁.
8) 池端雪浦「フィリピン革命――ビサヤの視点から」『岩波講座東南アジア史7 植民地抵抗運動とナショナリズムの展開』岩波書店，2002年，111～134頁.
9) Reynaldo Clemeña Ileto, *Filipinos and their Revolution: Event, Discourse, and Historiography* (Quezon City: Ateneo de Manila University Press, 1998), pp. 79-98.
10) 桜井由躬雄「総説東南アジアの原史――歴史圏の誕生」『岩波講座東南アジア史1 原史東南アジア世界』岩波書店，2001年，1～25頁；桜井由躬雄「東南アジア「近世」の開始」朝尾直弘編『日本の近世1 世界史のなかの近世』中央公論社，1991年，305～354頁.
11) 杉原薫『アジア間貿易の形成と構造』ミネルヴァ書房，1996年．
    東南アジア研究以外では，中国経済史を専門にする黒田明伸は，工業化以前における経済的営為の空間性を，小農の市場参加への自由度，市場における媒介財の空間的共有の仕組みという2つの制度的側面から考察した．小農たちの頻繁な現地市場の利用と自由な通貨発行は，中国において必ずしも工業化を準備するものではなかった．黒田『中華帝国の構造と世界経済』；黒田明伸「伝統市場と地域流動性の比較史」篠塚信義・石坂昭雄・高橋秀行編著『地域工業化の比較史的研究』北海道大学図書刊行会，2003年，91～121頁.

濱下武志は，地域史のさまざまな方法論や可能性を提示するなかで，国家と国家間関係の中間に位置してかつより小さな地域単位である「地方」も含められるような域圏という概念を提唱した。濱下武志『近代中国の国際的契機』東京大学出版会，1990年，25～47頁；濱下武志「歴史研究と地域研究」濱下武志・辛島昇編『地域の世界史1　地域史とは何か』山川出版社，1997年，16～52頁。

　　家島彦一は，10, 11世紀を社会経済的な転換期とするイスラム世界の国際商業の考察において，広域的結びつきと流動性のダイナミズムを示す交流圏ネットワークという概念を提唱し，その形成要因として，自然・生態，人間，文化(文明)の3つを挙げた。家島彦一『イスラム世界の成立と国際商業——国際商業ネットワークの変動を中心に』岩波書店，1991年，1～58頁。

12) J・H・ブーケ著(永易浩一訳)『二重経済論——インドネシア社会における経済構造分析』秋菫書房，1979年。

13) インドネシア人類学研究者のギアツ(Clifford Geertz)も，オランダ統治下のジャワ農村社会について分析して，二重経済的パターンの存在を指摘している。19世紀における強制栽培制度が実施された時期において，土着自給経済へ植民地的輸出農業経済が重ね置きされて，資本主義的西洋部門と労働集約的東洋部門の二重経済的パターンがジャワに固定化されたとしている。この二重性は，西欧社会から移植された価値観に根ざす都市と，それと全く交流しない村落の対立に対応するとしていた。クリフォード・ギアーツ著(池本幸生訳)『インボリューション——内に向かう発展』NTT出版，2001年；宮本謙介『インドネシア経済史研究——植民地社会の成立と構造』ミネルヴァ書房，1993年，4～16頁。

14) なかでも19世紀以降に行政機能を拡大させるバタヴィア(Batavia)について，労働力編成が大きく変容していったことを指摘している。民族分断政策などが影響して，20世紀初めまでにおける労働力の主要部分は，中国人から(バタヴィア市内や西ジャワなど出身の)マレー系都市下層民へとシフトしていたという。また，スラバヤ(Surabaya)などの地方都市では，モノカルチャー経済の性格を反映する産業を勃興させていた。鉄道会社では，現地社会の有力者が，職工長として外国人経営者と現地人労働者をつなぐ役割を果たしたため，現地社会の人間関係が企業内に移植されることになっていたという。宮本謙介「植民地都市バタヴィアの社会と経済」宮本謙介・小長谷一之編『アジアの大都市[2]ジャカルタ』日本評論社，1999年，27～56頁；宮本謙介「インドネシア都史経済史覚書」『経済学研究(北海道大学)』第53巻第3号(2003年12月)，165～182頁。

15) 文化の捉え方に関してギアツは，文化生態学的方法によってインドネシア社会を分析するに際して，自然条件との結びつきが最もはっきりしている側面として「文化コア」に着目した。それは，生存活動と経済的取り決めに密接に関連する一連の特徴を指すものである。ギアーツ『インボリューション』，40～51頁。

　　また文化人類学者の川田順造は，地域を把握する場合の文化の基本的基準として，生態学的条件，宗教や価値観などのルール，言語・文化，生業活動を挙げている。川

田順造「文化と地域」濱下武志・辛島昇編『地域の世界史1 地域史とは何か』, 220頁, 247〜248頁。
　地理学者の高谷好一は, こうした考えをさらに発展させて, 人々の生活や意識を規制する生態基盤を重視して「世界単位」論を提唱した。独自の生態基盤の上に生活圏の意味を持つ風土が展開し, さらに外文明の影響のもとに, 風土が個別の価値体系を持った「世界単位」を構成するようになるという。高谷好一『新世界秩序を求めて──21世紀への生態史観』中公新書, 1993年, 165〜224頁。

16) 都市と地方村落両地域における文化的同質性に着目した研究として, Richard A. O'Connor, "Indigenous Urbanism: Class, City and Society in Southeast Asia," *Journal of Southeast Asian Studies*, Vol. 26, No. 1 (Mar. 1995), pp. 30-45.
17) 池端雪浦「フィリピンにおける現地人官僚制度の変容」石井米雄ほか編『東南アジア世界の歴史的位相』東京大学出版会, 1992年, 176〜199頁。
18) フィリピン史研究者クリネイン (Michael Cullinene) は, 同様にエリート層に着目して地域形成を論じた。それによると, 地方社会にはさまざまなエリート層による社会経済的ネットワークが存在したという。Michael Cullinene, *Ilustrado Politics: Filipino Elite Responses to American Rule, 1898-1908* (Quezon City: Ateneo de Manila University Press, 2003).
19) McCoy and de Jesus, eds., *Philippine Social History*.
20) Alfred W. McCoy, "Introduction: The Social History of an Archipelago," McCoy and de Jesus, eds., *Philippine Social History*, pp. 11-12.
21) 例えば1870年の輸入では, 100%近くがマニラを経由していた。Daniel F. Doeppers, "The Development of Philippine Cities before 1900," *Journal of Asian Studies*, No. 31 (Aug. 1972), p. 788.
22) 早瀬晋三『海域イスラーム社会の歴史』岩波書店, 2003年。
23) Warren, *The Sulu Zone, 1768-1898*.
24) Marshall S. Mclennan, "Land and Tenancy in the Central Luzon Plain," *Philippine Studies*, Vol. 18, No. 4 (Oct. 1969), pp. 582-651; Marshall S. Mclennan, "Peasant and Hacendero in Nueva Ecija: The Socioeconomic Origins of a Philippine Commercial Rice-Growing Region," Ph.D. Dissertation, University of California, 1973.
25) John A. Larkin, *The Pampangans: Colonial Society in a Philippine Province* (Berkeley: University of California Press, 1972).
26) 永野『フィリピン経済史研究』。
27) 永野「フィリピン──マニラ麻と砂糖」, 89〜113頁。
28) John A. Larkin, *Sugar and the Origins of Modern Philippine Society* (Berkeley: University of California Press, 1993).
29) John A. Larkin, "Philippine History Reconsidered: A Socioeconomic Perspective," *The American Historical Review*, Vol. 87, No. 3 (June 1982), pp. 612-617.

30) Daniel F. Doeppers, "Migrants in Urban Labor Markets: The Social Stratification of Tondo and Sampaloc in the 1890s," D. F. Doeppers and P. Xenos, eds., *Population and History: The Demographic Origins of the Modern Philippines* (Madison: University of Wisconsin-Madison, Center for Southeast Asian Studies, 1998), pp. 253-263; Daniel F. Doeppers, "Migration to Manila: Changing Gender Representation, Migration Field, and Urban Structure," Doeppers and Xenos, eds., *Population and History*, pp. 139-179.

31) 杉原薫によると，19世紀初頭から20世紀初頭にかけての約1世紀は，世界的にみても人の移動が大規模に行なわれた「移民の世紀」であったことを指摘する。この時期，「移民は，一方では新大陸で国民国家や自治領を形成すると同時に，他方で植民地の第一次産品輸出経済の発展を担ったと言う意味で，常に近代世界システムの発展の先兵となったのである」。杉原薫「近代世界システムと人間の移動」『岩波講座世界歴史19 移動と移民——地域を結ぶダイナミズム』岩波書店，1999年，6頁。

32) Andrew Roger Wilson, "Ambition and Identity: China and the Chinese in the Colonial Philippines, 1885-1912," Ph.D. Dissertation, Harvard University, 1998, pp. 178-182; Wong Kwok-Chu, *The Chinese in the Philippine Economy, 1898-1941* (Quezon City: Ateneo de Manila University Press, 1999), pp. 14-18, pp. 71-73.

33) Daniel F. Doeppers, *Manila, 1900-1941: Social Change in a Late Colonial Metropolis* (New Haven: Yale University Southeast Asia Studies, 1984), pp. 52-59.

34) Tomas S. Fonacier, "The Chinese Exclusion Policy in the Philippines," *Philippine Social Sciences and Humanities Review*, Vol. 14, No. 1 (Mar. 1949), pp. 3-28.

35) ほかの東南アジア植民地における中国人移民政策の例として，次の文献を参照。高田洋子「フランス植民地期ベトナムにおける華僑政策——コーチシナを中心に」『国際教養学論集(千葉敬愛短期大学)』第1巻(1991年)，59～89頁。

36) Melinda Tria Kerkvliet, *Manila Workers' Unions, 1900-1950* (Quezon City: New Day Publishers, 1992).

37) Doeppers, *Manila, 1900-1941*.

38) Mclennan, "Peasant and Hacendero in Nueva Ecija."

39) Brian Fegan, "Folk-Capitalism: Economic Strategies of Peasants in a Philippines Wet-Rice Village," Ph.D. Dissertation, Yale University, 1979.

40) レイナルド・C・イレート(永野善子訳)「第3章 オリエンタリズムとフィリピン政治研究」レイナルド・C・イレートほか著(永野善子編・監訳)『フィリピン歴史研究と植民地言説』めこん，2004年，91～102頁。

41) Carl H. Lande, *Leaders, Factions, and Parties: The Structure of Philippine Politics* (New Haven: Yale University, Southeast Asia Studies, 1965).

42) 第二次世界大戦後を中心とした中部ルソン平野農村の分析において，ランデのモデルを維持しつつより精緻化する必要を提唱した研究として，Brian Fegan, "Entre-

preneurs in Votes and Violence: Three Generations of a Peasant Political Family," Alfred W. McCoy, ed., *An Anarchy of Families: State and Family in the Philippines* (Quezon City: Ateneo de Manila University Press, 1994), pp. 33-107.

また実証的観点からランデのモデルの不適応性を指摘した研究として，Willem Wolters, *Politics, Patronage and Class Conflict in Central Luzon* (Quezon City: New Day Publishers, 1984).

43) Benedict J. Kerkvliet, "Toward a More Comprehensive Analysis of Philippine Politics: Beyond the Patron-Client, Factional Framework," *Journal of Southeast Asian Studies*, Vol. 26, No. 2 (Sept. 1995), pp. 401-419; Fenella Cannell, *Power and Intimacy in the Christian Philippines* (Quezon City: Ateneo de Manila University Press, 1999), pp. 8-11, p. 24.

44) Edgar Wickberg, *Chinese in Philippine Life, 1850-1898* (New Haven and London: Yale University Press, 1965); Wong, *The Chinese in the Philippine Economy, 1898-1941*.

45) 早瀬晋三「近代大衆消費社会出現の一考察——アメリカ植民支配下のフィリピンと日本商店・商品」『人文学報(京都大学人文科学研究所)』第91号(2004年12月)，141〜170頁。

46) Norman G. Owen, *Prosperity without Progress: Manila Hemp and Material Life in the Colonial Philippines* (Quezon City: Ateneo de Manila University Press, 1984).

47) 松井透「商人と市場」『岩波講座世界歴史15　商人と市場——ネットワークの中の国家』岩波書店，1999年，6〜33頁。

第1部　人口と就業編成

第1章　マニラ地域経済圏における労働力移動
——19世紀初頭から20世紀前半まで——

　本章の目的は，19世紀初頭から20世紀前半のマニラ地域経済圏における労働力移動を分析することにある。それは，世界的にも大量移民が引き起こされていた時期とも重なる。とりわけアジアにおいては，中国人やインド人の国境を跨いだ移動に目覚ましいものがあり，そうした移民は，近代世界市場に向けて行なう第一次産品輸出の役割の一端を担った。19世紀の東南アジアにおける多くの地域が小人口世界であったことを考えると，鉱物資源や農産物の世界市場への輸出において移民が担った役割を軽視することはできないといえよう。

　19世紀以降のフィリピンにおいても，世界の他地域と比べて相対的に目覚ましかった人口成長を背景に(後述)，現地住民の人口流動性は高まった。例えば，甘蔗作プランテーションの開発で有名なネグロス島で，周辺地域から定着・出稼ぎ双方の労働力が吸収されていたのは，そのひとつの事例であろう[1]。このような事例は，フィリピン全体において容易に見出すことができる。中部ルソン平野でも，地域間労働力移動を前提にして，パンパンガ州北部からタルラック州にかけて甘蔗作地が拡大したほか，ヌエバエシハ州では商品作物生産としての米作農業が大規模に広まった。

　労働力移動，商品流通双方の意味においてマニラ地域経済圏の拡大に貢献することになる周辺フロンティアへの人口流入は，北部ルソンのイロコス地方，中部ルソンのブラカン州などの人口稠密的農村から送り出された余剰労働力に基づいていた。当時の中部ルソン平野における農業生産の拡大は，土

地生産性の増加よりも耕地の外延的拡張に因っていたのである(第4章)。こうした人口稠密的農村から周辺フロンティアへの労働力の流れが，農業用未墾地が十分に存在した1920年代まで，フィリピンにおける労働力移動の基本線となっていた。農村地域からマニラへの労働力移動が顕著になるのは，周辺フロンティアが消滅する1920年代以降のことである。

　マニラ地域経済圏の労働力移動に関する方法論について，序章においてすでに幾つかの点を指摘した。これまでに，アメリカ統治下におけるマニラへの労働力移動と周辺フロンティアへの労働力移動の両者を関連づけた研究は皆無に近いのである。ほかにここで指摘しておくべきは，マニラ地域経済圏での人口移動の在り方に影響を与えた政治経済的インパクトとして，19世紀から20世紀への世紀転換期に勃発したフィリピン革命とフィリピン・アメリカ戦争，および1929年の世界恐慌を重視していることである。とりわけ先行研究との関連で取り上げなければならないのは，前者の時期における人口移動である。フィリピン革命とフィリピン・アメリカ戦争期のマニラやその周辺地域では，住民の生活環境の混乱や社会不安から人口の地域的流動性が高まり，戦況の変化とともに人口移動の在り方も変化した。この点についてイレートは，フィリピン・アメリカ戦争下のマニラやその周辺地域では，平定政策と医療・衛生政策が分かちがたく結びついて，「保護区域(concentration camps)」政策[2]やコレラ感染からの住民の隔離が展開した結果，住民の衛生状態を含む生活状況のさらなる悪化が引き起こされたと指摘している[3]。アメリカによる平定政策やその延長線上に展開した医療・衛生対策は，その後のマニラの低調な人口成長率の一因ともなっていた。それらの諸政策は，地方社会においても「保護区域」逃避民や生活困窮者を増やすことになった結果，一時的にではあってもマニラへの人口移動を促進することになる。

　以下の第一節と第二節では，こうしたフィリピン革命およびフィリピン・アメリカ戦争が勃発するまでの労働力移動について，中部ルソンとマニラそれぞれを流入先としたものを順に述べていく。次いで第三節では，アメリカ統治下の労働力移動を考察することにしたい。

一　19世紀の中部ルソンにおける労働力移動

1. 生態環境

　ここでは，とくに19世紀末までのマニラ地域経済圏の生活や労働力移動において重要な歴史的前提を成す，河川などの生態環境について触れることにしたい。

　まず気候条件について，簡単に触れることにしよう。東南アジアにおける多くの地域のように，フィリピンでも季節風の影響によって年間を通じた降雨のパターンが決まり，1年は乾季と雨季に分かれている。マニラと中部ルソン平野では，通常6～11月が雨季であり，12～5月が乾季である。ルソン島の中央部分とフィリピンにおける他の地域のあいだには，降雨量にある程度の差が認められるのみである。また他の東南アジア地域と比べると，フィリピン諸島全域は年間を通じた温度差が少なくなっている。現在に至るまでのフィリピンにおける就業は，こうした気候の季節的循環をはじめとする生態環境の制約に基づき展開するケースが頻繁にみられる。中部ルソン平野において主要農作物のひとつとなる米についてみると，ブラカン州などの一部湿地地帯を除き，現在でも雨季に作付けして乾季に収穫を行なう一期作の地域が多い。

　中部ルソンは，マニラ湾の北側に広がるフィリピン最大の平野部で，東のサンバレス(Zambales)山脈と西のシエラマドレ(Sierra Madre)山脈によって挟まれた南北に長い沖積平野である(図序-2参照)。しかしながらこうした中部ルソン平野のなかでも，現在のヌエバエシハ州やタルラック州を含む内陸部は，19世紀初めまで，ネグリート系先住民が焼畑や狩猟・採集を行なった結果として熱帯雨林や草地が育成した地域を含み，その後，大規模な労働力流入先となる周辺フロンティアを構成した。それから約1世紀ほどのあいだに，この地域は熱帯雨林・草地・焼畑から水稲や甘蔗作向け農地への転換が進んだ。18世紀後半の中部ルソン平野には5つの大きな湖が存在し

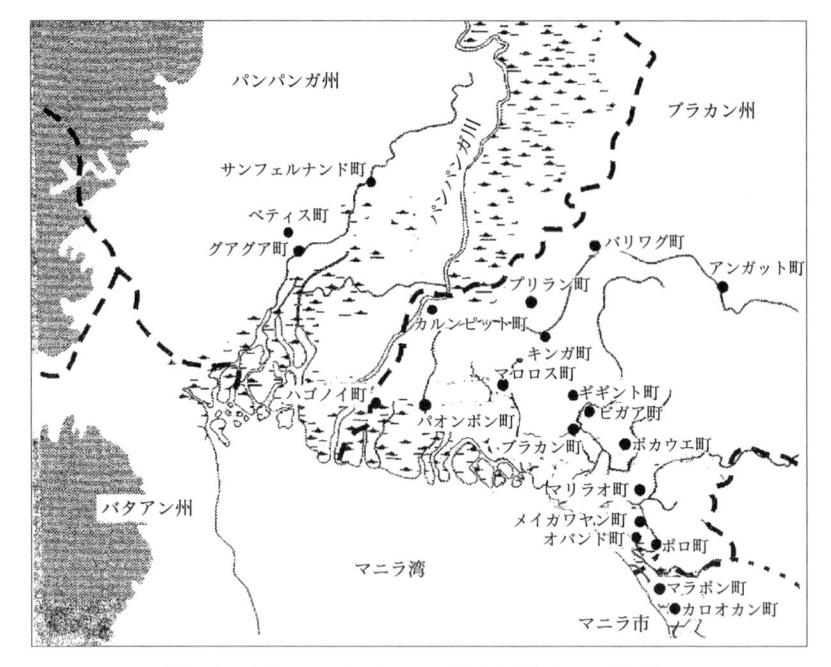

図 1-1 中部ルソン平野のマニラ湾沿岸地域(19 世紀後半)
出所）筆者作成。

ていたが，そうした森林伐採を引き起こす経済開発が急速に進んだ結果，現在までにそのうち 4 つの湖は消滅し，旱魃を引き起こしやすい状況を生むに至っている[4]。

中部ルソン平野において農業用灌漑や交通のために重要となる河川は，大きく 2 つの水系によって構成された。1 つは，中部ルソン平野中央部分を横断し，平野北限のリンガエン湾(Lingayen Gulf)に注ぐタルラック・アグノ(Tarlac and Agno)川水系である。もう 1 つはカラバリオ(Caraballo)山地から平野中央部分を経由して南西方向に流れ，マニラ北側のマニラ湾に注ぐパンパンガ川(Rio Grande de Pampanga)水系である。とくに後者のパンパンガ川水系は，マニラと中部ルソン平野をつなぐ重要な交通経路であった。パンパンガ川水系は，19 世紀後半までにパンパンガ州やブラカン州のマニ

ラ湾沿岸地域からマニラへ多くの移民を送り出す手段になったのみでなく，マニラ湾沿岸部を湿地地帯とする生態をつくり出して，人々の生活環境とする役割を果たしていたのである。他方，現在のパンガシナン州を中心とした中部ルソン平野北側は，19世紀半ばまでの農産物流通において南側ほどマニラとの結びつきは強くなかった。そのことは，タルラック・アグノ川水系河口に位置するスアル（Sual）港が1855年から約30年間国際港として認可され，中国に米を輸出していた事実からも窺える[5]。こうした河川は，とくに鉄道や道路網が整備される20世紀前半までの中部ルソン平野において，人や物を運ぶ重要な交通手段であった。

　土壌の性質に基づいて，中部ルソン平野は大きく3つの地域に分けられる。第一は，現在のヌエバエシハ州カバナトゥアン（Cabanatuan）市を中心とする平野東側における，肥沃で湿気を保つ粘土と混泥の土壌を持つ地域である。20世紀後半までに，商品作物向け米作地域となった。第二は，平野西側において，現在のタルラック州南部とパンパンガ州北部を占める砂質の土地である。19世紀半ばから，商業的砂糖生産に利用された。第三は，マニラ湾を囲むようにして平野西側に扇状に広がる，農業的に土地生産性の高い，黒い粘土質の土壌を有する地域である。現在のパンパンガ州とブラカン州の両南部から成るマニラ湾沿いのこの地域は，19世紀までにパンパンガ川水系等を通じてマニラへの移民や生活用商品の主要な送り手地域となっていた。広大な低地が広がる沿岸部において，パンパンガ川水系は多くの分流となると同時に，滞留して湿地地帯を形成しやすくなっていた。また農業にとっても生産的な土壌を提供して，フィリピンのなかで最も早く定住化のみられた地域のひとつであった。水の流れが滞留することで，堆積作用や多様な生物の生育が進んで肥沃な土壌が形成されやすく，人口の集住も促進されやすかった。そのためにスペイン統治下に置かれて間もない16世紀後半から，マニラのスペイン人社会は現在のパンパンガ州の地域に食糧調達の面で依存することになった[6]。19世紀初頭までのブラカン州の南側には，雨季には周辺一帯において水浸しとなる土地が広がっており，住民の大部分は迷路のように交差した河川の河口付近に居住していた[7]。なかでもマロロス

(Malolos)町の西側には，雨季には湛水して乾季には土地生産性の高い米作地となる「ピナグ(pinag)」と呼ばれた土地が存在していた[8]。

こうした土壌や気候の性格は，現地住民の経済活動の内容すなわち栽培作物や水利などの農業技術の在り方も制約していくことになる。また中部ルソン平野では，19世紀末までに河川や海を通じた水路が人や物の流れを形成していくことになった。これは，中部ルソン平野の特定地域とマニラ都市社会との社会経済的結びつき，マニラの文化的特質，中部ルソンの経済開発の地理的編成などに影響していくことになるのである。

2. 人口増加と耕作化

地域間人口移動は，19世紀のフィリピン社会を特徴づける最も大きな変化のひとつであった。ジャワ島平野部や紅河デルタを除く，他の多くの東南アジア地域と同じように，19世紀のフィリピンは人口密度の低い社会であった。しかしフィリピンは，当時急速に人口を増加させていた。19世紀以降の東南アジア地域は，それまでに大人口を抱えていた中国やインドと比べても高い人口成長を実現するようになっていたのである[9]。オーウェンによれば，フィリピンを含む東南アジア社会は，19世紀当時，世界の他地域と比較して高水準の人口増加を経験していたという。1890年代までに年3%の水準に達していたタイを筆頭に，19世紀のフィリピンとインドネシアは年1%を超える人口成長率を示していた。

19世紀後半に中国からフィリピンへの流入移民が増加するが，中国人はフィリピン全体の人口の2%を超えるものではなかった[10]。したがって19世紀フィリピンの人口増加において，外国からの移民流入よりも現地住民人口の自然成長率の上昇や地域間移動が大きな問題となる。こうして19世紀フィリピンの人口稠密地域では，土地などの資源利用に制約が生じた結果，他地域への移民や開墾などが誘発され，住民は新たな文化・経済的適応を要求されるようになった[11]。ただしスペイン統治下の19世紀当時，現地住民の労働力移動を制約する要因が制度的に存在していた。スペイン人教区司祭が地域住民を監視・統制したほか，徴税責任を負う町長が人頭税名簿に基づ

き住民の移動を管理していた。町の外部に移動する場合，その者は司祭の認可を受ける必要があったのみでなく，移動先や不在期間を事前に町長に申告しなければならなかったのである[12]。

　ここで，中部ルソン平野において移民流入先の一焦点となったヌエバエシハ州を取り上げよう。ヌエバエシハ州は，スペイン統治下の1848年に新たな州として独立して，アメリカ統治下の1920年代までに米作モノカルチャー地域としての性格を強く持つに至った。19世紀のこの地域では，スペイン人による国王領の購入・下賜が頻繁に行なわれてアシエンダと呼ばれる専一的大土地所有が形成され，そこでは肉牛が主に生産された。とくにカバナトゥアン町など州中央部では，スペイン人による牧畜経営が顕著であった。しかし19世紀末までに感染症である口蹄疫が牛に蔓延すると，アシエンダはスペイン人・中国人メスティーソの手に渡った。州南西部におけるガパン(Gapan)町，ハエン(Jaen)町のように，18世紀後半からタバコ専売制度が導入されて比較的早い時期から商品経済に巻き込まれていた地域も存在したが，人口が希薄で土地の開墾も進んでいない地域がほとんどであった。19世紀以降にこのヌエバエシハ州に大量に流入したのは，既述の北部ルソンからのイロカノ移民とマニラ湾沿岸地域などからのタガログ移民であった[13]。

　イロカノは，中部ルソン平野の北方において，ルソン島北部西岸に細長く広がるイロコス地方の住民である。すでに18世紀以降の顕著な人口増加や綿織物業の崩壊を要因として，イロカノ移民は共同体的な集団移動を敢行した。こうした移民は土地を開墾して自作農化する場合もあれば，アシエンダ内に小作農として定着する場合もあった。アメリカ統治下のヌエバエシハ州北西部で起きた諸事件を顕著な事例として，アシエンダとその周辺に位置した自作農とのあいだには，土地の境界をめぐり土地紛争が生じる場合もあった[14]。

　ヌエバエシハ州には，タガログ語圏からの移民も多く流入している。すでに19世紀初めまでに，ブラカン州内でもボカウエ(Bocaue)，メイカワヤン(Meycauayan)，ポロ(Polo)など各町のマニラに近い人口稠密地域から内

陸部への労働力移動が始まっていた。また20世紀に入るまでには，ヌエバエシハ州には，南側のブラカン州，パンパンガ州やラグナ(Laguna)州の地主が土地所有を拡大するようになっていた。地主は，こうした人口稠密的農村から移民を誘導して，ヌエバエシハ州の自己所有地に小作農として定着させた。このように，人口増加や既存の地主小作関係に基づいて，農業移民がブラカン州内陸部などからヌエバエシハ州へと玉突き連鎖的に増大していったのである[15]。

ただし19世紀末までのマニラ近郊地域の農業において，土地生産性の高い優良地の大部分はカトリック修道会の所有下に置かれていた。ブラカン州でも，その中央部やマニラ湾沿岸の湿地地帯にドミニカ修道会などのアシエンダが存在した。18世紀までに行政的権限の一部を担うことが顕著であった修道会農園は，当時の租税のひとつであった賦役労働の免除を実施して外部から労働力を誘導した。しかし民間人に依存した農園の管理組織が住民を社会的に直接統制することは，当時において難しかったようである。実際，18世紀までの租税徴収において，修道会農園が村落首長層に依存しなければならない幾つかのケースが存在していた。19世紀に入ると，修道会農園の農民の大部分は，インキリーノ(inquilino)と呼ばれた借地人の経済的支配下に置かれ，刈分け小作農として働いていた。中国人メスティーソが大部分を占めたインキリーノ層は，農園から大規模な土地を直接借り受ける一方，借地料の未納による立ち退きなどを強いられる場合もあった[16]。したがって19世紀初め以降の修道会農園においては，外部への労働力の流出を促進することはあっても，格段にその移動を拘束したり，流入を促す動機は見出しにくかったといっていいだろう。

その一方でイロカノ移民は，20世紀初めまでに，クヤポ(Cuyapo)，ギンバ(Guimba)，サンホセ(San Jose)など，ヌエバエシハ州北部の諸町に多く流入していた。ただし1939年センサスの時期までに，ヌエバエシハ州の全人口41万6762人のうち，イロカノ語の会話能力を持つ者が20万7495人存在する一方，タガログ語の会話能力を持つ者が33万2105人となっていた。これらのデータが示しているのは，当時のヌエバエシハ州には両言語に通じ

ている者が少なからず存在していたことである。イロカノが集中した上述3町においても，タガログ語の会話能力を持つ者は3分の1以上存在した[17]。この結果，1930年代までのマニラ地域経済圏周縁部にもタガログ語の共通語としての利用が人の移動を通じて拡大し，同地域経済圏は言語を指標として認識されにくい状況となっていたといっていいだろう[18]。

このようにヌエバエシハ州への農業移民は，北と南の両側から地縁・血縁的関係や地主小作関係を媒介にして進行していた。のちにみるように，こうした人口稠密的農村から周辺フロンティアへの労働力移動は，マニラへの移動の在り方にも影響を与えることになるのである。

二　19世紀のマニラにおける労働力移動

1．マニラの社会経済空間

現マニラ首都圏形成の歴史的起点となる城壁都市イントラムロス（Intramuros）は，16世紀後半に設立された，フィリピンにおける行政および布教活動の中枢となるスペイン人居住区であった。それは，スペイン人によってパシグ川の河口南側に建設された。パシグ川は，現在のラグナ州に位置するバイ（Bay）湖から26kmほどの短い距離を走ってマニラ湾に注いでいた。こうしたパシグ川や海流によって運ばれた沈澱物および沖積土は，イントラムロス周辺に広大なデルタ地域を構成していたのである。したがって，低く傾斜のない平地に位置したマニラは，潮の満ち干や降雨の影響を受けやすい湿地であった。19世紀後半までに人々の移動や居住場所もパシグ川によって制約され，住民の社会的結びつきはパシグ川の北側と南側に分断される傾向にあった[19]。

イントラムロス建設後，その外部には中国人居住区であると同時に商業活動の中心であったパリアン（Parian）が建設された。しかし18世紀後半にパリアンが取り壊されたことから，パシグ川北側のビノンド（Binondo）町が中国人居住区となり，マニラにおける商業の中心として発展した。現地人はイ

ントラムロスの周囲に居住し，とくにビノンド北側のトンド(Tondo)町は，16世紀半ばからマニラにおける建設労働などの労働力をプールする場となっていた[20]。イントラムロスとその近郊の人口は18世紀末までに約8万人，19世紀初頭までに約10万人規模に達していた[21]。

19世紀になると，住民居住地域の郊外化やマニラ市の行政区域の拡大が進展した。フィリピン史研究者の菅谷成子によると，1859年にはマニラ直轄市政州が創設され，イントラムロス対岸の7つの町が行政的にマニラへと統合されることになった。それと同時に，マニラ市およびその周辺諸町の上位行政組織であり，またトンド町に州都を置いていたトンド州は，マニラ州へと発展解消することになった[22]。こうしたマニラ市の行政区域拡大の背景にあったのは，住民住居の郊外化であった。それには，人口増加，中心部における水利を中心とした住環境の悪化，住居建築規制，交通網の発展等が影響し，それに伴い，住民がマニラとして意識する地域の範囲も拡大していた[23]。例えば住居建築規制に関して，18世紀後半以降の消防法がイントラムロスやビノンドでのニッパハウス建築を規制したため，貧困層が郊外に居住する傾向により拍車がかかった。当時，現地住民貧困層の住居は竹を組み，椰子の葉を葺いたニッパハウスを主としていたが，ニッパハウスの密集した地域では大規模な火災が頻発していたためである[24]。また19世紀後半までのマニラにおける交通網の発展では，馬車が交通手段として重要な役割を果たした。1頭引きや2頭引きなどさまざまなタイプの馬車が存在し，馬車が定期的な路線を走行して市の中心部と郊外を結ぶことになった[25]。

以上のように，19世紀にはマニラ市およびその近郊地域の都市化が進み，それに応じて行政組織の変化がみられたのである。そこで，次に19世紀のマニラ都市社会において，人口移動や住民の就業状況が如何なるものであったのかを検討する。

2. 中部ルソンからの人口移動とマニラの労働力構成

最初に，19世紀を通して多くの地方出身者が流入していたマニラ市近郊地域において，人口の変化がどのようなものであったのかを分析する。とり

わけ 19 世紀後半におけるマニラ市近郊への現地住民の移動は，次にみるように，フィリピン全体の人口流動性を鑑みるとそれほど顕著なものではない。もっとも，マニラ市および近郊地域の行政組織はたびたび変化を経験したので，首都圏への人口移動の通時的変化を押さえることは難しい。そこでマニラ市近郊諸町のなかでも，行政区域の変動が少なく，多くの現地住民が流入したと考えられるパシグ川右岸の 7 つの町 (ビノンド，トンド，トゥロソ Torozo，サンパロク Sampaloc，サンタクルス Santa Cruz，キアポ Quiapo，サンミゲル San Miguel。のちにマニラ直轄市政州となり，6 つの町に編成) を取り上げることにしたい。教区の住民名簿や人頭税名簿に基づいて人口数を提示した欧米人の観察記録を利用して，19 世紀中葉における人口変化をみると次のようになる。既述の地域では，人口は 1846 年に 6 万 3324 人[26]，1876 年に 9 万 3855 人[27] を数え，その期間における年平均人口成長率は 1.3％であった[28]。1876 年の人口数値は，教区における住民名簿に基づいたものである。これに対して 1846 年の人口数値は，人頭税リストに基づき推計されたために免税者などを含んでいなかったと考えられたため，実際よりも少なめになる傾向があった。したがって上述 7 町の人口成長率は過大に算出される傾向を持つが，それでも当時のフィリピン全体のデータ (19 世紀を通して 1％超) と比較して目立って大きいものではなかった。

　低調な向都移動の要因には，次のようなものが考えられる。スペイン統治下の労働力移動において，すでに述べたように徴税に関係した申告義務が移動を制約したほか，マニラの政府機関などで働く場合には，人頭税支払いなどにおいて必要とされる身分証明書 (cedula personal) を提示しなければならなかった[29]。またタバコ専売制度下の葉巻製造工場における従業員の公募でも，応募者は教区司祭による推薦状を必要としていた[30]。さらに男性現地住民の多くは，移動先として都市よりも農村を選好していたと考えることができる。

　次に表 1-1 を利用して，マニラへの移民送り出し地域を数量的にみることにしよう。以前よりも行政区域を拡大したマニラ市の 1903 年時点の主要言語別人口で，最も多かったのはタガログ語を主要言語とする者であった。し

表1-1 マニラ市の言語別人口構成(1903年:主要言語, 1939年:使用可能言語)

	フィリピン人	タガログ語	パンパンガ語	ビサヤ諸語	イロカノ語
1903年(人)	185,351	149,430	15,142	8,412	7,992
割合(%)	100.0	80.6	8.2	4.5	4.3
男性(人)	102,065	76,978	8,581	6,715	6,418
女性(人)	83,286	72,452	6,561	1,697	1,574
1939年(人)	564,388	584,455	63,162	67,424	58,577
割合(%)	100.0	103.6	11.2	11.9	10.4
男性(人)	283,281	305,064	31,341	36,740	27,766
女性(人)	281,197	279,391	31,821	30,684	30,811

出所) United States, Bureau of the Census, *Census of the Philippine Islands: Taken under the Direction of the Philippine Commission in the Year 1903*, 4 vols. (Washington: Govt. Printing Office, 1905) (以下, *Census of 1903*), Vol. 2, pp. 372-373; Philippines (Commonwealth), Commission of the Census, *Census of the Philippines, 1939*, 5 vols. (Manila: Bureau of Printing, 1940-43) (以下, *Census of 1939*), Vol. 1, Pts. 1-2.

たがって近郊地域からマニラ市に移動する者が多かったことは,容易に統計から垣間見ることができる。次いで多かったのが,同じくマニラ市近郊に位置したパンパンガ州の現地語を母語とする者である。遠隔地となる北部ルソンとビサヤ両地方の現地語を母語とする者がその後に続くが,明白な性別不均衡が存在して男性が圧倒的に多くなっていた。人口稠密的農村から周辺フロンティアへの移動が世帯ごとに行なわれる傾向があったのとは対照的に,遠隔地からマニラへの向都移動は男性の単身移動が多かったことを示している。このように,19世紀から20世紀への世紀転換期までのマニラへの労働力移動では,近郊のタガログ語圏やパンパンガ州が主な移民送り出し地域となっていた。

　そこで近郊タガログ語圏のなかからブラカン州を一事例として取り上げ,19世紀後半におけるマニラへの移動経路を再現したい。まず陸路についてみると,1880年代末までにブラカン州の州都ブラカン町からマニラ方面へ2本の主要道路が存在した。1つは,ビガア(Bigaa),ボカウエ,マリラオ(Marilao),メイカワヤン,ポロ各町の市街地(ポブラシオン,poblacion)を経由する旧道で,そこから当時のマニラ州に位置していたカロオカン(Caloocan)町に至るというものである。しかしながら当時フィリピンの一

般的事例に漏れず，雨季になると水溜りが生じ，小さな馬車での通行は不能になるという問題点を抱えていた。もう1つは，ブラカン町とポロ町の市街地を直接つなぐ新道である。しかしこの場合も，オバンド(Obando)町までに3つの河川を船で越えなければならないという問題があった[31]。ただし，1880年代当時，ブラカン州に隣接するマニラ州マラボン(Malabon)町からマニラ方面には，蒸気動力による路面列車が開設していた。

　他方，19世紀後半の水路に関してみると，マニラ湾沿いに海上を移動する経路と，河川によって直接マニラへ到達する経路があった。前者の場合，マニラとブラカン州のハゴノイ(Hagonoy)，パオンボン(Paombong)両町とのあいだを結ぶ蒸気船航路があった。19世紀半ばに，マニラから，ハゴノイ町などを縦断するパンパンガ川水系河口へ向かう航路の場合には，3時間ほどの旅程となっていた[32]。後者の場合，ブラカン町からマニラ州マラボン町へ，河川を通じて小型船舶で移動することができた。19世紀後半，マラボン町からマニラへの人や物の輸送には，多くの現地住民が所有する小型船舶バンカ(banca)が使われていた。海が穏やかな場合には，海岸沿いの航路が使われた。海が荒れている場合には海岸伝いに走る浅瀬の河川が利用されたが，この河川は私有地を通過するために，その通過地点ではバンカ1艘当り15センタボの料金が徴収されていた[33]。

　マニラの近郊に位置したブラカン州の場合でさえ，19世紀後半におけるマニラへの移動では陸路よりも水路が重要であった。19世紀を通じて，ブラカン州のみでなくパンパンガ州出身者も，水路を通じてマニラに流入し，トンドをはじめトゥロソ，サンパロクなどパシグ川北側の各町に居住した。19世紀初めまでに，トンド町の市街地には，ブラカン州，パンパンガ州方面からパシグ川に連結する川が横断していたのである[34]。スペイン人神父スニガ(Joaquín Martínez de Zuñiga)は，すでに18世紀から19世紀への世紀転換期までには，マニラ市を囲むトンド州はタガログ人によって占められていたこと，また冠婚葬祭などの社会慣行においてマニラ周辺のタガログ人村落と多くの共通性を有していたことを指摘している[35]。さらに19世紀半ばのトンド州では，ブラカン州と同様にタピス(tapis)と呼ばれた絹織物の衣

服も生産されており，両地域の文化的同質性が推察される[36]。

結果的に19世紀後半のトンド町やトゥロソ町では，政治的空間であったイントラムロスと対照的な居住景観が展開していた。すでに指摘したように，貧困層の住居となるニッパハウスがそこには密集していた。ニッパハウスは台風や火災の被害を受けやすいが，再建も容易で，暑さや湿気を凌ぎやすい快適性を備えていた。また土壌の排水が悪かったため，雨季には住居の下は水溜りになった。水溜りは乾季に蚊の培養池となったため，マラリアへの感染によって多くの人々が死亡した[37]。

ところで，マニラ現地住民人口の就業を考える場合，まず注目すべきはビノンド町を中心に活躍した中国人メスティーソや中国人の職業構成である。18世紀半ばから19世紀半ばまでの約1世紀のあいだ，中国大陸からの移民が制限され，マニラの中国人メスティーソの大部分は小売商人や熟練職人の分野に参入した。中国人は，ジャンク船で対中国貿易に従事して卸売を独占し続けると同時に，熟練職人としても就業し続けた。19世紀後半になると，中国人は欧米商社の仲買業に進出したのみでなく，大小さまざまな形態において小売業への影響力を拡大した。中国人メスティーソを含む現地住民と競合しながらも，製靴業や家具製造業での職人・大工，料理人などのほか，公共事業を含む雑業労働にも従事した[38]。

その一方で，19世紀初頭におけるトンド州のマニラ市近郊諸町は，いまだ農漁村的景観を備えていた。多くの地方出身者が集住する傾向の強かったトンド町では，現地住民は米や甘蔗を栽培したほか，漁業で生計を立てる者も多かった。またトンド町には，事務，行商，織物業，石灰製造，日雇い労働に従事する者も存在した。とりわけ女性は，織物業で働く以外に，葉巻製造工，ブラカン州・パンパンガ州方面への行商人，ビノンド町の店員として就労した[39]。

政府官吏への着任が制約されていた現地住民の移民は，19世紀から20世紀の世紀転換期までに製造業およびサービス業部門におけるブルーカラー層に参入した。フィリピン人女性は，葉巻製造工，小売店従業員，食堂経営者，縫製婦，洗濯婦，家事使用人として働いた。フィリピン人男性は，日雇い労

働者のほか，製造業では，葉巻製造工，機械工，荷馬車・馬具製造職人，印刷労働者として就労した[40]。18世紀末から約1世紀のあいだ，タバコ専売制度のもとに置かれたマニラ内外の葉巻製造工には，ブラカン州など中部ルソンの近隣地域出身者が男女ともに流入していた[41]。一部のマニラ近郊出身者は，葉巻製造工など比較的安定した職種に従事することができたが，大部分の移民は，日雇い労働など雇用条件の不安定な仕事に従事したと考えられる。

　このように，中国人とフィリピン人の就業には得意とする産業や業種に違いがみられた。またフィリピン人のマニラへの労働力移動は19世紀末までにそれほど大規模に展開しなかったが，トンド町を典型的事例として，フィリピン人内部においても居住地域が言語集団および出身地域ごとにある程度特化していた。就業先の業種や職場も，厳格ではないにしても言語および出身地域別に分化していた。第3章で確認するように，葉巻製造業では，特定地域からの採用がアメリカ統治下に至るまで継続し，ブラカン州出身者とパンパンガ州出身者はそれぞれ働く工場を特化させていた。次章で検討する港湾労働では，親方のもとにフィリピン人労働者が組織化されており，異なる言語を話す者がひとつの作業班では働きにくい雇用構造となっていた。さらに還流型労働力移動について，ダッパースは，米作に特化したバタアン，ブラカン，カビテ各州の出身者は農閑期となる乾季にマニラへ移動し，建設業の熟練部門で働いたと指摘している[42]。

　最後に，こうしたフィリピン人労働者の言語集団および出身地域別の組織状況を示すものとして，20世紀初めにおける公共労働の作業現場を取り上げることにしよう。合衆国労働省調査官クラーク（Victor S. Clark）は，次のような観察を残している。

　　マニラ市道路局によって雇用された100人の男性の作業班において，7つの異なる言語が話された。そこでは異なる言語を話す者同士言葉を理解することはできず，現地住民の労働頭は身振り手振りで意思伝達することを強いられた。反乱の続く不安定な状況の結果として，マニラに多くの異

なる州から労働者が集まったのは最近のことである。これが，マニラの常態ではない[43]。

　クラークの記述からは，アメリカ統治下の公共事業では，賦役に依存していたスペイン統治下とは別の方法で，新たに労働力を組織する課題に直面していたことが読みとれる。それと同時に，マニラへのタガログ語圏外からの移民は，20世紀に入るまでそれほど多くなかったことも示している。このことを裏づけるように，フィリピン・アメリカ戦争などの混乱を受けてマニラへの人口流入が増加した当時において，異なる言語を話す者が同じ作業班に組織されると，作業の明らかな混乱を招いていた。20世紀初めまでのマニラは，同質の文化的背景を持つ近郊農村地域から多くの労働力を吸収していたのである[44]。

三　アメリカ統治下の向都移動

　フィリピン・アメリカ戦争において，マニラのみならず，中部ルソン平野の農村地域もアメリカの平定政策やフィリピン人の抵抗運動に巻き込まれることになった。1901年12月からアメリカ軍が農村住民を特定の空間に集住させる「保護区域」政策が本格的に展開すると，それを逃れるフィリピン人のマニラへの移動は促進されることとなった。以前から周辺諸町との行政的結びつきを強めていたマニラ市は，フィリピン革命を経た1898年9月までに革命政府とアメリカ軍両者による支配下に置かれていた[45]。1899年にフィリピン・アメリカ戦争が勃発して，アメリカによる支配地域がフィリピン全体において広がるなか，1901年にはマニラ市の行政区域は拡大して，イントラムロス，トンド，ビノンド，キアポなどの各行政地区から構成されるようになった。同時にマニラ市は首都としての役割を改めて担うことになり，イントラムロスにあった行政・教育機関の外部への移転が進んだ。以降，イントラムロスは政治空間から商業的賑わいを併せ持つ空間へと変化している。またマニラ市の周辺地域は，新たにリサール州として行政的に組織され

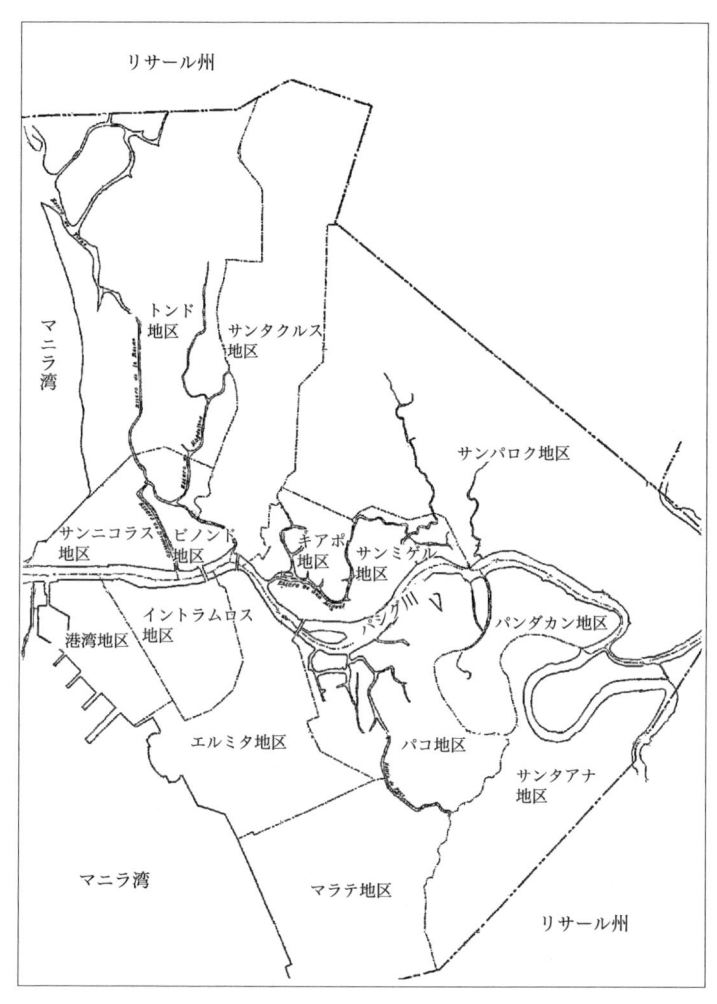

図1-2 アメリカ統治下のマニラ市行政区
出所）*Census of 1939*, Vol. 1, Pt. 2.

ている。こうした流れのなかで、マニラ都市社会は、以前にもまして地理的に拡大することになった。例えば、パシグ川の南側にあるエルミタ (Ermita)、マラテ (Malate) は、高所得者を中心とする新たな住宅地のセンターとなっている。また第3章における葉巻製造業の事例で確認するように、

民間企業の事務所や工場，住居も郊外に移転した。マニラ都市空間の郊外化は，新設された道路のほか，マニラ中心部とリサール州マラボンを結ぶ路面電車によっても促進されていた[46]。

アメリカ統治下には，マニラ市とルソン島各地を結ぶ交通機関の整備が進み，従来の河川に加えて，鉄道や自動車も重要な輸送手段となった。鉄道についてみると，すでに1892年にマニラから北方に向けてブラカン，パンパンガ，タルラック，パンガシナン各州を通過するマニラ—ダグパン(Dagupan)線が開設していた。1905年には，中部ルソンを横断するビガア—カバナトゥアン線が開設した。マニラとビコール地方を結ぶ南幹線は，1900年代後半から順次南側に向けて敷設距離を伸ばした。また道路建設は1910年代以降顕著な進展をみせ，マニラと北イロコス(Ilocos Norte)州を結ぶ長距離幹線道路も開通した。こうして1920年代以降には，バスやトラックによる人や物の輸送量も増大していくことになるのである[47]。

しかしながらマニラ市の人口は，1920年代までに顕著な成長率を示さなかった。表1-2によると，1903～18年におけるマニラ市の年平均人口成長率は1.7%で，驚くべきことにフィリピンの2.0%を下回っていた。マニラ市の人口が男女ともに高い成長率を示すようになるのは，1918年以降のことになる。最初に，こうしたマニラ市の人口変化の背景を住民の出生と死亡に関わる自然増加の側面から考えてみよう。

表1-3は，フィリピン保健局(Philippine Health Service)のデータに基づく，マニラ市およびフィリピンの死亡と出生に関する数値である。1920年代後半まで，フィリピンの死亡率および出生率のデータはマニラ市のそれよりも傾向的に下回っている。これは，マニラ市の数値がフィリピンのそれよりも実際の死亡と出生の件数を網羅していたことを反映したためであろう[48]。結論を先取りするならば，マニラ市の死亡率，とくに乳児死亡率は，1920年までに低下する傾向にあった。これは，アメリカによる医療・衛生政策の成功というよりも，フィリピン革命およびフィリピン・アメリカ戦争勃発以降に異常に高い水準を示していた死亡率が，1910年代を通じて落ち着きを取り戻していたためである[49]。

表 1-2　マニラ市の人口動向(1903～39 年)

	1903 年(人)	1918 年(人)	年平均増加率 (1903 年～)(%)	1939 年(人)	年平均増加率 (1918 年～)(%)
フィリピン	7,635,426	10,314,310	2.0	16,000,303	2.2
マニラ	219,928	285,306	1.7	623,492	3.7
男	131,659	156,731	1.2	326,287	3.5
女	88,269	128,575	2.5	297,205	4.0
トンド	39,043	71,905	3.9	160,958	3.8
サンタクルス	35,030	46,518	1.9	94,884	3.4
サンニコラス	29,055	25,972	−0.7	35,330	1.5
サンパロク	18,772	35,346	4.1	111,995	5.2
ビノンド	16,657	15,696	−0.4	20,281	1.3
港湾地区	15,901	4,289	−7.7	4,387	0.1
エルミタ	12,246	14,371	1.1	18,554	1.3
キアポ	11,139	14,128	1.6	21,377	2.0
イントラムロス	11,460	13,027	0.9	21,352	2.4
マラテ	8,855	14,663	3.3	54,487	5.8
サンミゲル	8,834	3,949	−5.1	12,715	5.3
パコ	6,691	14,277	4.8	30,830	3.7
サンタアナ	3,255	5,950	3.9	25,100	6.2
パンダカン	2,990	5,215	3.6	11,242	3.7

出所) *Census of 1903*, Vol. 2, pp. 230-233; Philippines, Census Office, *Census of the Philippine Islands: Taken under the Direction of the Philippine Legislature in the Year 1918*, 4 vols. (Manila: Bureau of Printing, 1920-21), Vol. 1, Pt. 2, pp. 434-435; *Census of 1939*, Vol. 1, Pts. 1-2.

現地住民の死亡率がこのような変化をたどった背景として，以下の2つの理由を挙げることができる。第一に，フィリピン革命以降続く戦乱や，フィリピン・アメリカ戦争における平定政策およびその延長線上において実施されたコレラ防疫対策が，逆にマニラ住民の衛生・栄養状態や生活環境の悪化をもたらしていた[50]。コレラ防疫対策では，衛生環境の悪い特定地域に人々が集住させられた。また物資の流通に制約の課された結果，住民の栄養状態が悪化することになった。19世紀から20世紀への世紀転換期におけるこれらの出来事は，フィリピン・アメリカ戦争終結後も長期にわたり現地住民の高い死亡率に影響していたといえよう。第二に，アメリカにより引き続き実施された公衆衛生政策や住環境の整備が住民の生活環境を多少なりとも改善したことと相俟って，時間の進行とともに住民の生活環境は落ち着きを取り戻し，死亡率は例外的に高い水準を脱する傾向にあった[51]。例えば，アメリ

表 1-3 マニラ市およびフィリピンの死亡率・出生率(1904~32年)

(単位:千分率)

	マニラ			フィリピン		
	死亡率	乳児死亡率[1]	出生率	死亡率	乳児死亡率[1]	出生率
1904年	45.69	n.a.	n.a.	27.05	n.a.	27.80
05年	39.74	n.a.	n.a.	21.03	n.a.	30.89
06年	41.73	n.a.	n.a.	17.77	n.a.	26.70
07年	32.59	n.a.	n.a.	16.86	n.a.	31.41
08年	47.62	n.a.	n.a.	22.78	n.a.	33.28
09年	35.50	n.a.	n.a.	21.06	n.a.	28.61
10年	34.25	n.a.	n.a.	22.08	n.a.	33.45
11年	35.09	n.a.	n.a.	21.33	n.a.	34.28
12年	33.35	n.a.	n.a.	20.58	n.a.	32.34
13年	24.48	n.a.	n.a.	16.82	n.a.	34.49
14年	24.67	n.a.	n.a.	17.57	n.a.	37.22
15年	25.54	n.a.	n.a.	18.55	n.a.	34.43
16年	26.84	n.a.	n.a.	20.04	n.a.	34.84
17年	25.03	n.a.	33.27	21.11	n.a.	35.12
18年	43.92	397.56	32.26	36.63	262.52	34.57
19年	27.36	224.95	35.11	32.24	235.46	30.52
20年	26.47	213.02	43.54	19.68	161.20	34.50
21年	26.42	295.53	42.81	19.59	169.67	34.39
22年	24.09	194.24	43.68	19.10	155.58	35.02
23年	26.01[2]	192.08	48.04[2]	18.49	148.24	35.00
24年	26.01	195.65	48.04	20.34	161.92	33.95
25年	23.87	167.02	48.20	19.94	150.18	37.42
26年	26.37	166.37	46.84	21.89	156.74	38.11
27年	24.21	150.33	48.02	20.68	152.54	38.88
28年	23.06	151.38	48.41	20.18	150.08	39.12
29年	27.24	171.57	48.98	21.70	161.63	39.15
30年	27.26	160.24	49.83	22.78	165.00	38.65
31年	25.61	151.58	56.53	21.39	155.15	39.10
32年	24.24	139.82	57.80	22.28	137.62	39.18

注1) 乳児死亡率:1歳以下の死亡乳児数の年内出生数に対する千分比。
注2) 23年と24年のマニラの死亡率と出生率のデータが同じであるが,原史料のまま。
出所) Entry 5 150: 56/34/4, The United States, The National Archives, Record Group 350, Records of the Bureau of Insular Affairs.

カによる医療・衛生政策として実施されたワクチン接種による天然痘予防は,1910年までにその罹患件数を激減させて,例外的な成功を収めることになった[52]。

他方,マニラ市の出生率は,1920年代以降増加傾向にあった。これは,マニラ市への向都移動が若年層を中心に進展したためであろう。とくにその

徴候は，世界恐慌以降に顕著になっている。

　以上のように，フィリピン革命およびフィリピン・アメリカ戦争における住民生活の甚大な被害を背景に，1910年代までのマニラでは比較的高い死亡率を経験していた。このことが，マニラ市における人口成長率の低さの一因となっていたことは否めないだろう。しかしながら都市の人口増加を考察するにあたっては，自然増加の側面よりも外部からの人口流入を重視するのが一般的であろう。製造業の資本蓄積が十分進んでいなかったことを前提にして，マニラ市の社会的人口増加の長期的動向について考えると，その要因に最初に挙げなければならないのが中国人移民の流入である。次章で検討するように，アメリカは中国大陸からフィリピンに流入する移民を制限したため，これがマニラ市の人口増加を抑制したという見方ができるだろう。もともと中国人人口の集中する傾向にあったマニラ市にとって，その影響は小さくなかったといえる。

　もう1つは，周辺フロンティアへの労働力移動を挙げることができる。第4章でヌエバエシハ州の事例を詳しくみるように，1920年代までの中部ルソン平野内陸部などには農業用未墾地が存在し，マニラ近郊農村地域からも多くの労働力を吸収した。これが，マニラ市への労働力移動を制約した最大の要因と考えられる。1918年までのマニラ市の人口成長率において，女性より男性の数値が低くなっていたのも，多くの男性が未墾地への労働力移動に吸収されていたためであろう。1918〜39年になると，ヌエバエシハ州などの農業用未墾地は消滅し，マニラ市への人口移動において男女間の不均衡は解消されることになった。結果的に，マニラ市とくにパシグ川の南側で人口増加が顕著になった。これは，戦後にも引き続くマニラ都市社会への大規模な労働力移動の歴史的起点でもあった。

　1920年代以降におけるマニラへの労働力移動の特徴は，マニラの雇用機会が十分拡大しなかったにもかかわらず流入者が増大したと同時に，その供給地域が拡大，多様化したことである。表1-1より，1939年におけるタガログ語以外の利用可能言語の人口構成は，表中に示せなかった言語も含めると，ビサヤ諸語，パンパンガ語，イロカノ語，パンガシナン語，ビコール語

の順となっていた。1903年のデータと比較すると，各言語ともに男女間の人口格差がほとんどなくなっている。またビサヤ地方をはじめとして，マニラ近隣地域以外の出身者の割合が大きくなっていることもみてとれる。そうした遠隔地出身者と推定される人々は，20世紀初頭までの代表的な貧困層居住地域であるトンドへの過度な集中を示さず，マラテやサンパロクなどの郊外地域に居住する傾向があった[53]。ただし1939年におけるマニラ市のフィリピン人は56万4388人で，タガログ語の会話能力を持つ者は，外国人を含めると58万4455人となっていた。したがってマニラにおけるフィリピン人のあいだでは，アメリカ統治下において，異なるエスニシティ間で会話を行なう際の共通語としてタガログ語を受容するようになっていたと考えることができるのである。

　次に，フィリピン人移民のマニラ市における就業動向を考察しよう。アメリカ統治期全体を通じて高い人口成長率を示した女性は，表1-4にあるように家事などのサービス業における低賃金労働に吸収された。製造業では，1930年代末までに男性の割合が増加する一方，女性のそれは減少していた。男性の場合，対米貿易および公共行政機構が拡大した結果，社会的分業が進んで製造業などへの従事者が増大していたといえる。女性の製造業従事者割合が大幅に減少したのは，綿織物業の衰退を一因としている。ただしマニラの主要産業のひとつであった葉巻製造についてみると，1920年代まで女性を含む就業者数は拡大していた（第3章）。また男女ともに，公務員，事務職に従事するホワイトカラー層の割合が増大していた。最終的に，世界恐慌を経た1930年代のマニラ労働市場では，全体的に雇用機会が減少して，ブルーカラー労働者は失業の危機にさらされることになった[54]。企業側の雇用状況は改善しなかったと同時に，のちにみるように，地方から多くの労働力がマニラ市に流入していたためである[55]。

　以上のように，1920年代までに未墾地への労働力移動が衰退することにより，マニラへの向都移動が活発にみられるようになった。しかしながらマニラ内部において，労働力流入を促すプル要因が全くなかったわけではない。実際，18世紀から大規模に展開した葉巻製造業は，1920年代までに女性を

表1-4 フィリピン人の産業別就業構成の推移(マニラ市, 1903年, 39年)

	1903年				1939年			
	男性		女性		男性		女性	
	人数	割合(%)	人数	割合(%)	人数	割合(%)	人数	割合(%)
家事・サービス	30,612	40.1	11,737	41.3	27,581	16.9	120,951	80.5
製造・建設	12,318	16.2	12,526	44.1	64,576	39.5	14,887	9.9
商業・輸送	23,322	30.7	3,503	12.3	47,371	29.0	6,246	4.2
専門職・事務職・公務員	5,571	7.3	227	0.8	35,234	21.6	8,157	5.4
合 計	76,037	100.0	28,431	100.0	163,405	100.0	150,343	100.0

注1) 両年ともに, 筆者が各業種を産業別に分類。
注2) 1939年のデータは, マニラ市住民全体の性別就業人数に基づく。フィリピン国籍を有する者は, 当時のマニラ市住民の90.5%を占めていた。
出所) *Census of 1903*, Vol. 2, pp. 1003-1005; *Census of 1939*, Vol. 1, Pt. 3.

含む労働力を多く雇用した。ただしそうした雇用も，ブラカン州やパンパンガ州などの特定地域出身者の縁故関係によって大きく制約されていた。またアメリカ統治下において就業者が増大した公務員についても，中部ルソン出身者の割合が大きかったことには留意する必要があろう[56]。

最後に，マニラへの向都移動に影響した政治経済的なインパクトとして，2つの出来事を考察することにしよう。第一に挙げるのが，すでに言及した，19世紀から20世紀への世紀転換期におけるフィリピン革命およびフィリピン・アメリカ戦争である。当初，多くの人々がマニラから地方村落へと避難していたが，スペインの撤退以降も，フィリピンの多くの地域で戦闘行為が展開して社会が混乱したため，主要な労働力供給地域であったブラカン州やパンパンガ州を中心に，生活上の苦難を逃れようとする多くの人々がマニラに押し寄せた。さらに1902年までには疫病による役畜不足や自然災害も併発したほか，アメリカの医療・衛生政策も住民への甚大な被害を及ぼした。そうした状況は，当時アメリカ支配にいち早く協力的姿勢を示した有産知識人のひとりブエンカミノ(Felipe Buencamino)が，1903年5月に民政長官タフト(William H. Taft)へ公共事業による救済を求めた手紙によって示されている。

砂糖と米を生産するすべての州の経済状況は，依然として困窮の度合いを増しており，全体として最悪である。バッタが現在や将来の作物に被害を及ぼすことが予想され，社会不安は大きい。とくにパンパンガ州，ブラカン州出身の多くの人々が，仕事を求めて都市に押し寄せている[57]。

自然災害もフィリピン人住民の生活の破壊に影響するなかで，アメリカによる平定政策が地方農村における農業を疲弊させたことは容易に推察される。南部タガログ地方を中心に多くのフィリピン人が生業を放棄して山間部に逃避したのみならず[58]，少なからぬ人々が収入と安全を求めてマニラへの移動に加わっていたのである。

もう1つの政治経済的出来事は，1929年に生じた世界恐慌である。1920年代以降になると，中部ルソンなどでは開墾の外延的拡大によって農民化することが難しくなった結果，男性を含む過剰労働力が構造的に排出されるようになり(第4章)，それが向都移動の流れの一端を形成するようになっていた。さらに世界恐慌という局面において，地方の農民は人口増加を背景とする農地からの立退きのほか，商品作物の価格下落による所得の減退を経験していた。とくにビコール地方やパンパンガ州のように，マニラ麻や砂糖などの商品作物に特化した地方農村では，景気などの市場変動によってマニラへの労働力移動が引き起こされやすくなっていた。

植民地政府労働局の年次報告によると，1929年の時点ではマニラ市における不完全就業者(原典における定義不明)を含む失業者数は約1万5000人と見積もられていたが，マニラにおける失業についてはいまだそれほど深刻な論調を展開していなかった[59]。ところが同1931年次報告以降になると，政府労働局はマニラの失業に関してその状況や規模の実態把握に腐心するようになる[60]。それは，マニラへの労働力の流入と失業者化が徐々に深刻化していたことを物語っている。マニラで失業状態にあった人々は，出身地域に戻らずに，そのままマニラに滞留する傾向にあった[61]。当時の労働局長は，失業者救済のための公共事業が実施される状況において，マニラの失業問題と地方農村における農業問題との関連性を指摘するようになっていた。労働

運動が激化するさなか，労働局は，マニラの失業者の減少をひとつの目的として農業における小作条件の改良を提唱するようになった[62]。すでに指摘した農業用未墾地の消滅という現象に加えて，世界恐慌がマニラへの労働力移動をより大規模なものにしたのである。

さらにこうした1920年代後半以降の社会状況において，都市と地方村落に跨る結社が形成され，それに基づく民衆運動も興隆するようになっていた。タングラン(Tangulan)やサクダル(Sakdal)のように，フィリピン独立や社会経済的改革を訴えたものがそれである。例えばタングラン運動は，マニラのトンド地区とブラカン州に支部を構えて都市労働者と農民をメンバーに抱える秘密結社としてスタートし，その後中部ルソン，南部タガログ地方一帯に組織を拡大していた[63]。民衆の地域的結びつきの歴史性を，そこに垣間見ることができるのである。

ま と め

最後に，本章の考察を要約しよう。20世紀初頭まで，マニラへの主要な労働力排出地域はマニラ湾沿岸地域を構成するパンパンガ州やブラカン州であった。これらのマニラ近郊の農村地域は，北部ルソンのイロカノ移民などとともに中部ルソンの未墾地への農業移民も送出した。他方19世紀初めまでに，マニラ市およびビノンド町などの郊外地域には中国人をはじめとして多くの外国人が混在していたのに対して，それ以外のフィリピン現地住民が比較的多く集中していたトンド町などではタガログ人優位の社会が形成されていた。フィリピン革命の時期までに，中部ルソンとマニラは商品流通の面において結びつきを強めていたことを考えると，労働力移動は商品流通に伴う情報伝達を通じて促進される傾向にあったとみていいだろう。

アメリカ統治期においてマニラへの労働力移動が顕在化するのは，農業未墾地が枯渇する1920年代以降であった。こうしてマニラ地域経済圏内における労働力移動は，マニラへの向都移動の性格を強めることになる。交通網の整備を背景にして，他の言語圏からの向都移動も増加し，マニラ市におけ

るフィリピン人労働力の供給源が地域的に拡大・多様化した。アメリカ統治下のマニラではさまざまな地方出身者がタガログ語を共通語として受け入れるようになり，複数の言語圏出身者による生活文化の融合が進んでいたと推察される。結果的に，1930年代までに中部ルソン平野における農地の開墾はほぼ完了して，タガログ語を主要言語とするマニラ地域経済圏の地域的範囲は拡大し，その周辺境界地域でのイロカノ住民によるタガログ語の受容も進んでいた。

しかしながらマニラにおける就業状況をみると，同一言語集団および地縁・血縁関係に基づく人的ネットワークは簡単に消滅することはなかった。20世紀初頭までのマニラにおいて，中国人やフィリピン人各言語集団は，居住区や就業において棲み分ける傾向にあった。その後もマニラ全体の雇用構造が変化しながらも，例えば葉巻製造業従事者や公務員にはブラカン州やパンパンガ州などの中部ルソン出身者が多くなっていた。言語を含む生活文化や地縁・血縁関係が，居住や就業における棲み分けの要因であっただろう。1930年代までのマニラ人口構成において，中部ルソン出身者のプレゼンスは弱まったが，19世紀までにすでに強固になっていた中部ルソンとマニラの地域的結びつきは，タガログ語をマニラ住民の共通言語とすることに貢献し，また雇用構造における中部ルソン出身者の優位性を形づくったのである。

1) 永野善子『フィリピン経済史研究――糖業資本と地主制』勁草書房，1986年，189～208頁。
2)「保護区域」政策とは，アメリカ軍が，ゲリラへの食糧供給をはじめとする援助を断つために住民を町中心部の特定区域内に強制的に集住させたもの。1901年12月から1905年4月まで，バタンガス州やラグナ州などを中心に実施された。
3) Reynaldo C. Ileto, "Cholera and the Origins of the American Sanitary Order in the Philippines," David Arnold, ed., *Imperial Medicine and Indigenous Societies* (Manchester: Manchester University Press, 1988), pp. 125-148.
4) Marshall S. Mclennan, "Peasant and Hacendero in Nueva Ecija: The Socio-economic Origins of a Philippine Commercial Rice-Growing Region," Ph.D. Dissertation, University of California, 1973, pp. 13-20.
5) Benito J. Legarda, Jr., *After the Galleons: Foreign Trade, Economic Change and Entrepreneurship in the Nineteenth-Century Philippines* (Quezon City: Ateneo de

Manila University Press, 1999), pp. 160-165.
6) John A. Larkin, *The Pampangans: Colonial Society in a Philippine Province* (Berkeley: University of California Press, 1972), pp. 24-25.
7) Yldefonso de Aragón, *Estados de la Población de Filipinas Correspondiente a el Año de 1818* (Manila: Imprenta de D.M.M., 1820), No. III, pp. 2-3.
8) Joaquín Martínez de Zuñiga, trans. by Vicente del Carmen, *Status of the Philippines in 1800* (Manila: Filipiniana Book Guild, 1973) ［原著 Joaquín Martínez de Zuñiga, *Estadismo de las Islas Filipinas* (Madrid: Minuesa de los Rios, 1839)］, pp. 329-331.
9) R. E. Elson, *The End of the Peasantry in Southeast Asia: A Social and Economic History of Peasant Livelihood, 1800-1990s* (Macmillan: London, 1997), pp. 74-78.
10) Norman G. Owen, "The Paradox of Nineteenth-century Population Growth in southeast Asia: Evidence from Java and the Philippines," *Journal of Southeast Asian Studies*, Vol. 18, No. 1 (Mar. 1987), pp. 45-47.
11) しかしながらフィリピンは，19世紀を通じて人口を単に連続的に増加させていたのではなかった。ダッパースによると，19世紀後半から20世紀初頭のフィリピンは，急速な社会経済環境の変化により，感染症への罹患などを原因としてそれまでにない高い死亡率も経験していた。Daniel F. Doeppers and Peter Xenos, "A Demographic Frame for Philippine History," D. F. Doeppers and P. Xenos, eds., *Population and History: The Demographic Origins of the Modern Philippines* (Madison: University of Wisconsin-Madison, Center for Southeast Asian Studies, 1998), pp. 3-4.
12) Horacio de la Costa, S. J., *Readings in Philippine History* (Makati: Bookmark, 1992), pp. 167-168.
13) Agustín de la Cavada y Méndez de Vigo, *Historia Geográfica Geológica y Estadística de Filipinas,* 2 tomos (Manila: Imprenta de Ramírez y Giraudier, 1876), 1 tomo, pp. 73-74; Mclennan, "Peasant and Hacendero in Nueva Ecija," pp. 77-139; D. Joaquin Rajal y Larre, "Memoria acerca de la Provincia de Nueva Ecija en Filipinas," *Boletin de la Sociedad Geográfica de Madrid*, Vol. 27, No. 2 (1889), p. 291, pp. 298-300.
14) Cavada, *Historia Geográfica*, 1 tomo, pp. 73-74; Rajal, "Memoria acerca de la Provincia de Nueva Ecija," pp. 292-311, pp. 342-343; Percy A. Hill, "Old History in Nueva Ecija," *Philippine Magazine*, Vol. 27, No. 5 (Oct. 1930), pp. 300-301.
15) Hill, "Old History in Nueva Ecija," pp. 300-301; Martínez de Zuñiga, *Status of the Philippines in 1800*, p. 300; Mclennan, "Peasant and Hacendero in Nueva Ecija," pp. 77-139; Brian Fegan, "Folk-Capitalism: Economic Strategies of Peasants in a Philippines Wet-Rice Village," Ph.D. Dissertation, Yale University, 1979, pp. 39-42.

結果的に，1903年のヌエバエシハ州における主要言語別構成は，次のようになっ

ていた。フィリピン人 13 万 2560 人のうち，タガログ語 8 万 6506 人，イロカノ語 4 万 734 人，パンパンガ語 3265 人。United States, Bureau of the Census, *Census of the Philippine Islands: Taken under the Direction of the Philippine Commission in the Year 1903*, 4 vols. (Washington: Govt. Printing Office, 1905) (以下，*Census of 1903* と記す), Vol. 2, pp. 372-373.

16) Dennis Morrow Roth, *The Friar Estates of the Philippines* (Albuquerque: University of New Mexico Press, 1977), pp. 53-61, pp. 117-146.

17) Philippines (Commonwealth), Commission of the Census, *Census of the Philippines, 1939*, 5 vols. (Manila: Bureau of Printing, 1940-43) (以下，*Census of 1939* と記す), Vol. 1, Pt. 3.

18) アメリカ統治下における公用語および国語をめぐる議論について，内山史子「フィリピンの国民形成についての一考察——1934 年憲法制定議会における国語制定議論」『東南アジア——歴史と文化』第 29 号(2000 年), 81～104 頁。

19) Xavier Huetz de Lemps, "Waters in Nineteenth Century Manila," *Philippine Studies*, Vol. 49, No. 4 (2001), pp. 494-496.

20) 清水展「植民都市マニラの形成と発展——イントラムロス(城壁都市)の建設を中心に」『東洋文化』第 72 号(1992 年 3 月), 61～93 頁；Daniel F. Doeppers, "The Development of Philippine Cities before 1900," *Journal of Asian Studies*, No. 31 (Aug. 1972), p. 777.

21) 菅谷成子「スペイン植民都市マニラの形成と発展」中西徹・小玉徹・新津晃一編『アジアの大都市[4]マニラ』日本評論社，2001 年, 32 頁；Martínez de Zuñiga, *Status of the Philippines in 1800*, p. 208.

22) 菅谷「スペイン植民都市マニラ」, 37 頁。

23) Xavier Huetz de Lemps, "Shifts in Meaning of 'Manila' in the Nineteenth Century," C. J-H. Macdonald and G. M. Pesigan, eds., *Old Ties and New Solidarities: Studies on Philippine Communities* (Quezon City: Ateneo de Manila University Press, 2000), pp. 219-233; Huetz de Lemps, "Waters in Nineteenth Century Manila," pp. 488-517.

24) Isagani R. Medina, "The Social, Economic and Cultural Life of Manila in the 19th Century," Wilfrido V. Villacorta, Isagani R. Cruz, and Ma. Lourdes Brillantes, eds., *Manila: History, People & Culture* (Manila: De La Salle University Press, 1989), pp. 410-411.

25) Medina, "The Social, Economic and Cultural Life of Manila," pp. 408-416; Maria Luisa T. Camagay, *Kasaysayang Panlipunan ng Maynila, 1765-1898* [マニラ社会史，1765～1898 年] (Quezon City: University of the Philippines Press, 1992), p. 139.

26) Jean Mallat, trans. by Pura Santillan, *The Philippines: History, Geography, Customs, Agriculture, Industry and Commerce of the Spanish Colonies in Oceania*

(Manila: National Historical Institute, 1994) [原著 Jean Mallat, *Les Philippines: Histoire, Geographie, Mœurs, Agriculture, Industrie, Commerce des Colonies Espagnoles dans L'Océanie* (Paris: Arthus Bertrand, 1846)], pp. 117-118.

27) Cavada, *Historia Geográfica*, 1 tomo, pp. 48-49.

28) 引用文献中において，2つのデータともに集計の年が明示されていなかったので，出版年をデータの集計年にあてている。

29) Daniel F. Doeppers, "Migration to Manila: Changing Gender Representation, Migration Field, and Urban Structure," Doeppers and Xenos, eds., *Population and History*, p. 147.

30) Maria Luisa T. Camagay, *Working Women of Manila in the 19th Century* (Quezon City: University of the Philippines Press, 1995), p. 15; Doeppers, "Migration to Manila," p. 147.

31) Cavada, *Historia Geográfica*, 1 tomo, p. 69; Adolfo Puya Ruiz, "Filipinas: Descripcion General de la Provincia de Bulacan, 1888," University of the Philippines-Diliman, Main Library, Local Historical File, n.d.

32) Cavada, *Historia Geográfica*, 1 tomo, p. 69, p. 280; Ruiz, "Filipinas"; Duc D'Alençon, trans. by E. Aguilar Cruz, *Luzon and Mindanao* (Manila: National Historical Institute, 1986) [原著 Duc D'Alençon, *Luçon et Mindanao* (Paris: Michel Lévy frères, 1870)], p. 14.

33) Ruiz, "Filipinas"; Isabelo de los Reyes, with a translation by Salud C. Dizon and Maria Elinora P. Imson, *El Folk-Lore Filipino* (Quezon City: University of the Philippines, 1994) [原著 Isabelo de los Reyes, *El Folk-Lore Filipino*, 2 vols. (Manila: Imprenta de Sta. Cruz, 1889)], pp. 514-515.

34) Aragón, *Estados de la Población*, No. I, p. 3; Doeppers, "Migration to Manila," p. 167; Mallat, *The Philippines*, p. 119.

なお，1903年のマニラ市において，パンパンガ語を主要言語とする21歳以上男性5021人のうち，1774人(35％)がトンド町，次いで725人(14％)がサンタクルス町に居住していた。*Census of 1903*, Vol. 2, pp. 821-823.

35) Martínez de Zuñiga, *Status of the Philippines in 1800*, pp. 229-231.

36) Mallat, *The Philippines*, p. 459.

37) D'Alençon, *Luzon and Mindanao*, pp. 4-5; Mallat, *The Philippines*, p. 118; John Foreman, *The Philippines*, A Reprint of the 1906 Third ed. (Manila: Filipiniana Book Guild, 1980), pp. 346-347, p. 354.

なお，ニッパハウスの火災は，アメリカ統治期でも問題になっていた。1903年には，トゥロソにおいてニッパハウスが密集していたため，わずか3時間半のあいだに1500もの住居が火災によって消失したという。しかし，その後すぐに住民たちは，自己負担で椰子の葉や竹の資材を集めて，笑顔を浮かべて何ごともなかったかのように住居を再建し始めたという。The Office of the Municipal Board, City of Manila,

to W. H. Taft, May 21 1903, Series 3, William Howard Taft Papers, U.S. Library of Congress, Manuscript Division.
38) Edgar Wickberg, *Chinese in Philippine Life, 1850-1898* (New Haven and London: Yale University Press, 1965).
39) Aragón, *Estados de la Población*, No. I, pp. 3-4.
40) Daniel F. Doeppers, "Migrants in Urban Labor Markets: The Social Stratification of Tondo and Sampaloc in the 1890s," Doeppers and Xenos, eds., *Population and History*; *Census of 1903*, Vol. 2, pp. 1003-1005; *Bulletin of the Department of Labor* [U.S.], No. 32 (1901), pp. 29-42.
41) Camagay, *Working Women of Manila*; Doeppers, "Migrants in Urban Labor Markets."
42) Doeppers, "Migrants in Urban Labor Markets," p. 261.
43) Victor S. Clark, "Labor Conditions in the Philippines," *Bulletin of the Bureau of Labor* [U.S.], No. 58 (May 1905), pp. 723-724.
44) 19世紀半ばには，異なる言語集団に属する現地住民のあいだで，かたことのスペイン語によって意思疎通をはかる事例が観察されている。Mallat, *The Philippines*, p. 107.
45) 革命軍の最高指導者であったアギナルド(Emilio Aguinaldo)は，1898年6月18日付けの布告により，地方政府の組織化に着手していた。それによると，町ごとに20歳以上の男性による選挙人会が組織され，町長，町三役と村長が選出されることになっていた。次いで，州ごとに町長が集まって，州長官と州三役を選出するというものであった。マニラ州では，アメリカを刺激することを恐れたアギナルドが選挙を実施せずに，州長官を任命した。しかし実際には，大統領令に反して水面下で選挙が実施されて，アギナルドはトンド町などの地下政府を事後的に承認することになった。池端雪浦『フィリピン革命とカトリシズム』勁草書房，1987年，192頁；Milagros Guerrero, "Luzon at War: Contradictions in Philippine Society, 1898-1902," Ph.D. Dissertation, University of Michigan, 1977, pp. 39-46.
46) Foreman, *The Philippines*, pp. 556-559.
47) 早瀬晋三「フィリピンの植民地開発と陸上交通網——アメリカ統治期の住民への影響」石井米雄ほか編『東南アジア世界の歴史的位相』東京大学出版会，1992年，200〜211頁；Arturo G. Corpuz, *The Colonial Iron Horse: Railroads and Regional Development in the Philippines, 1875-1935* (Quezon City: University of the Philippines Press, 1999).
48) 当時，データの集計上，コレラへの罹患件数やマニラで非常に高かった乳児死亡率の原因となる病気の判定なども問題となっていた。1900年代のフィリピンにおいて，死因となる病気を確定することは多大な困難を伴う作業であった。D. Worcester, the Secretary of the Interior to C. Forbes, the Governor General, Oct. 20, 1910, Entry 5 150: 56/31/2, The United States, The National Archives, Record Group

350, Records of the Bureau of Insular Affairs (以下，USNA, RG 350 と記す); Ken De Bevoise, *Agents of Apocalypse: Epidemic Disease in the Colonial Philippines* (New Jersey: Princeton University Press, 1995), pp. 7-8.

49) フィリピン・アメリカ戦争によるフィリピン人の死者数について，これまでさまざまな推計が提出されてきたが，最も一般的な解釈は，当時の人口の1割近くにも及ぶ60万人という数値であった。しかしながら実際にフィリピン人の死者数を確定することは，大きな困難を伴う作業であるという。John M. Gates, "War-Related Deaths in the Philippines," *Pacific Historical Review*, Vol. 53, No. 3 (Aug. 1984), pp. 367-378.

50) レイナルド・C・イレート(寺田勇文訳)「知と平定——フィリピン・アメリカ戦争」レイナルド・C・イレートほか著(永野善子編・監訳)『フィリピン歴史研究と植民地言説』めこん，2004年，36～64頁；Ileto, "Cholera and the Origins of the American Sanitary Order," pp. 125-148.

51) アメリカ統治下の医療・衛生政策は，その植民地支配を正当化する役割を果たしていたと同時に，多くのアメリカ人が居住したマニラ市で集中的に実施された。例えば，1910年代までに河川におけるゴミの投棄や洗濯が禁止されたほか，感染症の伝染を防ぐため，ダンスホールに出入りする女性ダンサーの健康調査などの差別的政策も実施された。*Manila Ordinance No. 177*, Aug. 26, 1912, Entry 5 150: 56/6/2, USNA, RG 350; *Manila Ordinance No. 225*, Aug. 25, 1914, Entry 5 150: 56/6/2, USNA, RG 350; *Manila Ordinance No. 244*, June 24, 1915, Entry 5 150: 56/26/2, USNA, RG 350.

52) 1910年代から20年代にかけてのマニラにおいて，ほかに脚気，赤痢，コレラ，腸チフスなどの感染症への罹患率が全般的に減少していた。Statistics for Public Health in the Philippine Islands, Entry 5 150: 56/34/4, USNA, RG 350.

53) *Census of 1939*, Vol. 1, Pt. 3.

54) Daniel F. Doeppers, *Manila, 1900-1941: Social Change in a Late Colonial Metropolis* (New Haven: Yale University Southeast Asia Studies, 1984), pp. 106-113.

55) 植民地統治下のマニラ都市製造業での労働市場において，企業内における社会的移動としての昇進について2つの事例を指摘できる。1つは，外資系葉巻製造工場における，女性を含む葉巻製造工の現場監督者への昇進である。特定地域からの出身者で占められる傾向のあった職場において，葉巻製造工は長期にわたる勤務を経験していた(第3章)。もう1つは，1930年代の印刷企業の事例である。葉巻製造業と同様，労働者はアメリカ植民地期当初から労働組合を形成し，賃上げなど労働条件の改善要求を提示していた。ホワイトカラー層も含め，より熟練を要する職位へと昇進するケースが複数確認できるが，ブルーカラー層とホワイトカラー層のあいだの移動は分断されていた。Doeppers, *Manila, 1900-1941*, pp. 102-103.

56) Doeppers, *Manila, 1900-1941*, pp. 113-116.

57) F. Buencamino to W. H. Taft, May 18 1903, Series 3, William Howard Taft Papers.
58) Reynaldo C. Ileto, *Filipinos and their Revolution: Event, Discourse, and Historiography* (Quezon City: Ateneo de Manila University Press, 1998), pp. 110-113.
59) Philippines, Bureau of Labor, *Labor: Bulletin of the Bureau of Labor, 1929* (Manila: Bureau of Printing, 1930), p. 103.
60) 1933年には,労働局が出身地,前職等を含む,マニラの失業状況に関する調査を企画していた。しかしながら筆者は,同調査が本当に実施されたのかどうかいまだ確認できていない。Philippines, Bureau of Labor, *Annual Report of the Bureau of Labor, 1931* (Manila: Bureau of Printing, 1932), p. 43; Faustino Aguilar, the Commissioner of Labor to the Director of Labor, Jan. 30 1933, Series 7: Subject File, Box 146, Manuel Quezon Papers, Philippine National Library, Filipiniana Division.
61) Doeppers, *Manila, 1900-1941*, p. 113.
62) The Director of Labor to Manuel Quezon, Oct. 28 1933, Series 7: Subject File, Box 143, Manuel Quezon Papers.
63) レナト・コンスタンティーノ著(鶴見良行ほか訳)『フィリピン民衆の歴史II 第1巻 往時再訪2』井村文化事業社,1991年[原著 Renato Constantino, *The Philippines: A Past Revisited*, Vol. 2 (Quezon City: Tala Publishing Service, 1975)], 528~536頁; David R. Sturtevant, *Popular Uprising in the Philippines, 1840-1940* (Ithaca and London: Cornell University Press, 1976), pp. 195-242.

第2章　アメリカ統治と民族別就業
――中国人移民政策からみる――

　第2章では，アメリカが19世紀から20世紀への世紀転換期にフィリピンで実施した中国人移民政策の分析を通して，マニラ地域経済圏における民族別の就業および職業的位階編成を考察する。第1章では，19世紀〜20世紀前半におけるマニラ地域経済圏の労働力移動および労働力編成について概観してきた。第2章では，考察対象をより限定して，アメリカ植民地支配とマニラ地域経済圏の関係に加えて，同地域経済圏における就業の民族的多層性について分析することにしたい。こうした考察は中国人の流通支配と関係するため，第3部の商品流通分析の政策的前提ともなる。

　アメリカによる中国人移民政策は，フィリピンへの中国人労働者の入国を禁止するものであり，本国ですでに実施されていた法律をそのままフィリピンに適用していた。こうした中国人移民制限の起点となったのは，フィリピン革命の最中となる1898年9月にアメリカが発した軍令であった。その後1902年4月に合衆国議会で制定された1902年法(後述)は，合衆国の中国人移民制限法をフィリピンにも適用することを追認した。それは，中国人移民が他の外国人と同様の割当制のもとに置かれる1940年まで，アメリカ統治下のフィリピンにおける中国人移民政策の基本的枠組を定めるものであった。

　アメリカが実施した中国人移民政策は，当時のフィリピンにおける中国人とは何かを人種的に定義づけした。さらに流入後も身分証明書の携帯を義務づけることで，アメリカは中国人を可視化し，監視下に置くことになったのである。また同移民政策は，フィリピン社会における職種の民族別位階秩序

の編成と密接な対応関係を持った。すでに多くの中国人が商業に参入していた状況を背景にして，中国人労働者の移民を禁止したためである。本章は，アメリカ統治初期フィリピンにおいて施行された中国人移民政策の内容およびその経済的背景・影響を考察することで，アメリカ植民地統治が及ぼしたマニラ地域経済圏への影響の一面を浮き彫りにする。とりわけ，民政移行後にフィリピンにおける立法権，行政権の最高権限を持つ機関となり，アメリカ人が実権を掌握していた第二次フィリピン統治委員会に着目して考察する[1]。

第二次フィリピン統治委員会は，合衆国議会が中国人移民関連諸立法の制定権限を掌握していた状況においてさえ，フィリピン社会の実情を把握し，同議会や陸軍省（War Department）などの行政機関に対して政策提言する立場にあった。中国人移民政策の考察においてそうした政策提言に着目する理由は，そこに中国人熟練労働者導入によって植民地を経済開発するという主張がみられ，中国人移民に関する政策的矛盾が集約化されていたからでもある[2]。すなわちマッキンレー大統領が1898年に発した「友愛的同化」宣言以降の時期において，フィリピン人の利益保護という理念に基づきフィリピンを領有していた合衆国にとって，第二次フィリピン統治委員会による経済開発のための中国人熟練労働者導入構想は，フィリピン人の利益を損なうとの主張を呼び起こしていた。それと同時に，フィリピン・アメリカ戦争において，平定を重視しなければならなかった第二次フィリピン統治委員会自体も，中国人移民に反対するフィリピン人の意向を重視することになったのである[3]。

次に，19世紀後半のフィリピンにおける中国人の経済活動や移民動向を，既存の研究などから確認しておきたい。フィリピンは，スペイン統治下においてもたびたび中国人の追放を経験してきた。とくに18世紀半ばから19世紀半ばには，非キリスト教徒の中国人がフィリピンから追放されていたが，キリスト教に改宗した中国人が現地住民女性と結婚した結果，その子孫に中国人メスティーソという社会集団を生み出していた[4]。こうして中国人メスティーソは流通部門や地方農村の土地取得に進出し，19世紀末までには，

フィリピン人社会の形成にさまざまな意味で重要な役割を担っていた。その一方で19世紀半ばには，中国人の移民や経済活動に関する制限が緩和され，中国人は流通部門を再び支配し，また都市労働にも参入していくことになった[5]。この時期に増大する中国人移民の多くは福建省出身の男性で，都市労働に従事する者が多くなっていた。そうした中国人移民は，やはり定期的に中国に帰国する還流型移民が主流となっていたのである[6]。こうして19世紀後半以降のフィリピンでは，中国人が商業を支配するようになった。またアメリカ統治下のマニラ都市労働では，序章で指摘したように，中国人に代わってフィリピン人が量的に主要な担い手となっていく傾向にあったが，それぞれの就業する業種・職種は，民族ごとに特化していたのである。

　政策の対象となる中国人移民もしくは中国人住民について，もう少し詳しく説明しておこう。アメリカ統治下の中国人移民政策は，中国人移民を，出身国，帰属意識に関係なく，血統によって定義して規制していた。こうした中国人移民は，還流型の出稼ぎ労働者がその大半を占めており，中国本土との太い人的パイプの維持は，フィリピンにおける中国人労働者コミュニティーでの中国帰属意識を「華僑」としてより強固にしたと考えることができる。また経済的上層となる中国人商人なども，社会経済団体の設立等を通して中国人アイデンティティーを維持する傾向を有していた。アメリカ統治下のフィリピンでは，中国人商工会議所（Chinese Chamber of Commerce）を頂点として，中国人学校そしてインフォーマルな性格を持つ同郷組織などにまで至る，多様な組織的ネットワークが展開されていたのである[7]。しかしながら，中国人とフィリピン人のあいだの混血化した子孫は，国民的帰属意識が曖昧となるケースが存在していた。実際1912年のフィリピン最高裁では，それら混血化した子孫がフィリピン国籍の取得を要求する裁判が展開していた。同裁判においてフィリピン国籍取得を認可する判決は，現地化した中国系住民のフィリピン社会への融合を法制上も促進することになった[8]。このように中国人移民政策実施当初の時期には，中国人の定義は血統に基づくものとされていたが，1910年代以降には，法制上その定義がより緩和され，中国人とフィリピン人の子孫がフィリピン国籍を取得する道も開かれる

状況にあったのである。

以下では，第一節において，中国人移民政策の内容と実施過程を扱う。第二節では，中国人移民政策が実施される背景として，第二次フィリピン統治委員会による同政策に関する経済的要求と，その主要な関心となっていたマニラの民族別就労状況を考察する。

一　フィリピンにおける中国人移民制限

ここでは，第二次フィリピン統治委員会の政策的要求を扱う前提として，第1項では法律を中心に中国人移民政策の内容を検討し，次いで第2項でフィリピンにおけるその実施過程を分析することにしたい。

1. 政策のフレームワーク

本題に入る前に，フィリピンにおいて実施された中国人移民政策の背景となる，移民をめぐる世界史的状況を確認することにしよう。19世紀初頭からの1世紀は，近代世界システムのもとで，世界的に大量移民が発生した「移民の世紀」であった。ヨーロッパからは，域内の移動の延長として多くの移民をアメリカにも送り出していた。その一方でアジアにおいては，インド人と中国人の移民が急増していた。そうした移民は，南・東南アジア，とりわけ鉱山や農業プランテーションに集中するようになっていた。とくに交通・通信革命を受けた19世紀末以降の時期において，インド人と中国人の移民が急増しており，その大半は帰国率の高い短期移民となっていたのである[9]。

こうしたなか，世界的に移民流入先の一焦点となった合衆国では，19世紀末に南・東ヨーロッパからのいわゆる「新移民」が増大したが，19世紀から20世紀への世紀転換期における経済的好況は，国民的同質性への信頼を回復させて「新移民」への警戒を緩めていた。同時に米西戦争以降の帝国主義的対外政策や社会ダーウィニズム的思想の興隆は，アングロサクソンの優越性に基づく人種主義とナショナリズムの結びつきを強めることになっ

た[10]。アメリカに流入する中国人の移民についてみると，1882年に排華移民法が成立して，10年間にわたって中国人労働者の移民を禁止すると同時に，中国人移民から帰化権を奪った。とりわけ金鉱山ブームや鉄道建設を契機として多くの中国人の流入をみていた合衆国西海岸地域が，同法成立に影響力を持った[11]。しかしながら中国の清朝政府は，東アジアにおける国益防衛を動機として，外交上における合衆国との政府間関係を重視する代わりに，合衆国でのそうした人種差別的立法措置を黙認せざるをえなかった[12]。その後に幾つかの修正法の可決を経て，中国人労働者の移民を無期限に禁止すると同時に，それのフィリピンへの適用を定めたのが，1902年可決の「中国人およびその子孫の，合衆国およびワシントンD.C.管轄地域への入国を禁止し，その居住を規制する法律」(No. 90，1902年)(以下1902年法)である[13]。当時は，「労働市場における競合や国民統合に対する懸念を背景とするアジア系移民排斥論者」が，「フィリピンからの新たな移民問題の発生を警戒」する状況にあったのである[14]。

　次に，1898年の軍令の実施状況，および1902年法とそれを受けて制定された1903年フィリピン統治委員会法(No. 702，1903年)の内容を追うことにしたい。19世紀から20世紀への世紀転換期において米西戦争を繰り広げるアメリカは，フィリピンの軍事的占領にも乗り出すことになった。軍事介入間もない1898年9月26日に，アメリカ軍政長官オティス(Elwell S. Otis)は軍令を発し，合衆国における中国人移民制限をフィリピンにも一時的に適用した。本国の中国人移民制限政策とは，すでに触れたように，中国人労働者の移民の禁止を意味するものであった。これによって中国人移民は国籍に関わりなく規制の対象となり，フィリピンへの入国が認められる港は，マニラ，イロイロ，セブの3つに限定された。ただし特例として，フィリピン革命の際に一時的に中国に避難していた，かつてのフィリピン在住中国人に関しては帰国が認可されたが，その中国人がフィリピンに再入国する際には，かつてフィリピンに居住していたことの証明書類を提示しなければならなかった[15]。1899年9月の陸軍省島嶼局(Bureau of Insular Affairs)宛ての電報においてオティスは，合衆国における中国人移民制限をフィリピンにも

適用した理由として，マニラにおけるフィリピン人住民と中国人住民の「人種対立(race enmity)」を挙げていた[16]。

しかし激しい戦闘が展開するフィリピン革命に引き続き，1899年2月にはフィリピン・アメリカ戦争が勃発する状況において，政策の十全な実施に困難が伴うことは容易に予想されることである。上海合衆国領事館から合衆国国務省副長官への報告によると，軍令発布からわずか3ヶ月のあいだに，中国からマニラへと出航した船舶には，かつてのフィリピン住民であった中国人が3000人以上も搭乗していたが，廈門合衆国領事館は，フィリピンでの居住経験に関する証明書の発行において如何なる調査も実施していなかった[17]。また当時，オティスの軍令は社会的にそれほど認知されていなかった可能性もあった。実際清朝政府が，合衆国の国務省長官，議会そして大統領に対してオティスの軍令に関する抗議の意を示すのは，その発布から1年も経たあとのことであった[18]。

フィリピンにおいてアメリカの軍事的平定が進み，とりわけマニラにおいて治安が回復の方向へと向かうと，中国に避難していた中国人がフィリピンへ再入国する者の数も増大した。1901年4月の廈門合衆国領事館から合衆国国務省への連絡では，廈門からマニラへ向かう中国人渡航者は，すでに年間1万5000人にものぼっていたという[19]。第二次フィリピン統治委員会は，そうした帰国者増大に行政的対応を迫られた。1901年7月にフィリピン統治の形態が軍政から民政へと移行するなかで，同委員会は強大な行政権力を掌握するようになっていたためである。まず同委員会は，本国議会で1902年法が可決されるまでに，軍政下で開始された中国人移民政策の混乱に巻き込まれることになった。同委員会が対応に追われたのは，スペイン統治下で出国した中国人の帰国条件や還流型移民の中国滞在期間の設定であった[20]。

第二次フィリピン統治委員会の中国人移民に関する具体的立法権限は，本国議会が定めた1902年法によって与えられていた。1902年法の内容を確認すると，次のようになる。第1条は，帰国条件も含めて，合衆国における中国人移民制限をそのままフィリピンに適用すると同時に，フィリピンから合衆国本土への中国人労働者の移民を禁止している。さらに第4条では，「こ

の法律可決の時期に,ハワイを除く合衆国領土島嶼地域に正当に留まる権利を持つと同時に,合衆国市民ではない中国人労働者は,居住する島嶼地域において1年以内に登録証明書を獲得する義務を負う。その証明書はその保有者に居住する権利を与える一方で,規定された証明書を獲得することができなかった場合には,その島嶼地域から退去しなければならない」としている。また同法可決後1年以内に,第二次フィリピン統治委員会は,フィリピンでの登録証明書発給のために必要な規則を作成しなければならないとしていた[21]。合衆国は,移民の流動性が増大していた世界的状況において,フィリピンを経由して流入する中国人移民に対処しなければならなかった。それと同時に1902年法は,第二次フィリピン統治委員会に,フィリピンへの中国人労働者の移民や中国人住民の居住規制に関してその手順を定める権限を付与していたのである。

　かつてスペイン臣民であった中国人労働者も,一定期間内に登録証明書を取得しなければならなかった。第二次フィリピン統治委員会がそのための法律を可決したのは,1903年3月のことになる。同法は,取得・携帯を義務づけていた登録証明書について,名前,年齢,出生場所,住所,職業などを記し,写真を貼付するものとしていた(第3条)。また登録証明書は,中国人労働者のみでなく,フィリピンに滞在するすべての中国人住民が取得しなければならないとしていた(第5条)。とくにのちの政策実施でも問題になる第12条は,労働者(laborer)と商人(merchant)の規制対象の定義について,次のようにしていた。

　　第12条　この法律における「労働者」という用語は,熟練・不熟練両肉体労働者を意味するものと解釈される。それには,鉱山,漁業,行商,家庭消費・輸出用魚介類の捕獲・乾燥・保存に雇用される者や洗濯屋を含む。
　　この法律における「商人」という用語は,次の意味で使われる。固定した場所において,自分の名前で商品売買の経営に従事し,かつ商人として従事したと主張する期間内において,商人としての業務に必要なものを除

いていかなる肉体労働にも携わっていなかった者を指す。この条項で述べられた「労働者」と「商人」の定義は，合衆国連邦裁判所と合衆国財務省の判決・法令によって定められたものと同じ解釈に基づいている[22]。

ただし1902年法は，フィリピンでの居住のための登録証明書取得義務を中国人労働者のみに限定していたのに対し，1903年フィリピン統治委員会法は，合衆国本国で実施されていた規制にあわせて，その義務をフィリピンにおける中国人住民全体へと拡大していた。したがって両法の内容には，整合性を持たない部分を含んでいた。

このように，オティスの軍令による中国人移民規制は，合衆国の法律をそのままフィリピンに適用するものであったが，当時のフィリピン革命の状況を反映して，同軍令はさほど厳密には遵守されていなかった。本格的な中国人移民政策の起点となる1902年法もまた，矛盾を含みつつ合衆国で実施されていた制限をそのままフィリピンに適用するものであったことが確認されるのである。次に，その実施過程をみていこう。

2. 現地社会との軋轢

ここでは，1902年法可決以降，フィリピンにおける中国人移民政策が現地社会とどのような軋轢を生んでいたのかを考察していこう。とりわけ，政策実施上大きな混乱がみられた1900年代についてみていくことにしたい。

はじめに，表2-1において，アメリカ統治下のフィリピンにおける中国人移民の統計的動向を概観しておこう。ただし，同表における入国・出国者は，一部の年を除いて，合衆国およびその属領地域とフィリピンのあいだを移動する者を含んでいなかった。また1905年度以前の時期において，典拠となる関税局の年次報告は，移民を入国・出国者と同義としていたために，同時期に関して正確な移民数を把握することができていない。全体的動向をみると，入国者総数，入国移民数，出国者総数ともに，とくに1910年代後半まで顕著な伸びはなかった。表の③における出国者総数に対する入国者総数の超過分も，同時期まで目立った増大を示さず，フィリピンにおける中国人人

表 2-1　中国人入国・出国者数の推移(1899～1940年)

年度	入国 総数①	うち移民	出国 総数②	うち移民	③ ①-②	年度	入国 総数①	うち移民	出国 総数②	うち移民	③ ①-②
1899	13,306	n.a.	9,458	n.a.	3,848	1920	14,872	9,461	10,521	89	4,351
1900	9,768	n.a.	10,568	n.a.	−800	21	13,989	7,408	15,954	623	−1,965
01	10,309	n.a.	7,294	n.a.	3,015	22	13,942	5,369	13,591	8	351
02	9,789	n.a.	6,550	n.a.	3,239	23	15,306	6,694	11,867	41	3,439
03	7,426	n.a.	8,068	n.a.	−642	24	13,371	5,265	12,488	50	883
04	8,825	n.a.	7,715	n.a.	1,110	25	14,641	5,989	12,196	186	2,445
05	7,966	n.a.	6,719	n.a.	1,247	26	17,519	10,467	13,237	87	4,282
06	8,077	1,337	7,122	n.a.	955	27	17,104	9,828	13,927	30	3,177
07	5,735	543	5,829	n.a.	−94	28	16,326	8,249	13,852	57	2,474
08	n.a.	n.a.	n.a.	n.a.		29	15,271	6,534	14,572	121	699
09	6,772	937	7,670	570	−898	30	20,878	8,143	15,465	102	5,413
10	7,319	1,172	7,597	276	−278	31	16,678	5,325	21,030	207	−4,352
11	6,536	940	5,380	43	1,156	32	18,271	6,079	17,960	193	311
12	8,498	1,864	7,507	44	991	33	16,727	5,641	13,837	131	2,890
13	n.a.	n.a.	n.a.	n.a.		34	15,263	5,533	11,651	129	3,612
14	8,322	n.a.	7,943	n.a.	379	35	15,023	4,127	12,400	169	2,623
15	9,433	2,823	8,298	42	1,135	36	18,717	5,485	12,758	172	5,959
16	8,738	2,703	7,898	122	840	37	20,242	5,170	9,514	1,828	10,728
17	8,397	3,094	6,389	37	2,008	38	16,316	6,064	6,639	851	9,677
18	10,376	4,999	7,185	10	3,191	39	7,830	750	6,894	2,724	936
19	12,930	7,931	8,607	112	4,323	40	9,138	1,382	12,147	2,226	−3,009

注1) 1904～12年は，7月1日～6月30日の財政年度。

注2) 1907年以前の出国総数，1914，34，35年の入国・出国総数は，フィリピンと合衆国(フィリピン以外の領土を含む)とのあいだの移動を含む。また1934～35年の出入国の移民，1937～40年の出入国者は，フィリピンと合衆国の本土以外の領土とのあいだの移動を含む。

出所) Philippines, Bureau of Customs, *Annual Report of the Insular Collector of Customs, 1904-1933* (Manila: Bureau of Public Printing or Bureau of Printing, 1905-34); Philippines, Bureau of Commerce and Industry, *Statistical Bulletin of the Philippine Islands, No. 2, 1919* (Manila: Bureau of Printing, 1919), pp. 12-13; Philippines (Commonwealth), Bureau of Customs, *Annual Report of the Insular Collector of Customs, 1936* (Manila: Bureau of Printing, 1937), pp. 337-339; Philippines (Commonwealth), Bureau of the Census and Statistics, *Yearbook of Philippine Statistics, 1940* (Manila: Bureau of Printing, 1941), pp. 133-136.

口はそれほど増大していなかったと推察される。逆に1920年代以降になると，中国人移民数は密入国者とあわせて増大する傾向にあった[23]。

　移民および非移民の内容は，詳細な内容を含む各1909～11年度と21年度の関税局報告から次のように把握することができる。それらの各年度報告は入国移民の職業分類を示しており，それによると「職業なし」(幼児・女性を

含む)に分類された者は，1909年度報告で入国移民数の66.3％，10年度90.9％，11年度92.4％，21年度94.6％となっていた。とりわけ14歳以下の若年者は，1909年度で入国移民数の39.1％，10年度45.1％，11年度46.6％，21年度28.2％となっていた。また入国非移民において，以前フィリピンに居住していた者(21年度報告のみ最近の永久的居住地がフィリピンである者)の割合は，1909年度98.7％，10年度97.5％，11年度98.6％，21年度81.0％となっており，その職業構成の大多数は商人や労働者から成っていた[24]。このように，少なくとも1920年代初めまでには移民の多くは若年層から成っており，「職業なし」で入国した者が多かったことと併せて考えると，大半の者がフィリピン在住中国人の家族として流入し，労働者の予備軍となっていたことがわかる[25]。他方，入国者の多くを構成する非移民のほとんどは労働者と商人であり，以前フィリピンに居住していた者であった。したがって入国者の大半は，フィリピン在住中国人の家族と考えられる者も含めて，最終的には中国に帰還する還流型労働力移動であったといえよう。さらに1921年度の移民数に占める若年層の割合の低さは，1910年代後半からの移民数の増加がより年齢の高い移民の流入に負うものであったことを窺わせている。

　こうした中国人移民の大部分は，当時マニラとの定期航路があった蒸気船によって中国福建省廈門から流入していた。1906年3月に在廈門合衆国領事がまとめた報告書によると，1904年の廈門港からの対外渡航者総数は10万2908人で，うち最も多かったのは海峡植民地行きで6万9587人を数えたのに対し，マニラ行きは5080人となっていた。1905年は対外渡航者総数7万6329人で，海峡植民地行き5万3727人，マニラ行きは5392人となっていた[26]。実際，1909年5月付けの廈門合衆国領事館から合衆国国務省副長官への手紙によると，毎年，フィリピンに居住する5000人ほどの中国人商人および労働者が，廈門領事館を訪問していたという。その大部分は，廈門の後背地における幾つかの特定宗族組織の出身者であったとしている[27]。以上の事実から，表2-1でみたフィリピンへの中国人入国者総数と比較すると，同表が財政年度を基準としていたことと，香港経由でフィリピンに流入した

者に留意する必要はあるが，1900年代，大半は廈門から出港した船舶に搭乗していたとみていいだろう。

　このような中国人移民の動向を踏まえ，次に，1902年法制定以降の中国人移民政策が具体的にどのように実施されていたのかをみていこう。1903年に制定されたフィリピン統治委員会法の規定に従い，フィリピン関税官シュースター(W. Morgan Shuster)が中国人住民登録の具体的手続きを定めていた。1904年のフィリピン統治委員会報告によると，全諸島は30の登録区に区分され，それぞれの登録区には，1人の登録官と1人もしくは複数の副登録官が任命された。登録官には各州の財務官と兼任する者が最も多く，ほかには関税官等も兼任していた。登録期限は当初予定されていた期限から数度にわたって延期され，最終的には1904年4月29日にまで及んでいた。結果的に，この期間の全認可登録数は4万9659人で，そのうちカビテ，パンパンガ，ラグナ，ブラカンなど各州を含むマニラ登録区が2万9768人(マニラ市のみで2万7173人)で，全体の約60％を占めていた。次いでセブ登録区が4063人，イロイロ登録区3157人となっていた[28]。

　しかしながら中国人移民政策の実施では，行政上の規制において幾つかの問題点が表面化していた。1つは，1907年以降の時期に確認することができる，病原菌流入を抑制するための中国人移民制限である。規制の対象になったのは，目の病気となるトラコーマであり，合衆国の移民規制と同様，公衆衛生上において問題となりそうな者たちの入国を禁じるという目的を伴っていた[29]。医療審査は到着地のフィリピンで実施されていたため，その審査でトラコーマの陽性反応を示した者は，入国を拒否され中国に戻らなければならなかった[30]。1908年6月に総督スミス(James F. Smith)が陸軍省長官に打った電報によると，約3000人にも及ぶ中国人の入国希望者が，廈門港において抑留されていたという。廈門合衆国領事館による状況認識では，トラコーマによる移民制限は，フィリピンにおける資産放棄や事業展開の障害になりうるため，フィリピンにおける巨額の投資利害を持つ中国人のあいだで，反アメリカ感情の生起を含む社会不安が引き起こされていたとしている[31]。フィリピンの植民地政府は，合衆国の移民政策と並行して，病気を理由とす

る移民規制を実施し，労働者のみでなく，フィリピンに投資利害を持つ人々にも移民政策に対する反感を引き起こしていたことがわかる。

　もう１つの問題は，中国人移民の認可上の混乱とも結びつく，中国人や商人の定義である。商人については，1902年法において，固定した場所で商品売買の経営に従事する者との定義がなされていた。しかしながら実際の規制においては，「商人(merchant)」と「小売店主(shopkeeper)」の区分をする必要が生じてきた。中国人移民規制に関わる行政通達では，稼得収入が中国人日雇い労働者の一般的賃金ほどに低い者は，商人とみなすことはできないという理由から，国内歳入法(Internal Revenue Law)に基づく資本金算定を参照して，所有する資本金が約1500ドル以下の者は，その見込み収入の低さから中国人移民制限法でみなすところの商人ではないとしていた[32]。しかし，資本金を基準にした見込み収入の算定に基づく商人の定義では，その算定において信用の問題が考慮されないことになる。とくに中国人商人は，相互に信用に基づく商品取引ネットワークを発達させていた。実際，商人の定義に信用の問題が考慮されていないことについて，フィリピンに居住する中国人が合衆国政府に対して抗議の意を伝えていたのである[33]。

　また中国人の定義内容も，政策実施上の問題となっていた。フィリピン関税官シュースターは，すでに1903年フィリピン統治委員会報告における事業報告(1902年9月1日〜03年10月8日)のなかで，中国人移民政策の実施において予想される困難を指摘している。それによると，既存の法律はあまりにも厳格であったため，フィリピンにおける中国人移民に関する制限法の実施にはすでに否定的見通しを伴っていたという。その理由には，同法はフィリピンの実情に適していないという一般的感情が，欧米人およびそのビジネス社会において存在していたことや，フィリピンが中国やマレー半島に地理的に近隣していたことを挙げている[34]。中国人移民の送り出し地域とフィリピンとの地理的隣接性が，密入国や混血の頻度を高めることなどが留意されていたといえよう。

　行政上の規制における中国人移民・住民の定義は，次のようになっていた。1908年3月香港合衆国領事が合衆国国務省副長官に宛てた手紙によると，

1902年7月の中国人移民規制通達(Chinese & Immigration Circular, No. 51, July 31, 1902)は、規制の対象は血統に基づくものであり、したがって海峡植民地生まれの中国人移民もそこに含むとしていた。1903年5月の中国人移民規制通達(Chinese & Immigration Circular, No. 94, May 13, 1903)では、規制の対象となる中国人移民は、両親のどちらかが混血していない中国人でなければならないとし、定義はより詳細なものになっていた。しかしながら香港合衆国領事は、この血統に基づく中国人移民の定義では、実際の規則運用において規制対象を限定するのに困難が伴うことを示していたほか[35]、既述のように、1912年のフィリピン最高裁では、中国人とフィリピン人の混血児をめぐって帰属する国籍問題が争われたのであった。このように中国人移民政策実施当初には、フィリピン人を親に持つ第二世代の中国人住民も移民・居住規制の対象となっていた。それにはフィリピン人のアイデンティティーを持つ者も含みうるものであったが、そうした規制の適用は徐々に緩和される方向にあったのである。

このように、中国人移民の血統に基づく定義が中国人移民政策の実施に支障をきたしたのには、中国人メスティーソのフィリピン人化というフィリピン革命を経験した現地社会の歴史的趨勢があった。フィリピンにおける中国人移民政策は、中国人商人のネットワークに基づく信用を如何に商人の定義に反映させるのかという問題などとともに、中国人およびフィリピン人双方の民族的軋轢を生じさせながら実施されていたのである。

二　植民地統治と現地労働力

本節では、第二次フィリピン統治委員会が、フィリピンにおける中国人移民政策にどのように関わっていたのかをみたあと、その主要な関心となっていたマニラの民族別就労状況を確認することにしよう。すなわち、第1項では、1902年法の成立に際して、第二次フィリピン統治委員会が提示した中国人移民に関する要求を扱うことにする。第2項では、第二次フィリピン統治委員会による中国人熟練労働者導入要求の経済的背景、とりわけマニラ都

市労働市場について，アメリカ人統治者による調査に則してみていくことにしたい。加えて統計分析に依拠して，中国人移民政策が，1930年代末に至るまでのマニラ市の労働市場にどのような影響を及ぼしたのかを考察する。

1. 第二次フィリピン統治委員会の要求

1900年3月に合衆国大統領マッキンレーは，5人のアメリカ人からなる第二次フィリピン統治委員会委員を任命し，フィリピンにおける文民政府設立を命じる。政治制度や教育制度を通じたフィリピンの「文明化」推進が植民地政策全体の基調となるなかで，同委員会は，1900年9月に軍から立法権限を譲り受けたことを端緒に，通貨・関税制度，道路・鉄道建設，アメリカ資本の農業部門への導入などの経済開発に着手していた。第二次フィリピン統治委員会が中国人移民政策に関心を示すのも，公共事業の推進や外国資本の導入のために，労働力を如何に確保するのかという動機によっていた。

第二次フィリピン統治委員会の動向を取り上げる前に，シャーマン (Jacob G. Schurman) を委員長とする，フィリピン統治行政のための調査を行なった第一次フィリピン統治委員会による中国人住民の把握内容をみることにしよう。それは，第一次フィリピン統治委員会の調査が，第二次フィリピン統治委員会の中国人移民政策の議論にも少なからず影響を与えたと考えられるためである。それと同時に，第二次フィリピン統治委員会の意見の政治的意義もより明確となる。

第一次フィリピン統治委員会は，まず中国人労働力について次のように指摘している。「中国人労働者は賃金水準が低く，現地人よりも多くの点で良質の労働力」であるのに対して，「フィリピン人は，現在，港湾においてかなりの量の荷揚げ労働を行なっているが，重い荷物を運搬することはできないでいる」。またフィリピンにおける商業の支配的担い手であった中国人商人については，中国人移民労働者の商人化に触れていた。すなわち，中国人移民は，到着直後から債務を負う移民統率者の支配下に置かれるが，前借り金の返済後は商人化していくという。こうした状況認識を前提に，「中国人住民に対して一般的に存在する〔フィリピン人の〕著しい反感の主な理由は，

我々が思うには，疑いもなく労働をめぐる競争から生起したものである」と
もいう。最終的に，中国人移民導入に関する政策提言に関連して，フィリピ
ン諸島の大部分の発展はフィリピン人に依存できるとしているが，フィリピ
ン人を「野蛮な」住民と「文明化された」住民の2つに序列化した上で，中
国人移民は，反中国人感情の小さい「野蛮な」住民の居住地域か誰も居住し
ていない地域に導入されるべきとした[36]。そこには，フィリピン人と中国人
住民の対立による社会不安を回避する意図がみてとれるのである。

　それでは，第二次フィリピン統治委員会は，中国人移民に対してどのよう
な立場を具体的にとっていたのであろうか。当時同委員会メンバーで副民政
長官でもあったライト(Luke E. Wright)は，1902年1月13日に合衆国に滞
在していた民政長官タフトに手紙を送付していた。タフトは，合衆国議会の
外交委員会(Committee on Foreign Affairs)と島嶼委員会(Insular Committee)で，中国人移民政策に関する第二次フィリピン統治委員会の立場を説明
する際にこの手紙を利用していた。そのライトの手紙は，フィリピン平定な
どの統治状況一般を述べるなかで，中国人移民政策にも詳しく触れるという
ものであった。ライトは，同政策が第二次フィリピン統治委員会内部で頻繁
に話し合われ，すでに見解の一致をみていることを確認したあと，次のよう
に書き記している。

　　現在のフィリピン人労働者に，確実な作業を期待することはできない。
　アメリカの支配基盤が拡大するにつれて労働力不足が顕著になるため，そ
　の不足を補い，状況を改善するにはフィリピン人の利用がますます頻繁に
　なるだろう。しかし，それには時間と教育を必要とする。今日，フィリピ
　ン人労働者のみを利用した場合には，如何なる巨大な公共事業も，多大な
　遅れと出費なしでうまく遂行できるかどうか疑わしい。

　こうしてライトは，中国人労働者の移民禁止の意図に理解を示しながらも，
労働力不足の問題から，中国人熟練労働者の一時的な導入の必要性を訴える
に至っていた[37]。これが，第二次フィリピン統治委員会の基本的な立場で

あった。
　次に合衆国議会におけるタフトの証言を取り上げ，第二次フィリピン統治委員会の主張の背後にある論理構造を詳細にみることにしよう。まず下院の島嶼委員会での証言から，導入しようとしていた熟練労働者の具体的内容やフィリピン人と中国人労働者・商人との関係に関する状況認識を窺うことができる。前者の熟練労働者について，タフトは，フィリピン人のみに依存した鉄道建設には多大な困難が伴うことを述べたあと，熟練労働の内容に関する議長の質問に対し，「大工，レンガ積み工，石工，機械工」の職種を挙げている[38]。熟練労働者の定義には，必要としていたはずの鉄道建設労働を含んでおらず，鉄道建設を含む公共事業推進に関する要求と熟練労働者の内容は十分な整合性をみていなかった。第二次フィリピン統治委員会による一時的な中国人熟練労働者導入は，中国人熟練労働者にどのような作業内容を期待するのか明示的ではなく，政策構想として論理一貫性に欠けていた。
　フィリピン人と中国人労働者・商人との関係についてタフトは，「現地人の主な敵意は中国人労働者にではなく，中国人商人に向けられている。中国人労働者の入国が制限されない場合には，中国人労働者は，諸島到着後6ヶ月で商人になる。中国人商人は，フィリピン人よりも商業で成功を収めることが多く，生活においてはより倹約的である。中国人商人は，フィリピン人を競争によってビジネスから締め出し，結果として商人としての中国人に対する根深い反感がフィリピン人に存在するようになる」との認識を示していた[39]。既述の第一次フィリピン統治委員会は，中国人労働者との競合もフィリピン人の中国人住民への反発のなかに含んでいたが，タフトは中国人商人との競合のみを重視していた。すでにみたように，フィリピンにおける中国人労働者は，中国本土からの出稼ぎ的性格を強く持っており，それがフィリピン人とのあいだにあった民族的障壁を強固なものにする傾向を有していた。それにもかかわらず，中国人商人のみに対するフィリピン人の反感をタフトが強調したのには，植民地政府や外国資本による中国人労働者雇用を推進するため，意図的にフィリピン人と中国人労働者との対立を捨象した可能性があると考えられるのである。

さらに，第二次フィリピン統治委員会による中国人熟練労働者の導入要求は，1902年7月の組織法可決に至る過程で構築されたフィリピン領有原則に抵触する可能性を含んでいた。それを示すのが，アメリカのフィリピン領有に否定的であった民主党カーマック議員(Edward W. Carmack，テネシー州選出)との議論における，上院フィリピン問題委員会(Philippine Committee)でのタフトの次の証言であった。

   カーマック議員：中国人移民に強く反対しているのは，フィリピン人の上層，すなわちフィリピン諸島におけるアメリカ支配を支持している者たちではないのか。
   タフト：はい。彼らすべてが反対しています。
   カーマック議員：彼らすべてがそうか。
   タフト：フィリピン諸島の最大規模の会社としてすでに述べたタバカレラ社(Tabacalera Company)は，倉庫やタバコプランテーションと関連した建造物の建設のため，フィリピン人熟練労働者を確保することができないと述べて，緊急に中国人熟練労働者の導入を認めるよう我々に働きかけている。ほかのスペインや外国の資本もそうである。新聞では，マニラのアメリカ人商人による中国人労働者認可の請願を見かけた。
   カーマック議員：諸島を平定するにあたって最大の問題のひとつは，〔フィリピン人による〕中国人労働者を導入することや突然の大規模な開発への恐れ，アメリカが純粋に開発目的のためにフィリピンを欲しているという論理であるのは，本当ではないのか。
   タフト：もし蜂起者の宣言文やそのリーダーの声明から判断するなら，開発がアメリカ人の目的であると一般の人々を信じさせる，見逃してはならない試みがあるのは確かである。その事実から，あなたは多くの人々がそのように考えていると推測したのかもしれない。今，中国人移民導入には，おそらくそうした考えがつきまとっている[40]。

以上のように，タフトは，中国人移民政策とアメリカによるフィリピン平

定との関連に触れていた。中国人熟練労働者の導入に基づく経済開発は，フィリピン・アメリカ戦争の展開のさなかにおいて，さらなるフィリピン人の反発を引き起こし，アメリカによる統治の安定を危うくするものであった。とくにそこでは，アメリカ支配を支持するフィリピン人上層や逆にそれに反発する蜂起者の動向が問題になっていたのである。

　フィリピン・アメリカ戦争のさなかにあったフィリピンにおいて，アメリカはフィリピン革命を「エリートの革命」とみなし，エリート層をフィリピン支配の協力者とする誘引政策が展開していた。当時のフィリピンでは，マニラに居住し，財力と教養において傑出した存在であったイルストラード層を中心に交渉する段階から，地方有力者層であるプリンシパーリア層も含めて地方・中央自治政府を設立する新たな段階へと進んでいたのである[41]。実際に南部タガログ地方をはじめとするフィリピンの地方社会において，1901年にはプリンシパーリア層に導かれた反米抵抗運動が崩壊し始めて，アメリカのフィリピン統治に対する抵抗は宗教政治結社を中心に継続する状況にあった[42]。したがってフィリピン・アメリカ戦争において真先にアメリカ支配支持へとイルストラード層が傾き，アメリカに対するゲリラ戦のリーダーシップの一翼をプリンシパーリア層が担っていた情勢のもと，誘引政策における平定の対象としてプリンシパーリア層も重視されていたことが考えられる。

　以上，タフトが，フィリピン人と中国人商人との対立のレトリックを利用した際に，フィリピン人と中国人労働者のあいだの社会的摩擦を認めなかった理由として，中国人熟練労働者導入にあたってフィリピン人の利益を重視しなければならない状況が存在していたことがある。アメリカは，フィリピンを統治するにあたって，自己利益に基づいて経済開発を行なうという印象をフィリピン人や国内世論に与えることは避けなければならなかったと同時に，中国人に反発するフィリピン人の思惑も取り込まなければならなかった。タフト自身が統治の安定化を求めて推進する誘引政策は，1898年におけるマッキンレー大統領の「友愛的同化」宣言以降の時期に明確化する，フィリピン人の利益保護のための植民地領有という合衆国側の支配の正当性と絡み

合いつつ展開し，中国人熟練労働者導入を阻止する方向に作用していたのであった。

結局，1902年法は，第二次フィリピン統治委員会による一時的な中国人熟練労働者導入の要求を組み入れることなく，下院において提出された法案が上院移民委員会(Committee on Immigration)や上院を経て修正され成立するに至った[43]。この1902年法成立の背景では，フィリピン人の政治組織や労働組合が中国人移民制限に賛成していたのに対して[44]，フィリピン社会におけるさまざまな団体や個人が1902年法への反発を示していた。例えば，アメリカ系企業家から構成される在フィリピンアメリカ人商工会議所(American Chamber of Commerce)は，1902年法が可決される直前に，フィリピンへの中国人労働者導入を認める法律を制定するよう，合衆国下院外務委員会や同上院移民委員会に請願書を提出していた[45]。またフィリピンにおける中国人経済団体や移民ブローカーは，1902年法成立以降も，フィリピンにおけるその運用や中国人労働者排除について，再三にわたって合衆国議会議員等に抗議していた。とくに中国人商工会議所は，フィリピンにおける中国人社会の意見の取りまとめ役として，抗議文を出版するなどして中国人移民政策の不当性を社会に訴えていたのである[46]。

2. マニラの中国人

次に，タフトが中国人移民政策の論議を行なう際の基礎的な論拠のひとつにしたと考えられる，フィリピン人および中国人の労働力に関する調査を取り上げたい[47]。同調査は，タフトの要求に基づき実施されたもので，在フィリピンアメリカ軍補給係部門の2報告，およびベンゲット道路建設の予備調査に関わった技官の1報告の計3報告から成り，1902年の事業内容をまとめたフィリピン統治委員会年次報告に掲載された。ここでは，より詳細な内容を提供している，港湾労働と馬車製造それぞれに関するアメリカ軍補給係部門の2報告を取り上げる。分析目的は，フィリピン人および中国人の労働者の雇用形態・労働条件に関する報告に拠って，第二次フィリピン統治委員会の政治的要求の背景にある経済的実情，すなわち中国人人口の集中してい

表 2-2 マニラ市における民族別職業構成(1903 年)

	全 体	フィリピン人	男 性	女 性	中国人
家事・サービス	28,102(21.2)	23,970(22.9)	12,839(16.9)	11,131(39.2)	3,591(17.2)
使用人	10,492(37.3)	9,709(40.5)	6,027(46.9)	3,682(33.1)	732(20.4)
洗濯業	7,840(27.9)	7,541(31.5)	827(6.4)	6,714(60.3)	288(8.0)
料理人	3,395(12.1)	1,863(7.8)	1,493(11.6)	370(3.3)	1,507(42.0)
メッセンジャー	1,715(6.1)	1,041(4.3)	1,012(7.9)	29(0.3)	650(18.1)
ペンキ屋・ガラス屋	1,313(4.7)	1,273(5.3)	1,260(9.8)	13(0.1)	8(0.2)
加工・製造業	24,493(18.4)	21,607(20.7)	9,086(11.9)	12,521(44.0)	2,239(10.7)
縫製・刺繍	7,994(32.6)	7,928(36.7)	70(0.8)	7,858(62.8)	19(0.8)
タバコ加工	6,780(27.7)	6,731(31.2)	2,193(24.1)	4,538(36.2)	24(1.1)
衣服仕立て	1,925(7.9)	1,668(7.7)	1,668(18.4)	0(0.0)	234(10.5)
機械工	1,670(6.8)	1,396(6.5)	1,396(15.4)	0(0.0)	10(0.4)
製靴業	1,266(5.2)	297(1.4)	289(3.2)	8(0.1)	959(42.8)
金属加工・細工	1,247(5.1)	642(3.0)	641(7.1)	1(0.0)	561(25.1)
時計製造・宝石加工	1,207(4.9)	1,143(5.3)	1,066(11.7)	77(0.6)	49(2.2)
荷馬車・馬具製造	692(2.8)	668(3.1)	666(7.3)	2(0.0)	13(0.6)
食品加工	552(2.3)	329(1.5)	325(3.6)	4(0.0)	208(9.3)
印刷業	523(2.1)	371(1.7)	338(3.7)	33(0.3)	10(0.4)
不特定労働者（港湾労働者を含む）	22,651(17.0)	18,379(17.6)	17,773(23.4)	606(2.1)	4,173(20.0)
商 業	19,630(14.8)	9,782(9.4)	6,285(8.3)	3,492(12.3)	8,073(38.6)
商 人	11,973(61.0)	6,185(63.2)	2,732(43.5)	3,453(98.9)	4,679(58.0)
販売員	7,657(39.0)	3,597(36.8)	3,557(56.6)	40(1.1)	3,394(42.0)
輸送・情報	17,872(13.5)	17,048(16.3)	17,037(22.4)	11(0.0)	306(1.5)
船乗り	9,724(54.4)	9,475(55.6)	9,475(55.6)	0(0.0)	10(3.3)
御者(馬車)	5,649(31.6)	5,167(30.3)	5,167(30.3)	0(0.0)	294(96.1)
ボートこぎ	1,418(7.9)	1,410(8.3)	1,400(8.2)	10(90.9)	1(0.3)
建設業	5,234(3.9)	3,237(3.1)	3,232(4.3)	5(0.0)	1,910(9.1)
大 工	4,717(90.1)	2,814(86.9)	2,809(86.9)	5(100.0)	1,825(95.5)
事務職	4,757(3.6)	2,387(2.3)	2,364(3.1)	23(0.1)	323(1.5)
農業・漁業	4,021(3.0)	3,867(3.7)	3,692(4.9)	175(0.6)	100(0.5)
教師・公務員	2,819(2.1)	1,911(1.8)	1,707(2.2)	204(0.7)	22(0.1)
専門職	2,247(1.7)	1,500(1.4)	1,500(2.0)	0(0.0)	92(0.4)
その他	867(0.7)	643(0.6)	574(0.8)	69(0.2)	65(0.3)
総 数	132,858(100.0)	104,468(100.0)	76,037(100.0)	28,431(100.0)	20,894(100.0)

注1) 職種の大分類における括弧内の数字は，総数に対する割合を示す．各職業の細目におけるそれは，各職種の総数に対する割合を示す．
注2) 加工・製造業で引用しなかった製材業では，中国人が圧倒的多数．
出所) United States, Bureau of the Census, *Census of the Philippine Islands: Taken under the Direction of the Philippine Commission in the Year 1903*, 4 vols. (Washington: Govt. Printing Office, 1905), Vol. 2, pp. 1003-1005.

たマニラにおける中国人労働の状況を探ることにある。さらに統計分析を行なうことで，アメリカ統治下のマニラにおける民族別就業編成の変化について，考察することにしたい。

最初に，表2-2のマニラ市の職業構成を確認しておこう。同表は収入のある者の主業を対象としているので，家内織物業などの副業や無償家事労働は含まれていない。さらに統計上収入があると報告されていた者でも，被調査者は10歳以上の年齢層に限定されていた[48]。当時のマニラ市の10歳以上就業者において，中国人は，フィリピン人に対して5人に1人の割合で存在していた。

表2-2の内容を具体的にみると，フィリピン人は，大分類において家事・サービス，加工・製造，不特定労働者，輸送・情報の順で従事者数が多くなっていた。とくにフィリピン人女性は，縫製・刺繍，タバコ加工，使用人，洗濯業，商人の業種・職種に特化する傾向がみられた。他方，男性がほとんどを占める中国人は，商業，不特定労働者，家事・サービスの順に従事者数が多かった。サービス業のなかでは，多くの中国人が料理人として働いていた。フィリピン人と中国人を比較すると，中国人は大工や商業に特化しつつ，製造業ではそれぞれ得意とする業種が分かれていた。すなわちフィリピン人は，タバコ加工，機械工，荷馬車・馬具製造，印刷に独占的に従事し，中国人は，製靴，金属加工・細工に比較的集中する傾向があった。表中に現われなかったが，中国人は家具製造や製材にも多くの者が従事していた[49]。第1章で指摘したような，参入する業種・職種が民族ごとに特化する傾向をここでも確認しておこう。以下で分析する港湾労働（表中では不特定労働者に分類）は，フィリピン人と中国人がともに参入した分野であり，馬車製造はフィリピン人が得意とする業種であった。

まず港湾労働に関して，アメリカ軍兵站部補給係輸送局に所属する一少佐の第一報告を取り上げよう。これは，1901年4月1日から1902年11月4日までの同輸送局の事業報告である[50]。報告書は，熟練労働者，不熟練労働者それぞれにおける労務管理の変化と，フィリピン人労働者と中国人労働者の作業実績の比較から成っていた。前者によれば，輸送局の業務内容は，カ

ビテ州やマニラ市のパシグ川沿いにおける生活物資や船舶燃料用石炭の運搬となっていた。運搬作業は，船舶とはしけ，はしけと波止場，波止場と倉庫のあいだで行なわれて，石炭の場合，はしけと波止場のあいだの運搬がより重労働で賃率も高くなっていた。1901年4月1日時点で報告者の管轄下に置かれた労働者については，熟練労働者と不熟練労働者を次のように分類していたという。熟練労働者は，甲板長51人，技師76人，消防士96人，給油係6人，航海士258人であり，すべてフィリピン人であった。親方を通じて，月ごとの契約によって雇用された賃金労働者は，賃金の一部を親方によって詐取されていた。事務所は，雇用後も直接的な労務管理はできなかったという。不熟練労働者は，補給係管轄の波止場と兵站部倉庫で雇用されるフィリピン人の親方5人と労働者250人，石炭のみを運搬するフィリピン人の親方50人と労働者1110人，および荷受け部屋での労働を行なう中国人労働者13人であった。各親方のもとに，20～30人の作業集団(gang)が組織され，賃金は親方を通じた日払いであった。

　ところが1901年5月以降の時期になると，熟練労働者は，汽艇・はしけごとに組織化され，事務所の勤務時間簿に基づき管理されることになったという。実際の勤務状況では，技師，消防士，給油係の大部分が継続的に勤務していたが，逆に航海士は3ヶ月以上継続して勤務することはまれであった。ただし労働者への物品の供与や業務規程の伝達は，親方を通じて行なわれていた。不熟練労働者は，15の常勤の作業集団に組織化され，1つの作業集団は，親方のもとに15～20人の労働者から構成されていた。親方は各作業集団の労働時間を管理し，賃金は時給制であった。

　また中国人労働者との比較に関して，主にカビテ州の石炭運搬について第一報告から引用しておく。

　　汽船と蒸気動力のはしけに使われるものを除いたすべての石炭は，トン当りで規定された賃金で取り扱われていた。この事務所によって雇用された中国人労働者の場合，1日当り75セントで，超過労働，夜間・休日労働はその2倍の賃率が適用された。中国人労働者の高い契約費用と賃金の

ため，1901年7月1日から，石炭の取り扱いにフィリピン人労働者が雇用され始めた。労働者は，サングレーポイント (Sangley Point) の石炭倉庫における労働のためにカビテ州で雇用され，その後マニラで波止場における石炭作業に従事していた，正規・臨時双方の作業集団から供給された。この労働は最初から順調に進み，フィリピン人は，1901年7月中は石炭作業のわずかの部分のみを，10月には半分以上を，そして12月以降はほとんどすべてを取り扱うようになった。

〔中略〕

記録によると，4, 5月の2ヶ月間に7万6276tの石炭が，平均して350人のフィリピン人親方と労働者によって運搬された。当該期間において，フィリピン人以上に勤勉で忠誠的な労働者はいなかった。[51]

こうして報告者は，「中国人労働者・契約者よりもフィリピン人労働者の方が，トン当り費用は少なく，1日の1人当り平均取り扱い量は大きい」とした上で，「良質の労働力の確保にはどんな困難もない」と結論づけていた。

以上の分析において，報告者は熟練労働者と不熟練労働者を便宜的に区分していたが，熟練労働者の半分以上を構成する航海士の労働状況は非常に不安定であった。軍当局は，親方を通じた現地の雇用慣習に依存しながら，間接的な労務管理を採用していた。1901年5月以降になると，「熟練労働者」の勤務状況を部分的にではあっても把握するようになり，雇用における親方のプレゼンスは減退するようになっていたが，軍当局は，いまだ親方に依存した労務管理を存続させた。また別の場所では，中国人労働者がフィリピン人労働者によって代替されていたのである。

次に検討するのは，一大尉による陸上交通・官用畜産局の作業に関する第二報告である[52]。報告の対象になったのは，役畜の管理，馬車および関連用具の製造・補修で雇用されたフィリピン人であり，同作業に中国人労働者は雇用されていなかった。同部門が雇用したフィリピン人は，次の9つの職種に分類された（括弧内は，給与および賃金を示す）。馬医者（月30.00ドル），御者（月20.00ドル），荷造り工（月18.00ドル），馬具工（月17.00ドル），手

入れ・装飾工(月14.00ドル),塗装工(月14.00ドル),大工(月14.00ドル),荷揚げ労働者(日0.50ドル),一般労働者(日0.40ドル)。報告は,とくに一定の技能を要する手入れ・装飾工に対して,職業訓練がなされたとしている。同部門における雇用状況の変化については,次のように述べている。

　私が最初にこの部門を引き受けた1900年8月には,すべての労働者の賃金は,2,3の週払いのケースを除き,日払いであった。その時,それとは異なる賃金の支払い形態の採用や労働者の新たな労働条件の受け入れは想像さえできなかった。実際,その変化は労働者を広範に巻き込み,フィリピン人自身に破滅的な結果をもたらした。当時,すべての必要な労働は,親方を通じて獲得された。都市において,私とその他の補給係将校は,労働作業を行なった者に賃金を支払ったが,労働者はまずそれを親方に手渡し,それを受け取った親方はそこから一定の割合を収取し,そしてその差し引き分を労働者に戻した。これは,我々が解決しなければならなかった最も困難な問題であった。もし我々がそれを避けることを試みたなら,親方は我々の労働力確保を妨害しただろう。私が親方を解雇し,労働者が親方に賃金を手渡すのを止めさせるために,警備員を駐在させたところ,この部門における荷物の積み下ろしは2度停止しなければならなかった。

　それでもこの親方制度とのかねてからの継続的な闘いは,この部門に関する限り,労働者と親方を完全に引き離すことに成功した。フィリピン人は,自分が親方から独立しており,親方に従属することは自分の利益に反するものであるということを,徹底して信じるようになっている。これは,賃金の支払いを,週に1度,それから月に2度,最後に月に1度にすることによって達成されたものと信じている[53]。

　さらに報告書は,1900年9月におけるフィリピン人労働者全体の欠勤率が3.5%と低かったと指摘している。このことについて,「民政長官が,とくにフィリピン人労働者の勤務の安定性について尋ねたので,これらのデータ

は注意深く調査され，十分に確かなものとなっている」という。

このように第二報告は，軍当局が親方を通じて労働者を確保するシステムから親方を排除していった過程を示している。親方を通じた現地の雇用慣習は否定的に捉えられ，新たな賃金支払い形態の導入がその排除に役立ったとしているが，背景にあるスペイン統治下からの馬車製造に関する在来産業の存在が，現地の雇用慣習の影響を受けつつも労働力の調達を容易にしていた可能性は否めなかった[54]。

以上のように，中国人移民政策に関する2つの報告は，むしろフィリピン人労働力の性格を論じるものであった。中国人労働者導入の問題は，フィリピン人労働者の雇用に関する状況認識と表裏一体のものであったのである。2報告の背景にあるマニラ都市労働市場では，フィリピン人労働者と中国人労働者の参入する業種・職種は分断化する傾向にあった。2報告がフィリピン人の雇用に好意的な解釈を与えたのも，それらがフィリピン人の参入が顕著であった業種・職種を扱っていたことによる。ただし2報告は，そうした都市労働市場の動向を把握しておらず，前項で検討した，第二次フィリピン統治委員会が要求する熟練労働者の導入の政策論理と同様，経済基盤の把握の不確かさという面を持ちあわせていた。

中国人移民政策は，フィリピンに流入する中国人労働者の移民に歯止めをかけて，マニラにおける中国人労働者のプレゼンスを弱めた。しかしながらマニラ労働市場においては，中国人とフィリピン人のあいだで職種・業種ごとの棲み分けがみられた。第一報告と第二報告は，フィリピン人が比較的優位にあった業種について検討しており，軍は，欠勤率に示されるような作業意欲などの労働属性についてもフィリピン人に好意的な解釈を与えることになったのである。このように，当時の軍による雇用労働は，必ずしもフィリピン人の雇入れに否定的な状況を示していなかった。しかしながら親方を通じた労働者の雇用では，軍を含むアメリカ人統治者がフィリピン人労働者の雇入れや労務管理に直接介入することの困難さを示していた。親方の介在に示されるような在来の雇用慣行が，さまざまな職種・業種にわたってフィリピン社会に根強く存在していたことが窺える。

表2-3 マニラ市における民族別職業構成(1939年)

	全体	男性	女性	フィリピン人	中国人
家事・サービス	144,974(46.2)	24,023(14.7)	120,951(80.5)	133,385(48.7)	8,986(28.8)
使用人	123,216(85.0)	9,836(40.9)	113,380(93.7)	115,859(86.9)	5,144(57.2)
洗濯業	7,275(5.0)	2,416(10.1)	4,859(4.0)	6,567(4.9)	700(7.8)
料理人	4,334(3.0)	3,513(14.6)	821(0.7)	2,906(2.2)	1,880(20.9)
床屋	2,481(1.7)	1,923(8.0)	558(0.5)	2,137(1.6)	264(2.9)
ペンキ屋	2,092(1.4)	2,089(8.7)	3(0.0)	2,035(1.5)	51(0.6)
加工・製造業	49,198(15.7)	34,313(21.0)	14,885(9.9)	44,252(16.2)	4,345(13.9)
縫製・刺繡	8,230(16.7)	548(1.6)	7,682(51.6)	8,091(18.3)	68(1.6)
タバコ加工	5,074(10.3)	2,401(7.0)	2,673(18.0)	4,975(11.2)	64(1.5)
食品加工	3,935(8.0)	3,178(9.3)	757(5.1)	3,135(7.1)	731(16.8)
衣服仕立て	3,198(6.5)	2,586(7.5)	612(4.1)	2,864(6.5)	324(7.5)
印刷	2,540(5.2)	2,356(6.9)	184(1.2)	2,220(5.0)	273(6.3)
自動車修理	2,280(4.6)	2,275(6.6)	5(0.0)	2,218(5.0)	28(0.6)
製靴	1,870(3.8)	1,491(4.3)	379(2.5)	1,631(3.7)	226(5.2)
製材	1,285(2.6)	1,280(3.7)	5(0.0)	938(2.1)	330(7.6)
家具製造	1,274(2.6)	1,212(3.5)	62(0.4)	857(1.9)	406(9.3)
港湾労働者	3,558(1.1)	3,558(2.2)	0(0.0)	3,502(1.3)	42(0.1)
商業	34,572(11.0)	28,536(17.5)	6,036(4.0)	18,540(6.8)	14,238(45.7)
販売従業員	15,424(44.6)	13,570(47.6)	1,854(30.7)	6,536(35.3)	8,067(56.7)
輸送・情報	19,045(6.1)	18,835(11.5)	210(0.1)	18,368(6.7)	364(1.2)
御者(馬車)	9,108(47.8)	9,107(48.4)	1(0.5)	8,871(48.3)	204(56.0)
船乗り・ボートこぎ	2,720(14.3)	2,720(14.4)	0(0.0)	2,522(13.7)	89(24.5)
建設業	15,378(4.9)	15,376(9.4)	2(0.0)	13,804(5.0)	1,268(4.1)
大工	7,184(46.7)	7,184(46.7)	0(0.0)	5,728(41.5)	1,177(92.8)
事務職	17,762(5.7)	15,985(9.8)	1,777(1.2)	16,100(5.9)	1,047(3.4)
農業・漁業	3,099(1.0)	3,004(1.8)	95(0.1)	2,277(0.8)	155(0.5)
教師・公務員	10,746(3.4)	7,765(4.8)	2,981(2.0)	9,998(3.7)	319(1.0)
専門職	14,883(4.7)	11,484(7.0)	3,399(2.3)	13,195(4.8)	407(1.3)
その他	533(0.2)	526(0.3)	7(0.0)	489(0.2)	3(0.0)
総数	313,748(100.0)	163,405(100.0)	150,343(100.0)	273,910(100.0)	31,174(100.0)

注) 職種の大分類における括弧内の数字は，総数に対する割合を示す。各職業の細目におけるそれは，各職種の総数に対する割合を示す。
出所) Philippines (Commonwealth), Commission of the Census, *Census of the Philippines, 1939*, 5 vols. (Manila: Bureau of Printing, 1940-43), Vol. 1, Pt. 3.

　こうしてアメリカによるフィリピン統治が進むに及んで，マニラにおける中国人労働者の比重は減退していくことになる。最後にこうした傾向を，表2-3における，1930年代末のマニラ市の民族別職業編成から検討しよう。同表では，1903年時のそれと比較するために，表2-2とできるだけ同様の職種・業種構成になるように，筆者が独自に分類している。同表は，表2-2と

同様，10歳以上の稼得収入のある者を主業に基づき分類している。ただし，男性と女性の性別分類は，表2-2のようにフィリピン人のそれではなく，ほかの民族も含むマニラ市住民全体のものとなっている。さらにフィリピン人と中国人は，国籍によって定義されていた。中国人有業者人口（10歳以上）における女性の割合は23.7%で[55]，1903年時よりも上昇していた。

表2-3では，中国人の有業者はマニラ市全体の9.9%であった。1903年時には15.7%だったから，中国人の有業人口割合は1930年代末までに減少していたことがわかる。すでに第1章で確認したように，多くのフィリピン人は，女性を中心にしてサービス産業に従事していた。また公務員や専門職に従事する者の割合も，フィリピン人において増加していた。これに対して，中国人の場合，以前にもまして商業に専念する傾向が強まっていたことがわかる。また製造業では，多くの中国人が引き続いて製靴業，製材業，家具製造業で働いていた。

このように，アメリカ統治下で実施された中国人移民政策は，マニラの中国人人口の増加を抑制しつつ，中国人を商業に特化させることになった。ただし，マニラ市における中国人労働者の数も顕著に増加することはなかったが，民族別に特定業種に集中する傾向は継続していたのである。

ま と め

19世紀から20世紀への世紀転換期のフィリピンにおいて導入された中国人移民政策は，1902年法の形成にまで至る過程において，誘引政策の展開に支障をきたす経済開発，すなわち中国人熟練労働者の導入を回避しなければならなかった。フィリピン革命に引き続いてフィリピン・アメリカ戦争が展開するなか，アメリカは，フィリピンの平定作業やフィリピン人の利益を考慮する統治理念を重視しなければならなかったのである。フィリピン統治の基本的枠組を定めた組織法が1902年7月に可決されたことからもわかるように，中国人移民政策に関する審議は，フィリピン支配の在り方をめぐる議論と同時並行的に進んでいたことに留意する必要がある。第二次フィリピ

ン統治委員会が中国人熟練労働者の導入を主張した際，上述のような政治的配慮を受け入れなければならなかったのは，中国人熟練労働者を必要とする経済的理由を十分に認識し，説得力ある議論を展開することができないためでもあった。公共事業を中心とした中国人熟練労働者導入構想において，もともと熟練という規定自体が時代と状況において相違する多義的概念でもあったためか，実際の政策審議でもその定義をめぐり混乱が生じていた。こうしてフィリピンにおける中国人移民政策の形成に際しては，開発を要請する経済的論理よりもフィリピン統治の安定化を求める政治的論理が優越することになった。

しかしながら，実際のマニラ労働市場では，幾つかの業種・職種の担い手は民族別に特化しており，必ずしも多くの中国人労働者が高度の熟練労働に従事していたわけではなかった。港湾労働と馬車・馬具製造では，親方のもとでフィリピン人の雇用や労働が組織されていた。マニラ労働市場におけるフィリピン人と中国人の競争と棲み分けに関連して，馬車・馬具製造は，フィリピン人が量的に優位の産業であったのに対し，港湾労働では，たとえ中国人が従事していたとしても，中国人はフィリピン人と同じ組織や空間を共有して働く状況にはなかったのである。

ところで，アメリカ統治初期のフィリピンにおいて労働力が不足していた理由のひとつは，スペイン統治下の公共事業が賦役によって遂行されていたために，当時それに代わるメカニズムが十全に発達していないためでもあった。ただしアメリカ統治下で実際に機能したメカニズムとは，単なる自由主義的労働市場というよりも，親方制度など在来的雇用慣行の制約を負ったものであった。第二に，新たな植民地支配のもとで，大工を含む建設労働など，フィリピン人の不慣れな作業が要請されるに及んでいた。最終的に19世紀から20世紀への世紀転換期におけるフィリピンでは，未墾地が大量に存在していたために，多くのフィリピン人労働力が周辺フロンティアの開墾へと向かい，植民地政府や都市企業が農村から十分な労働力を引き出すことをできなかったことがある。

結果的に，アメリカの中国人移民政策は，最も中国人人口が集中していた

マニラで，労働者全体に占めるその比重を減少させることになった。また同政策は，移民制限を労働者のみに限定したという意味において，すでに多くの中国人が上位の職種としての商人に従事していた状況を追認することにもなったのである。

1）タフト（W. H. Taft）のもとに第二次フィリピン統治委員会が組織された当初，同委員会はタフトを含む4人のアメリカ人から構成され，1901年以降になると数名のフィリピン人も同委員会に加わっていた。しかしアメリカ本国が民主党政権に移行して植民地政府のフィリピン人化が進む1913年まで，第二次フィリピン統治委員会を支配していたのはアメリカ人であった。
2）ここで言う経済開発は，2つの側面から議論されるべきであろう。1つは，合衆国議会がフィリピンに対して向けたもので，もう1つは，第二次フィリピン統治委員会によるものである。前者は，「友愛的同化」宣言からも察することができるように，経済開発には抑制的であった。後者については，第二次フィリピン統治委員会が作成した，フィリピン統治の憲法にあたる1902年組織法（Organic Act）草案を参照することができる。そこには，合衆国へのフィリピン産品輸出のための特恵関税設定，植民地における金本位制採用，第二次フィリピン統治委員会への公有地法・鉱山法制定のための権限要求，鉄道建設促進が，経済開発の政策的内容に含まれていた。アメリカ資本の導入に基づく農産物輸出促進，それと関連する輸送関連公共事業整備が，意図されていたといえよう。しかしのちにみるように，民政長官タフトの経済開発のイメージは，中国人熟練労働者導入との関連において必ずしも明瞭ではなかった。Glenn A. May, *Social Engineering in the Philippines: The Aims, Execution, and Impact of American Colonial Policy, 1900-1913* (Quezon City: New Day Publishers, 1984); Frank Hindman Golay, *Face of Empire: United States-Philippine Relations, 1898-1946* (Quezon City: Ateneo de Manila University Press, 1997).
3）1902年に合衆国議会は，フィリピンでの中国人移民政策のみならず，組織法に関する議論も行なっている。ゴーレイ（Frank Hindman Golay）は，この1902年議会におけるフィリピン政策をめぐる議論の特質として，法人（corporation）への農業公有地払下げ規模制限など，外国の資本・企業による植民地開発回避を挙げた。ゴーレイは，フィリピンへの中国人労働者移民禁止もその脈絡で論じている。Golay, *Face of Empire*, pp. 87-89.
4）菅谷成子「18世紀半ばフィリピンにおける中国人移民社会のカトリック化と中国人メスティーソの興隆――「結婚調査文書」を手がかりとして」『東洋文化研究所紀要（東京大学）』第139冊（2000年3月），444～420頁。
5）Edgar Wickberg, *Chinese in Philippine Life, 1850-1898* (New Haven and London: Yale University Press, 1965).

6) Daniel F. Doeppers, "Destination, Selection and Turnover among Chinese Migrants to Philippine Cities in the Nineteenth Century," *Journal of Historical Geography*, Vol. 12, No. 4 (Oct. 1986), pp. 381-401.
7) 中国人のアイデンティティー形成に影響した要因として，次の2つが考えられる。1つは，生育の場所が中国かフィリピンかというものであり，もう1つは，居住している場所が，マニラか地方かというものである。とくに後者の要因について，中国人組織が集中するマニラと対照的に，現地のフィリピン人社会と積極的に協調的関係を維持しなければならない地方の状況は，中国人の子孫にフィリピン人としてのアイデンティティーを選択させる傾向を持ったと考えられる。例えば，タルラック州を拠点に，米穀商にも関与したコファンコ(Cojuanco)家は，このケースに含まれる。コファンコ家は，19世紀後半における中国大陸からの移民に起源を持ち，早くも2世代目以降になると，土地所有などを基盤にして，1907年の国民議会設立当初から国政議員も輩出するに至った。Chinben See, "Chinese Organizations and Ethnic Identity in the Philippines," J. Cushman and Wang Gungwu, eds., *Changing Identities of the Southeast Asian Chinese since World War II* (Hong Kong: Hong Kong University Press, 1988), pp. 319-334.
8) フィリピンにおける国籍取得の法的規定は，1902年組織法において与えられている。それによると，「1899年4月11日時点でスペイン臣民であると同時にフィリピンに居住し，その後もフィリピンに居住し続けた者，もしくはその後に生まれたそれらの子孫は，フィリピンの市民(citizen)であるとみなされる」としている。したがって，カトリックの洗礼を受けてスペインに帰化した中国人商人や，フィリピン革命にも参加した中国人メスティーソのなかには，フィリピン国籍を獲得する権利を有する者が多く存在していたと考えられる。しかし，スペイン臣民ではなかった中国人や中国人メスティーソの市民権取得に関する法的規定は与えられていなかった。"An Act Temporarily to Provide for the Administration of the Affairs of Civil Government in the Philippine Islands, and for Other Purposes, July 1, 1902, Public, No. 235," *The Statutes at Large of the United States of America*, Vol. 32, Pt. 1, pp. 692; Wong Kwok-Chu, *The Chinese in the Philippine Economy, 1898-1941* (Quezon City: Ateneo de Manila University Press, 1999), pp. 5-8.
9) 杉原薫「近代世界システムと人間の移動」『岩波講座世界歴史19 移動と移民――地域を結ぶダイナミズム』岩波書店，1999年，3～61頁；杉原薫『アジア間貿易の形成と構造』ミネルヴァ書房，1996年，297～323頁。
10) Maldwyn Allen Jones, *American Immigration* (Chicago and London: The University of Chicago Press, 1960), pp. 247-277; John Highm, *Strangers in the Land: Patterns of American Nativism 1860-1925* (New York: Atheneum, 1974), pp. 106-157.

ところで，マイノリティ研究等を通じてアメリカナショナリズムとの関わりを論じる最近の移民史研究において，本章の研究対象と関連しているのは，アメリカ史研究

者貴堂嘉之の研究である。貴堂は、排華移民法が成立した1882年から、合衆国における中国人移民の無期限停止を定めた1904年までの一連の政策の変容を扱っている。1902年法成立までには、アメリカ労働総同盟を含む全米反帝国主義連盟や財務省移民局がフィリピン等からの移民流入を危惧する一方で、米中貿易関係拡大に期待を寄せる門戸開放推進派の政治活動が、駐米清朝政府公使などの働きとともに排華運動鎮静化に積極的に関わるようになっていたという。しかし当時の帝国的拡大は、〈アメリカ人〉の境界線を、「水平的な同志愛」というよりも垂直的な人種・民族関係を前提とするものに変え、そうした鎮静化は、中国人を排除よりも文明化の対象とするものであったとしている。貴堂嘉之「アメリカ移民史研究の現在」『歴史評論』第625号(2002年5月)、17〜30頁；貴堂嘉之「〈アメリカ人〉の境界の帝国的再編：世紀転換期における中国人移民政策の変容 1882〜1906」『東京大学 アメリカン・スタディーズ』第5巻(2000年)、87〜104頁。

11) 同法成立当時の西海岸地域では、経済不況に喘ぐ状況下で多様な社会階層の参加する中国人排斥運動が高揚すると同時に、人種主義以外の諸要因も絡み合うネイティヴィズム(nativism)の展開がみられた。油井大三郎「19世紀後半のサンフランシスコ社会と中国人排斥運動」油井大三郎ほか『世紀転換期の世界——帝国主義支配の重層構造』未来社、1989年、19〜80頁；Mary Roberts Coolidge, *Chinese Immigration* (New York: Henry Holt and Company, 1909), pp. 168-182.

12) 貴堂嘉之「「帰化不能外人」の創造——1882年排華移民法制定過程」『アメリカ研究』第29号(1995年)、177〜196頁。

13) *The Statutes at Large of the United States of America*, Vol. 32, Pt. 1, pp. 176-177.

14) 中野聡「米国植民地下のフィリピン国民国家形成」『岩波講座東南アジア史7 植民地抵抗運動とナショナリズムの展開』岩波書店、2002年、138〜139頁。

15) その場合、オティスは、スペイン植民地期に保有を義務づけられていた身分証明書(Spanish Cedula)と、中国の出港地における合衆国領事館が発給した証明書の2種類を挙げている。The Office of the U.S. Military Governor in the Philippines to the Secretary of War, Apr. 1, 1899, Entry 5 150: 56/5/5, The United States, The National Archives, Record Group 350, Records of the Bureau of Insular Affairs, General Records (以下、USNA, RG 350と記す); Gen. Otis's Report, n.d., Entry 5 150: 56/5/6, USNA, RG 350.

16) Gen. Otis's Cable, Sept. 20, 1899, Entry 5 150: 56/5/5, USNA, RG 350.

17) The Consulate General of the United States in Shanghai to the Assistant Secretary of State, Dec. 28, 1898, Entry 5 150: 56/5/5, USNA, RG 350.

18) The Chinese Legation to John Hay, the Secretary of State, Sept. 12, 1899, Entry 5 150: 56/5/5, USNA, RG 350.

19) The Consulate General of the United States at Amoy to the Assistant Secretary of State, Apr. 12, 1901, Entry 5 150: 56/5/6, USNA, RG 350.

20) 民政長官タフトは、陸軍省に対して、1898年以前にフィリピンを出国した中国人

の帰国条件と中国人の中国滞在期間について，第二次フィリピン統治委員会の立場を代弁していた。前者については，不正を拡大する可能性はあるが，オティスの軍令に従い，居住に関する証明書の提示をそのまま条件とすべきであるとした。後者については，フィリピンにおける関税官発行の出港証明書に記載された出港時期から一定期間を超えた帰国は認められるべきではなく，その期間としては1.5年が妥当であるとしている。W. H. Taft to the Secretary of War, Sep. 4, 1901, Entry 5 150: 56/5/6, USNA, RG 350.

21) *The Statutes at Large of the United States of America*, Vol. 32, Pt. 1, pp. 176-177. なお再入国規定の適用について，1888年修正法第6条に基づき，合法的な家族，資産の存在を前提にして再入国が認められていた。*The Statutes at Large of the United States of America*, Vol. 25, pp. 476-478.

22) United States, Bureau of Insular Affairs, *Fourth Annual Report of the Philippine Commission, 1903* (Washington: Govt. Printing Office, 1904), part 3, pp. 631-633.

23) フィリピンへの中国人密入国者は，ミンダナオ島などフィリピンの南部から流入していた。例えば1933年4月1日付けの日刊紙は，フィリピンにおける中国人人口は10万人規模に達し，ミンダナオ島からの密入国もその人口増加の重要な要因になったとしている。*The Tribune* April 1 1933.

24) Philippines, Bureau of Customs, *Annual Report of the Insular Collector of Customs, 1909* (Manila: Bureau of Printing, 1910), pp. 159-167; Philippines, Bureau of Customs, *Annual Report of the Insular Collector of Customs, 1910* (Manila: Bureau of Printing, 1911), pp. 146-152; Philippines, Bureau of Customs, *Annual Report of the Insular Collector of Customs, 1911* (Manila: Bureau of Printing, 1912), pp. 200-205; Philippines, Bureau of Customs, *Annual Report of the Insular Collector of Customs, 1921* (Manila: Bureau of Printing, 1922), pp. 297-298.

25) 中国人住民・移民の子供の入国が認められる年齢制限は，1904年10月以降の時期になると，16歳から21歳へと引き上げられた。フィリピンに入国した若年層の大半は，この手段を通じて入国していたと考えることができる。Philippines, Bureau of Customs, *Annual Report of the Insular Collector of Customs, 1906* (Manila: Bureau of Printing, 1907), pp. 29-30.

26) さらに同報告によると，港湾における移民ブローカーの巧妙な手配の結果として，本来認められていない中国人労働者のフィリピンへの移民認可が生じる結果になっていたという。A Report of George E. Anderson, the American Consul at Amoy, March 8, 1906, Entry 5 150: 56/5/6, USNA, RG 350.

27) The American Consulate at Amoy to the Assistant Secretary of State, May 11, 1909, Entry 5 150: 56/5/6, USNA, RG 350.

28) United States, Bureau of Insular Affairs, *Fifth Annual Report of the Philippine Commission, 1904* (Washington: Govt. Printing Office, 1905), part 3, pp. 628-637.

29) 1900年代半ばの合衆国においては，南・東ヨーロッパから流入する新移民が増大するという状況にあった。反移民論者の新たな論拠には，社会経済的地位の格差の客観的証明，新移民と犯罪・病気・精神異常の高い発生率の結びつきなどがあった。ジョン・ハイアム著(斎藤眞ほか訳)『自由の女神のもとへ』平凡社，1994年，65～81頁。

なお，在廈門領事は，中国人はトラコーマにかかることで「盲目者のための施設に入院し，公的施設の保護を受ける可能性」があるとしている。Letters of the American Consulate at Amoy, March, 1908, Entry 5 150: 56/5/6, USNA, RG 350.

30) The Acting Secretary of State to the Secretary of War, April 18, 1907, Entry 5 150: 56/5/6, USNA, RG 350.

31) Letters of the American Consulate at Amoy, March, 1908, Entry 5 150: 56/5/6, USNA, RG 350.

32) A Statement on the Shopkeeper Rule, n.d., Entry 5 150: 56/5/6, USNA, RG 350.

33) A Statement of the Chinese Legation at Washington, July 11, 1908, Entry 5 150: 56/5/6, USNA, RG 350.

34) United States, Bureau of Insular Affairs, *Fourth Annual Report of the Philippine Commission, 1903*, part 3, pp. 524-526.

35) The American Consulate General at Hong Kong to the Assistant Secretary of State, March 23, 1908, Entry 5 150: 56/5/6, USNA, RG 350.

36) "Part X. The Chinese in the Philippines," United States, Bureau of Insular Affairs, *Report of the Philippine Commission to the President, January 31, 1900* (Washington: Govt. Printing Office, 1900), Vol. 1, pp. 154-159.

37) Luke E. Wright to William H. Taft, Jan. 13, 1902, Series 3, William Howard Taft Papers, U.S. Library of Congress, Manuscript Division.

38) *United States, Congressional Record*, Vol. 36 (Washington: Govt. Printing Office, 1903), p. 2143.

39) *United States, Congressional Record*, Vol. 36, p. 2142.

40) *United States, Congressional Record*, Vol. 36, p. 2145.

41) 自治政府設立の構想は，当時の国務長官ヘイ(John Hay)による1898年5月の計画にさかのぼる。民政下になると，地方政府の整備がいち早く模索された。さらに1902年制定の組織法は，選挙に基づくフィリピン議会設立(Popular Assembly)を規定した。Bonifacio S. Salamanca, *The Filipino Reaction to American Rule, 1901-1913* (Quezon City: New Day Publishers, 1984), pp. 22-43.

42) レイナルド・C・イレート著(清水展・永野善子監修)『キリスト受難詩と革命』法政大学出版局，2005年，263～336頁。

43) ただしこの審議では，法案成立に反対する門戸開放推進派のこれまでにない激しい圧力が存在した。E. P. Hutchinson, *Legislative History of American Immigration Policy 1798-1965* (Philadelphia: University of Pennsylvania Press, 1981), p. 130；

106　第1部　人口と就業編成

貴堂「〈アメリカ人〉の境界の帝国的再編」, 97〜98頁。
44) 20世紀初頭におけるフィリピン人による中国人移民への反発については, フィリピン革命の過程を通じたナショナリズムの高揚も考慮しなければならないだろう。タフトがアメリカ支配の受け入れなどを条件にフィリピン人有力者を組織した連邦党 (Federal Party) は, 中国人移民に反対していた。またマニラの労働組合の連合組織である民主労働連合 (Union Obrera Democratica) は, 1902年の設立直後に中国人移民排除の立場をとっていた。United States, Bureau of Insular Affairs, *Third Annual Report of the Philippine Commission, 1902* (Washington: Govt. Printing Office, 1903), part 1, p. 21; Melinda Tria Kerkvliet, *Manila Workers' Unions, 1900-1950* (Quezon City: New Day Publishers, 1992), pp. 9-10.
45) An Appeal to Congress to Allow Chinese Laborers by American Chamber of Commerce, Jan. 3, 1902, Entry 5 150: 56/5/6, USNA, RG 350; The Committee on Foreign Affairs, House of Representatives to W. H. Taft, March 30, 1902, Series 3, William Howard Taft Papers; the Committee on Immigration, Senate to W. H. Taft, April 3, 1902, Series 3, William Howard Taft Papers.
46) An Appeal to the Philippine Commission to Allow Chinese Laborers by the Chinese Chamber of Commerce, Nov. 18, 1902, Entry 5 150: 56/5/6, USNA, RG 350; An Immigration Broker to W. H. Taft, Aug. 28, 1905, Entry 5 150: 56/5/6, USNA, RG 350; Chinese Residents of Cebu to W. H. Taft, etc., Aug. 22, 1905, Entry 5 150: 56/5/6, USNA, RG 350; The Chinese Chamber of Commerce to W. H. Taft, Nov. 7, 1907, Entry 5 150: 56/5/6, USNA, RG 350; Chinese Chamber of Commerce, *Petition Addressed by the Chinese Chamber of Commerce for the Philippine Islands, to the Secretary of War, The Honorable William H. Taft, and Committee of Honorable Senators and Representatives* (Manila: Tipo Litografia de Pedro de Guzman, 1905).
47) 問題となる調査の概要は, 1902年法の制定以前にタフトによって確認されていた。タフトは, 同法審議をめぐる下院島嶼委員会において, 鉄道建設での労働者雇用に関して次のように述べている。「資本家がその労働力の特徴に慣れたあとは, それを有効に利用することができると考えている。なぜなら, 大量のフィリピン人を雇用する, 多くの良心的な補給係将校との会話によると, 何人かの将校は, フィリピン諸島から安定的な労働者を確保することに他者よりも成功しているからである」。United States, Congressional Record, Vol. 36, pp. 2142-2145.
48) United States, Bureau of the Census, *Census of the Philippine Islands: Taken under the Direction of the Philippine Commission in the Year 1903*, 4 vols. (Washington: Govt. Printing Office, 1905), Vol. 2, p. 93, pp. 932-933; *Bulletin of the Department of Labor* [U.S.], No. 32 (1901), pp. 29-30.
49) 家具製造業などで働いていた多くの中国人は, 雇用者の用意した住居で寝泊まりし, 日に3度の食事が支給されていた。*Bulletin of the Department of Labor* [U.S.],

No. 32 (1901), pp. 29-42.
50) "Exhibit F¹. Filipino as a Laborer," United States, Bureau of Insular Affairs, *Third Annual Report of the Philippine Commission, 1902*, part 1, pp. 159-170.
51) "Exhibit F¹. Filipino as a Laborer," p. 161.
52) "Exhibit F². Philippine Labor," United States, Bureau of Insular Affairs, *Third Annual Report of the Philippine Commission, 1902*, part 1, pp. 169-176.
53) "Exhibit F². Philippine Labor," p. 171.
54) 19世紀後半のマニラでは，馬車が重要な交通手段となっていた。当時1頭引きや2頭引きなどさまざまなタイプの馬車が存在し，馬車が定期的に路線を走行したほか，富裕層はそれを個人的に所有していた。Isagani R. Medina, "The Social, Economic and Cultural Life of Manila in the 19th Century," Wilfrido V. Villacorta, Isagani R. Cruz, and Ma. Lourdes Brillantes, eds., *Manila: History, People & Culture* (Manila: De La Salle University Press, 1989), pp. 408-416; Maria Luisa T. Camagay, *Kasaysayang Panlipunan ng Maynila, 1765-1898* ［マニラ社会史，1765～1898年］ (Quezon City: University of the Philippines Press, 1992), p. 139.
55) Philippines (Commonwealth), Commission of the Census, *Census of the Philippines, 1939*, 5 vols. (Manila: Bureau of Printing, 1940-43), Vol. 1, Pt. 3.

第2部 労　　働

第3章　20世紀前半のマニラ地域経済圏における都市型雇用労働
　　　　——構造不況下の葉巻製造工——

　本章は，アメリカ統治下のマニラにおいて最大規模に展開した製造業となる葉巻製造業を取り上げ，その都市型雇用労働の諸特徴を分析する。とくに1920年代に生じたマニラ葉巻製造業における構造不況を焦点にして，基幹工となる葉巻製造工の職場労働を扱いたい。

　そもそもフィリピンにおいてタバコが栽培され，現地住民によって嗜好されるようになったのは，16世紀にスペイン人がアメリカ大陸からそれを導入してからであった。18世紀後半までにはフィリピンの現地住民のあいだに喫煙の慣習が広まると同時に，スペイン植民地政府がフィリピン経済開発の一環としてタバコ専売制度を導入するようになった。フィリピンにおけるタバコ製造業のなかでもとりわけ葉巻製造業が顕著に発展したのは，スペイン統治下の専売制度が，マニラおよび周辺地域を加工基地として育成したためであった。その後マニラ葉巻産業は，20世紀初頭までには，国内消費市場よりもアメリカ市場へ強く依存した輸出産業としての地位を形成することになった。

　外国市場に強く依存したマニラ葉巻製造業の浮き沈みのなかで，そこに雇用された葉巻製造工は，フィリピナショナリズムを形づくる上で重要な役割を担ってきた。1896年に勃発したフィリピン革命には多くの葉巻製造工が参加したのみでなく[1]，20世紀初頭以降には，葉巻製造工も関与した産業横断的組合連合が1920年代までにナショナリスタ党を支持するなど，葉巻

産業労働者は民族主義的色合いの強い政治的指向を示していた。こうした革命的・民族主義的行動の背景には，日常的労働と生活の場で形成されていた社会的な人間関係の濃密さが存在していたと考えられる[2]。

雇用危機下の職場関係に焦点を当てて都市労働を分析する本章では，葉巻産業での熟練の特質を踏まえた職種・職階構成を視野に入れながら，経営者側との強い交渉力を持つ組合活動の担い手であった葉巻製造工の社会経済的状況を考察する。とりわけ，対米葉巻輸出が停滞する1920年代の構造不況において，解雇，労働時間・日の短縮，賃率引き下げに直面する葉巻製造工が，どのような職場関係を形成して雇用調整に対処していたのかをみていきたい。1930年代になると，工場経営者は，賃金カット，労働日減少，勤務交替制，郊外への工場移転，解雇等をいっそう進めていった[3]。本章では1920年代に生じた雇用調整の意味を考えながら，職場における職工の階層性，凝集性，自律性に接近していきたい。

序章で触れた既存研究の動向でも指摘したように，アメリカ統治下のマニラにおける葉巻製造工は，しばしば地縁・血縁関係に基づき雇用された。この結果，マニラの葉巻製造業では，タガログ語やパンパンガ語を日常言語とする，強い凝集力を持つ職場環境が形成されていた[4]。ルースな労務管理下の自律的職場環境で働く葉巻製造工は，出来高賃金制度のもと，自分自身で働くペースを決める高度な裁量性を有していた。男性と女性の職工両方が長期にわたって同じ職場に留まり，現場下級管理職であるマエストロの地位にまで昇進することが可能であった。このマエストロとは，葉巻製造の基幹工程となる巻き込み作業において，作業を行ないながら職工の管理業務に従事する最下級管理職の職位を指している。

以下，第一節では，アメリカ統治下のマニラ葉巻産業の概説を取り扱う。第二節では，比較的大規模な外資系葉巻製造業の工程編成と基幹工程（＝巻き込み工程）の職階編成を分析する。第三節は，構造不況下に置かれた1920年代マニラ葉巻産業における，葉巻製造工の経済状況を考察する。なお以下の考察では，固有名詞や規模を特定せずに葉巻製造の職場を分析することが多い。本章は，1910年代以降にアメリカ市場への輸出葉巻を増産するよう

になる，比較的大規模な工場の分析に関心を持っている。利用した史料でも，そうした大規模工場が取り上げられる場合が多かったことをあらかじめ指摘した上で行論を進めることにしたい。

一　マニラにおける葉巻製造業

　ここでは，タバコ専売制度が廃止された1883年以降の時期におけるマニラ葉巻産業を概説的に扱うことにしたい。以下では，タバコ専売制度，葉巻の輸出動向，葉巻製造工場・従事者数の変化，同工場の設立状況を順にみていく。

　最初にフィリピン葉巻産業の発展の特質をみるために，インドネシアのタバコ製造業と比較してみることにしよう。フィリピン葉巻製造業は，インドネシア特有のタバコ加工品であるクレテック(丁子入りタバコ)産業と比較すると，その発展の経路を著しく異にしていた。インドネシアのクレテック産業は，その職場を農村に分散させて，女性を含む多くの村落住民を雇用すると同時に，その販売先として国内市場に依存しながら発展したのである[5]。これに対してフィリピン葉巻産業の場合，都市において少数の大規模工場を基盤にしていた。20世紀前半の時期において商業と行政を主な機能とする東南アジア諸都市のなかでも，フィリピン葉巻産業は，都市で大量の製造業労働者を雇用するという意味で例外的地位を占めていた[6]。また19世紀後半から近年までのあいだに民族的産業として生き残るクレテック産業とは対照的に，フィリピン葉巻産業は世界市場，とりわけアメリカ市場の動向によって左右され，1923年以降その輸出・生産額は減退する傾向にあった。実際，20世紀前半におけるマニラ諸産業の編成や雇用状況のなかでも，とくに葉巻製造業は対米貿易の動向と直結していたのである。

　葉巻産業がフィリピンの主要な輸出産業となった19世紀半ば以降を俯瞰する上で，まず注意すべきは1781年から1882年まで続いたタバコ専売制度である。同制度は，スペイン本国への送金も含めた植民地財政の財源確保という観点から，当時の総督バスコ(José Basco y Vargas)によって導入され

た。同制度下において，タバコ栽培に指定された地域は北部・中部ルソンやビサヤ諸島等から成って，指定された農民だけがタバコの栽培を許され，またタバコの流通・加工も国家管理下に置かれていた。1837年に初めてスペインが葉タバコの輸出を認めるようになってから，北部ルソンでのタバコ栽培が拡大してタバコ原料の輸出が増加した。同じくタバコ専売制度を自国で採用していたスペインは，たびたび勅令を発してフィリピンから輸入する葉タバコを優先的に確保した。タバコ原料・加工品は，19世紀のスペインとフィリピン間の貿易の主要取引品目を構成すると同時に，砂糖，マニラ麻と並ぶ代表的輸出産品でもあった。同制度は，不法取引，管理組織の非効率性，民衆反乱への警戒に加え，専売収入も顕著な増加を示さなかったことから，1882年に廃止されることになった[7]。

その一方で加工品としての葉巻の品質は低く，外国への輸出を顕著に伸ばすことができなかった。専売制度下における葉巻輸出は，1870年代までに重量では伸びたが，その低品質性ゆえに輸出額ではそれほど増大しなかった[8]。輸出額の低調さは専売制廃止後も変わらず，それが急激な伸びを示すのは，1909年にペイン・オルドリッチ関税法（Payne-Aldrich Tariff Act），1913年にアンダーウッド・シモンズ関税法（Underwood-Simmons Tariff Act）がそれぞれ施行されて，葉巻を含むフィリピン産主要農産物のアメリカ向け輸出が実質無関税となってからである[9]。

フィリピン関税局（Bureau of Customs）の1940年度報告によると，葉巻輸出額の対米比率は，1909年には前年の1.7％から42.0％へ急激に上昇し，それと同時に葉巻輸出量・額もまた増大していた。葉巻輸出額は，1920年までに年約2500万ペソを記録して1908年の10倍以上に及んでおり，その対米比率は80％近くまでに達するようになっていた。これは，特恵的アメリカ市場への高級な葉巻の輸出が増大していたことを示す，一定重量当りの輸出額の増加（1920年は1908年の3倍以上）によっても支えられていた。しかし葉巻輸出額は，1921年に一時急激な下落を経験し，さらに1923年以降になると継続的に低落した。1930年の葉巻輸出額は，絶頂期であった1918～20年の3ヶ年平均の半分以下を記録するようになっていた。フィリピン

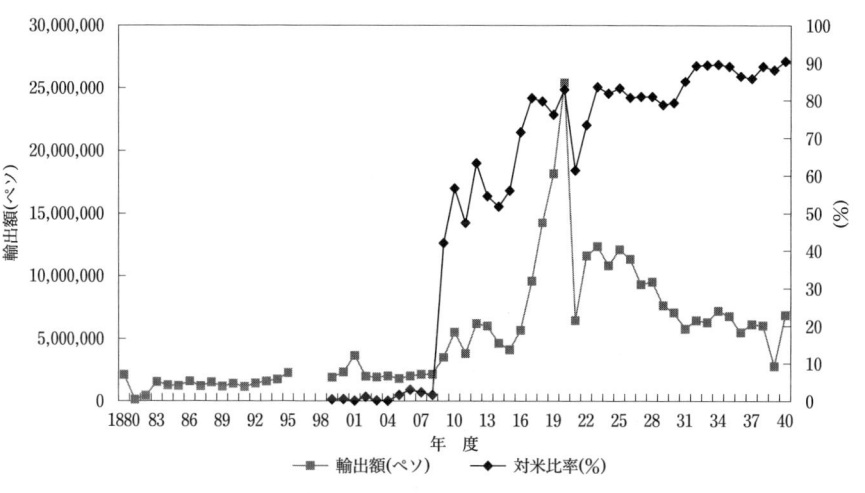

図3-1 葉巻輸出額および対米比率(1880〜1940年度)

注1) 1880年から1895年は，葉巻以外の加工輸出品も含む。
注2) 1939年は，1〜6月のみ。1940年は，1939年7月〜40年6月。
出所) United States, Bureau of the Census, *Census of the Philippine Islands: Taken under the Direction of the Philippine Commission in the Year 1903*, 4 vols. (Washington: Govt. Printing Office, 1905) (以下，*Census of 1903*), Vol. 4, p. 33; Philippines (Commonwealth), Bureau of Customs, *Annual Report of the Insular Collector of Customs, 1940* (Manila: Bureau of Printing, 1941), pp. 107-108.

葉巻産業は，上述のような輸出動向にリンクする形で生産を増減させていたため，輸出産業としての性格を色濃く持っていたといえよう[10]。1920年代以降にフィリピン産葉巻の対米輸出が減退した理由としては，アメリカにおける消費嗜好が葉巻から紙巻タバコに移ったことと，製造工程において機械化が進展しなかったためにフィリピン産葉巻の割高感が強まったことがあった[11]。

19世紀から20世紀への世紀転換期におけるマニラでは，工業化の進展に結びつく本格的な製造業が未発展なままであったが，そのなかで葉巻製造業は際立って多くの就業者数を抱えていた。1903年センサスによると，マニラ市で葉巻製造業を主要職業とするフィリピン人は6028人であり，マニラ市の製造業従事者3万4266人の17.6%を占めていた。葉巻製造業に関わるフィリピン人のうち，女性が男性の就業者数を上回っており(男性2015人，

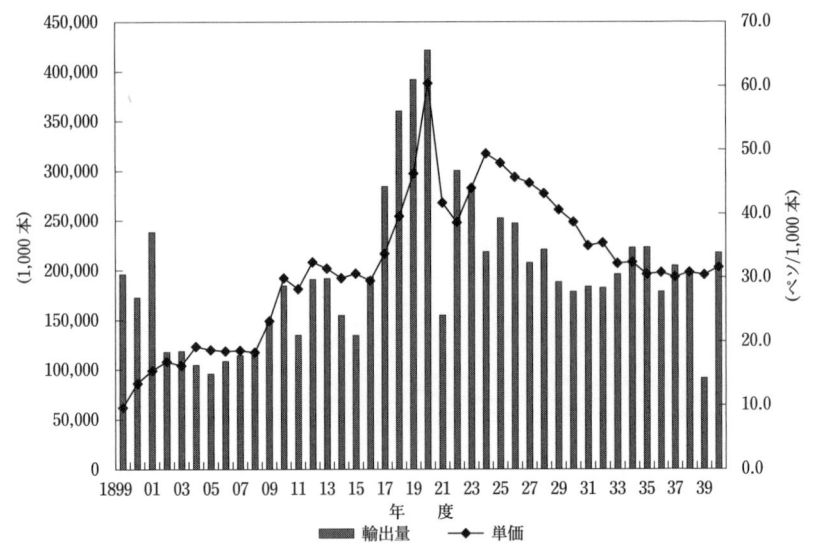

図 3-2　葉巻輸出量と単価(1899〜1940 年度)

注) 1939 年は，1〜6 月のみ。1940 年は，1939 年 7 月〜40 年 6 月。
出所) Philippines (Commonwealth), Bureau of Customs, *Annual Report of the Insular Collector of Customs, 1940*, pp. 107-108.

女性 4013 人)，また他の人種・国籍に属する者と比較するとフィリピン人が優越的に従事する業種となっていた(例えば日本人・中国人 23 人，白人 7 人)[12]。

葉巻製造工場自体に関するデータによると，1900 年代初めから 1910 年代後半までの時期に，フィリピンとりわけマニラ市における葉巻製造工場数は大幅に減少していたが，逆にその就業者数全体は増加して，1 工場当りの平均従業員数は拡大傾向にあった。1903 年センサスによると，1902 年に年間生産額が 1000 ペソ以上の紙巻タバコ製造を含む工場数はマニラ市で 75，フィリピンで 108 となり，その従業員数はマニラ市で 9160，フィリピンで 1 万 126 となっていた[13]。ところが 1918 年センサスでは，同年に同じ条件の工場数はマニラ市 41，フィリピン 70 と減少したものの，その従業員数はマニラ市 1 万 3520，フィリピン 1 万 4567 と増加していたのである[14]。

1920年以降の時期になると，マニラ市の工場数および就業者数の推移を一貫して検討できるデータは得られないが，対米葉巻輸出が停滞した1920年代には，フィリピン全体の葉巻製造工場数は横ばい状態にあった。というのも内国税歳入局(Bureau of Internal Revenue)のデータによると，フィリピン全体における葉巻製造工場数は，1920年91，25年88，29年94となっているからである[15]。さらにフィリピン全体の紙巻タバコを含む就業者数は，1910年代から20年代末にかけて増大する傾向を示していた。アメリカ統治下のフィリピン経済を論じたミラー(Hugo H. Miller)によると，1929年のフィリピンにおける紙巻タバコ製造を含む就業者数は1万9000人となっており[16]，既出の1918年のデータと比較すると29年にかけて4000人以上増加したことになる[17]。

1920年代における葉巻製造業の構造不況にもかかわらず，上述のように就業者数が減少していなかった第一の理由は，1918年のデータが年間生産額1000ペソ以上の工場の従業員に限定していたことにある。第二の理由は，機械化された紙巻タバコ生産は，国内消費のみならず，1928年まで輸出額の拡大を経験していたために，同就業者数が増加していた可能性があったことである[18]。第三の理由は，当時の葉巻産業全体の雇用調整では，のちに触れるように，解雇だけではなく労働時間の短縮や一時休業によって対処していたと考えることができるためである。

本節の最後に，マニラの葉巻製造工場の設立状況をみてみよう。そもそもタバコ専売制度下の19世紀後半には，現在のエルミタ地域に位置したアロセロス(Arroceros)地区やビノンド町のほか，マラボン町，カビテ町というマニラ市遠郊に設立された工場は5つで，約2万5000人の被雇用者を数えていた[19]（図1-2参照）。とりわけマニラ都市部における商品流通の中枢であったビノンド町やアロセロス地区が，工場設備や専売行政の中心となっていた[20]。そうした工場で働いた女性葉巻製造工は，19世紀初頭には，工場があったビノンド町周辺のトンド，サンタクルス，サンミゲル，パコ(Paco)などの町に居住していた[21]。ところが専売制廃止直後となる1883年には，マニラ市およびその周辺に117の工場とそこで雇用される約6500人の従業

表3-1　マニラ葉巻・紙巻タバコ製造工場従業員規模別構成(1911年)

	総数	ビノンド	サンニコラス	サンタクルス	トンド	キアポ	サンミゲル	パコ	サンパロク
10～ 50	18	5	3	7	2	1	0	0	0
51～ 100	6	4	2	0	1	0	0	0	0
101～ 200	6	0	2	0	1	2	0	0	0
201～ 500	7	1	2	0	0	2	1	0	1
501～1000	0	0	0	0	0	0	0	0	0
1001～1500	6	1	0	1	1	0	1	2	0
総　数	43	11	9	8	5	5	2	2	1

出所）Philippines, Bureau of Labor, *Annual Report of the Bureau of Labor, 1911* (Manila: Bureau of Printing, 1912), pp. 49-50.

員が存在したほか，280もの家内作業場で1000人以上の人々が働いていたという[22]。また同じく専売制度廃止後の時期において，マニラ市遠郊のマラボン町のタバコ加工業では，中小企業が同様に乱立しており，多くの労働者がマニラへと流出する事態が引き起こされていた[23]。

　葉巻および紙巻タバコ工場の立地について，従業員規模別にデータを得ることができるのは1910年代初頭のことになる。それは，植民地政府労働局が，1911年に幾つかの産業に関する統計的情報を全国的に収集した表3-1から読みとることができる。しかし同調査報告は労働局調査員数に制約があったと自ら指摘しており，調査対象から洩れた工場も幾つか存在していたものと推察される[24]。同工場の多くはやはりビノンド地区およびその周辺に存在し，大規模なものは郊外に分散する傾向にあった。同表を詳細にみると，マニラ市全体の葉巻および紙巻タバコ工場数は43であり，うち10～50人規模の工場が18で，全体の約42％を占めていたのに対し，1001～1500人規模の大規模な工場も6を数えていた。工場が集まっている地域は，ビノンド地区11, サンニコラス(San Nicolas)地区9, サンタクルス地区8, トンド地区5, キアポ地区5の順になっている。小規模な工場はビノンド地区，サンタクルス地区に集中していたが，1001～1500人規模の大規模な工場はパコ地区, サンミゲル地区などの郊外で顕著であった。

　マニラにおける主要な葉巻製造企業のなかでも，通称タバカレラ社で知られるフィリピンタバコ会社(Compañía General de Tabacos)は，タバコ専

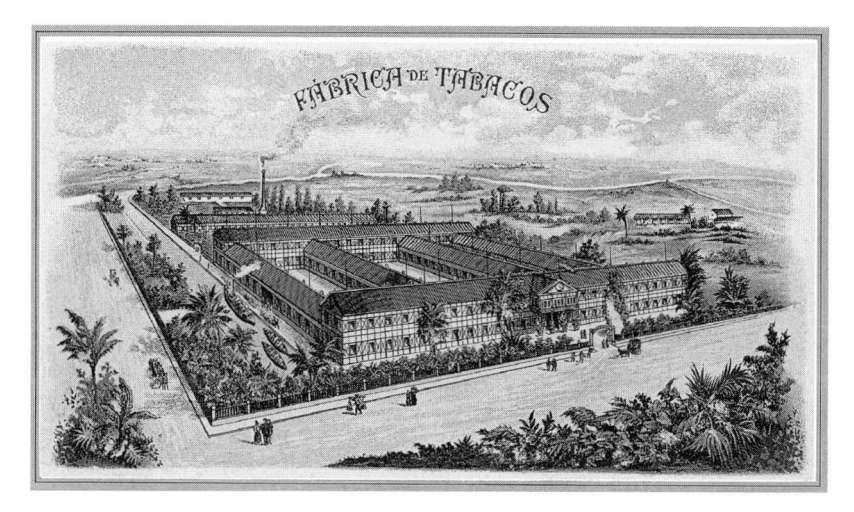

図 3-3　19 世紀末のイサベラ工場
出所）Emili Giralt Raventos, *La Compañía General de Tabacos de Filipinas 1881-1981* (Barcelona: Compañía General de Tabacos de Filipinas, 1981), p. 55.

売制度廃止以降からアメリカ統治下全体にわたる時期，フィリピンを代表する葉巻製造企業であった。タバカレラ社は，1881 年にバルセロナにおいて設立され，フィリピン支社はその翌年に組織された。同社は，専売制度下で運営されていた施設を借り受けて 3 工場を稼働させ，1885 年からはその生産拠点をパコ町に位置するラ・フロール・デ・ラ・イサベラ(La Flor de la Isabela)工場(以下イサベラ工場と記す)に徐々に移管している(1889 年に設立工事が完成)。こうして 1884～98 年の期間には，タバカレラ社のタバコ加工品輸出額・量はフィリピン全体の 25～50％を占めるに至っている。1920 年代前半には，フィリピン全体のタバコ加工品生産量の半分，合衆国向け輸出額に限れば 2, 3 割を占めている[25]。

　カークブリートは，1922 年の時点でマニラ市に存在した主要葉巻工場として，タバカレラ社のほかに次の 9 つを指摘している。ビノンド地区のラ・インスラール(La Insular)工場，キアポ地区のエル・オリエンテ(El Oriente)工場とラ・ミネルバ(La Minerva)工場，トンド地区のヘリオス

(Helios)工場とラ・フロール・デ・インタル(La Flor de Intal)工場, パコ地区のヘルミナル(Germinal)工場, サンミゲル地区のアルハンブラ(Alhambra)工場とラ・イエバーナ(La Yebana)工場, サンニコラス地区のカトゥブサン(Katubusan)工場である[26]。これらの工場のすべてが, 1880年代から1900年代初めの時期に設立されている。うち6つの工場(エル・オリエンテ, ラ・ミネルバ, ヘリオス, ラ・イエバーナ, アルハンブラ, ラ・フロール・デ・インタル各工場)の所有および経営は, ドイツ人もしくはドイツ系企業と関連していた。他方, ヘルミナル工場とカトゥブサン工場は, フィリピン人資本のもとで設立された。ただし, 第一次世界大戦へのアメリカ参戦を契機に, フィリピンに居住しないドイツ人所有の企業は敵産として接収の対象となった。結果として, エル・オリエンテ工場とヘリオス工場は接収されて競売にかけられ, アメリカ資本となった[27]。このように1920年代までのマニラ市の主要葉巻工場では, スペイン系のイサベラ工場が傑出した生産規模を持つなか, ドイツ系資本の参入が顕著であった。

　以上のように, 1910年代までにビノンド地区やその近隣のサンタクルス地区に多くの零細工場が集中したのに対して, 大規模な工場はパコ地区やトンド地区などの郊外に分散していた。1工場当り従業員規模の拡大傾向は, こうした葉巻工場の郊外化を前提としていたのである。さらに第一次世界大戦以降になると, リサール州のマラボン町をはじめとしてマニラ市外部に工場を増設, もしくは移転する企業が現われるようになった。マラボン町などマニラ市外部では, 雇用する葉巻製造工の賃金が市内のそれよりも安かったためである。例えば, 葉巻需要が拡大した第一次世界大戦中には, タバカレラ社はイサベラ工場の製造施設を拡充して職工数を増やすと同時に, マニラ市外部に3つの工場を開設した[28]。さらに対米葉巻輸出が減退した1920年代初めには, 不況対策として工場の郊外移転を模索する企業が現われるようになった[29]。

　1930年代の葉巻製造業はいっそうの輸出不振に見舞われ, 工場ごとの従業員数が減少すると同時に, 工場のマニラ市外部への移転がより顕著に進むことになった。タバカレラ社もまた, 1930年代半ばまでに葉巻輸出額だけ

でなく，紙巻タバコを含めた国内販売額も減少させて，イサベラ工場は赤字を計上するようになっていた[30]。葉巻産業の不況や工場の市外移転を反映して，1939年のマニラ市では紙巻タバコを含めてタバコ製造業に従事するフィリピン人は4975人を数えるのみで，それは葉巻製造業従事者のみでみた1903年の6028人の数字を大幅に下回っていた。逆にマニラ市に隣接するリサール州では，葉巻産業の不況にもかかわらず，紙巻タバコを含めてタバコ製造業に従事するフィリピン人の従業員は，1903年の2312人から1939年の3780人へと増加をみていたのである[31]。

二　製造工程と職階の編成

1．工程と熟練

　ここでは，葉巻製造における基幹工程を中心に作業の特質を考察する。最初に，多少長くなるが，1900年代初頭における合衆国労働省調査官クラークによる貴重な観察を引用しよう。

　　マニラのある工場は，通常4000人の労働者を雇用するが，これは，多くの大規模工場のひとつにすぎない。製造された葉巻は，2つのタイプから成る。1つは「ハバナ(Habana)」と呼ばれるもので，アメリカ人に馴染みのある形状のものである。もう1つは「フィリピーノ(Filipino)」で，現地人や東インド市場で人気のある円錐状の葉巻で，紙巻タバコでさえ極端な円錐状の形態に巻かれているものがある。円柱状の紙巻タバコも生産され，大規模な工場では機械が利用されている。「フィリピーノ」タイプの葉巻，紙巻タバコの生産に，若年層を含む女性がほぼ独占的に雇用されているが，「ハバナ」タイプと高級葉巻の工程のほとんどは男性が従事している。訪問した工場では，葉の仕分け，剥ぎ取り，箱詰めの工程を女性が担っていたが，葉巻の検査工程では男性のみが雇用されていた。賃金形態では，白人フォアマンを除いて，すべての被雇用者は実質的に出来高制

である。葉の仕分け，剝ぎ取りでは，それぞれ17束ごとに20セント（銀本位）が支払われる。巻き込み作業が中心となる葉巻製造の賃金は，質に従って100本当り75セント～3.5ドルとなる。女性は男性と同様の賃率を適用されるが，高級葉巻の生産に関わることはめったにない。熟練した労働者は，1日当り，高級の葉巻の場合100本，低級の葉巻の場合150本製造する。一般に男性の「ハバナ」タイプ葉巻製造工は，テーブルに座って，キューバの様式に倣って作業するが，「フィリピーノ」葉巻の生産に関わる女性は，葉と完成品を入れる，平らで皿のようなかごを携えて，床にしゃがみ込んで，洋服の仕立て屋の様式で作業を行なう。彼女たちは，しばしば2，3歳程度の幼児を同伴している。幼児たちは，地味に母親の手伝いを行ない，おそらく歩き始める頃には何かしら葉巻製造についても学んでいく。

　マエストロは，ほとんどすべて訓練を受けたキューバ人である。職工は，1日約8時間，都合の良い時に働く。こうした状況は，平均的な工場で一般的なものである[32]。

　クラークは，このように大規模な葉巻工場に関する状況報告を提供している。工程全体は，女性が従事し低位の熟練しか要さない葉の仕分けと剝ぎ取りの工程，両性が従事し巻き込み作業を中心とする葉巻製造工程，男性が主に従事する葉巻検査工程の3つに分かれていた。本章で言う「葉巻製造工」とは，この基幹となる中間工程において，巻き込み作業を行なう労働者を指している。さらに機械を利用した紙巻タバコの生産も，製造工程の途中から分岐していたようである。実際，1904年のタバコ業界団体の報告によると，1904年に機械によって紙巻タバコを生産していたのは，既述の主要葉巻工場10のうち6を数えていた[33]。

　作業の基幹的位置を占める葉巻巻き込み工程では，白人フォアマンが上位の職制の作業監督にあたるなか，製品別に2つのタイプが分化していた。すなわち，高級葉巻には男性，低級葉巻には女性がそれぞれ雇用され，労働環境も差別化されていた。さらに女性職工は，職場で自分の子供に実質的な職

図 3-4　フィリピンタバコ会社で製造されたキューバスタイル葉巻(左側)と
　　　　フィリピンスタイル葉巻(右側)

出所) Giralt Raventos, *La Compañía General de Tabacos de Filipinas 1881-1981*, p. 53.

業訓練を施していたことが注目に値する[34]。

　当時のマニラ葉巻製造において利用されていた葉は，ラッパー(wrapper)，バインダー(binder)，フィラー(filler)の3種類から成る。ラッパーは葉巻の外側を包むものであり，フィラーは細かく砕かれて，葉巻の内容物となる。バインダーは，ラッパーとフィラーのあいだに置いて，フィラーを1つにまとめる役割を果たした。ラッパーの巻き方は2つのスタイルから成っていた。すでに言及した「ハバナ」タイプを指すキューバスタイルと，「フィリピーノ」タイプであるフィリピンスタイルがそれである。前者は，スパイラル状に切られたラッパーによって，葉巻に巻きつけられる。後者では，ラッパーは長方形に切られ，葉巻全体を折るようにして覆うが，これは低級品質の葉巻の巻き方に多かった。こうしたラッパーの2つの巻き方は，フィリピンでは1920年代までに変わらず維持されていた。

　クラークの引用文献でも言及されていた，キューバ人で現場監督を務めるマエストロは，高級葉巻となる「ハバナ」タイプ葉巻製造の技術指導のため

に雇用されていた。タバカレラ社は，スペイン植民地政府から3工場の貸与を受けたあとに，葉巻の品質を向上させる目的から，ハバナ出身の5人の熟練工と雇用契約を結んでいた[35]。実際にスペイン植民地政府の1893年報告書によれば，タバカレラ社が掲載した広告に，イサベラ工場について「キューバスタイルの葉巻生産には，ハバナの有名工場の第一級親方によって指揮，訓練された1000人の現地人労働者が充てられている」とある[36]。ほかの大規模な葉巻製造工場では，専売制度廃止後に新たなタイプの葉巻製造を導入するため，キューバのほか，ドイツ，ベルギーからも専門家を招聘していた[37]。外国から技術者を招聘しなければならなかった背景には，タバコ専売制度下では，全般的に葉巻の品質が低く，輸出に伸び悩んでいたという事情があった[38]。ただし葉巻製造企業の経営者のなかには，1920年代初頭においても葉巻製造工の労働効率の悪さに不満を持つ者が存在していた[39]。

葉巻製造は，1920年代後半に至っても全体が3工程に分かれていた。上工程では，ラッパー，フィラー用の葉がそれぞれ独自の過程を経て品質別に分類され，最終的にラッパー，バインダー，フィラーの3つの使途ごとに作業用に準備された。ラッパーは，破損の少ない，高品質の葉から構成されなければならず，当時その一部をアメリカやスマトラから輸入していた。結果的には，さまざまな基準から優れた葉を利用したものがアメリカに輸出された[40]。

中間工程となる巻き込み工程では，葉巻製造工は葉巻のブランド，サイズ，形態ごとに特化して，木製の板，平らなナイフ，接着剤のカップを使用し，テーブルに座って作業した。ちなみに，後述（表3-6）の1908年に実施されたサンプル調査によると，22人の製造工のうち9人が工具費用を自己負担していたことがわかる。また葉巻製造工には女性と男性両方が雇用され，葉巻のサイズ，形態，スタイルに応じて，1日に150～400本ほどの葉巻を製造した。完成した葉巻は，25本，50本，100本などの単位ごとにフォアマンに運ばれた[41]。こうした作業を担う半分以上の葉巻製造工は，1920年代後半において初等教育レベルの学歴を有していたのである[42]。

下工程では，検査室の職務に従事している者，すなわち検査工（escogida）

が，サイズと出来具合を検査するため，葉巻巻き込み工程のフォアマンから葉巻を受け取った。検査工は，「葉巻の外観と感触に多少の違いがあっても，すべての不完全な作業を発見し，それを排除する」。それゆえ検査工は，「高度に訓練され，経験のある者」が担っていた。その後に葉巻は，10～500本ほどを収納するさまざまな箱に入れられた[43]。

このように1900年代初頭から1920年代までの巻き込み工程では，葉巻製造工は，ブランド，サイズ，形態ごとの葉巻製造に精通した熟練性を有していたことがわかる。また機械による作業が強制されない労働環境，職場への子供の同伴，工具の部分的な自己所有などから判断して，職場における一般葉巻製造工の作業上の自律性は強かったと考えることができる。この意味で，20世紀初頭にクラークが，一般職工は「1日約8時間，都合の良い時に働く」ことができたと指摘していることは印象的である[44]。ただし作業方式の変化を考えると，20世紀初頭には男女間の分業が葉巻の様式別に存在していたが，1920年代までには，そうした性別分業もある程度崩れていたとみていいだろう。なぜなら1909年以降になるとアメリカ向け葉巻輸出が拡大したため，高級葉巻となるアメリカ向けキューバスタイル葉巻生産に男性のみを割り当てることは実質的に不可能となり，20年代後半までの作業内容の観察でもそうした性別分業の記述は見あたらないからである[45]。

1920年代までの工程編成の変化をみる上で留意すべきは，作業の空間的分化が進んだことである。専売制度が廃止される直前の1870年代には，作業場は，数十テーブル単位で幾つかの部門に分割され，テーブルごとの一空間に，葉の剝ぎ取り，フィラー用の葉の粉砕，巻き込みなどの作業が組織されていた[46]。しかしアメリカ統治下に入ると，少なくともイサベラ工場のような最大規模工場では，既述の3工程における各労働がそれぞれ別作業場において進められるようになったのである。こうして1920年代初めまでの大規模工場では，労働に対する管理強化も進んでいた[47]。

下工程における葉巻の検査についても，変化がみられた。葉巻検査工による作業を通じて，原材料に関するチェックが厳しくなっていたのである。実際，フィリピン社会経済史研究者デ・ヘスス(E. de Jesus)によると，1870

年代における葉巻製造工場の職種構成において，葉巻検査工の存在は確認できない[48]。アメリカへの葉巻輸出が増大するにつれて，多くの企業は，高品質の葉巻を大量に製造しなければならなかった。葉巻の品質が低かった専売制度時代と比べて，厳格な品質管理が要求されるに及んで，葉巻検査工の重要性が増していたといえよう。

このように，マニラ葉巻製造業は，民営化当初は外国からの専門家を招聘し，のちには製造工程の品質管理を強化しながら，自律的作業を行なう大量の葉巻製造工の熟練技術に依存しなければならなかった。この意味で，フィリピン葉巻製造業にとって，機械を採用するよりも労働者を如何に効果的に使うかが重要であった。こうしたフィリピン葉巻製造業の特質は，構造不況下の1920年代，技術革新を進めることで労働者を解雇するのを難しくすることになるのである。

2. 職階編成

次に，葉巻巻き込み工程の職階構成を考察したい。アメリカ統治下において，葉巻巻き込み工程の従業員の大部分を占める葉巻製造工は，出来高賃金制度のもとに置かれていた。この賃金制度は，スペイン専売制度下から継承されたもので，製造した葉巻1000本ごとに賃金が支払われるのが通例であった[49]。その一方で，20世紀当初の数千人規模の工場において，葉巻製造工程では，一般製造工の上位にフォアマンとマエストロの職階が存在していた。フォアマンは，白人等が担う上位の職制として高給を受け取り，1920年代には各職工が巻いた葉巻の数の確認や他工程との連絡などの監督業務を行なっていた。ただし前項でみたように20世紀初頭の時点でクラークは，キューバ人らがマエストロに従事し現場作業の技能指導を直接に行なっていたと指摘したが，その観察では現地人マエストロへの言及はなかった。以下では，賃金構成や現地人マエストロの存在に注意を払いながら，職階構成の統計的検討を行なうことにしたい。

表3-2では，1900年において葉巻と紙巻タバコ製造の事業所を調査した結果を示しており，白人フォアマンと分厚い葉巻製造工の存在をみてとるこ

表3-2 タバコ製造職種別従業員構成(31事業所, 1900年)

	賃金(ペソ)	数	人種・民族	性別		賃金(ペソ)	数	人種・民族	性別
フォアマン		12			箱詰め工		382		
平　均	116.36/月				平　均	18.63/月			
	3.00/日					0.56/日			
賃金別構成	150.00/月	4	白人	男	賃金別構成	22.00/月	8	現地人	男
	100.00/月	6	白人	男		15.00/月	8	現地人	男
	80.00/月	1	白人	男		0.75/日	86	現地人	男
	3.00/日	1	現地人	男		0.50/日	280	現地人	男
技　師		2			箱閉じ工		398		
賃金別構成	60.00/月	1	現地人	男	平　均	19.00/月			
	3.00/日	1	現地人	男		0.52/日			
見習い工		390			賃金別構成	22.00/月	8	現地人	男
平　均	5.00/月					15.00/月	6	現地人	男
	0.20/日					0.75/日	36	現地人	男
賃金別構成	5.00/月	2	現地人	女		0.50/日	80	現地人	男
	0.25/日	18	現地人	女		0.50/日	268	現地人	女
	0.20/日	370	現地人	女	紙巻タバコ製造工		1,994		
葉巻製造工		6,558			平　均	15.00/月			
平　均	21.35/月					0.51/日			
	0.81/日				賃金別構成	15.00/月	88	現地人	女
賃金別構成	30.00/月	20	現地人	男		0.75/日	80	現地人	男
	22.00/月	48	現地人	男		0.50/日	1,826	現地人	女
	18.00/月	8	現地人	女	紙巻タバコ包装工		522		
	15.00/月	16	現地人	男	賃金別構成	15.00/月	17	現地人	女
	15.00/月	12	現地人	女		0.50/日	505	現地人	女
	1.50/日	298	現地人	男	その他		1,521		
	1.25/日	52	現地人	男	平　均	15.63/月			
	1.00/日	1,220	現地人	男		0.59/日			
	1.00/日	85	現地人	女	賃金別構成	30.00/月	2	現地人	男
	0.75/日	202	現地人	男		15.00/月	46	現地人	男
	0.75/日	3,873	現地人	女		1.00/日	226	現地人	男
	0.50/日	724	現地人	女		0.75/日	142	現地人	男
葉仕分け工		358				0.50/日	647	現地人	男
賃金別構成	22.00/月	12	現地人	男		0.50/日	334	中国人	男
	0.75/日	346	現地人	男		0.40/日	116	中国人	男
						0.30/日	8	現地人	男

出所) *Bulletin of the Department of Labor* [U.S.], No. 32 (1901), pp. 29-42.

とができる。同調査は，1901年に開催された汎アメリカ博覧会(バッファロー博覧会)の運営委員会代理人ヒルダー(Frank F. Hilder)が，住民の文化的特徴を示す物品，写真などとともに，合衆国労働省のために収集したデータに基づいている[50]。マニラ市の商品価格のほか，1900年4，5月時点での

マニラ市における69業種の664事業所について，賃金等のデータを収集している[51]。のちに詳述するように，フィリピン・アメリカ戦争中の調査であったため，労働力不足などを反映して，各職種の賃金水準は平時に比べて高めになっていた。同表によれば，葉巻・紙巻タバコ製造の1事業所平均の被雇用者数は388人であり，比較的大規模なものを対象にしたとみることができる。

主に白人から構成されるフォアマンは12人を数えて，2つの事業所に1人の割合で存在していた。このことは，規模や管理様式の面で多様な工場を含んでいたか，調査漏れを反映したものだろう。最多の職種となる葉巻製造工は6558人で，見習いや紙巻タバコ関連労働者を含めた全従業員数の半分以上を占めていた。ただし葉巻検査工のほか，現地人マエストロは表中には分類されておらず，既述のキューバ人の現場監督者も統計には現われていない。中国人は，荷役などのさまざまな雑業をこなすと考えられる「一般職工」に配置されていた。当時中国人が経営する小規模葉巻工場が数多く存在していたにもかかわらず，葉巻製造工に中国人が従事していなかったのは，比較的規模の大きい工場では，雇入れにおける現地人ネットワークや職場での技能訓練におけるコミュニケーションなど，中国人が参入しにくい問題があったためであろう。

葉巻製造工の賃金水準は，フォアマン，技師などの高賃金職と単純作業の性格の強い低賃金職の中間に位置しながらも，それ自体多少のばらつきを示していた。フォアマンをみると，白人の場合，月額100ペソ前後の給与を受け取っていた。現地人のフォアマンにしても，日額ベースで平均的葉巻製造工の倍以上の賃金であった。次いで技師をみると，現地人フォアマンと同様に高い水準の賃金を得ており，高度の資質と能力を要する職種とみることができる。葉巻製造の上下工程で行なわれた葉の仕分け，箱詰め，箱閉じにおいては，低い賃金を受け取る者が主であった。賃金水準がより複雑な様相を呈していたのは，葉巻製造工である。多くのデータが得られる日額ベースでみると，男性は1.00ペソ，1.50ペソ，女性は0.75ペソ，0.50ペソ，1.00ペソが多かった。男女間に明白な賃金格差が存在するのは，製造する葉巻の形

態・ブランドごとの賃率の相違が，性別の作業割当を通じて反映していたためであろう。

表3-3は，1927年3月以降の3ヶ月間にわたって，労働局の調査者6人と労働者の代表がランダムに労働者を抽出してデータ収集したものである。当時の労働組合による賃金増加要求の正当性を判断するため，葉巻，紙巻タバコ産業の837人の労働者を対象に調査された。同表では製造工のサンプル数は，女性よりも男性の方が多く，年齢層は21〜30歳層，31〜40歳層の順に多くなっている。データは，所属する工場の性格について一切述べていないが，当時ストライキを実行していた大規模工場の製造工が調査対象になった可能性が強い[52]。

ここでも20世紀初頭と同様，葉巻製造工の賃金水準は，高位と低位の熟練を示す職種の中間に位置していた。具体的には，高度の熟練を要する機械監督や葉巻検査工が高い稼得賃金を示すのに対して，葉の剝ぎ取りなどの単純な肉体労働は低い賃金層に集中していた。葉巻製造工はその中間に位置して，7〜10ペソ層と5〜7ペソ層に多くが集中していた。後述のように当時のマエストロの賃金が月当り45ペソであったことから判断して，7〜10ペソ層の比較的高い賃金の職層にマエストロ職を含んでいた可能性がある。また女性職工の56.7％が下位の5〜7ペソ層に属するのに対して，男性の68.9％が上位の7〜10ペソ層に集中していることから，20世紀初頭と同様に男女間における賃金格差の存在がわかる[53]。

フィリピン人マエストロの存在を統計的に確認できるのは，表3-4の1914年調査であるが，それによればマエストロは，1工場当り2人以上の割合で存在し，7割が男性，3割が女性であった。その数の多さから，マエストロの大半はフィリピン人であったといえる。うち98人が月当り約45ペソの給与を受け取っており，他の職種との賃金格差が著しく大きくなっている。フィリピン人マエストロの賃金は，単に高い水準を示していただけではない。外国人スタッフ，現地人のフォアマンや検査工と同様に，マエストロは月給制のもとで働いていたのである[54]。

またマエストロにとって，「他の世帯構成員なし」の割合が傑出して低

表 3-3　葉巻，紙巻タバコ製造労働者の職種別年齢，出生地，見習い期間 (1927 年)

		葉巻製造工	葉の剝ぎ取り工	刻みタバコ製造工	葉巻検査工	機械操作技師	紙巻タバコ製造工	紙巻タバコ包装工	その他	全体
総数		609	12	24	12	18	87	30	45	837
性別	男	383	0	18	9	17	0	0	27	454
	女	226	12	6	3	1	87	30	18	383
年齢	~17	32	1	1	2	2	14	2	7	61
	18~20	70	2	0	4	0	18	4	7	105
	21~30	287	3	6	3	9	32	14	15	369
	31~40	151	3	9	3	2	14	8	10	200
	41~50	50	3	5	0	5	8	1	5	77
	51~	19	0	3	0	0	1	1	1	25
勤続年数	~1	10	3	0	0	0	4	1	5	23
	1~5	152	9	4	6	7	43	8	20	249
	6~10	187	0	6	0	4	27	9	8	241
	11~15	110	0	2	3	1	8	7	5	136
	16~20	74	0	5	1	3	3	4	3	93
	21~	75	0	7	2	3	2	1	4	94
賃金(ペソ)/週	3~5	38	12	0	0	0	10	3	4	67
	5~7	222	0	4	2	1	74	7	15	325
	7~10	340	0	12	2	17	2	20	15	408
	10~12	9	0	4	2	0	1	0	7	23
	12~	0	0	4	6	0	0	0	4	14
労働時間/日	5	3	0	5	0	0	24	0	2	34
	6	4	0	1	0	0	11	0	0	16
	7	41	0	2	0	0	26	3	2	74
	8	172	0	6	4	8	11	6	8	215
	9	389	12	10	8	10	15	21	33	498
出生地	マニラ	188	6	14	3	6	23	16	12	268
	リサール	123	0	4	3	0	48	2	3	183
	ブラカン	129	1	4	2	3	7	3	9	158
	パンパンガ	94	3	1	3	5	5	5	6	122
	ラ・ウニオン	21	0	0	0	0	0	0	0	21
	その他	54	2	1	1	4	4	4	15	85

131

見習い期間	2週間～3ヶ月	550	0	17	5	7	79	28	25	711
	4～6ヶ月	46	0	4	2	4	7	1	3	67
	7～8ヶ月	9	0	0	3	4	0	1	3	20
	1年以上	4		2	1	3	1	0	4	15
平均世帯人数		4.2	4.0	4.6	3.7	4.9	4.2	3.9	3.6	4.2
他の世帯員収入(ペソ)/週	～5	83	1	4	2	5	20	1	2	118
	5～9	203	5	1	4	4	28	9	13	267
	9～13	75	3	0	1	3	15	10	8	115
	13～17	33	1	2	0	0	4	3	2	45
	17～19	20	0	1	0	2	1	1	0	25
	19～	13	0	0	0	0	4	1	0	18
債務保有労働者数		220	12	15	8	10	62	21	31	377
債務の原因 (複数回答あり)	食糧	220	12	15	7	10	62	19	29	374
	衣服	76	2	2	2	0	24	3	2	111
	その他	88	0	5	0	4	10	1	2	110
最終学歴 初等教育	1年	27	2	0	0	1	9	5	3	47
	2年	97	1	2	3	1	11	3	4	122
	3年	84	0	0	1	4	12	2	6	109
	4年	81	0	2	1	2	3	1	6	96
	5年	33	1	2	0	3	4	0	5	48
	6年	22	0	1	0	1	1	1	2	27
	7年	32	0	3	0	0	0	1	3	39
中等教育1学年以上		14	0	1	1	1	3	0	4	24
合計(何らかの学歴保持者)		390	4	11	6	13	42	13	33	512

出所) Philippines, Bureau of Labor, *Labor, 1929, No. 27* (Manila: Bureau of Printing, 1930), pp. 165-173.

表 3-4　マニラ葉巻・紙巻タバコ工場職種構成(1914年)

	総数	男性	女性	組合員	他の世帯構成員なし	前職あり	平均賃金(ペソ)
葉巻製造工	4,497	2,657	1,840	1,546	1,091	904	0.58/日　(888人)
(%)	100.0	59.1	40.9	34.4	24.3	29.1	4.14/週(3,509人)
葉の剝ぎ取り工	972	43	929	6	476	255	0.36/日　(207人)
(%)	100.0	4.4	95.6	0.6	49.0	26.2	2.47/週　(715人)
一般労働者	447	446	1	17	185	190	0.73/日　(196人)
(%)	100.0	99.8	0.2	3.8	41.4	42.5	20.85/月　(136人)
機械操作技師	413	272	141	51	130	98	4.81/週　(275人)
(%)	100.0	65.9	34.1	12.3	31.5	23.7	19.05/月　(111人)
マエストロ	108	75	33	17	7	27	45.28/月　(98人)
(%)	100.0	69.4	30.6	15.7	6.5	25.0	8.56/週　(10人)
機械工	100	100	0	3	11	30	43.63/月　(53人)
(%)	100.0	100.0	0.0	3.0	11.0	30.0	1.52/日　(30人)
検査工	58	24	34	2	20	11	5.19/週　(34人)
(%)	100.0	41.4	58.6	3.4	34.5	19.0	0.43/日　(22人)
その他	1,323	456	867	76	652	298	
(%)	100.0	34.5	65.5	5.7	49.3	22.5	
全　体	7,918	4,073	3,845	1,718	2,572	1,914	
		51.4	48.6	21.7	32.5	24.2	

注) 各分類の上段：人数，下段：総数に対する割合を示す。
出所) Philippines, Bureau of Labor, *Annual Report of the Bureau of Labor, 1915* (Manila: Bureau of Printing, 1916), pp. 29-32.

かったと同時に，「前職あり」の割合も低かった。さらに管理職であるにもかかわらず，労働組合員がマエストロ全体の15.7％も存在していた。したがって，マエストロは比較的高齢者で勤続年数が長く，しかも一般葉巻製造工から昇進した者が多かったのである。結果的に，マエストロのなかには，労働組合に所属して，労働条件をめぐる利害を一般製造工と共有していた者が少なからず存在したと考えられる。実際，一般製造工のあいだに，同一の労働観を持つ者がフォアマンやマエストロなどの現場監督者に就任することを望む声は大きかった。例えば，1909年にラ・プルエバ(La Prueba)という葉巻工場では，経営者が工場の外部者をフォアマンに任命したところ，50人ほどの職工が工場内長期勤続者からの選定を求めてストライキを起こした[55]。マエストロのみでなく，フォアマンについても，一般製造工の支持なしで工場外部から任命することに困難を伴っていた。

現地人マエストロを含む職制は，そもそもタバコ専売制度下の職場組織に起源を持っていた。19世紀後半，作業場全体はフォアマンによって統轄され，そのもとで現地人ワーキングリーダーとなるマエストロは，幾層かに分かれて労働をまとめていた。とりわけ最下層のマエストロは，テーブルごとに組織されたさまざまな作業(葉の剥ぎ取り，フィラー用の葉の粉砕，巻き込みなど)を統轄，監督していたのである。最下層のマエストロは社内で公募され，採用された場合は，最上層のマエストロまで昇進することが可能であった[56]。

最後に，フィリピン葉巻製造工組合(Union de Tabaqueros de Filipinas)がまとめた職種・職階別平均賃金のデータを扱うことにしたい。データ収集時期は明示されていないが，表3-3の職種別賃金や，後掲表3-5の葉巻製造工の賃金動向から1920年代後半のデータと判断することができる。それによると，葉巻製造マエストロ(Maestros de Elaboración) 45.00ペソ/月，葉巻製造工 8.00ペソ/週，葉の剥ぎ取り 2.10ペソ/週，葉巻検査工 60.00ペソ/月，副検査工 30.00ペソ/月，守衛 20.00ペソ/週，事務員 45.00ペソ/月となる[57]。高度の熟練を要する葉巻検査工は，葉巻製造マエストロや事務員よりも高い平均賃金を受け取っていた。また葉巻製造工は，葉巻製造マエストロになることで，事務員と同水準の賃金を得ることが可能となっている。ただしマエストロの賃金水準は，表3-4(1914年)のそれからほとんど変化しておらず，一般葉巻製造工との賃金格差は縮小していたことがわかる。

なお葉巻製造工の賃率について，労働運動が葉巻製造工場間での格差を縮小させる圧力となっていた。例えば1909年当時のラ・ミネルバ工場の葉巻製造工80人は，同じキアポ地区に位置していたエル・オリエンテ工場よりも低い賃率を適用されていたことから，同じモデルの葉巻について同様の賃率の採用を求めてストライキを起こした[58]。また1920年代初めにおけるマニラ市遠郊マラボン町の葉巻工場では，葉巻製造工はマニラ市よりも低い賃金を受け入れて安価な葉巻を製造することを経営者側から期待されていたが，マニラ葉巻製造工組合(Union de Tabaqueros de Manila)のリーダーは，マラボン町の葉巻労働者も労働運動に取り込むことに成功している[59]。した

がって表3-4にあるような葉巻製造工の高い組織率を前提に，同製造工は，他の工場と同水準の賃率を獲得しようとしていたことがわかる。

以上要するに，1900～20年代の葉巻巻き込み工程における職階構成は，中間監督者(フォアマン)―下級監督者(マエストロ)―葉巻製造工のように図式化することができる。この中間工程では，機械の導入やそれに基づく分業が進んでいなかったがゆえに，職務もそれほど分割されていなかったといえよう。タバコ専売制度下に比べて，中間工程の職場の作業種類は単純化したために，むしろ職階構成はより簡素化していただろう。また20世紀初頭において現場監督の最上位に位置した白人フォアマンは，出来高賃金制度の適用を受けず，安定的な報酬で作業監督を行なっていた。1920年代にも欧米人の現場監督者名を確認することができたから[60]，その後も人種・民族間の雇用格差が維持された可能性は強い。したがって現場監督者への就任には，能力のほかにも人種・民族の条件が重要であった。ただしキューバスタイルの葉巻製造の技術指導にあたった外国人マエストロの役割は，アメリカ向け葉巻生産がすでに軌道に乗った1920年代までにはすでに消滅したといっていいだろう。その一方で前掲表3-4で確認した1910年代半ばの調査では，一般葉巻製造工42人に1人の割合でマエストロが存在していた。葉巻製造工は，男性，女性を問わず同一の職場で経験を積み重ねることによって現場監督者に昇進することが可能だったのである。

三 構造不況下の製造職工

1. 賃金と生活

ここでは，賃金水準の変化を視野に入れながら葉巻製造工の生活水準を考察する。表3-5にあるように，葉巻製造工の名目的な賃金の平均値もしくは最頻値は，1902～38年の期間，1920年をピークに大きく変動していた。1902年に名目賃金が高くなった背景には，合衆国通貨ドルとリンクしていなかった当時の銀本位制度において，銀の価値が低落していたこと[61]，加え

表 3-5　マニラ葉巻製造工の賃金動向(1902～38年)

(単位：ペソ)

	平均賃金もしくは最頻値(A)	賃金水準(%)	(A)/マニラ卸売米価
1902年	2.0(日)	100	0.46
1909年	1.1(日)	55	0.21
男	1.2(日)	60	0.23
女	0.7(日)	35	0.13
1914年	1.7(日)	85	0.31
1920年	2.5(日)	125	0.18
1927年	1.2～1.7(日)	60～85	0.12～0.17
1938年	0.8(日)	40	0.12
男	0.9(日)	45	0.14
女	0.8(日)	40	0.12

注1) 賃金水準は，1902年を100とする割合。
注2) 1909年は，サンプル数男18人，女4人，合計22人。
注3) 1914年は，紙巻タバコ製造工も含む。
出所) *Census of 1903*, Vol.4, p.442; Philippines, Bureau of Labor, *Annual Report of the Bureau of Labor, 1910* (Manila: Bureau of Printing, 1911), pp.56-59; Philippines, Bureau of Labor, *Annual Report, 1915*, p.29; Philippines, Bureau of Labor, *Labor, 1929, No.27*, p.145, pp.167-168; Hugo H. Miller, *Principles of Economics Applied to the Philippines* (Boston: Ginn and Company, 1932), p.513; Daniel F. Doeppers, *Manila, 1900-1941* (New Haven: Yale University Southeast Asia Studies, 1984), p.97.

てフィリピン・アメリカ戦争などの影響下において，コレラなどによる社会的混乱や米の不作という事態が生じていたことがある。1920年までには好調な葉巻輸出を受けて名目賃金は上昇したが，食糧支出の中心となる米価も上昇する状況にあった。1920年代後半にはアメリカへの葉巻輸出が停滞したため，名目賃金は他の商品価格にあわせて上昇しなかった。最終的に，世界恐慌を経た1938年には名目賃金は大幅に下落した。低賃金労働力を求めたマニラ市外部への工場移転は，こうした賃金引き下げの一因となっていたと考えられる。結果的に，米のマニラ卸売価格をデフレーターとした，20世紀初頭から1930年代後半までの葉巻製造工の実質的賃金水準を俯瞰すると，1920年から1930年代後半にかけて下落傾向にあったことが確認できるのである。

　それではマニラ葉巻製造工の生活水準は，どのように変化していたのだろ

うか。1909年に労働局が実施したサンプル調査に基づいて，表3-6を作成してみた。調査対象の多くは男性であるが，このことは，世帯の代表的稼得者による収入をみる上で好都合となる。具体的には，第一に，30代以上の男性は，それ以下の男性よりも特別に高い平均賃金を受け取っているわけでなく，逆に年間支出が年間収入を上回る世帯が多くなっていた（No.13, 15, 16, 17）。第二に，10時間以上の就労者に顕著なことは，日もしくは週当りの平均賃金も低かったことである。賃率や作業効率の低さを，長時間労働によって補っていたことがわかる。とくに作業効率の低さは，No.21, 22のように，40歳以上の女性に顕著であっただろう。出来高賃金制度のもとで，昇進のない限り，20年，30年以上の経験の蓄積が賃金を上昇させるということはなかったのである。第三に，全体的な特徴として，他の世帯員の収入を考慮していないにもかかわらず，家計が黒字になっている世帯が半数以上を占めていた。

　マニラにおけるフィリピン人世帯が多様な収入源を持つ傾向にあったという通時的特徴は，前掲表3-3でみた1920年代の調査からも確認することができる。ただし，男性の被調査者が多かったが，男女別に詳細なデータを得ることはできなかった。葉巻製造工の年齢層は，21〜30歳層と31〜40歳層に集中して，平均世帯員数は4.2人となっていた。そこから，結婚後に複数の子供を抱える世帯の葉巻製造工が多かったと判断していいだろう。本人以外の世帯構成員の収入をみると，まずその収入を計上する世帯の多さ（全体の70％）が目につく。しかも葉巻製造工全体の週当り平均賃金と同水準となる5〜9ペソを得る世帯が203を数えて，全体の33％も占めていた。このように他の世帯員収入によって家計を補填する世帯が多かったにもかかわらず，債務を申告する葉巻製造工は220にのぼり，債務の原因は食糧，衣服など生活必需品の出費に基づくものとなっていた。

　1900年代後半の男性を中心とするサンプル調査では，他の世帯員の収入を含んでいなかったにもかかわらず，計算上黒字を計上する世帯が多かった。その一方で1920年代の調査では，比較的多くの女性を含んでいたことを反映して，世帯収入の水準が他の世帯員収入に依存する度合いは大きかった。

表 3-6　葉巻製造工の生活状況 (22人, 1909年)

(金額単位：ペソ)

	性別	年齢	結婚経験	世帯主	世帯員数	労働時間/日	平均賃金	年間収入	総額	食糧必需品	家賃・地代	工具	諸税	娯楽等	年間収入－年間支出	累積債務	年間貯蓄
1	男	18	○	○	4	6.0	2.50(日)	780.0	580.0	485.0	0.0	0.0	0.0	95.0	200.0	0.0	0.0
2	男	18	○	○	6	9.0	5.00(週)	260.0	552.0	492.0	60.0	0.0	0.0	0.0	-292.0	30.0	0.0
3	男	20	○	○	2	10.0	0.75(日)	234.0	208.0	181.6	24.0	0.4	2.0	0.0	26.0	20.0	0.0
4	男	20	○	○	4	9.5	3.00(週)	156.0	197.2	195.2	0.0	0.0	2.0	0.0	-41.2	10.0	0.0
5	男	22	○	○	5	7.5	2.50(日)	780.0	569.0	447.0	120.0	0.0	2.0	0.0	211.0	0.0	0.0
6	男	23	○	○	5	8.0	1.40(日)	437.0	303.3	234.0	60.0	0.0	0.0	9.3	133.7	0.0	0.0
7	男	23	○	○	6	9.0	2.50(日)	780.0	447.0	423.3	0.0	0.0	2.0	21.7	333.0	0.0	0.0
8	男	25	×	×	1	10.0	0.50(日)	156.0	108.0	94.0	12.0	2.0	0.0	0.0	48.0	0.0	0.0
9	男	26	○	○	2	9.5	5.00(週)	262.0	370.3	340.3	0.0	0.0	3.0	27.0	-108.3	0.0	0.0
10	男	28	○	○	4	9.0	5.00(週)	264.0	716.0	618.6	15.0	0.0	2.0	80.4	-452.0	0.0	0.0
11	男	28	○	○	4	9.0	2.40(日)	748.0	363.7	186.8	8.0	0.7	3.0	165.2	384.3	40.0	25.0
12	男	29	×	×	2	10.0	0.70(日)	218.4	206.6	192.2	0.0	0.4	2.0	12.0	11.8	1.0	0.0
13	男	30	○	○	4	9.0	4.00(週)	208.0	270.0	238.0	24.0	0.0	2.0	6.0	-62.0	50.0	0.0
14	男	32	×	×	1	10.0	0.80(日)	250.0	218.1	190.6	0.0	0.5	2.0	25.0	31.9	0.0	0.0
15	男	33	○	○	3	10.0	0.75(日)	234.0	249.9	163.4	72.0	0.5	2.0	12.0	-15.9	0.0	0.0
16	男	38	○	○	4	9.0	1.00(日)	312.0	329.0	327.0	0.0	0.0	2.0	0.0	-17.0	0.0	0.0
17	男	38	○	○	7	9.5	4.00(週)	208.0	250.6	224.2	18.0	0.4	2.0	6.0	-42.6	0.0	0.0
18	男	38	○	○	6	9.0	1.33(日)	416.0	342.0	342.0	0.0	0.0	0.0	0.0	74.0	0.0	0.0
19	女	17	×	×	5	12.0	0.80(日)	150.0	291.0	250.7	18.0	0.0	0.0	22.3	-141.0	15.0	0.0
20	女	18	×	×	1	10.0	0.75(日)	234.0	100.2	100.0	0.0	0.2	0.0	0.0	133.8	0.0	0.0
21	女	40	○	○	1	12.0	0.66(日)	208.0	372.1	312.1	0.0	0.0	0.0	60.0	-164.1	0.0	0.0
22	女	60	○	○	3	8.0	0.40(日)	130.0	123.0	82.0	0.0	6.0	0.0	35.0	7.0	0.0	0.0

注1) 9番は, 兄の住居で生活。
注2) 18番は, ほかに年384ペソの副業収入あり。
注3) 20番は, 親の保護下にある。
注4) 21番の息子は, 月24ペソの収入あり。
出所) Philippines, Bureau of Labor, *Annual Report, 1911*, pp. 56-59.

1920年代における葉巻製造工の実質的な賃金水準の下落は，他の世帯員収入を含む世帯全体の家計を圧迫する結果になっていた。この点が，生活必需品の出費に基づく債務者の多さに反映し，葉巻製造工をストライキ行動へと導くことになったのである。

2. 職場と職工の淘汰

　アメリカへの葉巻輸出の動向を反映して，1920年代後半に葉巻製造工の平均賃金が低くなった。その直接的要因には，生産費用を圧縮するために出来高賃金制度における賃率が減少したこと，受注不足によって作業割当量＝労働時間・日が減少したことの2つがある。以下では，最初に賃率の引き下げをめぐる労使間の交渉をみたあと，上述の2つの要因について分析することにしたい。

　対米葉巻輸出額が一時急激に落ち込んだ1921年，賃金の引き下げを阻止しようとする葉巻製造工はゼネストに訴えた。政府，労働組合，経営者団体の三者をまじえた，賃率をめぐる協議が実施されるなか，政府は1920年の賃率から20％差し引くことを提案したが，経営者団体はさまざまな労働組合と15％で妥結する動きを示し，結果的に労働組合の側はそれを受け入れることになった[62]。1926年には，再度賃率の引き下げをめぐり，マニラの最大規模の葉巻工場を巻き込んだゼネストが発生する。同年7月，経営者団体であるマニラタバコ組合(Manila Tobacco Association)は，労働者側に賃率の引き下げを提案したが，労働者側がそれを拒否した結果，マニラタバコ組合に加盟する工場の労働者はゼネストに入った。労働局の評価によると，ゼネストに参加したのは約4000人の葉巻製造工で，当時のマニラ市における葉巻および紙巻タバコ工場労働者の約3分の1にあたったという。マニラの多くの工場では1921年よりもさらに低い賃率が適用されるに至っていたが，最大の製造規模を持つイサベラ，ラ・インスラール，アルハンブラ，ラ・フロール・デ・インタルの4工場の葉巻製造工は，1921年に妥結した賃率に固執し，数ヶ月に及ぶストライキを展開することになったのである。しかしながら，結果的には，そうしたマニラ最大規模工場の葉巻製造工もま

た賃率の引き下げを受け入れることになった[63]）。

　次に，そうした状況における葉巻製造工場の生産費用の問題を論じよう。上述の一連の過程において，賃率引き下げに固執する企業側には，アメリカ市場において，機械によって大量生産された安価な葉巻と競争しなければならないという事情があった。あるフィリピン葉巻工場の経営者は，1926年9月15日付けのマニラタイムズ社宛ての手紙で，葉巻製造工の賃率引き下げの経済的根拠を述べていた。それによると，中規模と自己評価する葉巻工場からアメリカ市場に輸出されるA級葉巻（輸出葉巻の大半を占める）は，西海岸の卸売価格で5年前のP 70.00/1000本からP 56.00/1000本に下落していたという。葉巻製造工の賃率も，5年前のP 13.60/1000本からP 9.50/1000本に下落していた。他方同工場ではラッパーに使用する葉を国内産からアメリカ産に切り替えたため，生産費用は1000本当り8ペソ余計にかかっていた。結局企業が受け取る利潤も，5年前のP 12.00/1000本からP 1.85/1000本に減少することになったという[64]）。また，アメリカ市場で厳しい競争に直面するフィリピン葉巻産業にとって，アジア市場の開拓も難しい状況にあった。需要の見込まれる日本や中国でも，葉巻の現地生産が始まっていたことがその一因となっていたのである[65]）。

　また，1920年代後半に葉巻製造工の賃金が下落した第二の直接的要因として，工場の葉巻受注や，それに基づく葉巻製造工の作業割当の動向が関係していた。とくに1920年代半ばになると，各企業の葉巻受注量が減少したため，葉巻製造工の作業時間の縮小や解雇，工場閉鎖がみられるようになった。主要な工場についてみると，イサベラ工場は，1926年のゼネストに入る直前，アメリカからの受注不足のため，約1700人の葉巻製造工が休職状態にあった[66]）。1927年のアルハンブラ工場では，休職者は少数に留まりながらも，同じ理由から工場の一部が一時的に閉鎖された[67]）。さらに同年，マニラの主要工場であったミネルバ工場がついに閉鎖に追い込まれた[68]）。しかしながら当時のマニラ市の葉巻製造業では，閉鎖した工場のケースを除いて，大規模な解雇は生じていなかった。実際，フィリピン植民地政府労働局は，世界恐慌直後の1931年7月のマニラ市でも，葉巻および紙巻タバコ両産業

の労働者の24%が一時的に休業させられていて,同産業の特徴として雇用労働者数が月ごとに大きく変動していたと指摘している[69]。

ここで,葉巻製造工の労働時間/日を統計的に検討してみよう。表3-6の1909年サンプル調査では,表中には示していないが,被調査者22人すべてが週6日労働であった[70]。労働時間/日では,9時間以上働く者が全体の8割以上を占め,うち10時間以上が全体の3割以上を占めている。次に表3-3の1927年サンプル調査をみると,労働時間/日では,9時間労働が6割強,8時間労働が3割弱となっている[71]。明らかに労働時間/日は,1920年代後半までに減少していた。週当り労働日は調査対象に含まれていないが,当時の全体的状況から推察して,労働日は減少しても増加することはなかったと考えられる。1920年代の葉巻輸出不振のなか,休業状態に置かれなかった労働者も作業割当は減少していたといえよう[72]。

このように,賃率と作業割当=労働時間・日の減少を要因として,労働者の平均賃金の減退が引き起こされていた。この賃金カットが,葉巻製造工の生活に苦境を強いていたことはすでにみたとおりである。その一方で,1920年代,閉鎖した工場を除くとそれほど大規模な解雇を確認することはできなかった。これは,苦境に追い込まれた葉巻製造企業による経営合理化策としての,機械の導入の在り方にも反映していた。例えば,1927年のマニラタバコ組合は,葉巻製造機の導入を模索していたが,その問題点として高い初期費用と2万人と見込まれる葉巻製造工の失業を挙げている[73]。長期的視点からすると,大量の熟練労働者に依存してきた葉巻製造業にとって機械導入は大きな魅力とはなりにくく,同時に転職が難しい情勢となっていたマニラ労働市場では[74],大量の失業が大きな社会問題となることは目に見えていたのである。

また葉巻製造企業は,葉巻製造工による作業の熟練性ゆえにストライキ破りを外部から大規模に雇うことができず,それゆえ団結力のあった葉巻製造工を解雇によって切り崩していくことが難しい状況にあった。例えば,1927年のアルハンブラ工場では,少数のストライキ破りの従業員がストライキのリーダーたちによって退職を強要されていたが,それを拒否した結果,リー

ダーたちによって鉄棒で殴られる事件も発生していた[75]。1920年代の雇用調整において，解雇や工場閉鎖の圧力が高まるなかで，解雇を抑制する労働時間・日および作業割当の減少が持った意義を見落としてはならない。すなわち，このワークシェアリングの形態は，葉巻製造工のあいだに存在した社会的結びつきの強さを反映していたのである。葉巻製造工の団結力の基層として，職場で凝集性が発揮された要因には，職工間の地縁・血縁関係と葉巻製造に必要とされる熟練性の2つを考えることができた。

職場内の社会的凝集力の強さは，葉巻製造工の長期勤務にも関係していたと考えることができる。表3-3の葉巻製造工の勤続年数からみると，多い順に6～10年層，1～5年層，11～15年層となっていた。他の職種との比較では，賃金の高かった機械操作，葉巻検査などと同様に，16～20年層，20年以上層の割合の高さが特徴となっている。よって葉巻製造工は，高い定着率を示した職種のひとつといっていいだろう。このことは，時間をさかのぼって，表3-4における1914年の前職経験に関するデータでも確認できる。葉巻製造工は，「他の世帯構成員なし」の割合が低かったにもかかわらず，「前職あり」の割合がそれほど高くなかった。すなわち葉巻製造工は，比較的高齢の者を多く含んでいたにもかかわらず，転職の経験を持たずに長期的に勤務していた者が多かったのである。

葉巻製造工の凝集性の強さは，職場の規律がそれほど厳格ではなかったこととも関係している。葉巻製造工にとって，自分で作業の進め方を決める裁量性が高かったことはすでに触れた。労務管理がルースで自律性の高かった職場環境において，葉巻製造工が現場監督者の選定を同じ職場から望んだのも，それまで存在した規律を共有することで自分たちの生活の安定を守ろうとしたのであろう。とくに女性にとっての自律的職場環境は，育児などの家事労働の遂行を容易にしていた。少なくない女性が長期間勤務したのちに職場監督者に昇進していたのも，そうした自律的職場環境を前提として可能であったと考えることができる。経済的な苦境にさらされリスクの大きかった葉巻製造工にとって，その職場環境は，労働時間の裁量性の高さゆえに生活の安定を提供する一面を持ちあわせていたのである。

ま　と　め

　19世紀後半までのマニラフィリピン人社会は，高度な教養と財力を兼ね備えたイルストラード層，給与所得者としての中間層，肉体労働者を中心とする貧困層から成っていた[76]。アメリカ統治下でも葉巻製造工は貧困層に含まれていたが，彼ら/彼女らはマエストロの地位にまで昇進することができ，1920年代には同じ産業内のホワイトカラー層と同水準の給与を得ていた。しかしながら，たとえマエストロにまで昇進しても，彼ら/彼女らのアイデンティティーは，労働組合に所属していた者を典型的事例として，葉巻製造工と同一のものであったとみることができるだろう。

　ルースな労務管理下の自律的職場環境で働く葉巻製造工は，出来高賃金制度のもと，自分自身で働くペースを決める高度な裁量性を有していた。このことは，作業を行なう職場では職工間の自律的な人間関係が重要であったことを意味した。同郷的人間関係，同じ日常言語，出来高賃金制度などの要因は，日常的に裁量性の強い作業パターンを形づくるのを容易にし，男性と女性両方の職工が長期にわたって同じ職場に留まった結果，現場下級管理職であるマエストロの地位にまで昇進することを可能にした。第1章で検討したように，こうした凝集性の強い職場が形成された背景には，19世紀末までのマニラ都市社会への労働力排出元として，中部ルソン平野のマニラ湾沿岸地域が存在していた。とくに水路を通じた結びつきから，パンパンガ州やブラカン州出身者は，パシグ川右岸のトンド町などの貧困者居住地域に流入していた。

　1920年代になると，対米葉巻輸出は減退し，マニラ葉巻製造工は実質賃金の減少に対処しなければならなかった。転職の困難な当時の社会状況や葉巻製造工の団結力は，大規模な解雇を一時的に回避させたが，葉巻製造工は賃率や労働時間・日の減少を受け入れなければならなかった。葉巻製造工の稼得賃金の減少は，他の世帯員の収入によって補足される傾向にあったとはいえ，家計全体を逼迫させた。とくに作業効率の低い中高年への不況の影響

は，過酷であったといえよう。他方，労働日・時間の減少すなわちワークシェアリングの実現には，葉巻製造工の社会的凝集性のみでなく，製造工とマエストロとのあいだの賃金格差の縮小もひとつの役割を担っていた。

20世紀前半のマニラは，大量の葉巻製造工を抱えるに至っていたが，米比自由貿易体制下において，葉巻製造業の発展は他の製造業の資本蓄積には結びつかなかった。最終的に葉巻製造業は消費市場における価格競争のなかで淘汰され，1930年代には斜陽産業となった。しかしながらマニラ内部では，職人的気質を持ち，強い連帯性を示す労働者層の形成が1920年代までにある程度進んでいた。こうした労働者層の蓄積は，独立後の工業化の重要な前提条件を成していたのではないだろうか。第二次世界大戦前の葉巻製造業は，戦後における他業種の雇用構造の歴史的性格を考える意味でも重要な事実を提示すると同時に，激しく変動する経済環境に対するフィリピン民衆の文化的対応の一事例を指し示していたと思われる。

1) フィリピン革命時には，革命結社カティプーナンが葉巻工場でのストライキを煽動したケースもみられる。Milagros Guerrero, "Luzon at War: Contradictions in Philippine Society, 1898-1902," Ph.D. Dissertation, University of Michigan, 1977, pp. 117-118.
2) ただし，葉巻製造業における企業別組合は，対米輸出の拡大に支えられて1920年代に入るまでには労使協調路線を維持するようになっていた。Melinda Tria Kerkvliet, *Manila Workers' Unions, 1900-1950* (Quezon City: New Day Publishers, 1992).
3) Kerkvliet, *Manila Workers' Unions*, pp. 82-83; Daniel F. Doeppers, *Manila, 1900-1941: Social Change in a Late Colonial Metropolis* (New Haven: Yale University Southeast Asia Studies, 1984), pp. 20-21.
4) 1927年の労働局によるサンプリング調査によると，609人の葉巻製造工の出身地域の内訳は，マニラ市188，ブラカン州129，リサール州123，パンパンガ州94となっている。Philippines, Bureau of Labor, *Labor, 1929, No. 27* (Manila: Bureau of Printing, 1930), pp. 165-173; Kerkvliet, *Manila Workers' Unions*, p. 53.
5) 赤崎雄一「恐慌期蘭領東インドの丁字入りたばこ産業――たばこ税導入への対応」『東南アジア――歴史と文化』第38号(2009年)，168〜186頁；Lance Castles, *Religion, Politics and Economic Behaviour in Java: The Kudus Cigarette Industry* (New Haven: Southeast Asia Studies, Yale University, 1967).

144 第2部 労　働

6) 19世紀以降のインドネシアにおいて，行政機能を集中させるバタヴィアの労働力編成は，雑業的都市労働を担うマレー系現地住民を主とするものになっていた。またスラバヤなどの地方都市では産業都市化の現象がみられたが，モノカルチャー経済の性格を反映して，鉄道や甘蔗に関連した企業によって雇用される労働者が多かった。宮本謙介「植民地都市バタヴィアの社会と経済」宮本謙介・小長谷一之編『アジアの大都市[2]ジャカルタ』日本評論社，1999年，27〜56頁；宮本謙介「インドネシア都史経済史覚書」『経済学研究(北海道大学)』第53巻第3号(2003年12月)，165〜182頁。

　またフィリピンにおいて，西ビサヤ(Western Visayas)地方の流通拠点であったイロイロ市は，1930年代までにフィリピン第二の都市となると同時に，砂糖の輸出拠点としての経済的役割を担い，全人口の10%ほどを占める大量の港湾労働者を抱えるようになっていた。Alfred W. McCoy, "The Iloilo General Strike: Defeat of the Proletariat in a Philippine Colonial City," *Journal of Southeast Asian Studies*, Vol. 15, No. 2 (Sept. 1984), pp. 330-364.

7) Edilberto de Jesus, *The Tobacco Monopoly in the Philippines: Bureaucratic Enterprise and Social Change, 1766-1880* (Quezon City: Ateneo de Manila University Press, 1980); Benito J. Legarda, Jr., *After the Galleons: Foreign Trade, Economic Change and Entrepreneurship in the Nineteenth-Century Philippines* (Quezon City: Ateneo de Manila University Press, 1999), pp. 93-145.

8) Legarda, *After the Galleons*, p. 115, p. 117; United States, Bureau of the Census, *Census of the Philippine Islands: Taken under the Direction of the Philippine Commission in the Year 1903*, 4 vols. (Washington: Govt. Printing Office, 1905) (以下，*Census of 1903* と記す), Vol. 4, p. 33.

9) 永野善子「フィリピン——マニラ麻と砂糖」『岩波講座東南アジア史6　植民地経済の繁栄と凋落』岩波書店，2001年，89〜95頁；Norman G. Owen, "Philippine Economic Development and American Policy: A Reappraisal," Norman G. Owen, ed., *Compadre Colonialism: Studies on the Philippines under American Rule* (Ann Arbor: University of Michigan, Center for South and Southeast Asian Studies, 1971), pp. 103-128.

　ただし葉巻の対米輸出が増大し始めた頃から，アメリカの葉巻業界団体は，フィリピン産葉巻は非衛生的であるとの中傷的行為を展開したため，植民地側では，内国税歳入局が自らの監督のもとで対米輸出向け葉巻の品質をチェックし，そのことを証明するスタンプをそのパッケージに貼るなどの対応をしなければならなかった。Circular Letter No. 281, Bureau of Internal Revenue, the P.I., an Export Stamp on Manufactured Tabacco, Aug. 10, 1909, Entry 5 150: 56/11/6, The United States, The National Archives, Record Group 350, Records of the Bureau of Insular Affairs (以下，USNA, RG 350 と記す)。

10) Doeppers, *Manila, 1900-1941*, p. 21; Philippines (Commonwealth), Bureau of

Customs, *Annual Report of the Insular Collector of Customs, 1940* (Manila: Bureau of Printing, 1941), pp. 107-108.
11) Doeppers, *Manila, 1900-1941*, pp. 21-22; Kerkvliet, *Manila Workers' Unions*, pp. 49-50.
　19世紀後半のアメリカでは，葉巻消費量が拡大するとともに，工場数も増大する傾向にあった。19世紀から20世紀への世紀転換期，強い職人的気質を持ちながら比較的小規模の職場で働く，アメリカ国際葉巻労働者組合（CMIU）に属する男性組合員労働者と，比較的大規模な工場で単純な分業システムのもとで働く女性非組合員労働者という，2つの労働者グループが存在した。以降，安価な葉巻の生産拡大，不熟練の若年移民女性の雇用が進むが，労働過程は全体として19世紀と変わらなかった。しかし，1910年代には経営の集権化が進み，労働組合を持たない企業が多くの工場を設立した結果，1920年までに女性は全労働者の58%を占めるようになり，CMIUは目に見えて後退するようになった。1920年代以降，新たな技術導入＝高度な機械化により，さらに女性労働者が増加すると同時に，良質で低価格の葉巻生産が可能になった。紙巻タバコへ消費の嗜好性が移行し，葉巻の生産量は伸び悩むなか，一部企業による生産と流通の寡占化が進んでいた。Patricia A. Cooper, *Once a Cigar Maker: Men, Women, and Work Culture in American Cigar Factories, 1900-1919* (Urbana and Chicago: University of Illinois Press, 1987).
12) *Census of 1903*, Vol. 2, p. 865, pp. 1003-1005.
　なお1903年センサスには，中国人の葉巻製造従事者は23人しか計上されていないが，実際にはより多くの中国人の葉巻製造業者および労働者が存在していたと考えられる。例えば，合衆国労働省調査官クラークによると，1900年代初頭，「マニラには，200ほどの中国人の工場が存在する。その他の製造業者によると，中国人の工場は，「安くて劣悪な」製品を製造するという。それら小規模の生産者は，既存のブランドを侵害する。劣った原料で優れた製品を真似たり，有名な製品のパッケージの中身を自分たちの安い製品と入れ替えることで利益をあげている」という。Victor S. Clark, "Labor Conditions in the Philippines," *Bulletin of the Bureau of Labor* [U. S.], No. 58 (May 1905), p. 825.
13) *Census of 1903*, Vol. 4, pp. 496-497, pp. 502-513.
14) Philippines, Census Office, *Census of the Philippine Islands: Taken under the Direction of the Philippine Legislature in the Year 1918*, 4 vols. (Manila: Bureau of Printing, 1920-21), Vol. 4, Pt. 1, pp. 199-295.
15) Philippines, Bureau of Commerce and Industry, *Statistical Bulletin of the Philippine Islands, No. 7, 1924* (Manila: Bureau of Printing, 1925), pp. 52-54; Philippines, Bureau of Commerce and Industry, *Statistical Bulletin of the Philippine Islands, No. 12, 1929* (Manila: Bureau of Printing, 1930), p. 88.
16) Hugo H. Miller, *Principles of Economics Applied to the Philippines* (Boston: Ginn and Company, 1932), p. 488.

17) なお，葉巻輸出額および生産額のピークである1920年までに，紙巻タバコを含むタバコ加工業従事者は，1万5000人以上に拡大していた。Doeppers, *Manila, 1900-1941*, pp. 20-21.
18) Doeppers, *Manila, 1900-1941*, p. 22; Philippines (Commonwealth), Bureau of Customs, *Annual Report of the Insular Collector of Customs, 1940*, pp. 108-109.
19) John Foreman, *The Philippines*, A Reprint of the 1916 Third ed. (Manila: Filipiniana Book Guild, 1980), p. 296; Emili Giralt Raventos, *La Compañía General de Tabacos de Filipinas 1881-1981* (Barcelona: Compañía General de Tabacos de Filipinas, 1981), p. 52.
20) Edilberto de Jesus, "Manila's First Factories," *Philippine Historical Review*, No. 4 (1971), pp. 99-100.
21) Yldefonso de Aragón, *Estados de la Población de Filipinas Correspondiente a el Año de 1818* (Manila: Imprenta de D.M.M., 1820), No. I, pp. 3-27.
22) Foreman, *The Philippines*, p. 297; Giralt Raventos, *La Compañía General de Tabacos de Filipinas*, p. 58.
なお，中国系のタバコ加工会社について，次の文献を参照。Wong Kwok-Chu, *The Chinese in the Philippine Economy, 1898-1941* (Quezon City: Ateneo de Manila University Press, 1999), pp. 68-69.
23) Isabelo de los Reyes, with a translation by Salud C. Dizon and Maria Elinora P. Imson, *El Folk-Lore Filipino* (Quezon City: University of the Philippines, 1994) [原著 Isabelo de los Reyes, *El Folk-Lore Filipino*, 2 vols. (Manila: Imprenta de Sta. Cruz, 1889)], p. 531.
24) Philippines, Bureau of Labor, *Annual Report of the Bureau of Labor, 1911* (Manila: Bureau of Printing, 1912), pp. 9-10.
25) Giralt Raventos, *La Compañía General de Tabacos de Filipinas*.
26) Kerkvliet, *Manila Workers' Unions*, p. 55.
27) Kerkvliet, *Manila Workers' Unions*, pp. 22-23; Wigan Maria Walther Tristan Salazar, "German Economic Involvement in the Philippines, 1871-1918," Ph.D. Dissertation, School of Oriental and African Studies, University of London, 2000, pp. 195-209.
28) Giralt Raventos, *La Compañía General de Tabacos de Filipinas*, p. 131.
29) *The American Chamber of Commerce Journal*, Vol. 2, No. 3 (Mar. 1922), p. 18.
30) Giralt Raventos, *La Compañía General de Tabacos de Filipinas*, pp. 154-156.
31) *Census of 1903*, Vol. 2, pp. 1003-1005; Philippines (Commonwealth), Commission of the Census, *Census of the Philippines, 1939*, 5 vols. (Manila: Bureau of Printing, 1940-43), Vol. 1, Pt. 3, pp. 20-35, Vol. 1, Pt. 4, pp. 36-43.
32) Clark, "Labor Conditions in the Philippines," p. 825.
33) The Daily Production Data of Machine-made Cigarettes of Manila Factories,

第 3 章　20 世紀前半のマニラ地域経済圏における都市型雇用労働　147

Compiled in April-May of 1904, Executive Committee of the Tobacco Industry of the Philippines, Entry 5 150: 56/11/6, USNA, RG 350.
34) カークブリートもまた，この事実を指摘している。その一事例によると，ある女性は 3 年間無償で母親の作業を手伝い，1934 年に被雇用者として登録されていた。その後 1938 年に母親が死亡した際には，フォアマンは新たな雇用に別のもう 1 人の娘を呼び寄せたという。Kerkvliet, *Manila Workers' Unions*, pp. 52-53.
35) Giralt Raventos, *La Compañía General de Tabacos de Filipinas*, pp. 52-53.
36) Philippines, *Guía Oficial de Filipinas, 1893* (Manila: 1893), p. 14.
37) Salazar, "German Economic Involvement," pp. 203-204.
38) De Jesus, *The Tobacco Monopoly*, pp. 161-177.
39) *The American Chamber of Commerce Journal*, Vol. 1, No. 1 (June 1921), p. 24.
40) Domingo B. Paguirigan and Ulpiano V. Madamba, "Notes on the Manufacture of Tobacco in the Philippines," *The Philippine Agricultural Review*, Vol. 20, No. 1 (1927), pp. 16-33.
41) Philippines, Bureau of Labor, *Annual Report of the Bureau of Labor, 1911*, pp. 56-59; Paguirigan and Madamba, "Notes on the Manufacture of Tobacco in the Philippines," pp. 16-33.
42) Philippines, Bureau of Labor, *Labor, 1929, No. 27*, p. 173.
43) Paguirigan and Madamba, "Notes on the Manufacture of Tobacco in the Philippines," p. 23.
44) この点についてカークブリートは，1910，20 年代の労働状況の記述において，葉巻製造工が仕事の最中に買物や家事のために職場を離れることができた事実を指摘している。Kerkvliet, *Manila Workers' Unions*, p. 23.
45) ダッパースによると，1910 年代から 30 年代にかけて，葉巻工場の不熟練職種には低学歴の若年女性が従事していた。Doeppers, *Manila, 1900-1941*, pp. 92-99.
46) Maria Luisa T. Camagay, *Working Women of Manila in the 19th Century* (Quezon City: University of the Philippines Press, 1995), pp. 6-7; De Jesus, "Manila's First Factories," p. 103.
47) ただし，ストライキが頻発した 1921 年には，葉巻製造工が葉巻検査への協力を拒否するケースも確認できる。*The American Chamber of Commerce Journal*, Vol. 1, No. 2 (July 1921), pp. 25-26.
48) De Jesus, "Manila's First Factories," p. 103.
49) Kerkvliet, *Manila Workers' Unions*, p. 23; Camagay, *Working Women of Manila*, pp. 8-9.
50) Robert W. Rydell, *All the World's a Fair: Visions of Empire at American International Expositions, 1876-1916* (Chicago and London: University of Chicago Press, 1984), pp. 140-141.
51) 合衆国労働省は，データ収集にあたり次のような訓令を与えていた。「データは，

工場の給料支払い簿およびその他の勘定書から直接に引用すること，職業はできるだけ具体的に報告し，その名前がアメリカの使用に不慣れな場合には具体的に説明すること，雇用者によって支払われた正確な賃率とそれぞれの賃率ごとの被雇用者数を示すこと，日給制以外の週給制，月給制，出来高制の支払い形態をとるところでは，日給制と比較可能な週・月当りの労働日，個別作業における1日当りの平均収入を示すこと，収集データが合衆国の類似の職業データと比較できるように必要な説明を示すこと」である。*Bulletin of the Department of Labor* [U.S.], No. 32 (1901), pp. 29-30.

52) Philippines, Bureau of Labor, *Labor, 1929, No. 27*, p. 90.
53) Philippines, Bureau of Labor, *Labor, 1929, No. 27*, p. 168.
54) *The American Chamber of Commerce Journal*, Vol. 1, No. 2 (July 1921), pp. 25-26.
55) Philippines, Bureau of Labor, *Annual Report of the Bureau of Labor, 1911*, pp. 24-25.
56) Camagay, *Working Women of Manila*, pp. 5-18; De Jesus, "Manila's First Factories," p. 103.
57) Taller de Tabaqueros y Despalilladoras y Rezago, Union de Tabaqueros de Filipinas, Series 7 Box 543, Manuel Quezon Papers, Philippine National Library, Filipiniana Division.
58) Philippines, Bureau of Labor, *Annual Report of the Bureau of Labor, 1911*, p. 24.
59) *The American Chamber of Commerce Journal*, Vol. 2, No. 3 (Mar. 1922), p. 18; *The American Chamber of Commerce Journal*, Vol. 2, No. 11 (Nov. 1922), p. 19.
60) Philippines, Bureau of Labor, *Labor*, Vol. 4, Nos. 15-16 (Manila: Bureau of Printing, 1923), p. 13.
61) 永野善子『フィリピン銀行史研究——植民地体制と金融』御茶の水書房，2003年，79〜83頁。
62) *The American Chamber of Commerce Journal*, Vol. 1, No. 1 (June 1921), p. 24; *The American Chamber of Commerce Journal*, Vol. 1, No. 2 (July 1921), pp. 25-26.
63) Giralt Raventos, *La Compañía General de Tabacos de Filipinas*, p. 155; Philippines, Bureau of Labor, *Labor*, Vol. 4, Nos. 15-16, pp. 13-15; *The Manila Times* July 30, August 2, 29, September 17 1926, March 17 1927.
64) *The Manila Times* September 17 1926.
65) *The Manila Times* May 15, 19 1927.
66) *The Manila Times* July 14 1926.
67) *The Manila Times* March 20 1927.
68) *The Manila Times* May 19 1927.
69) Philippines, Bureau of Labor, *Annual Report of the Bureau of Labor, 1931*

(Manila: Bureau of Printing, 1932), p. 43.
70) Philippines, Bureau of Labor, *Annual Report of the Bureau of Labor, 1911*, pp. 56-59.
71) 世界恐慌を経た1934年のマニラでは，葉巻と紙巻タバコ両者の製造に関わる労働者6515人のうち，労働時間8時間の者3078人(47.2%)，9時間2025人(31.1%)，7時間684人(10.5%)の順となっていた。Philippines, Bureau of Labor, *Annual Report of the Bureau of Labor, 1934* (Manila: Bureau of Printing, 1935), p. 65.
72) 1933年にはほとんど効力を持たない8時間労働法が実施された。それ以前においても，労働時間短縮に政策的規制が及ぶ余地はなかった。Kenneth K. Kurihara, *Labor in the Philippine Economy*, A Reprint of the Edition of 1945 (New York: AMS Press, 1973), pp. 49-50.
73) *The Manila Times* March 22 1927.
74) Doeppers, *Manila, 1900-1941*, pp. 1-4.
ただし葉巻製造工に対する労働需要が比較的高かった1910年代まで，ストライキで解雇された大量の葉巻製造工が他の工場で再雇用されるなど，工場間における葉巻製造工の移動も確認することができる。Philippines, Bureau of Labor, *Annual Report of the Bureau of Labor, 1911*, pp. 25-26.
75) *The Manila Times* May 6 1927.
76) Michael Cullinene, *Ilustrado Politics: Filipino Elite Responses to American Rule, 1898-1908* (Quezon City: Ateneo de Manila University Press, 2003), pp. 8-48.

第4章　20世紀前半のマニラ地域経済圏における農業労働
　　　　――刈分け小作農による米生産――

　本章は，中部ルソン平野および南部タガログ地方の米作農業労働をめぐる社会関係を扱う。それは，マニラ地域経済圏における労働力移動の農村的背景にあって，人々の日常的な社会的結びつきを形成する。とりわけマニラ地域経済圏での移民排出元になった人口稠密的農村を対象にして，生態的環境，農外在来産業の展開，そして農業労働者の増加を視野に入れつつ，アメリカ統治下の刈分け小作農の経営様式と労働関係を明らかにする[1]。この刈分け小作農は，自作農と並んで，当時の中部ルソン平野・南部タガログ地方における米作農業の主要な担い手となる階層であった。所与の生態環境への適応を技術的特質とするフィリピン米作農業にあって，人口増加や商品経済の展開の在り方は，土地所有形態，地主小作関係，農家副業，農業労働者の滞留の面において地域ごとに特徴的なかたちをとらせた。

　土地生産性を上昇させることに困難が伴った農村社会では，1920年代以降になると，過剰労働力を農村内に包摂する労働システムを結実させていた。中部ルソン平野のなかでも，マニラ湾沿岸地域や南部タガログ地方の人口稠密的農村は農業労働者を内部に抱える傾向にあったのである。農村社会に滞留する農業労働者は，従来の刈分け小作農を中心とした労働の在り方を変容させていくことにもなった。こうして第二次世界大戦後の時期に至るまでに，刈分け小作農と農業労働者との雇用労働を通じた関係は，新たな村落社会の再生産メカニズムとして構築されることになり，それら農業労働者層の存在

は，農地改革や農村開発に複雑な課題を与えることになったのである[2]。

アメリカ統治下の人口稠密的農村では自小作農が大きな比重を占め，とりわけ刈分け小作農の経営規模は多様性に富んでいた。それと同時に，生活をより安定させる，農業以外の就業機会や地主以外の借入れ先にも恵まれていた。さらに刈分け小作農は，複数の地主から土地を借り受ける場合も少なくなかった。これとは対照的に，ヌエバエシハ州をはじめとする周辺フロンティアでは，地主が1区画の農地をまとめて貸し与えるアシエンダにおいて，刈分け小作農は生活全般にまで及ぶ支配を受けていた。人口稠密的農村には，相対的な意味で，刈分け小作農が地主の隷属的支配を受ける経済条件は存在していなかったのである。人口稠密的農村における刈分け小作農の社会行動の自律性は強く，実際，19世紀から20世紀への世紀転換期に勃発したフィリピン革命およびフィリピン・アメリカ戦争においても，南部タガログ地方各地域の闘争リーダーの中小地主は，大衆の支持によって初めて存立しえたのであった[3]。

ここで，本書全体で使用する人口稠密的農村と周辺フロンティアの概念を，地主小作関係や刈分け小作経営の視点から次のように定式化しておきたい。この地域区分は，マクレナンによる分散的土地所有とアシエンダ的土地所有という土地所有形態の区分と対応しており[4]，就業構造や農業経営に影響する自生的商品経済の展開と人口増加の2つの要因が重視されている。すなわち人口稠密的農村は，18世紀後半には商品経済が浸透していたマニラ近郊地域を中心に位置し，地主が分散的土地所有に基づいて土地を集積すると同時に，刈分け小作農は就業機会や生活資金の借入れ先にも恵まれていた地域である。これに対して周辺フロンティアでは，中部ルソン平野の内陸部にアシエンダ的土地所有が形成されて，刈分け小作農は，地主や管理を一任された差配人に対して隷属的な立場に置かれやすかった。

最後に，刈分け小作経営の分析で利用する史料および考察対象地域について述べておこう。1920〜22年のあいだに，当時の国立フィリピン大学農学部農業経済学科は，米作小作農の状況改善案を提示する目的で一連の社会経済的調査を行ない，その調査結果を同学部紀要 *The Philippine Agricultur-*

ist に発表した。対象地域は 8 つの町から成っており，調査者は対象地域に血縁者を持つこと，もしくはその出身地であることを条件に，学部学生のなかから選抜され，基本的に地主・小作農双方に同じ質問を行なうという，データ採集方法をとった。その結果として同調査は，小作経営全般に関するデータを提示し，フィリピン全体の小作経営における規模拡大を展望するという観点から幾つかの結論を示しているが，各地域を比較する視角は希薄であり，また各データ相互の関連性も明確ではなかった[5]。

　本章は，それら 8 つの調査地域のなかから中部ルソン平野・南部タガログ地方に位置し，かつデータの比較的整った 6 つの町を取り上げる(図4-1)。以下では，人口稠密的農村として 5 つの町を，周辺フロンティアとして 1 つの町を取り上げて，両地域の比較の観点から刈分け小作経営に接近していきたい。第一節では，調査対象とする各地域の特徴を人口増加や土地所有の面から言及する。第二節では，1920 年代における小作経営の地域的特徴を分析する。第三節は，1930 年代までの小作経営の地域別変化を，農業労働者層の形成を視野に入れて考察している。

一　中部ルソン平野・南部タガログ地方の地域構成

1. 歴史的概観

　本章において周辺フロンティアとして取り上げるブラカン州北部サンミゲル町は，フェガンによって調査された地域であり(序章参照)，その歴史的特徴はすでに触れたとおりである。したがって，以下では人口稠密的農村 5 町の歴史を中心に概観することにしたい。

　5 つの町のなかでも最も北に位置するカラシャオ(Calasiao)町は，パンガシナン州中央部に位置している。19 世紀後半までに，州の流通センターとして成長したダグパン町に隣接するという地理的条件も影響して，現地住民によって所有された多くの製糖設備や織機をもとに，製糖業や織物業などの在来産業が発展していた。また 19 世紀末には鉄道の停車駅が同町に設立さ

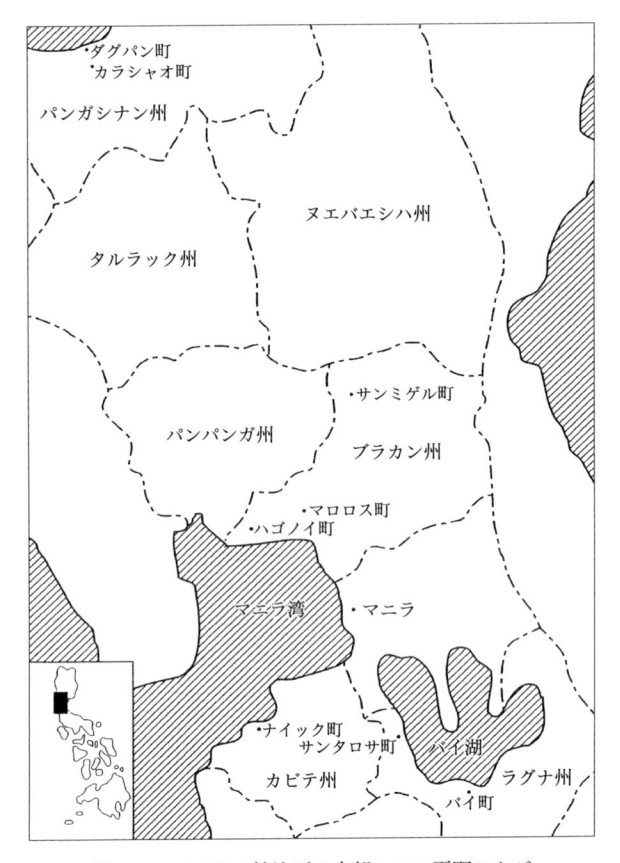

図 4-1　アメリカ統治下の中部ルソン平野および
　　　　南部タガログ地方

出所）筆者作成。

れるようになった結果，アメリカ統治下に入ると，石鹸工場などさらに多様な就業口が展開するようになり，多くの住民が農外就業に従事することになった[6]。

　ブラカン州のハゴノイ町は，同州沿岸部の湿地地帯に位置する。同町の幾つかの村落では，この生態的環境を利用して養殖池による漁業が主要な産業となった。19世紀末には河川を航行する汽船も通行して，内陸部との交通

の要所となった。またハゴノイ町には，土地生産性の高い米作地が存在していた。「郷土史料文書（Historical Data Papers）」[7]によると，アメリカ統治下において560 haほどの米作地を擁するある村落は，州都マロロス町に居住する不在地主の支配下に置かれていたという[8]。

ラグナ州のバイ（Bay）町も，行政町として1737年に設立されるという古い歴史を持っていた。広大な湖の沿岸にあったために，漁業も盛んであった。なおアメリカ統治下の植民地政府教育局のラグナ州に関する報告は，スペイン統治期に湖の水位の変化によってバイ町と湖との位置関係が変化していたと述べている[9]。ハゴノイ町やナイック町と比べて住民の定住化や土地耕作の進展が遅れていたようにみえたのも，町の自然条件と関連していたためかもしれない。

同じラグナ州のサンタロサ（Santa Rosa）町とカビテ州のナイック（Naic）町は，スペイン統治下において両方ともカトリック修道会の所有地のなかにあり，アメリカ統治下になると，修道会領地法（Friar Lands Act，1904年）に基づく一連の政策によって，住民への土地の払下げが行なわれた地域である。サンタロサ町では，19世紀後半までには甘蔗も栽培されると同時に，米作では灌漑設備が整備されて二期作が展開し，アメリカ統治期にはラグナ州のなかでも最も生産力の高い米作地を抱えるようになっていた。同地域の支配関係の特徴として，19世紀末までに又小作制が展開したことがある。中国人メスティーソが修道会から大規模な土地を借り入れ，修道会と刈分け小作農のあいだに介在するインキリーノと呼ばれた借地人階層を形成していたため，修道会所有地の管理様式は重層的となった[10]。

ナイック町でも，19世紀後半までには灌漑ダムから給水を受けて甘蔗作と米作の作付けが進展し，サンタロサ町と同様に又小作制が展開していた。20世紀初頭には，甘蔗と米のほかに，とうもろこしが主要な農作物となっている。ナイック町は沿岸地域にも位置することから，漁業を基本的な生業とする村落も存在したほか，織物業も盛んであった[11]。

次に表4-1から，アメリカ統治下にあった1903～18年の時期の人口動向をみることにしよう。ここで注意を要するのは，同期間における行政区域の

表 4-1 全国，ヌエバエシハ州および各町の人口増加(1903～39年)

	1903年		1918年			1939年		
	人口	村の数[1]	人口	年平均成長率(1903年～)		人口	年平均成長率(1918年～)[2]	村の数
全国	7,635,426	—	10,314,310	2.0%		16,000,303	2.2%	—
ヌエバエシハ州	134,147	—	227,096	3.4%		416,762	2.9%	—
サンミゲル町	14,919	17	17,988	1.2%		26,759	2.0%	18
カラシャオ町	16,539	16	16,960	0.2%		19,325	0.7%	16
ハゴノイ町	21,304	11	22,490	0.4%		29,734	1.4%	19
ナイック町	9,225	10	9,794	0.4%		13,813	1.7%	12
サンタロサ町	7,339	12	10,557	2.4%		15,069	1.8%	14
バイ町	2,577	7	3,973	2.8%		6,703	2.6%	10

注1) 村の数には，行政機関が位置するポブラシオンは，含まれていない。
注2) 1918年センサスと1939年センサスの集計は，それぞれ1918年12月と1939年1月に実施されているため，年平均成長率の算出にあたっては，2時点間の差を20年とした。
出所) United States, Bureau of the Census, *Census of the Philipppine Islands: Taken under the Direction of the Philippine Commission in the Year 1903*, 4 vols. (Washington: Govt. Printing Office, 1905) (以下，*Census of 1903*), Vol. 2, pp. 123-209; Philippines, Census Office, *Census of the Philippine Islands: Taken under the Direction of the Philippine Legislature in the Year 1918*, 4 vols. (Manila: Bureau of Printing, 1920-21) (以下，*Census of 1918*), Vol. 2, Pt. 1, pp. 99-107; Philippines (Commonwealth), Commission of the Census, *Census of the Philippines, 1939*, 5 vols. (Manila: Bureau of Printing, 1940-43) (以下，*Census of 1939*), Vol. 1, Pts. 1-4.

変更である。なぜならもともと町や村の行政領域の境界が曖昧であったことに加えて，植民地政府は，統治上の効率性を追求する観点から，諸島全体の町を1904年までに1035から623へと統廃合していたからである[12]。実際，1903年センサスが実施された1903年3月2日以降，カラシャオ，ナイック，バイ，サンミゲル4町では，他の町との併合を経験している。しかしながら，1918年センサス実施以前には，いずれの町も再び併合以前の行政区域に戻っていた[13]。また人口測定の観点から行政区域変更が問題になるのは，町の下位の行政単位である村(バリオ，barrio)の帰属がほかの行政町へと移動した場合である。各町の村の数，名前，人口数のデータを確認することができるのは，1903年と1939年の両センサスである[14]。両年における6町の村の名前を近隣諸町も含めて比較検討すると，1903年までに形成された村が，他の行政区域とのあいだで移動したことを確認することはできなかった。し

表 4-2 耕作地の動向(1903〜38 年)

(単位:ha, 括弧内は1918年を基準値とする%)

	1903 年	1918 年	1923〜24 年平均	1932 年	1938 年[1]
カラシャオ町	—	3,527(100.0)	—	—	2,133(60.5)
ハゴノイ町	—	7,151(100.0)	—	—	3,069(42.9)
ナイック町	—	2,900(100.0)	—	—	2,884(99.4)
サンタロサ町	—	3,378(100.0)	—	—	3,577(105.9)
バイ町	—	1,664(100.0)	—	—	1,746(104.9)
サンミゲル町	—	9,342(100.0)	—	—	9,896(105.9)
中部ルソン平野および南部タガログ地方	280,936 (52.3)	536,975 (100.0)	802,570 (149.5)	832,680 (155.1)	842,897 (138.3)
全　国	664,651 (55.2)	1,204,901 (100.0)	1,934,130 (160.5)	2,034,740 (168.9)	2,059,685 (170.9)

注1) 1939年センサスにおける農業生産および耕作面積に関するデータは，1938年実績に基づくものがほとんどである。表4-7も同様。

注2) 耕作面積には，二期作は含まれていない。また耕作地は，史料上の制約から，甘蔗と米の栽培地のみに限定した。

出所) *Census of 1903*, Vol. 4, p. 328; *Census of 1918*, Vol. 3, pp. 58-68, pp. 335-342; *Census of 1939*, Vol. 2, pp. 1184-1260, Vol. 3, pp. 329-1485; *The Philippine Agricultural Review*, Vol. 18, No. 3 (1925), pp. 229-231; Z. M. Galang, *Encyclopedia of the Philippines*, 10 vols. (Manila: P. Vera & Sons Company, 1935), Vol. 3, pp. 134-142.

たがってアメリカ統治下における行政区域の変更は，人口統計の動向にそれほど影響していなかったといえよう。

　結論的に，1910 年代後半までにおけるハゴノイ，ナイック，カラシャオ 3 町の人口成長率は，他の町に比べて低くなっていた。他方バイ，サンタロサ両町は全国平均以上の成長率を実現していた。さらなる人口増加の分析は第 3 節に譲ることにして，表 4-2 の耕作地の動向との関連をみると，上述 5 地域全体は，中部ルソン平野・南部タガログ地方全体，あるいは全国と比較すると，1918 年までに耕作地の拡大は停止しており，住民定住化や開墾に関する先進性を垣間見ることができる。ハゴノイ，ナイック，カラシャオの 3 町では，マニラや地方都市の近隣に位置し，商品経済の影響を比較的受けやすいという地理的特徴がみられたなかで，土地の開墾も早い時期から進展して人口は相対的に過密であった。新たな人口増加分は，町外に移動していただろう。ただし，のちにみるように，ラグナ州の 2 町にはそれ以外の要因も影響していたと考えることができる。ラグナ州は，多様な雇用先が存在して

人口を扶養する潜在力が高かったと同時に，フィリピン革命およびフィリピン・アメリカ戦争が同2町の1903年における人口水準を引き下げていた可能性も否定できない。

サンミゲル町は，人口と耕作地に関して上述5町の平均と同様の傾向を示していた。1918年までの同町の人口成長率は，他の5町と同水準に達していた。フェガンによると，その背景には，比較的早い時期から商品経済の展開や移民の流入がみられたが，それとは別に，移民が開墾することになる森林や荒蕪地が1910年代までにアシエンダを中心に存在していたことがある[15]。

2. 土地所有の性格

既述の国立フィリピン大学農学部の調査は，1920年前後の時期，サンミゲル町を除く5町の調査対象小作地のほとんどが，在村・村外双方の中小地主によって所有されていたことを示している[16]。ここでは各町の土地所有の特徴を，アメリカ統治下の土地政策との関連において把握することが課題となる。サンタロサ，ナイック両町は，修道会領地払下げ政策，カラシャオ，ハゴノイ，バイ各町は，土地所有権確定事業と直接関係していた。両政策に関しては，それぞれ永野善子とフィリピン農村研究者梅原弘光の研究がある。以下では，両者の研究を参照しながら分析を進めていくことにしよう[17]。

最初に，修道会領地払下げ政策と関係した町から述べていこう。スペイン統治下においてマニラ周辺に広範に存在していたカトリック修道会所有の土地の大部分は，アメリカ統治下に入ると植民地政府によって買い上げられて，主にフィリピン人に払い下げられることになる。サンタロサ町におけるドミニコ会所有のアシエンダ（政府による土地の買い上げ時に5470 haの規模）の場合，1910年までに16 ha以上の土地の払下げを受けた者の分布は，16～20 haに7人，21～30 ha・7人，31～40 ha・6人，41～50 ha・2人，51～72 ha・5人，そして120～130 haに2人となっている。また各階層ごとの払下げ面積の平均価格（ペソ/ha）は，それぞれ219，244，238，237，202，222で，払下げ面積規模が拡大するも価格が落ち込むという傾向はみられない[18]。

このことは，大規模な払下げ地も，ほとんどが耕作状態に置かれた農地であったことを意味する。このサンタロサ町のアシエンダにおいて，21 ha 以上の購入・借入れ地は払下げ対象面積の31％を占めていた[19]。ただし借入れは，植民地政府が測量と地価査定までに土地を貸与するという，3年間を限度とする一時的措置であった[20]。したがって借り入れた者は，購入者や土地転売者の予備軍として捉えることができる。

　農民が16 ha 以上にも及ぶ大規模な土地を購入することは困難であったから，スペイン統治下の生産関係を反映して，こうした土地を獲得していた者の多くは，直接生産者＝刈分け小作農を抱えたインキリーノ（中間借地人）であったとみていいだろう。それら中間借地人は，中国人メスティーソ商人を起源として，19世紀後半までに修道会の借地権を購入することで借地面積を拡大していたのである[21]。

　こうした状況は，同じくドミニコ会の所有地であったナイック町でも同様であった。スペイン統治下において，カビテ州の他の修道会領地と比較しても，傑出して大規模な借地を行なうインキリーノは存在しなかったが，それでも1910年までの21 ha 以上の購入・借入れは，7922 ha の払下げ対象面積のうち30％にも及んでいた[22]。そうした土地は，サンタロサ町の場合と同じ理由により，旧来のインキリーノに払い下げられたと考えられる。ただし両旧修道会領地ともに，1910年代までには地価償還の負担を回避して，投機的に土地売買を行なう者が存在したほか，地価支払いのできない占有者が頻繁に追放されるという事態が生じていた[23]。旧修道会領地では，1910年代までに，土地払下げ以外の契機を通じても土地所有が流動化していたことに留意する必要がある。

　こうして人口稠密的農村として位置づけられることになる，かつてカトリック修道会が所有した土地では，修道会領地払下げ政策のもとでインキリーノの地主化や土地取引の流動性という特徴を備えるに至っていた。

　次にカラシャオ，ハゴノイ，バイ3町とアメリカによる土地所有権確定事業との関係を，周辺フロンティアとの比較を視野に入れながらみてみたい。ここでの土地所有権確定事業とは，土地1筆ごとの土地所有者，地価の設定，

表 4-3 土地権利証書別農場数(1918年)

	カラシャオ町	ハゴノイ町	パイ町	サンミゲル町	ヌエバエシハ州	全 国
トレンズ式証書	14(0.1)	123(4.1)	54(7.7)	191(9.9)	5,330(9.4)	70,685(3.6)
勅許に基づく証書	211(2.1)	174(5.8)	31(4.4)	445(23.0)	2,514(7.4)	61,014(3.1)
占有実績に基づく証書	80(0.8)	240(8.1)	35(5.0)	283(14.7)	3,640(10.8)	137,223(7.0)
司法命令	23(0.2)	21(0.7)	1(0.1)	71(3.7)	569(1.7)	28,672(1.5)
私的証書	3,106(30.7)	1,232(41.3)	447(63.3)	765(39.6)	4,991(14.7)	446,157(22.8)
証書なし	6,645(65.8)	1,134(38.0)	137(19.4)	169(8.7)	13,392(39.7)	1,141,353(58.4)
公有地	27(0.3)	59(2.0)	1(0.1)	7(0.4)	3,328(9.9)	70,172(3.6)
合 計	10,106(100.0)	2,983(100.0)	706(100.0)	1,931(100.0)	33,764(100.0)	1,955,276(100.0)

注) 括弧内は，合計に対する割合を示す。
出所) *Census of 1918*, Vol. 3, pp. 196-229.

その形貌の調査に関わる政策で，当時の植民地政府は，トレンズ(Torrens)式証書の導入によって土地所有権の安定化をはかることを意図していた。表4-3は，土地権利証書別農場(farm)数を表わしている。ただし，序章で取り上げたフェガンの分析から判断して，サンミゲル町は人口稠密的農村の性格も兼ね備えた地域であったことを念頭に置く必要があろう。したがってアシエンダ的土地所有が支配的であったヌエバエシハ州も含めて考察することによって，表4-3から同事業と土地所有形態との関係をより明確に示すことにしたい。また1918年に実施されたセンサスは，農場の定義を行なっておらず，農場の範疇が所有地と経営地の両者を含むという問題を抱えている。こうした幾つかの留保条件を前提にして，地域別の土地権利証書の保有状況をみていこう。

トレンズ式土地権利証書は，アメリカがスペイン統治下で交付された土地権利証書よりも明確な立証性を持たせるべく導入したもので，登記を前提として証書を発給する制度に基づいていた。「勅許に基づく証書(Royal)」や「占有実績に基づく証書(Posessory)」はスペイン統治下で発給された証書であり，前者は国王領(法制的区分として個人・法人の私的所有地以外の土地)の下賜や払下げ，後者は国王領の占有実績に基づく土地譲渡を含んでいたと考えられる[24]。「司法命令(Judicial Decree)」は，裁判所の判決によって土地所有を立証するもの，「私的証書(Private Deed)」は，「土地の売買や買い戻し契約などに必要な土地抵当権設定の際に，公証人によって作成さ

れた証書など」と考えられる[25]。またアメリカ統治下の公有地(Public Land)は，スペイン統治下の国王領がアメリカ本国の資産として新たな規定を受けたあとに，1902年に植民地政府へと譲渡されたものであったが[26]，表中の「公有地」は，不法占有農地と公有地譲渡の証書発給を待つ農地の両者を含んでいた可能性がある。したがって，表中の「公有地」と「証書なし」の分類の区別は曖昧であったといえよう。

アメリカによる土地所有権確定事業は，スペイン植民地政府によって発給された土地権利証書も有効であるとしていたため，宗主国が代わったあとでも，同権利証書はなお広範に存在していた。ここでは，国家が供給していた，トレンズ式証書，勅許に基づく証書，占有実績に基づく証書，司法命令を公的証書として分類し，私的証書，証書なし(表中の公有地を含む)との関係をみていきたい。するとバイ，ハゴノイ，カラシャオ3町の公的証書の割合はそれぞれ17.2%，18.7%，3.2%となり，サンミゲル町51.3%，ヌエバエシハ州29.3%と対照的な数値を示している。また私的証書の割合は，バイ町63.3%，ハゴノイ町41.3%，カラシャオ町30.7%であったのに対し，サンミゲル町39.6%，ヌエバエシハ州14.7%となった。証書なしの割合は，バイ町19.5%，ハゴノイ町40.0%，カラシャオ町66.1%で，サンミゲル町9.1%，ヌエバエシハ州49.6%となっていた。

周辺フロンティアの場合，一般的に在来的慣習法の弱い，未墾地の多い地域に位置したため，土地測量がアシエンダの所有規模拡張手段になるケースもあるなか[27]，公的証書に基づく土地所有権によって所有主体および土地境界を明確にする必要があった。ヌエバエシハ州とサンミゲル町で公的証書，とくにトレンズ式権利証書の割合が高くなった背景には，大地主の存在以外に，こうした事情が存在していたのであった。逆にバイ，ハゴノイ，カラシャオ3町のような，分散的土地所有の支配的な人口稠密的農村の場合，19世紀末までの商品経済の展開において土地の売買も頻繁になされてきたから，法律専門家を介するなどした私的証書でその土地所有を示す傾向が存在していたのである。ただし分散的土地所有の性格も備えるサンミゲル町では，私的証書の割合も高くなっている。またカラシャオ町において「証書なし」の

割合が高くなっていたのは,小地片が多かったために証書獲得が費用的に割高と考えられたこと,また村落社会における慣習法が根強く存在していたことが理由としてある[28]。その一方で,ヌエバエシハ州における「証書なし」の割合が高くなったのは,何の証書も持たずに公有地を耕作していた農家がそこに含まれていたためであろう。

以上のように,人口稠密的農村では,インフォーマルな慣習法および私的証書に依存する傾向があったのに対し,周辺フロンティアでは,土地所有の法的基盤を安定化させるため,地主は新たなトレンズ式土地権利証書を積極的に受け入れていたことがわかるのである。

二 刈分け小作農による経済活動の地域性

ここでは,周辺フロンティアと比較しつつ,人口稠密的農村での小作経営の特徴を明らかにしてみよう。最初に刈分け小作農による農業経営を考察し,次いでそれを補足する刈分け小作世帯のさまざまな生業活動を分析する。

1. 小作経営の具体的様相

国立フィリピン大学農学部農業経済学科によって実施された調査の時期は,ハゴノイ,カラシャオ両町が1921年4〜6月,サンタロサ町同年3〜6月,ナイック町同年12月〜1922年1月,バイ町1922年6〜12月であった。小作農のサンプル数(自小作農を含む)は,ハゴノイ町138,カラシャオ町99,サンタロサ町81,バイ町160,ナイック町151となっていた。また調査対象耕作面積は,ハゴノイ町439.0 ha,カラシャオ町97.7 ha,サンタロサ町380.3 ha,バイ町337.0 ha,ナイック町283.8 haであった。よって1918年における各町の全耕作面積(表4-2)に占める調査耕作面積の割合は,それぞれ6.1%,2.8%,11.3%,20.3%,9.8%となる。比較検討されるサンミゲル町は1920年12月〜21年1月に調査され,1つのアシエンダに抱えられた40人の刈分け小作農が取り上げられていた。このアシエンダは115 ha以上の耕地を含むもので,地主によって雇用された差配人の監督下に置かれてい

た[29]。なお，調査対象になった農家のほとんどが米を100％近く作付けしていたのに対して，カラシャオ町のみ米の作付け率が60％と低かったが，これは甘蔗が36％もの作付け率を占めていたためである[30]。

次いでこの調査データの幾つかの問題点を，あらかじめ指摘しておこう。第一は，すべての調査項目にわたって各地域のデータが提示されているわけではないことである。とくに，サンミゲル町のデータ欠如が顕著であった。第二に，農産物の収穫に関して，収穫量自体が提示されずに，貨幣換算されている。農産物の販売価格も明記されておらず，結局，収穫量のみでなく土地生産性のデータも算出することができない。最後に，調査対象農家のサンプリングの方法が記されていないことがある。このためサンプル農民は，それぞれ行政町の一定数量を占めているにもかかわらず，各農民と行政町を構成する村がどのような関係にあったのか，したがってサンプル農民がどの程度各町における農業生活の特徴を代表するかを考察するには困難を伴う。しかしながらこの調査は，当時のマニラ近郊地域における米作農業の実情に接近するのに最も有効なデータを提供している。

対象地域の小作経営に関するデータは，表4-4にまとめている。まず表4-4①によって，経営規模(gross area)の検討から始めることにしよう。同調査の経営規模とは，「耕作システムとは関わりなく測定される保有地面積」のことであり，その年に実際に耕作された保有地(cultivated area)と休閑地の合計から成っている(二期作面積を含まない)。サンミゲルを含んだ6町全体において，休閑地はほとんどなく，経営規模と耕作規模はほぼ同義となっている[31]。ただし経営規模の最頻値をとる場合，地域ごとに階層の間隔を示す境界値が統一されていないことに注意する必要があるだろう。

5町全体にわたる小作農の平均経営規模は，2.5 haである。カラシャオ町は，平均規模で最も小さい数値を示すと同時に経営規模の格差も小さく，零細農民が多数を占めている。ナイック町，バイ町，ハゴノイ町，サンタロサ町の順で平均経営規模が大きくなっており，また4町それぞれ小作農の経営規模は広範囲に分布している。ただし各人口稠密的農村とも，比較的多くの自小作農を含んでいた。とくに自小作農の割合が大きかったのは，カラシャ

表 4-4 各地域における経営の内容（1920～22年）

	カラシャオ町	ハゴノイ町	ナイック町	サンタロサ町	パイ町	5町全体	サンミゲル町
①平均経営規模・作付け規模と自小作率(単位：ha)							
平均経営規模	1.0	3.2	1.9	4.7	2.1	2.5	2.9
最小値―最大値	0.2～2.7	0.3～10.0	0.5～5.7	0.2～8.4	0.5～10.0		2.0～6.5
最頻値	0.4～1.2	2.6～3.0	1.5～2.0	3.1～4.5	1.6～ 2.0		2.0～3.0
(%)	68	20	34	26	25		90
平均作付け規模	1.0	3.2	1.9	6.1	2.1	2.6	2.9
自小作農数	90	14	62	4	88	258	n.a.
(%)	90.9	10.1	41.1	4.9	55.0	41.0	n.a.
自小作農の平均自作面積	0.8	2.2	0.9	2.8	1.2	1.1	n.a.
②世帯構成							
小作農数	99	138	151	81	160	629	40
世帯数	91	128	74	60	155	508	33
世帯構成人数	5.0	5.3	8.6	6.6	4.5	5.6	3.7
③契約地主数、保有期間および前地主との関係解消の理由							
契約地主数							
2 人	19	33	6	16	29	103	n.a.
3 人	9	1	1	5	0	16	n.a.
4 人	2	1	1	3	0	7	n.a.
合　計	30	35	8	24	29	126	n.a.
(%)	30.3	25.4	5.3	29.6	18.1	20	
小作地保有期間							
平　均　　　(年)	7.3	9.3	3.8	14.8	3.8	7.0	n.a.
最短―最長　(年)	0.7～20.0	1.0～40.0	0.7～12.0	1.0～40.0	1.0～25.0		n.a.
5年以下の割合(%)	59.6	50.6	89.4	30.8	88.7	68.5	n.a.

解消理由							
争い	6	48	72	n.a.	0	126	n.a.
小作制廃止	8	5	0	n.a.	19	32	n.a.
土賃	6	32	9	n.a.	4	51	n.a.
住居・耕地間の距離	15	2	0	n.a.	0	17	n.a.
経営規模	0	0	0	n.a.	85	85	n.a.
役畜不足	0	0	17	n.a.	3	20	n.a.
④地主の管理様式別耕作地割合							
調査耕作面積 (ha)	97.7	439.0	283.8	380.3	337.0	1,537.8	n.a.
全般的管理 (%)	19	34	32	74	29	41	n.a.
中間的管理 (%)	17	44	65	13	64	43	n.a.
部分的管理 (%)	64	22	3	13	7	17	n.a.
⑤負 賃 (単位：ペソ)							
負債小作農数	99	60	151	48	29	387	40
(%)	100.0	43.5	100.0	59.3	18.1	63.8	100.0
地主の融資額の割合 (%)	18.5	73.9	27.7	100.0	100.0	85.7	100.0
負債小作農の平均貸務額	13	81	10	269	103	61	34

注: ⓐⓑⓒのそれぞれの管理様式の定義は、次のようになっている。
・全般的管理 (Complete Supervision)：地主もしくはその代理人が、米の栽培過程全般にわたって、作業日程・方法を指定し、それが実行されているかどうかの監督を行なうもの。
・中間的管理 (Intermittent Supervision)：作業日程・方法に関する指定はなされないが、地主・代理人が、監督目的で、年間5〜10回の訪問を行なうもの。
・部分的管理 (Ineffective Supervision)：地主・代理人の活動が、収穫作業の監督と収穫物の分配の確認に限定されるもの。

出所）E. D. Hester, Pablo Mabbun, et al., "Some Economic and Social Aspects of Philippine Rice Tenancies, Statistical Appendix," *The Philippine Agriculturist*, Vol. 12 (1924), pp. 411-436.

オ町であった。同町の自小作農の平均自作面積と同町対象全農民の平均作付け面積に格差はそれほどないから、ほとんどの自小作農は自作農に近い存在であったことがわかる。他方、周辺フロンティアのサンミゲル町の平均規模は 2.9 ha となっている。同町全体の 90% の小作農が 2〜3 ha に集中し、より標準的な経営規模を構成していたのである。

　自小作農の比重の地域的相違は、周辺フロンティアと人口稠密的農村両者の土地所有の形成過程をある程度反映したものであろう。前者では、専一的な大土地所有を前提にして小作農が定着化したのに対し、後者では、農地の抵当化などを通じて自作農が小作農化することで地主的土地所有が形成されたと考えることができ、その過程で自作農がすべての所有地を地主に譲渡する必然性はなかったのである。

　次いで同じ表 4-4 ①の作付け面積から、米の二期作化の進展状況を確認しよう。各町における二期作面積の平均規模は、平均作付け規模と平均経営規模の格差によって与えられる。サンタロサ町では二期作が最も進んでいて、1 小作農当りの平均二期作面積は 1.4 ha で、耕地利用率に直すと 129.5% となっていた。他の地域では平均作付け規模と平均経営規模に格差はなく、ほとんど 100% に近い耕地利用率となっていた。したがって、サンタロサ町を除いた調査対象地域では、米の二期作はほとんど行なわれていなかったことがわかる。

　また表 4-4 ②の世帯(household)構成をみると、すべての地域にわたって複数の小作農を含む世帯が存在することがわかる。したがって小作農(tenant)の概念は、世帯を意味するものではなく、地主と契約する労働力をベースにしていることがわかる。世帯当り小作農数でみると、ナイック町は 1 世帯当り 2.04 人の小作農を含んでいた。次いでサンタロサ町が 1 世帯当り 1.35 人と多くなっていた。世帯構成人数でも、ナイック町が 8.6 人と最多である。ナイック町は、複数の夫婦から構成される複合家族世帯が多くを占めていたためである[32]。サンミゲル町を除く 5 町平均では、1 世帯当り 5.6 人となる。よって小作農平均ではなく世帯平均を基準として、二期作を含む作付け規模をみると、大きさの地域別順位はサンタロサ、ナイック、ハゴノイ、

バイ，カラシャオ各町のようになり，労働力ベースの順位と比べると，ナイック町が第4位から第2位へと上昇している[33]。周辺フロンティアのサンミゲル町は，1世帯当り3.5 haの平均作付け規模で，5地域平均と同水準であったが，世帯構成人数は最も少なかった。

　ここで，中部ルソン平野・南部タガログ地方全般の農業技術，雇用慣行に触れておこう。1920年代におけるフィリピン全体の米作農業は，水牛1頭引きの犂とまぐわを基本的農具とする家族経営が中心であったとみてよい。犂，まぐわともに，農民自身が木もしくは竹からつくったものがほとんどであったから，農業への資本投下は，役畜となる水牛を除いてわずかなものであった[34]。また，1920年代初めのほとんどの米作において，化学肥料は投入されていなかった。化学肥料の代わりになるのは，犂がけされた茎などが土壌のなかで肥料成分に分解されたものや，灌漑水によって運ばれた栄養物である。よって開墾してから数年の耕作で地力が低下した土壌では，より深い犂耕が必要とされたのである[35]。それゆえ役畜の利用は，当時のフィリピン農業において不可欠であった。

　また中部ルソン平野・南部タガログ地方は，フィリピンのなかでも雨季と乾季が明瞭に二分される地域に属していた。したがって灌漑施設がない場合，乾季に作付けして二期作を行なうことは困難となる。雨季を主要作期とする中部ルソン平野・南部タガログ地方において，水利状況が最も農業技術に反映するのは作付け方法である。水稲栽培には，散播(sabog)と移植(tanim)の2種類の方法がある。散播は，早熟性の品種が使われて，二期作および短期栽培に利用される農法で，十分な量の水も必要とするため栽培上のリスクも大きかった。他方移植は，よりゆっくりした作業過程をとることが可能であったが，比較的大きな労働投入量を必要としていた。1921年のある考察によると，当時のフィリピンにおける米作の約4分の3はこの移植法によるもので，女性や子供が労働力の多くを構成して，雇用関係の場合と互助的労働交換による場合があったという。また地主が使用する品種を決定したのみでなく，さらに田植え，収穫の方法を指揮する事例も多く存在していた[36]。ただし1920年代において，ヌエバエシハ州のなかでも周辺地域に位置して

いたペニャランダ(Peñaranda)町では散播が行なわれており，労働力不足が散播の採用に影響していたと考えられる[37]。このように農業技術の採用およびそれに基づく雇用慣行の形成にあたっては，生態環境，地主の介入，労働力の過不足などの多様な要因が作用していたのである。

中部ルソン平野・南部タガログ地方には，田植えや収穫と結びついてさまざまな互助的村落組織が形成されていた。こうした互助組織は，農業労働の分担以外にも，一種の金融の役割を果たしたほか，「フィエスタ」と呼ばれる村の祭りでの役割を決めるなどの公共的性格も有していた。のちにみるように，刈分け小作農が田植えや収穫において労働力を雇い入れる場合も，近隣の刈分け小作農が雇用されることが多かった。当然この場合も，村落における互助組織が機能していたのである[38]。

本項の最後に，地主と小作農との関係を幾つかの観点からみることにしよう。分析対象地域における地主との契約内容は，ほとんどが刈分け小作形態のものであった。調査の結果，サンミゲル町を除く5町全体では82.4％が1/2の分配率を示しているが，地域によっては多少のばらつきもみられた。とくにバイ町では，地主が役畜を提供しているにもかかわらず，小作農に有利な3/5，2/3の分配率を示す事例も，それぞれ6.3％，11.3％の割合で存在していた。サンミゲル町では，サンプル数の40すべてが，小作農側に有利な3/5の分配率を示していた[39]。1921年のある状況報告では，とくに地域を限定していないが，地主が役畜を所有する場合，小作農は収穫物の3分の1，地主は3分の2を取得するが，土地が肥沃な場合には時として地主の取り分は2分の1になるとしている[40]。したがってバイ町の分配率は当時のフィリピンにおいては例外的なものであったが，その理由は明らかではない。

地主小作関係の考察においてここでとくに重視しているのは，地主による農業経営や生活への介入である。当時フィリピンの刈分け小作経営において，地主は，雇用労働の経費の一部を負担するなどして経営内容に介入し，小作経営を安定化させる機能を一面では果たしていた。地主の経営介入や融資は，商品経済の展開に伴う副業の拡大や生態的環境の要因と並んで，小作経営の自律性をみる指標となる。最初に表4-4③から，刈分け小作農が何人の地主

と契約関係を持っていたか確認することにしよう。複数の地主と契約を結ぶ刈分け小作農が，各地域にある程度存在することがわかる。とくにその割合が大きいのは，カラシャオとサンタロサの2町であった。また小作地の保有期間をみると，平均で最も長いのはサンタロサ町であり，逆に短いのがバイ，ナイック両町であった。表4-4③は，前の地主との契約解消の理由も挙げている。短い小作地保有期間を示した地域のうち，ナイック町は，小作・地主間の対立や払下げに関する行政との摩擦が顕著であったことがその背景にあった。

さらに平均的経営規模の大きかった町ほど，地主の強い支配を受け，地主は経営に深く介入するという傾向が見出された。表4-4④では，地主の管理様式を，地主の生産過程への介入の度合いによって3つの段階に分けている。各段階における管理様式の内容は，それぞれ表4-4の注に示している。「全般的管理」の比率が高いのはサンタロサ町，それが「中間的管理」となるのがナイック，バイ，ハゴノイの3町であった。カラシャオ町は，「部分的管理」の割合が最も大きく，地主支配が最も弱い地域となっていた。カラシャオ町の地主は，零細自作農に小規模な土地を貸し付ける形態をとっていたため，体系的・規律的な管理を実施するほどの所有規模が存在していなかったと考えられよう。調査では，サンミゲル町を除く5町のほとんどにおいて，地主によって委託された小作農が監督義務を遂行したか，地主が直接管理していたとされており，地主に雇用された専属的差配人が小作地の管理を行なうことはなかった[41]。

さらに地主・小作間の経営費用分担に関して，サンミゲル町を含むすべての地域にわたって，地主が種籾の費用をほとんど負担していた[42]。また収穫時における刈分け小作農による労働交換もしくは雇用労働について，サンミゲル町の場合，労働交換が一般的で，労働者は雇用されなかったのに対して，ほかの5町のほとんどでは労働者が雇用され，地主・小作間で折半される前に，収穫物の10〜25％程度が収穫労働者へ与えられている[43]。したがって収穫における雇用費用の一部は，地主も負担していたことになる。またナイック町(139件，92.1％)とサンタロサ町(78件，96.3％)では，収穫労働者

図 4-2　19 世紀から 20 世紀への転換期における，米の収穫労働

は田植え労働にも参加しなければならなかった。その他の地域では，田植えに労働者は雇用されていなかった。ただし 1921 年当時におけるサンタロサ町の二期作目では，早熟性の品種に基づく散播がむしろ一般的であり，一部でのみ移植法が広まりつつある状態であった[44]。サンタロサ町では，大規模経営の小作農が多く，一期作目，二期作目双方の田植えで労働力を安定的に確保することは困難であったと考えられる。さらにある観察では，1930 年代初めまでに，1 月の収穫期になるとカビテ州やバタンガス州の人々は収穫作業に参加するためラグナ州へ移動していたという[45]。このことがサンタロサ町での労働力不足の状況にも当てはまるかどうか不明だが，収穫時には，季節的に遠隔地からの移動労働力の雇用によって対応していた可能性がある。

　近隣地域に農業労働者世帯が十分に滞留していなかった状況では，収穫時の雇用労働は，出稼ぎ労働を除くと，同じ農家世帯から排出される労働力に依存せざるをない。この点は，小作農の雇用状況を示した後掲表 4-6 ②で確認することができる。調査は，雑業(general laborers)の定義を提示していないが，そこには分類が難しい一時的・季節的労働のほか，他の小作農によって雇用される収穫労働をかなりの部分含んでいたと考えられる。した

がって，サンミゲル町を除く全体的特徴として，多くの刈分け小作農世帯は，収穫期を中心に外部から労働力を雇い入れる一方で，他の小作農の収穫労働にも参加していたことがわかる。これは，地主に費用の一部を負担させた実質的な労働交換であった。

最後に，表4-4⑤から各町の負債状況を確認しよう。負債を負う小作農の比率が高いのはナイック，カラシャオ，サンミゲル3町で，100％の数値を示していた。うちサンミゲル町は，すべてが地主からの融資によるものであった。ナイック，カラシャオ両町では平均の債務額は小さく，地主以外の商人や金貸しから融資を受ける比率が高かった。バイ，サンタロサ両町は，融資における地主への依存は大きいが，負債を負う小作農の比率は相対的に低かった。サンミゲル町における地主への融資の依存の強さは，地域における商品経済の展開の弱さや地主による拘束力の強さが理由として考えられる。

以上から，1920年代初めの中部ルソン平野・南部タガログ地方では世帯構成，生態環境，労働力の雇用状況は多様であり，人口稠密的農村と周辺フロンティアにおける農業経営上の特徴を明瞭に示すことは容易ではない。人口稠密的農村として分類されうる町のあいだでも，水利状況が相違すれば採用される農業技術や雇用慣行も相違してくる。また，人口稠密的農村の比較的経営規模の大きなところでは，特定の地主が生産過程全般に介入する度合いは強く，人口稠密的農村内での地主小作関係の特質を一様に論じることは難しい。

しかしながら人口稠密的農村全体の特徴として，各地域ともにある程度の自小作農を含むと同時に，カラシャオ町を例外として，1 haから5 haの範囲に広範な階層分布がみられた。逆にサンミゲル町は，2～3 ha層に集中した標準的階層構成をとっていた。梅原弘光によると，20世紀に入るまでのヌエバエシハ州米作アシエンダでは，開墾後にバノス(banos)と呼ばれた2 haほどの短冊状地片の水田が小作農に分け与えられていたという。こうして，アシエンダを土地所有形態上の特質とする周辺フロンティアは，2～3 ha規模の標準的な経営規模構成をとるようになっていた[46]。

また地主小作関係では，人口稠密的農村において複数の地主と契約する小

作農の存在が確認され，融資上の借入れ先も地主以外のものを含めて分散化する傾向にあった。さらに地域分類の基準として農外就業の展開を視野に入れるなら，その展開如何によって小作経営の安定性は相違するし，また1920年代以降に増大する土地への人口圧力は，農業労働力の地域性をより際立たせることになる。次項以降では，各地域における農外就業に触れることにしたい。

2. 小作経営と農外就業

　ほかの近代東南アジア農村同様，20世紀前半のフィリピン農村住民もまた多就業的生業活動を営むという特徴を有しており，その就業は季節的となる傾向があった。中部ルソン平野や南部タガログ地方の多くの農業地域では，1年の半分が休閑期になっていたこともあって，農民にとって農業経営以外の収入源を如何に確保するかが重要であった。

　ミラーによると，1920年代までに，イロコス地方，ブラカン州，バタンガス州，タヤバス(Tayabas)州，セブ州では，人口圧力を一因として製造業の発展した地域がみられたという。なかでも家内制手工業の事例としては，小売業者もしくは輸出商が買い取りを行なう，カラシャオ町の帽子製造があった[47]。また多少時期はさかのぼるが，政府労働局は，1911年の全国における家内制手工業の経営者数を州別・業種別に計上していた[48]。それによると，中部ルソン平野・南部タガログ地方において，織物業はどの州にも高い割合で存在していた。またハゴノイ町とサンミゲル町が位置するブラカン州では，椰子の葉を使った加工製造業，ナイック町が位置したカビテ州では漁業用ネット加工などがみられた。またカラシャオ町のパンガシナン州では，帽子製造のほかにも，袋，マットレス，塩，バスケットなど幅広い業種にわたって家内制手工業が展開していた。

　表4-5は，1914,15両年のブラカン州，ヌエバエシハ州，ラグナ州，カビテ州，パンガシナン州で，労働局が実施した製造業被雇用者の調査を示している。ただしカビテ州については，製造業以外に魚の養殖などの業種のほか，家族労働力のみに依存する自営業も集計している。したがってカビテ州

表 4-5　州別製造業事業所数・被雇用者数(1914, 15 年)

	パンガシナン州		ブラカン州		カビテ州		ラグナ州		ヌエバエシハ州	
	事業所数	被雇用者数	事業所数	被雇用者数	事業所数	被雇用者数	事業所数	被雇用者数	事業所数	被雇用者数
製　糖	240	539	183	3,266	180	2,106	24	3,455	18	139
魚の養殖					138	168				
荷馬車	51	112	5	13						
漁業用ネット					51	1,111				
精　米	6	231	40	466	14	87	29	120	16	307
木製靴			34	248			14	82		
塩					34	94				
鋳　造	32	84	7	490						
パン・ビスケット	20	55	28	89	25	68	14	29	7	16
な　た			22	47	16	16				
スリッパ	12	42	21	129			5	19	8	23
洗　濯	20	104								
なめし皮	14	11	18	87						
魚の加工					18	46				
酒　造	13	11								
製　材			12	69						
石　灰			9	39						
織　物			7	88						
ラタン製いす			7	365						
馬　具			5	6						
石　鹸	5	15								
その他	13	85	32	228	15	137	11	99	5	21
合　計	426	1,289	430	5,630	491	3,833	97	3,804	54	506

注1) カビテ州には，製造業以外の業種も含まれている。さらに家族労働力のみに依存する自営業も含まれていた。
注2) ラグナ州の事業所数には，ロープ製造が詳細不明のため含まれていない。
出所) Philippines, Bureau of Labor, *Annual Report of the Bureau of Labor, 1915* (Manila: Bureau of Printing, 1916), pp. 18-84; Las Islas Pilipinas, Oficina del Trabajo, *Octava Memoria Annual de la Oficina del Trabajo, 1916* (Manila: Bureau of Printing, 1916), pp. 55-149.

の被雇用者数には，賃金を受け取らない家族従業員も含んでいる。表4-5において，すべての州に共通しているのは，製糖，精米から成る農産物加工業が労働者の主要な吸収先になっていることである。州別にみると，ブラカン州が最も多様な業種にわたって製造業を展開するが，カビテ州は漁業関連の就業に特化していた。ヌエバエシハ州では製造業関連の事業所数は少なく，パンガシナン州と同様に少数の精米所が大量の労働者を雇用している。また

表には示していないが，カビテ州やラグナ州では，現物の米で賃金を受け取るケースもみられた。さらに労働局の調査は，カビテ州の幾つかの業種について労働力の給源を明らかにしている。例えば塩の製造や魚の加工では，表中に挙げた被雇用者のうち，それぞれ70人と37人の小作農が半年間のみそれら業種に従事し，出来高制で賃金を受け取っている。製糖業では，雇用された2106人のうち1076人が小作農で，賃金を現物の米で受け取っていたという。家族労働力のみに依存する漁業用ネットの製造では，すべて小作農が自営業で生産していた[49]。小作農が，農閑期を中心としてさまざまな雇用労働や自営業に従事していたことがわかるのである。

　国立フィリピン大学調査による対象地域の自営的経済活動もまた，生態環境に依存しながら特産品を生産する性格を少なからず備えていた。まず，表4-6①の農外自営収入を分析することにしよう。ただしサンタロサ町はその調査対象となっておらず，バイ町の場合は農外自営収入の内容構成を示していなかった。町別にみていくと，ナイック町では，魚醬製造，漁業，屋根葺きのように生態的・地理的特性に基づく副業が展開し，そのほかにも衣服仕立てなど多様な業種を確認することができた。ハゴノイ町では刺繍，カラシャオ町では帽子，マットの製造などの零細家内副業に従事していた。世帯の平均収入では，ハゴノイ町が120ペソと最大，逆に最小はカラシャオ町であるが，世帯収入を左右した理由は明らかでない。

　刈分け小作農世帯員の雇用状況を示した表4-6②では，米作における収穫労働などの雑業のほかに，さまざまな農外就業に従事していた。なかでもカラシャオ町は，最も多様な業種に関与していた。またハゴノイ，バイ，ナイック3町において，漁業従事者が少なからず存在していた。そのほかにもサンタロサ，バイ，ハゴノイ各町では，大工，商業に多数が就労していた。

　以上，人口稠密的農村全体において確認した農外就業の展開は，農業経営を補完して生活を安定させる役割を果たしていた。これが，人口稠密的農村において，地主による融資への依存が低かった一因となっていたといえよう。サンミゲル町の農外就業については，具体的に検討することができなかったが，次の点を指摘することができる。前項でみたように，同町の小作農の世

表 4-6　農業経営以外からの収入(1920〜22年)

	カラシャオ町	ハゴノイ町	ナイック町	サンタロサ町	バイ町	5町全体
①農外自営収入						
従事世帯数	63	98	44	n.a.	131	336
全世帯に対する割合　(%)	69.2	76.6	59.5	n.a.	84.5	75.0
構成世帯数						
刺　繍		96				96
帽子製造	39					39
マット製造	21					21
魚醤製造			21			21
漁　業			13			13
衣服仕立て	2		5			7
屋根造り(椰子)			5			5
袋織り	1		2			3
織　物		2				2
従事世帯平均収入　(ペソ)	37	120	80	n.a.	63	77
全世帯平均収入　(ペソ)	26	92	47	n.a.	53	58
②賃労働収入						
従事者数	99	83	121	67	114	484
全世帯に対する割合　(%)	108.8	64.8	163.5	111.7	73.5	95.3
構成人数						
雑業(general laborers)	85	43	83	36	130	377
漁　業	1	12	35		22	70
大　工	3	8		13	17	41
運転手	2	3	3	22	5	35
商　業		17		8	9	34
衣服仕立て				8		8
椰子加工	4					4
鍛　冶	3					3
かご編み	1					1
従事者平均収入　(ペソ)	84	147	556	144	118	229
世帯平均収入　(ペソ)	91	95	910	161	87	218

注)　農外自営収入では，サンタロサ町について報告されていない。またバイ町の経営内容は記載されていなかった。
出所)　表 4-4 に同じ。

帯構成は小さかったにもかかわらず，その平均作付け面積は，人口稠密的農村の平均と同じ水準にあり，また小作農に有利に地主と収穫物を分配していた地域であった。それにもかかわらず地主の融資への強い依存性を示したのは，周辺フロンティアでは借入れ先の制約があったのみでなく，副業への就

業機会が限られていたためと考えることができる。

三 農業労働者層の台頭

　ここでは，米作農業における労働力編成の動向を農業労働者層の形成に焦点を当てて概観する。前節でみたように，アメリカ統治下における中部ルソン平野・南部タガログ地方の米作農業では，生態的環境を変えるというよりもそれに依存した農業技術の水準にあり，土地生産性の向上を示す状況は確認できなかった[50]。ここでの課題は，こうした環境下に置かれた米作農業の労働力編成および社会関係の変化である。

　最初に前掲表4-1によって，人口稠密的農村の性格を強く持つ諸町の人口動向からみていこう。1903～18年の期間，バイ町，サンタロサ町を除いた諸町では，年平均成長率が全国平均と比べて低かったことはすでにみたとおりである。ところが1918～39年になると，バイ町が高い成長率を維持し，サンタロサ町は若干成長率を低くするなかで，他の地域も全国平均には至らないまでも以前より高い成長率を示すようになっていた。以下では，こうした人口増加の動向について，人口の空間的移動と死亡率の側面から順に考察していきたい。ここで出生率を分析することができないのは，史料上の制約のためである。

　第1章でも触れた人口増加とその空間的移動の関連を，まず1920年代までに人口の受け入れ先となっていた周辺フロンティアの未墾地に関する統計に拠って考えたい。表4-2から，中部ルソン平野・南部タガログ地方全体の耕作地の動向をみてみよう。中部ルソン平野・南部タガログ地方の耕作面積は，長期の比較を行なうために，データのそろった甘蔗と米の作付け面積に限定している。中部ルソン平野・南部タガログ地方の主要作物は甘蔗と米から構成されていたため，同地域全体における耕作面積の動向をみるにはそれで十分であろう。1918～38年の期間における町別の耕作地面積について，ナイック，バイ，サンタロサ各町では耕作地面積に特別の拡大はみられず，逆にハゴノイ，カラシャオ両町は，耕作地を極端に減少させている[51]。全国

と中部ルソン平野・南部タガログ地方の両者は，1920年代までに耕作面積を急速なペースで拡大させていたが，それも1930年代までには停滞していた。人口稠密的農村5町における1918～39年の人口増加は，中部ルソン平野・南部タガログ地方全体で耕作地の外延的拡大が停滞するなかで生じていたことに注意する必要がある。その一方で当時の主な人口受け入れ地域であったヌエバエシハ州の人口成長率をみると，1903～18年3.4％，1918～39年2.9％となっている。1918年までにきわめて高い人口成長率を示し，それ以降人口増加のペースを緩めつつも全国平均よりも高い人口成長率を維持していた。

　第1章で検討したように，19～20世紀の中部ルソンで未墾地の耕作化が進んだ背景には，19世紀以降におけるルソン島北部からのイロカノの社会的移動のほか，マニラ近隣諸州からの現地住民の移動も重要であった。これらの事実から，1920年前後を境にした人口稠密的農村における人口増加の一因には，ヌエバエシハ州などの移民先となるはずの未墾地の消滅があったことがみてとれるのである。人口移動を促進した要因には，人口稠密的農村における地主小作関係の流動性が存在していた。前掲表4-4③で示したように，人口稠密的農村5町の平均小作地保有期間は7年程度のものであったから，人口稠密的農村の農民にとって，必ずしも地主小作関係は強固なものとして存在していなかった。周辺フロンティアへの移動に際して地主が小作農を誘導する場合がみられたが，小作農の側からすると，地主からの資金や情報を利用したという意味で，地主との関係を戦略的に使っていたとも解釈できよう。

　またカビテ，ブラカンなどの州は，その地理的隣接性からマニラへの流出者を排出していた。ただしラグナ州は，地域的な商業発展やココナッツ農業の季節的雇用を理由として，その隣接性にもかかわらず，マニラへの人口流出が限定される傾向を有していた[52]。

　次いで，死亡率の問題を考えよう[53]。ここで参照するのは，1903年と1918年の両センサスの死亡率（人口1000人に対する死者数）に関するデータである。ただし両センサスともに，町政府が保管していた死亡者数の記録を

引用しているため，町政府が死亡者数を十分に把握していなかった場合，死亡率は実際よりも低く現われた可能性がある。また死亡原因に関するデータは，西欧医療が地方社会に十分に浸透していなかった状況からも，その妥当性を疑ってみる必要がある[54]。

1903年センサスによると，1902年の死亡率は，全国63，以下町別にサンタロサ127，バイ108，ナイック80，カラシャオ80，ハゴノイ45となっている。各町の死亡原因は，死亡率の高かったサンタロサ町，バイ町を含めてマラリア，コレラ，結核などであり，全国と同様に乳児死亡率が高かった[55]。1918年センサスによる1918年の死亡率は，全国38，以下町別にサンタロサ66，バイ50，ナイック84，カラシャオ57，ハゴノイ64となっている[56]。取り上げた各町のうち，とくに死亡率が減退したのはサンタロサ町とバイ町であり，これが両町における人口増加の一因となっていた。1902年までラグナ州同2町で死亡率を高くしていた理由として，単なるコレラの流行というよりも，フィリピン・アメリカ戦争における「保護区域」政策などの集中的展開が，戦乱や衛生・栄養摂取の条件悪化を通して死亡率に影響していたことを考慮しなければならないであろう。これとは逆に，他の3町では，1918年までに死亡率は同じ水準にあるか上昇し，人口成長率の低さの一因となっていた。ただし，1903年センサスでマラリアが多く計上された理由として，それまでの水田開発による熱帯森林の伐採が，マラリアを媒介する蚊の大量発生の原因になっていた可能性がある[57]。

このように，フィリピン革命およびフィリピン・アメリカ戦争が人口の自然成長率に影響するなかで，1920年代以前の人口稠密的農村で低い人口成長率を示した背景には，周辺フロンティアへの人口流出という要因が存在していた。ただしラグナ州では，内部での高い雇用吸収力や死亡率の減退により，人口稠密的農村のなかでは高い人口成長率を示していた。しかし1920年代以降，人口稠密的農村を含む各州では全体的に以前よりも高い人口成長率を示すようになり，耕作地の制約問題は過剰労働力の析出という形で現われることになった。次いで，その点をみていこう。

1939年センサスで耕作地の作付けをみると，サンタロサ町で甘蔗，バイ

表4-7 水稲の生産量および土地生産性の動向(1938年)

(単位：生産量 カバン(＝44 kg, 籾)，面積 ha, 生産性 カバン/ha)

	パンガシナン州	カラシャオ町	ブラカン州	サンミゲル町	ハゴノイ町	カビテ州	ナイック町
1938年雨期作							
作付け面積	107,351	1,282	60,980	7,427	1,662	16,385	2,006
生産量	3,411,231	51,603	2,036,785	270,416	63,492	379,684	63,089
1938年乾期作							
作付け面積	1,131	0	3,065	0	2,409	1,893	1,109
生産量	37,772	0	100,717	0	88,155	35,795	21,928
主要作期生産性	31.8	40.3	33.4	36.4	36.6	23.2	31.5

	ラグナ州	バイ町	サンタロサ町	全国
1938年雨期作				
作付け面積	19,096	755	2,016	1,290,541
生産量	556,651	21,671	67,347	33,774,711
1938年乾期作				
作付け面積	6,277	600	1,738	116,302
生産量	155,225	13,374	47,146	2,185,624
主要作期生産性	29.2	28.7	33.4	26.2

注）生産性の算出は，主要作期となる雨期作のデータに基づく。なおハゴノイ町のみは，乾期作のデータを基準とした。
出所）*Census of 1939*, Vol. 2, Pt. 2, Vol. 3.

町でココナッツ，カラシャオ町で甘蔗・ココナッツが若干生産されたが，サンミゲル町を含む，ほとんどの対象諸町が主に米作から構成されていた[58]。米作の動向は，雨期乾期作別の水稲生産として表4-7に示している。なお土地生産性の数値には，二期作は考慮していない。またハゴノイ町の場合，湿地地域ゆえに乾季が主要作期だった点を考慮して，乾期を基準に土地生産性の評価を行なっている。人口稠密的農村各町は，所属するそれぞれの州平均よりも高いか，同程度の土地生産性を示している。とくにバイ，サンタロサ，ナイック各町では，主要作期となる雨期作以外にも乾期作が行なわれており，この乾期作を二期作として考えると，実際の土地生産性は表中の主要作期別生産性よりもさらに高くなる[59]。他方サンミゲル町はすべてが一期作の米作地から構成されていたが，土地生産性は州平均を上回っていた。調査対象地域は，1930年代末において全般的に高い土地生産性を有した地域であった。

　それでは，表4-8に掲げた，1930年代末の各地域における農民の階層構成はどのようになっていたであろうか。ただし同表の農民(farmer)は，世

表 4-8 保有形態別・階層別農民の分布 (1939年)

		カラシャオ町	ハゴノイ町	ナイック町	サンタロサ町	パイ町	5町全体	サンミゲル町	全国
①自小作別農民数・平均耕作規模（括弧内は、各地域の全農民数に占める割合）									
全農民数		1,844	1,024	1,301	791	619	5,579	3,032	1,634,726
平均耕作規模	(ha)	1.16	3.00	2.22	4.52	2.82	2.40	2.63	2.42
自作農数		754 (40.9)	92 (9.0)	165 (12.7)	20 (2.5)	131 (21.2)	1,162 (20.8)	358 (11.8)	804,786 (49.2)
平均耕作規模	(ha)	1.05	1.68	2.07	1.40	1.76	1.33	2.31	2.41
自小作農数		913 (49.5)	258 (25.2)	357 (27.4)	365 (46.1)	129 (20.8)	2,022 (36.2)	114 (3.8)	254,637 (15.6)
平均耕作規模	(ha)	1.25	3.65	2.21	5.01	3.47	2.55	3.23	2.33
小作農数		177 (9.6)	674 (65.8)	779 (59.9)	406 (51.3)	359 (58.0)	2,395 (42.9)	2,560 (84.4)	573,716 (35.1)
平均耕作規模	(ha)	1.11	2.93	2.25	4.24	2.99	2.81	2.65	2.23
②農民の経営規模別構成（括弧内は、各地域の全農民数に占める割合）									
～0.99		901 (48.9)	107 (10.4)	44 (3.4)	23 (2.9)	84 (13.6)	1,159 (20.8)	93 (3.1)	368,903 (22.6)
1.00～1.49		420 (22.8)	158 (15.4)	247 (19.0)	40 (5.1)	76 (12.3)	941 (16.9)	287 (9.5)	310,318 (19.0)
1.50～1.99		247 (13.4)	86 (8.4)	272 (20.9)	22 (2.8)	84 (13.6)	711 (12.7)	364 (12.0)	178,735 (10.9)
2.00～2.99		180 (9.8)	235 (22.9)	428 (32.9)	125 (15.8)	178 (28.8)	1,146 (20.5)	1,179 (38.9)	306,496 (18.7)
3.00～3.99		55 (3.0)	162 (15.8)	189 (14.5)	174 (22.0)	79 (12.8)	659 (11.8)	641 (21.1)	164,458 (10.1)
4.00～4.99		23 (1.2)	108 (10.5)	68 (5.2)	113 (14.3)	38 (6.1)	350 (6.3)	233 (7.7)	94,104 (5.8)
5.00～		18 (1.0)	168 (16.4)	53 (4.1)	294 (37.2)	79 (12.8)	612 (11.0)	235 (7.8)	211,710 (13.0)

出所）*Census of 1939*, Vol. 3.

帯ではなく、経営に主に携わる労働力を単位としている[60]。表4-8①をみると、人口稠密的農村5町全体の小作農比は全国と比較して高くなっている。ただしカラシャオ町では、それが群を抜いて低い。また5町全体において、全国やサンミゲル町と対比して、高い自小作農比率が認められた。次いですべての農地保有形態を合わせた全農民の平均耕作(cultivated land)規模では、カラシャオ町が最も零細で、逆に最大規模はサンタロサ町であった。

表4-8②は、各町における農民の経営規模(size of farm)別構成を示している[61]。人口稠密的農村5町全体で、1ha未満層と2.00〜2.99ha層に多くの農民が集中している。1ha未満層の約8割は、カラシャオ町の農家によって占められていた。またサンタロサ町では、3.00〜3.99ha層の割合が大きかった。したがって、2.00〜2.99ha層への集中がカラシャオ町とサンタロサ町を除く人口稠密的農村全体の動向といえよう。こうした傾向は、サンミゲル町においても顕著であった[62]。ただしサンタロサ、バイ、ハゴノイ各町では、4ha以上の大規模農家の割合も高くなっている。

ここで、前節において検討した表4-4①の平均経営規模およびその最頻値と、表4-8の自小作農・小作農の1農民当り平均耕作規模および農民の経営規模階層構成を比較して、1920年代初めから39年にかけての階層構成の変化をみてみたい。この目的は、農業労働者の増加を検討する観点から、新たな人口増加分が農業経営者となるための前提として自小作農・小作農の農業経営地が細分化していたかどうかを考察することにある。まず1920年代初めのカラシャオ町の平均階層構成は、1ha程度にとどまっていた。30年代末までに小作地の自作地化が進展したかどうか確認することはできないが、カラシャオ町の零細農民の多さは、両大戦間期における一貫した特徴であったといっていいだろう。サンタロサ町の場合、20年代初めのデータには自小作農を含んでおらず、サンプリングに偏りの可能性があるために、表4-8①では小作農のみを取り上げて考察する。そうすると、サンタロサ町では平均耕作規模は若干低下しているが、階層構成では顕著な変化を把握することはできなかった。ハゴノイ町では、同様にして表4-8①の小作農を基準にすると、平均耕作規模は若干小さくなり、階層構成は多少両極に分化している。

バイ，ナイック両町では，平均耕作規模および階層構成の最頻値が上昇している。サンミゲル町では，平均耕作規模および階層構成で顕著な変化はない。全体的動向として，上層農家の大きな経営規模はそのまま維持され，経営規模の顕著な零細化は認められなかった。

小作農の経営規模が零細化しなかったのには，幾つかの理由が考えられる。1つは，小作地が相続を通じて単純に分割されてはいなかったことである。表4-4③では，前地主との契約解消の理由に，地主による小作地の恣意的な取り上げが含まれていたが，1930年代末にも小作農にとって相続権の主張の基盤となる耕作権は確立せず，どの小作人とどのように契約するのか，地主による選好が影響した可能性が強い[63]。もう1つは，経営地を細分化して農家経済の再生産を容易にしていくような，土地生産性の上昇がなかったことである。

既存の小作地の非細分化や開墾可能な土地の枯渇は，若年労働力の農民化を困難とする状況をもたらすことになる。とくに人口稠密的農村の場合，農業以外を主業(usual occupation)とする者が相対的に多く存在していた。10歳以上男性就業者を例に考えると(表4-9)，農業以外を主業とする者の全就業者に対する比率は，ブラカン州45.2％，カビテ州45.9％，ラグナ州39.7％，パンガシナン州22.5％，ヌエバエシハ州17.2％となっている。ブラカン，カビテ，ラグナ3州では，農外の就業先が過剰労働力を吸収する受け皿となっていたことがわかる。同3州では共通して，漁業，商業，サービス業(馬車引きなど)，製造業に従事する者が多かった。3つの州いずれにおいても大工などの職人も多く，製造業では，ブラカン州の製靴，製帽，カビテ州の造船，ラグナ州の製靴，製糖の業種が特筆に値する[64]。前節で農外就業について検討したように，農村工業・雑業への就労機会が比較的多かった地域であったといえよう。ただしパンガシナン州は，男女ともにヌエバエシハ州と同様の就業構成をとる傾向があった。しかしパンガシナン州は，中部ルソン平野のなかでも自作農の比重が最も大きい地域であり，ヌエバエシハ州とは農業構造がそもそも相違していたことに留意する必要がある。またパンガシナン州では，農家の副業が発展していたことは前節でみたとおりである。

表 4-9 州別職業構成 (10歳以上、1939年)

		バンガシナン州 全体	男性	女性	ブラカン州 全体	男性	女性	カビテ州 全体	男性	女性	ラグナ州 全体	男性	女性	ヌエバエシハ州 全体	男性	女性
全就業者		392,791	184,155	208,636	188,655	89,304	99,351	120,105	59,541	60,562	152,693	76,261	76,432	221,651	111,438	110,213
	(%)	100.0	100.0	100.0	100.0	100.0	100.0	100.0	100.0	100.0	100.0	100.0	100.0	100.0	100.0	100.0
農業		158,620	142,675	15,945	52,319	48,903	3,416	34,438	32,221	2,217	50,811	45,955	4,856	101,345	92,304	9,043
	(%)	40.4	77.5	7.6	27.7	54.8	3.4	29.7	54.1	3.7	33.3	60.3	6.4	45.7	82.8	8.2
漁業		7,918	7,610	308	1,223	1,214	9	5,376	5,327	49	4,250	4,194	56	307	289	18
	(%)	2.0	4.1	0.1	0.6	1.4	0.0	4.5	8.9	0.1	2.8	5.5	0.1	0.1	0.3	0.0
サービス業		186,468	5,878	180,590	67,336	2,067	65,269	53,953	2,671	51,287	62,149	2,262	59,887	96,701	2,098	94,603
	(%)	47.5	3.2	86.6	35.7	2.3	65.7	44.9	4.5	84.7	40.7	3	78.6	43.6	1.9	85.8
商業		9,277	4,264	5,013	9,396	3,848	5,548	5,244	2,107	3,137	7,398	3,457	3,941	5,312	2,499	2,813
	(%)	2.4	2.3	2.4	5.0	4.3	5.6	4.4	3.5	5.2	4.8	4.5	5.2	2.4	2.2	2.6
輸送関連		5,972	5,934	38	5,640	5,618	22	4,440	4,425	15	5,096	5,075	21	4,679	4,647	32
	(%)	1.5	3.2	0.0	3.0	6.3	0.0	3.7	7.4	0.0	3.3	6.7	0.0	2.1	4.2	0.0
馬車引き		2,049	2,039	10	2,036	2,030	6	1,445	1,436	9	1,570	1,560	10	1,166	1,159	7
道路整備		1,800	1,800	0	1,574	1,574	0	1,075	1,075	0	1,688	1,687	1	1,999	1,996	3
専門職		4,413	2,960	1,453	2,614	1,753	861	2,118	1,396	722	2,588	1,766	822	2,513	1,610	903
	(%)	1.1	1.6	0.7	1.4	2.0	0.9	1.8	2.3	1.2	16.9	2.3	1.1	1.1	1.4	0.8
公務員		1,282	1,271	11	1,027	1,005	22	1,969	1,961	8	925	906	19	1,042	1,025	17
	(%)	0.3	0.7	0.0	0.5	1.1	0.0	1.6	3.3	0.0	0.6	1.2	0.0	0.5	0.9	0.0
加工・製造業		15,621	10,414	5,207	38,494	14,658	23,836	11,473	8,390	3,083	18,311	11,528	6,783	8,244	5,610	2,634
	(%)	4.0	5.7	2.5	20.4	16.4	24.0	9.6	14.1	5.1	12.0	15.1	8.9	3.7	5.0	2.4
刺繍・縫製		1,712	24	1,688	14,541	729	13,812	2,461	50	2,411	2,364	29	2,335	1,662	4	1,658
大工		3,173	3,173	0	2,961	2,961	0	1,954	1,964	0	1,914	1,914	0	1,515	1,515	0
製靴		393	337	56	1,692	1,247	445	286	165	121	1,856	1,203	653	365	339	26
帽子製造		252	29	223	8,720	1,264	7,456	35	23	12	1,626	146	1,480	300	20	280
製糖		429	399	30	349	349	0	33	33	0	1,293	1,255	38	16	16	0
造船		11	11	0	48	42	6	1,798	1,790	8	5	5	0	14	14	0
椰子の葉加工		566	208	358	1,438	804	634	8	8	0	34	21	13	9	9	0

注) %は、それぞれ全体、男性、女性の全就業者に対する割合を示す。
出所) Census of 1939, Vol. 1, Pts. 1-4.

表 4-10 農業関連主要職業別・年齢別構成(10歳以上男性, 1939年)

年齢	パンガシナン州 農民・管理人	パンガシナン州 農業労働者	ブラカン州 農民・管理人	ブラカン州 農業労働者	カビテ州 農民・管理人	カビテ州 農業労働者
10〜14	0(0.0)	8,495(100.0)	0(0.0)	2,928(100.0)	25(1.4)	1,724(98.6)
15〜19	1,528(7.6)	18,482(92.4)	669(9.7)	6,249(90.3)	740(16.6)	3,730(83.4)
20〜24	8,041(38.7)	12,728(61.3)	2,977(38.0)	4,856(62.0)	2,560(49.8)	2,578(50.2)
25〜34	23,825(74.1)	8,347(25.9)	7,634(69.9)	3,287(30.1)	5,796(74.1)	2,031(25.9)
35〜44	20,840(85.9)	3,409(14.1)	6,266(83.3)	1,257(16.7)	3,752(83.1)	765(16.3)
45〜54	13,848(87.6)	1,961(12.4)	5,170(86.8)	789(13.2)	3,490(86.7)	534(13.3)
55〜64	11,022(86.7)	1,697(13.3)	3,822(87.3)	557(12.7)	2,618(87.8)	365(12.2)
65〜	7,053(83.5)	1,391(16.5)	2,074(85.0)	366(15.0)	1,215(81.4)	278(18.6)
合計	86,157(60.4)	56,510(39.6)	28,612(58.5)	20,289(41.5)	20,196(62.7)	12,005(37.3)

年齢	ラグナ州 農民・管理人	ラグナ州 農業労働者	人口稠密的農村地域4州合計 農民・管理人	人口稠密的農村地域4州合計 農業労働者	ヌエバエシハ州 農民・管理人	ヌエバエシハ州 農業労働者
10〜14	0(0.0)	1,924(100.0)	25(0.0)	15,071(99.8)	0(0.0)	6,167(100.0)
15〜19	743(11.3)	5,835(88.7)	3,680(9.7)	34,296(90.3)	1,588(10.7)	13,321(89.3)
20〜24	2,362(30.6)	5,359(69.4)	15,940(38.4)	25,521(61.6)	7,342(47.6)	8,068(52.4)
25〜34	5,972(55.2)	4,851(44.8)	43,227(70.0)	18,516(30.0)	17,713(81.5)	4,031(18.5)
35〜44	4,901(70.3)	2,072(29.7)	35,759(82.7)	7,503(17.3)	12,231(90.3)	1,313(9.7)
45〜54	4,367(76.7)	1,328(23.3)	26,875(85.4)	4,612(14.6)	8,854(92.6)	712(7.4)
55〜64	3,440(81.2)	794(18.8)	20,902(86.0)	3,413(14.0)	5,977(90.8)	609(9.2)
65〜	1,607(80.1)	399(19.9)	11,949(83.1)	2,434(16.9)	3,799(86.8)	576(14.9)
合計	23,392(50.9)	22,562(49.1)	158,357(58.7)	111,366(41.3)	57,504(62.3)	34,797(37.7)

注1) 括弧内は,それぞれの州の各年齢層における割合を示す。
注2) 農家・管理人および農業労働者の原語は,それぞれ farmers and farm managers, farm laborers となる。
出所) *Census of 1939*, Vol.1, Pts.1-4.

　それでは,土地に対する人口圧力は,農業労働者の形成にどのように反映していたのであろうか。表4-10は,男性農業従事者の世代別構成を示している。町別のデータは得られないため,同表では各町が所属する州ごとに分類している。ただし,前掲の表4-8で各州農民の大部分が男性から構成されていたため,表4-10では,男性農業就業者(10歳以上)のみを集計対象としている。ただしラグナ州では,農業における甘蔗とココナッツの比重が高く,農業労働者の割合が相対的に大きくなっていたことに注意しよう[65]。

　ヌエバエシハ州を含めた全体的傾向として,10代の若年労働力のほとんどが農業労働者として分類され,20代以降になると,農民・管理人の比率が大きくなっている。とくに35歳以上になると,ラグナ州を除いて全体の

1割前後が農業労働者にすぎず，残りの9割前後は農民・管理人に分類されている。このように農業労働者の年齢別動向は，若年期に農業労働者の地位にあった者が，結婚年齢期以降には開墾や地主との契約，相続を通じて農業経営地を獲得するというライフサイクル的性格を有していたのである。

しかしながら周辺フロンティアとなるヌエバエシハ州と人口稠密的農村地域4州を比較すると，20～24歳層と25～34歳層の2つの層において，農業労働者の割合に格差がみられる。ヌエバエシハ州では，この2つの層はそれぞれ全男性農業従事者数の52%，19%であるのに対し，人口稠密的農村地域4州合計ではそれぞれ62%，30%を占めていた。したがって人口稠密的農村では，20歳以降になると，農業経営地を保有できない者が相対的に多く存在していたことになる。1920年代から，移民の受け入れ先であったヌエバエシハ州などで未開墾地が消滅した結果，同4州では土地に対する人口圧力が高まった。また既述のように，従来の小作地も，新世帯が新たな経営地として獲得できるほど十分に細分化されていなかったという事情もあった。よって20～24歳層と25～34歳層という2つの年齢層の農業労働者は，人口増加により農業経営に従事できない過剰労働力としての性格を併せ持っていた。ただし農業労働者の割合が若干低く現われたカビテ州では，マニラのほか，州内における漁業や港湾労働などの農外就業先が過剰労働力を吸収していたといえよう。

このように人口稠密的農村における農業労働者の動向は，ライフサイクルと過剰労働力の両性格を反映している。1939年時点における34歳以下年齢層の一部は，自作農もしくは小作農に成るべく一時的に賃労働者化していたのではなく，生涯にわたって農業労働者となる過剰労働力の性格を有していたのである。こうして1920年代に未墾地が消滅して，第二次世界大戦後になると，農業労働者の農村における滞留が顕在化することになった。

ただし人口稠密的農村において，過剰労働力とした20歳代以上の男性農業労働者のうちどの程度が独立世帯であったのかを確認することはできなかった。しかしながら社会学・人口学を専門とするスミス(Peter C. Smith)によると，20世紀前半のマニラと中部ルソン平野を含む地域では，土地に

対する人口圧力と都市化の影響により，他の地域よりも晩婚化の傾向が明瞭に出ていたという[66]。したがって農業経営地獲得の困難が際立つ人口稠密的農村では，20歳代以上の男性農業労働者のなかに，結婚年齢が遅れて，独立世帯を構えることができなかった者が多く含まれていたことは十分に考えうることであろう[67]。

まとめ

　本章は，アメリカ統治下の人口稠密的農村と周辺フロンティアの両地域事例として，中部ルソン平野・南部タガログ地方から幾つかの町を抽出し，その米作農業を分析した。中部ルソン平野においては，ヌエバエシハ州などの内陸部が周辺フロンティアとなっていたのに対して，その南側のマニラ湾沿岸に位置するブラカン州，そして北側のリンガエン湾周辺に位置するパンガシナン州に含まれた地域を人口稠密的農村として分類した。こうした人口稠密的農村の土地所有編成では，アメリカ期において，修道会領地払下げ政策と土地所有権確定事業が重要な歴史的前提を成していた。この2つの政策を通してみた人口稠密的農村の土地所有は，スペイン統治下の比較的早い時期から商品経済が展開したことによって，周辺フロンティアと比べると流動性に富むものであった。また人口稠密的農村では，私的証書で土地所有を立証するケースや土地権利証書を持たないケースもあり，土地所有の性格はよりインフォーマルであった。

　こうした土地所有の性格を持つ人口稠密的農村では，1920年代初めにおいて，自小作農が大きな比重を占め，経営規模は1ha未満層から5ha以上層まで広範囲に分布していた。その一方で人口稠密的農村では，生活をより安定させる，農業経営以外での就業機会にも恵まれていた。こうして農業以外への就業が制約された周辺フロンティアとは対照的に，地主への金融的依存は，一部の小作農を除いて全体的には弱くならざるをえなかった。これは，農民が副業に従事する機会だけではなく，地主以外にも商人などの借入れ先に恵まれていたためでもある。ただし，田植えや収穫における雇用慣行の決

定にあたっては，地主の介入のほかにも水利条件，地域における労働力の過不足などの複合的要因が重要であり，労働諸慣行において人口稠密的農村と周辺フロンティアを明確に二分することはできなかった。

ところが，1930年代までにフィリピン全体の土地生産性が停滞すると，土地に対する人口増加を基本的要因として，とくに人口稠密的農村では過剰労働力が排出され，農業労働者が滞留する傾向を持った。その背景には，1920年代以降になると，人口稠密的農村の過剰人口の受け入れ先であった周辺フロンティアで未墾地が消滅したことがある。こうして米作農業における雇用労働は，遠隔地の季節的労働力や近隣の刈分け小作農世帯への依存から，雇用農業労働を専業とする成人男性への依存にシフトしていくのである。農業労働者層は，収穫期を中心とした既存の雇用慣行(刈分け小作農世帯による相互雇用)を受け皿にして，村落社会に吸収されていった。この雇用慣行は，地主にその費用を一部負担させつつ，階層間を超えて富を村内で再分配する共同性を有するものとして，新たな社会的意義を持つようになった。

こうした過剰労働力は，1920年代以降になると，農業労働者層を形成するのみでなく，マニラへの労働力移動の大きな流れを形成することにもなった。加えて，マニラ地域経済圏において周辺フロンティアを構成したヌエバエシハ州も，過剰労働力を顕在化させることになった。農業以外に在来産業の堆積がみられなかったため，1930年代後半から第二次世界大戦を経た1960年までの時期には，ヌエバエシハ州は，移民の受け入れ地域からフィリピンでも有数のマニラへの移民送り出し地域へと転換することになったのである[68]。

1) ここで言う刈分け小作農とは，小作料の支払いにおいて，地主と収穫物を一定の割合で分け合う農民を指す。これまで刈分け小作制については，開発経済学の分野で，主に経済取引の観点から多くの言及がなされてきた(原洋之介『開発経済論』岩波書店，1996年)。実証研究を主要な課題とする本章においては，社会的位相の相違する地域の比較を視野に入れることで，刈分け小作経営の内容を，地域形成と結びつく歴史的要因として追究している。
2) 滝川勉『東南アジア農業問題論』勁草書房，1994年，281〜304頁。

3) レイナルド・C・イレート著(清水展・永野善子監修)『キリスト受難詩と革命』法政大学出版局, 2005年, 264～276頁。

4) 第二次世界大戦後のフィリピン米作農業における地主制の「地域的パターン」の考察として, 次の研究がある。梅原弘光『フィリピンの農村──その構造と変動』古今書院, 1992年, 120～136頁。また米作地域となる中部ルソン平野における, 地主的土地所有の2類型として, 菊池眞夫「フィリピンの一米作農村における農地保有制度の変化──農地改革・緑の革命・農地市場」『アジア経済』第40巻第4号(1999年9月), 23～49頁。

5) 同調査の結論として提示された部分では, 副業の広範な存在や高い人口密度から小作経営が小規模となっていること, 公有地が十分ではないため, 規模拡大は困難であり, 自作農化への展望も開けていないことなどが示されている。Evett D. Hester, Pablo Mabbun, et al., "Some Economic and Social Aspects of Philippine Rice Tenancies," *The Philippine Agriculturist*, Vol. 12 (1924), pp. 267-444.

また同調査を利用する理由のひとつとして, センサス統計からは農業経営規模の動向を把握することが難しいということがある。アメリカ期のセンサスには, 1903年, 18年, 39年の3つの時点で実施されたものが存在する。しかし前二者のセンサスでは, 農業経営と土地所有の概念が混同されたため, farmの項目には, 農家経営地と地主所有地が混在している。よって1939年センサスを除き, 農家経営規模の把握を行なうことは難しくなっている。同様の史料批判として, 永野善子『フィリピン経済史研究──糖業資本と地主制』勁草書房, 1986年, 169～174頁; Norman G. Owen, "Philippine Economic Development and American Policy: A Reappraisal," Norman G. Owen, ed., *Compadre Colonialism: Studies on the Philippines under American Rule* (Ann Arbor: University of Michigan, Center for South and Southeast Asian Studies, 1971), pp. 116-118.

6) Agustín de la Cavada y Méndez de Vigo, *Historia Geográfica Geológica y Estadística de Filipinas*, 2 tomos (Manila: Imprenta de Ramírez y Giraudier, 1876), 1 tomo, pp. 138-139; Rosario Mendoza Cortes, *Pangasinan, 1901-1986: A Political, Socioeconomic and Cultural History* (Quezon City: New Day Publishers, 1990), p. 58, p. 92.

7) 郷土史料文書は, 第二次世界大戦後の公立学校局が, フィリピン各町の歴史をまとめたものである。

8) Cavada, *Historia Geográfica*, 1 tomo, p. 69; Hagonoy, Historical Data Papers.

9) Cavada, *Historia Geográfica*, 1 tomo, p. 236; Philippines, Bureau of Education, "Province of Laguna, Local Geographical and Historical Notes," n.d., Entry 5 150: 56/35/7, The United States, The National Archives, Record Group 350, Records of the Bureau of Insular Affairs (以下, USNA, RG 350と記す)。

10) Cavada, *Historia Geográfica*, 1 tomo, p. 179; Dennis Morrow Roth, *The Friar Estates of the Philippines* (Albuquerque: University of New Mexico Press, 1977);

Lewis E. Gleeck, Jr., *Laguna in American Times: Coconuts and Revolucionarios* (Manila: Historical Conservation Society, 1981), pp. 35-37; United States, Bureau of Insular Affairs, *Fifth Annual Report of the Philippine Commission, 1904* (Washington: Govt. Printing Office, 1905), part 1, p. 812; Santa Rosa, Information Furnished by Captain E. F. Willcox, 6th U.S. Cavalry, Sept. 10, 1902, Entry 5 150: 56/12/6, USNA, RG 350.

11) Cavada, *Historia Geográfica*, 1 tomo, p. 172; United States, Bureau of Insular Affairs, *Fifth Annual Report of the Philippine Commission, 1904*, part 1, pp. 795-797; Soledad Borromeo-Buehler, "The Inquilinos of Cavite: A Social Class in Nineteenth-Century Philippines," *Journal of Southeast Asian Studies*, Vol. 16, No. 1 (Mar. 1985), pp. 69-98; Naic, Historical Data Papers; Naic, Information Furnished by Major W. H. Beck, 6th U.S. Cavalry, Oct. 15, 1902, Entry 5 150: 56/10/7, USNA, RG 350.

12) United States, Bureau of Insular Affairs, *What Has Been Done in the Philippines: A Record of Practical Accomplishments under Civil Government* (Washington: Govt. Printing Office, 1904), p. 13.

13) 各町の併合と分離の具体的な過程は，以下のとおり。

カラシャオ町は，法律第931号(1903年10月8日可決)と法律第1556号(1906年10月31日可決)により，サンタバルバラ(Santa Barbara)町とそれぞれ合併・分離していた。Act No. 931, Entry 5 150: 56/10/3, USNA, RG 350; Act No. 1556, Entry 5 150: 56/10/3, USNA, RG 350. ナイック町は，法律第947号(1903年10月15日可決)と行政令第90号(1915年11月15日公布)により，テルナテ(Ternate)町とそれぞれ合併・分離していた。Act No. 947, Entry 5 150: 56/10/7, USNA, RG 350; Executive Order No. 90, Entry 5 150: 56/33/7, USNA, RG 350. バイ町は，法律第939号(1903年10月12日可決)と行政令第50号(1909年6月21日公布)により，ロスバニョス(Los Baños)町とそれぞれ合併・分離していた。Act No. 939, Entry 5 150: 56/12/6, USNA, RG 350; Executive Order No. 50, Entry 5 150: 56/12/6, USNA, RG 350. サンミゲル町は，法律第932号(1903年10月可決)と行政令第116号(1908年12月17日公布)により，サンイルデフォンソ(San Ildefonso)町とそれぞれ合併・分離していた。Executive Order No. 116, Entry 5 150: 56/10/3, USNA, RG 350.

14) United States, Bureau of the Census, *Census of the Philippine Islands: Taken under the Direction of the Philippine Commission in the Year 1903*, 4 vols. (Washington: Govt. Printing Office, 1905), Vol. 2, pp. 123-209 (以下，*Census of 1903* と記す); Philippines (Commonwealth), Commission of the Census, *Census of the Philippines, 1939*, 5 vols. (Manila: Bureau of Printing, 1940-43), Vol. 1, Pts. 1-4 (以下，*Census of 1939* と記す).

15) Brian Fegan, "Folk-Capitalism: Economic Strategies of Peasants in a Philippines Wet-Rice Village," Ph.D. Dissertation, Yale University, 1979, pp. 1-46.

16) Hester, "Some Economic and Social Aspects," p. 386.
17) 土地所有権確定事業と修道会領地の払下げに関する政策概要について，梅原『フィリピンの農村』，96〜112頁；永野『フィリピン経済史研究』，43〜59頁，179〜183頁．
18) United States, House of Representatives, 61st Congress, 3rd Session, *Administration of Philippine Lands* (Washington: Govt. Printing Office, 1911), p. 4.
19) Jose N. Endriga, "Friar Land Settlement: Promise and Performance," *Philippine Journal of Public Administration*, Vol. 14, No. 4 (Oct. 1970), pp. 410-412.
20) 永野『フィリピン経済史研究』，52〜60頁；United States, Bureau of Insular Affairs, *Eighth Annual Report of the Philippine Commission, 1907* (Washington: Govt. Printing Office, 1908), appendix, pp. 485-490.
21) Roth, *The Friar Estates of the Philippines*, pp. 117-131.
22) Endriga, "Friar Land Settlement," pp. 410-412; Soledad Magsangkay Borromeo, "El Cadiz Filipino: Colonial Cavite, 1571-1896," Ph.D. Dissertation, University of California, 1973, pp. 139-140.
23) とくにナイック町では，「政治的主張を持った集団」と政府側とのあいだで，土地の管理をめぐって緊張関係が引き起こされていた．Hester, "Some Economic and Social Aspects," p. 383; W. Cameron Forbes, *The Philippine Islands* (Boston and New York: Houghton Mifflin, 1928), p. 58; United States, Bureau of Insular Affairs, *Report of the Philippine Commission, 1908* (Washington: Govt. Printing Office, 1909), part 2, pp. 242-245.
24) スペイン統治下の国王領は，森林など，慣習的権利としての村落共有地を含んでいたため，その全体的実態を再吟味する必要がある．Greg Bankoff, "'The Tree as the Enemy of Man': Changing Attitudes to the Forests of the Philippines, 1565-1898," *Philippine Studies*, Vol. 52, No. 3 (June 2004), pp. 320-344.
25) このような土地権利証書の分析と性格づけについて，次の文献を参照．滝川『東南アジア農業問題論』，49〜50頁；永野『フィリピン経済史研究』，181〜182頁．
26) 1902年に制定された組織法が，その法的根拠となる．この公有地と私有地を如何に区分するかが，土地所有権確定事業の成否の前提となっていた．
27) 例えば，滝川『東南アジア農業問題論』，49〜50頁．
28) パンパンガ州における事例として，John A. Larkin, *The Pampangans: Colonial Society in a Philippine Province* (Berkeley: University of California Press, 1972), pp. 290-294.
29) Hester, "Some Economic and Social Aspects," p. 375, pp. 411-412.
30) Hester, "Some Economic and Social Aspects," p. 413.
31) Hester, "Some Economic and Social Aspects," p. 377, pp. 411-412.
32) Hester, "Some Economic and Social Aspects," p. 436.
33) 世帯当り役畜所有数も，経営規模の大きさを反映していた．データが得られるハゴ

ノイ，カラシャオ，ナイック，サンタロサの4地域では，それぞれ1世帯当りにおいて 1.88 頭，1.11 頭，2.59 頭，3.52 頭であった。Hester, "Some Economic and Social Aspects," pp. 424-428.
34) 当時の農業技術を手短に把握できるものとして，次のものが有効である。Hugo H. Miller, *Principles of Economics Applied to the Philippines* (Boston: Ginn and Company, 1932), p. 171.
35) Jose S. Camus, "Rice in the Philippines," *The Philippine Agricultural Review*, Vol. 14, No. 1 (1921), pp. 32-33, pp. 38-39.
36) Camus, "Rice in the Philippines," pp. 16-33.
37) Francisco M. Sacay, "The Cost of Producing Rice, 1926-27," *The Philippine Agriculturist*, Vol. 16 (1927-28), pp. 238-239.
38) Julian C. Balmaceda, "'Turnuhan' as Practiced in Various Provinces," *The Philippine Agricultural Review*, Vol. 20, No. 4 (Fourth Quarter 1927), pp. 381-421.
　またフィリピン農業経済学者高橋彰は，1960 年代のブラカン州カトリナン（Katulinan）村のフィールドワークに基づく研究において，零細刈分け小作農家の基本的労働過程は雇用労働に依存し，その担い手は農業労働者世帯や小作農家世帯から排出されるとしている。田植えや刈取りの費用は，地主と刈分け小作農のあいだで折半されたから，単純な労働交換と比較して，地主の支出する部分が余分に村落内部に分配されることになる。こうした慣行は，村落社会の共同体的性格として指摘されている。高橋彰『中部ルソンの米作農村——カトリナン村の社会経済構造』アジア経済研究所，1965 年。
　本書の分析においても，収穫での刈分け小作農間の雇用労働において，同様の公共的性格を指摘している。
39) Hester, "Some Economic and Social Aspects," pp. 415-420.
　なお 1915 年における労働局の年次報告は，ハゴノイ町の地主・小作農間の分配率について次のようにしている。「一部の小作農は，役畜と農具を所有し，かつ農業費用を自己負担して，米ととうもろこしの収穫物の2分の1を受け取っている。その他の小作農は，地主が役畜を所有するとともに農業費用を負担する状況で，収穫物の 55% を得ている。ただし農具は，小作農が所有している」。Philippines, Bureau of Labor, *Annual Report of the Bureau of Labor, 1915* (Manila: Bureau of Printing, 1916), p. 105.
40) Camus, "Rice in the Philippines," p. 21.
41) Hester, "Some Economic and Social Aspects," p. 386.
42) Hester, "Some Economic and Social Aspects," pp. 415-420.
43) Hester, "Some Economic and Social Aspects," pp. 415-420.
44) Camus, "Rice in the Philippines," pp. 28-32.
45) Miller, *Principles of Economics*, p. 171.
46) 梅原弘光「フィリピンの農村社会変容——中部ルソン米作農村における不耕作農

民・契約労働者関係成立の事例」梅原弘光編『グローバリゼイション下の東南アジアの社会変容と地域変化』立教大学文学部地理学教室, 2003 年, 315〜318 頁.

47) Miller, *Principles of Economics*, pp. 468-472.

48) Philippines, Bureau of Labor, *Annual Report of the Bureau of Labor, 1911* (Manila: Bureau of Printing, 1912), pp. 7-31.

49) Islas Pilipinas, Departamento de Comercio y Comunicaciones, Oficina del Trabajo, *Octava Memoria Annual de la Oficina del Trabajo, 1916* (Manila: Bureau of Printing, 1916), pp. 117-120; Philippines, Bureau of Labor, *Annual Report of the Bureau of Labor, 1915*, pp. 82-84.

50) 1930 年代当時の刈分け小作農にとって, 土地生産性を向上させるような十分な政策的インセンティブがなく, また土地改良投資が小作農の利益増大に結びつくような, 小作権の確立もなかった. 地主による小作地の取り上げの事例および農民運動によるその政治問題化については, Benedict J. Kerkvliet, "Peasant Society and Unrest prior to the Huk Revolution in the Philippines," *Asian Studies*, Vol. 9, No. 2 (Aug. 1971), pp. 179-180.

　他方地主は, 小作農との人的関係に関わるものは除き, 土地生産性を向上させるような投資にはきわめて消極的であった. 1930 年代後半に, 当時のフィリピンコモンウェルス政府大統領であったケソンは, 国会議員ブエンカミノに宛てた手紙のなかで, 灌漑設備工事における受益者負担原則の適用をめぐり, 米作地主はその投資に消極的であったと論じている. Manuel Quezon to Felipe Buencamino, Nov. 18, 1937, Series 7: Subject File, Box 506, Manuel Quezon Papers, Philippine National Library, Filipiniana Division.

51) ハゴノイ町は, 沿岸部の湿地地帯に位置しているため, 米作を行なうには灌漑水の塩分化を避ける必要があった. 同町における農業作付け面積の減少には, 灌漑水における塩分濃度の上昇が影響していた可能性がある. またカラシャオ町の場合, パンガシナン州において流通の結節点となっていたダグパン町に隣接して, 鉄道沿線にも位置していたことから, 農業以外の目的への農地転用が進んでいたことが農業作付け面積減少の理由として考えられる.

52) Daniel F. Doeppers, "Migration to Manila: Changing Gender Representation, Migration Field, and Urban Structure," D. F. Doeppers and P. Xenos, eds., *Population and History: The Demographic Origins of the Modern Philippines* (Madison: University of Wisconsin-Madison, Center for Southeast Asian Studies, 1998), pp. 139-179.

53) 出生率に関するデータは, 1903, 18 年両センサスともに州別にしか与えられておらず, とくに後者の場合は, データの欠如する州が存在したのみでなく, 州ごとの数値の格差が大きく, 信用性に乏しいものとなっている. *Census of 1903*, Vol. 3, p. 19.

54) Norman G. Owen, "Toward a History of Health in Southeast Asia," Norman G.

Owen, ed., *Death and Disease in Southeast Asia: Explanations in Social, Medical and Demographic History* (Singapore: Oxford University Press, 1987), pp. 3-30; Glenn A. May, "150,000 Missing Filipinos: A Demographic Crisis in Batangas, 1887-1903," *Annales de Démographie de Historique* (1985), p. 220.

55) *Census of 1903*, Vol. 3, pp. 79-155; Philippines, Census Office, *Census of the Philippine Islands: Taken under the Direction of the Philippine Legislature in the Year 1918*, 4 vols. (Manila: Bureau of Printing, 1920-21), Vol. 2, Pt. 1, p. 903 (以下，*Census of 1918* と記す).

56) *Census of 1918*, Vol. 2, Pt. 2, pp. 1020-1139.

57) 大木昌「病と癒しの歴史――もうひとつのインドネシア史研究を目指して」『東南アジア研究』第34巻第2号(1996年9月)，347頁。

58) *Census of 1939*, Vol. 3.

59) パイ町でも，1920年代初めに二期作が行なわれていた。Camus, "Rice in the Philippines," pp. 30-31.

60) *Census of 1939*, Vol. 2, p. 896.

61) 1939年センサスにおける耕作規模には，森林，農業施設敷設地，遊休地などを含んでおらず，実際に作付けされた土地のみを対象にしている。経営規模(size of farm)は耕作地と遊休地から構成されている。なお遊休地とは耕作可能な土地であるが，降雨量の不足などのために作付けが行なわれなかった土地を指している。*Census of 1939*, Vol. 2, p. 897.

62) 農業経済学者ダリサイ(Amando M. Dalisay)も，ヌエバエシハ州における階層構成の標準化傾向を指摘している。調査対象となった小作農の数は3297で，その平均規模は3.67 ha であった。Amando M. Dalisay, "Types of Tenancy Contracts on Rice Farms of Nueva Ecija," *The Philippine Agriculturist*, Vol. 26, No. 2 (1937), pp. 176-177, p. 195.

63) ヌエバエシハ州の事例では，1939年4月まで約4000人の小作農が追放され，その後も数千人規模での立退きが起きていたという。Kerkvliet, "Peasant Society and Unrest," pp. 179-180.

64) *Census of 1939*, Vol. 1, Pts. 1-4.

65) *Census of 1939*, Vol. 1, Pts. 1-4.

66) Peter C. Smith, "Changing Patterns of Nuptiality," Wilhelm Flieger and Peter C. Smith, eds., *A Demographic Path to Modernity: Patterns of Early-Transition in the Philippines* (Quezon City: University of the Philippines Press, 1975), pp. 57-61.

67) 1939年のブラカン州とヌエバエシハ州の男性25～34歳層における，既婚者に対する独身者の割合は，それぞれ25%，14%となっていた。*Census of 1939*, Vol. 1, Pt. 1, Pt. 3.

68) Frederich L. Wernstedt and Joseph E. Spencer, *The Philippine Island World: A Physical, Cultural, and Regional Geography* (Berkeley and Los Angeles: University

of California Press, 1967), pp. 637-638.

第3部 商品流通

第5章　マニラ地域経済圏における商品流通の展開
――19世紀初頭から20世紀前半における米穀取引を中心に――

　この章では，米穀を中心とする商品流通取引の側面から，マニラ地域経済圏を分析する。マニラ地域経済圏のなかでもヌエバエシハ州は，アメリカ統治下のフィリピンにおいて傑出した米作地帯の地位を保持した地域である。このヌエバエシハ州での米の流通取引が，どのように形成されてきたのかが主要課題となる。したがって本章では，米の大規模な流通取引が始まる19世紀の中部ルソン平野において，生産物商品の流通がどのような状況にあったのかという問題から論じていく。すなわち，ヌエバエシハ州における米の流通の前史として，19世紀初頭のブラカン州における商品流通から考察を開始する。ブラカン州は，比較史的に特徴的な商品流通を展開したのみでなく，ヌエバエシハ州と米穀流通上の取引関係を有していたためである。その分析を通じて，前近代から近代にかけてのマニラ地域経済圏における商品流通の変化を考察することも可能となる。

　なお本書で使用する市場概念は，さまざまな社会経済的行為が集約される場として把握されている。とくに米穀市場は，民衆の日常生活に直接関係するだけに，そうした観点からの把握の必要性はよりいっそう強いと考えている。

　また本章では，土地所有を含む地域の生産構造と併せて商品流通を分析していることをひとつの特徴とするものである。そのことによって，農業を軸とした各地域の生産構造の違いが商品流通の在り方とどのような関連を持っているのかを明らかにしていきたい。以下，本章では，第一節で，19世紀

のブラカン州における重層的な市場圏を，第二節で，ヌエバエシハ州の農業開発を，そして第三節で20世紀前半の全国市場の展開を踏まえた，ヌエバエシハ州の米穀取引を考察することにしたい。

一　19世紀の中部ルソンにおける市場圏

　本節では，「地方市場圏」と「首都市場圏」に分けて，19世紀の中部ルソンにおける2つの市場圏の特徴と変化に接近する。マニラ地域経済圏内部のブラカン州には，近代以前から，生産から消費までの完結した取引を行なう「地方市場圏」と消費地マニラと商品取引を行なう「首都市場圏」が形成されていた。この「首都市場圏」とは，マニラと商品取引のあった地域全体を指すというよりも，ブラカン州とマニラの商品流通上の結びつきをみるために戦略的に設定された地域概念となる。

　こうした重層的な市場圏が，近代以降のブラカン州における在来的商品流通に特徴的様相を刻印することになる。はじめに「地方市場圏」から検討したい。

1. 地方市場圏

　1834年のマニラ開港を画期として，フィリピン各地では甘蔗やマニラ麻など輸出向け農産物生産が活況を呈するようになり，地方の商品農産物の集積地は，マニラあるいはセブやイロイロなどの地方港市と沿岸交易によって結ばれていた。この沿岸交易の拠点たる地方の港市やマニラへ向けて，内陸部から商品を運搬する主な経路となったのが河川であった。河川交易は，それまでと同様に，都市やその他商品集積地を結節点とする地域経済の統合的機能を担った。このような国内商業の主要な担い手は，中国人メスティーソを含む現地住民であった。ところが1839年以降，非キリスト教徒の中国人の移動・地方居住および職業選択に関する制約が大幅に緩和されたため[1]，19世紀後半になると中国人が沿岸交易に従事するようになった[2]。また国内商業が興隆した条件のひとつには，1844年に，州長官(Provincial Governor)による各地方の主要産品を扱った交易参加が禁止されたことがある。それまでは州長官が交易取引に直接参加することもあれば，認可料を徴収して中国人や中国人メスティーソの民間商人に取引認可を与えることもあった[3]。ただしブラカン州の州長官は，1844年以降においても交易規制以外に山間部の森林や沿岸部のマングローブ・椰子の伐採認可権を保持していた[4]。

　こうしたなか，19世紀の中部ルソン平野には，マニラと結びつく商品流通から自律的な幾つかの地方取引が存在した。そのひとつの事例は，パンガシナン州における地方取引である(図序-2参照)。19世紀にパンガシナン州の米生産は伸長し，とりわけアグノ川沿いの集荷拠点を経由した米は，1850年代以降数十年間にわたってスアル港から中国へ輸出されるようになった[5]。パンガシナン州では，マニラを経由せずに海外に米が輸出されただけではなかった。19世紀半ばまでにパンガシナン州の住民は，北部ルソンのイロコス地方に加えて，同じ中部ルソン平野のヌエバエシハ州やパンパンガ州北部の現地住民と交易して，塩，砂糖，オイル，魚の干物などを買い付けていた。パンガシナン州の商人は，こうして仕入れた商品を，行商の形で州内の家々を訪問して売りさばいていた[6]。

　第二の事例は，19世紀のブラカン州における地方市場圏である。この市場圏の特徴は，州内の各地で週市が実施されていたことにある。すでに18世紀から19世紀への世紀転換期において，月曜にブラカン町，火曜にカルンピット(Calumpit)町，水曜にポロ町，木曜にマロロス町，金曜にボカウエ町，土曜にバリワグ(Baliuag)町というように，1週間の特定の曜日に決まった場所で市が開催された(図1-1参照)。しかも市が開催されていた町は，州内の交通の要所に位置し，流通の結節点となっていた。スペイン人神父のスニガは，1800年時点におけるマロロス町の市について次のような記述を残している。

　　マロロス町は州最大の町であると同時に州中央に位置していたため，その市はバリワグ町よりも大きいだろうと考えていたが，実際のところそれほど相違はなかった。顧客と売り手の数はより多かったが，バリワグ町の

ように，それぞれの売り手が提供する商品の量は限られたものにすぎなかった。売り手たちは自分の商品が売れると，その販売代金を家庭用品の購入に充てた。これらの市では，ほとんど誰もが売り手であると同時に買い手でもあった。〔中略〕そうした交易活動は，手から手へと渡される小額の貨幣によって実現される，物々交換に近いものであった[7]。

　以上のことから，曜日ごとに開催されるブラカン州の市は，自給自足的な世帯消費を補完する役割を持っていたことがわかる。ただし市が毎週水曜日に開催されたポロ町の事例では，近隣諸町はもとより，マニラからも多くの人が参加していた事実を確認できる。とくに中国人メスティーソ女性は，輸入品の衣服などを市に持ち込んでいたという[8]。さらに19世紀初めまでには，ブラカン州の経済は必ずしも各家庭の消費を満たす程度の生産水準にとどまっていたわけではなく，農作物や建築資材などさまざまな商品をマニラへ供給していた（詳しくは後述）。このように19世紀初めまでのブラカン州の週市では，生産者＝消費者が商人を介さずに直接取引すると同時に，商人がブラカン州内外から商品を持ち込み売りさばいていたのである。

　また，19世紀全体を通じて，州内の生活用品やサービスの取引には規制価格が設定されていたことが確認できる。例えば，19世紀初めまでに，椰子酒の生産者は，政府専売制度のもとで特定取引所に販売することが定められ，価格規制も受けていた[9]。同世紀後半に至っても，米や肉などの食料品のほか，運賃などについても州内の裁判所が公定価格を設定していた。しかしほとんどの商品・サービスについてそれらの公定価格が遵守されることはなく，実際の取引は公定価格を下回る水準で行なわれることが多かった。例えば，公定価格が籾（12〜3月期，1カバン〔cavan〕＝44 kg）1.25ペソ，豚肉（約500 g）0.13ペソ，雌鳥（1羽）0.50ペソ，交通用の馬の賃貸料（乾季，約5.5 km）0.25ペソであったのに対して，実際の取引価格はそれぞれ籾0.75ペソ，豚肉0.60ペソ，雌鳥0.25ペソ，馬の賃貸料0.12ペソの水準であった[10]。

　こうしたブラカン州の地方市場圏における流通取引は，19世紀を通して大きく変容していった。とくに，すでにみたブラカン州における週市は20

世紀に入るまでには消滅した。これは，多くの人々が以前よりも商品経済に巻き込まれるようになって，週市ではなく，常設店を通じて生活必需品を購入するようになったことを意味するものである。例えば，19世紀末の観察では，ブラカン州で常設店舗となる商店の数は，精肉店が68，金物店72，衣料品店152，食料品店131であった[11]。こうした数字は，地主をはじめとして，生活必需品をより恒常的に購入する人々が増えてきたことの証左であろう。とくにマロロス町は，19世紀を通じてブラカン州の経済センターとして成長し，中国人メスティーソ住民は，19世紀半ばまでにカルンピット，パオンボン，ハゴノイ各町の肥沃な米作地にも土地所有を拡大するようになっていた[12]。

このように19世紀初めまでのブラカン州の週市では，自給自足的な住民生活を反映して，現地住民それぞれの販売・購入が大規模に展開するものではなかった。しかしながら20世紀に入るまでに，同州の地方市場圏を特徴づける週市は消滅した。販売形態が週市から商店へ変容したのは，19世紀末までにマニラ―ダグパン間の鉄道が開通して同州が首都市場圏にさらに巻き込まれるなかで生じたものである。また商品の購買において，地主をはじめとする富裕層が増加していたと同時に，一般大衆もまた，マニラなどへの生産物商品の販売機会を通じて，より商品経済に巻き込まれていったとみることができよう。

2. 首都市場圏

次に「首都市場圏」を検討するにあたって，まず19世紀の中部ルソン平野とマニラを結ぶ流通に関連して，ダッパースの興味深い論文を取り上げたい[13]。この論文は，現代におけるフィリピン諸都市の位階性の歴史的背景を探るという問題関心から，19世紀末に至るまでの都市の社会的・空間的編成を考察したものである。それによると，19世紀後半には，第2ランクの人口センターであったセブやイロイロに次いで，第3ランクの人口センターは中部ルソン平野に多く存在していたという。とくにマラボン町は，中部ルソン平野からマニラへ流れる商品の集積地点および経由地点となっていた。

このような指摘は，19世紀後半までの中部ルソン平野はマニラとの経済的結びつきが強かったということのみならず，その結果として，中部ルソン平野で多くの交易町が発展してきたことを示唆している。以下では，ダッパースの研究を念頭に置きながら，首都市場圏における流通ネットワークの空間的編成が19世紀を通じてどのように変化していったのかについて，その具体的分析を行なうことにする。

19世紀初めまでに，中部ルソン平野のなかでもマニラ湾沿岸地域は，同平野を構成する主要水系であるパンパンガ川水系などを通じて，マニラとの流通上の地域的まとまりとなる首都市場圏を形成していた。とくに18世紀末までにマニラへの食糧供給基地となったのは，マニラの北方に位置するブラカン州とパンパンガ州であった。両州は，米，砂糖，肉牛，タバコなどの農産物のみでなく，さまざまな加工品をマニラに供給していた。中国人の経済活動が大きく制約されていた18世紀半ばから19世紀半ばまでのフィリピン地方交易において，とくに重要な役割を果たしたのは中国人メスティーソ商人であり，ブラカン州ではポロ町やマロロス町が，パンパンガ州ではグアグア(Guagua)町が交易の拠点となった。ウィックバーグによると，19世紀前半のフィリピンにおいて，とくに中国人メスティーソ住民が集中していたのはマニラ市近郊のビノンド町のほか，マニラ湾沿岸地域となるブラカン州とパンパンガ州の諸地域であった[14]。こうした地域には，マニラとの流通上の結びつきの強さを反映して，中国人メスティーソ住民が集中していたのである。中国人メスティーソ住民は，19世紀前半までのマニラ周辺地域において，地主や，カトリック修道会のアシエンダの借地人であるインキリーノにもなっていた[15]。

19世紀末までの中部ルソン平野や南部タガログ地方には，カトリック修道会が所有する広大なアシエンダが存在した。修道会は，ブラカン州にも広大な農地を所有していた。スペイン統治下のカトリック修道会の大土地所有について研究したロス(Dennis Morrow Roth)によると，18世紀半ばまでのカトリック修道会傘下の各組織は，独立財政のもとに運営されており，農地所有に基づく収入はそのための財源に充てられていた。例えば，ドミニカ修

道会系のサントトマス大学（University of Santo Tomás）は，ラグナ州やトンド州に3つのアシエンダを抱えるようになっていた。こうした修道会農園では，主に米や甘蔗などが栽培・加工されて，マニラを中心に販売されていた[16]。18世紀後半までの修道会農園では，籾の場合，次の2つの方法によって販売されたという。1つは，アシエンダのインキリーノで同時に商人でもあった中国人や中国人メスティーソが運搬を請け負って，マニラの修道会本部やその系列組織に搬送するというものであった。同商人が報酬を受け取ったあとに，籾は修道会によって消費されるか売却され，その利益は修道会の活動資金に充てられた。2つ目は，修道会農園の民間人管理人によって，地方で売却されるというものであった。売上金は，同農園の運営費用に充てられたほか，余剰分はマニラに送金されたという[17]。このように18世紀後半のマニラ近郊地域では，カトリック修道会もまたマニラへの食糧供給の重要な一翼を担っていた。ただしこのケースにおいても，実際の取引・運搬では中国人や中国人メスティーソがその役割を負っていた。19世紀を通じて，中国人や中国人メスティーソが修道会農園の関与する食糧流通により介入していった事態は十分に考えうることであろう。

　他方，マニラ社会の側から19世紀初めの首都市場圏をみると，それまでに多くの中国人を集めていたビノンド町がマニラの流通センターだった。米をはじめとしてマニラの住民生活にとって必要な商品は，水路によってブラカン州とパンパンガ州からもたらされた。トンド町とも連結する河川は満潮時になると通行の便が良くなり，ビノンド町は上述2州と交通することが可能になった。またビノンド町には，ラグナ州からもパシグ川を通じて商品物産が流入していた。こうした地方交易や大規模な小売では，中国人に加えて，やはり中国人メスティーソ商人が担い手となっていた。さらにビノンド町の市街地には，衣類や外国商品を扱った800もの店舗が存在したほか，スペイン人をはじめヨーロッパ人商人の石造りの大きな住居も存在した。商業に従事する女性は男性よりも少なかったが，女性はほとんどの為替業務に関与するという特徴を有していた[18]。19世紀を通じて，その後もビノンド町がマニラの流通の中心となっていたことに変わりはなかった。

図 5-1　1850 年頃のマニラ中心部における市の様子
出所）Carlos Quirino, *The Spanish Heritage of the Philippines* (Barcelona: Compañía General de Tabacos de Filipinas, 1981), p. 15.

　次に，ブラカン州とマニラ間の流通経路上に位置する各町に着目し，首都市場圏におけるその地域的階層性をみることにしよう。19世紀全体で，パンパンガ州，ブラカン州方面からマニラへと至る流通経路で第一の商品集積拠点となったのは，ブラカン州に隣接したマラボン町(19世紀前半にはトンド州，19世紀後半にはマニラ州に属した)であった。同町は，当時，タガログ語で「倉庫」を意味するタンボボン(Tambobong)とも呼ばれていた。まず18世紀から19世紀への世紀転換期における状況を，確認しておこう。マラボン町には，パンパンガ州，ブラカン州方面から運ばれた商品が流れ込むと同時に，マニラ方面のトンド町やビノンド町とも河川で連結していた。すでに多くの中国人メスティーソ住民が存在して，商品取引に従事していた。また織物業やタバコ加工業が発展し，そうした工業製品もマニラへと供給されていた。さらにマラボン町住民は，マニラへ向けて商品を供給しただけではなく，米，砂糖，衣類などを携えて，多くの州で行商も行なっていた[19)]。
　マラボン町は，19世紀後半まで，ブラカン州などから流れる商品の集散

地としての性格を保持していた。フィリピン独立教会の設立に関わることになるデ・ロス・レイエス(Isabelo de los Reyes)は，19世紀後半のマラボン町の民俗学的観察も残している。それによると，マラボン町内で商品流通の核心となる地域は，2つの河口によって囲まれた中洲から成っていた。この市街地の教会隣で最大規模の市が毎日開催され，この市には40ものニッパハウスづくりの店舗が存在していた。さらにこれ以外にも，同町の複数の村落で市が開催されていたという。マラボン町の倉庫には，パンパンガ，ブラカン両州以外にも，バタアン，ヌエバエシハ各州から持ち込まれた砂糖や米が貯蔵され，そうした商品は一定期間の貯蔵ののちにマニラへ運ばれていた。1880年代までに65～70ほど存在した精米所では，とくにブラカン，ヌエバエシハ両州から持ち込まれた籾を加工していたという。また，1872年時点のマラボン町には，マニラ湾に停泊する船舶と陸地間の輸送に使われるはしけが145艘，商業用のバンカと呼ばれた小型船が250艘も存在していた。19世紀後半までのマラボン町には中国人住民の数も増加してくるが，中国人商人と中国人メスティーソ商人のあいだにはビジネス上の協力関係も存在していたという[20]。

19世紀初めまでにマラボン町に次ぐ交易のセンターとなったのは，ブラカン州の南側すなわちマニラ湾沿岸に近い，ポロ，ブラカン，マロロスなどの各町であった(図1-1参照)。とくにマラボン町に隣接したポロ町は，マラボン町に次ぐマニラとの交易の結節点であった[21]。ブラカン州南側のそれぞれの町からは，米，果物，野菜のような商品がマニラに運ばれ，多くの現地住民女性がそうした商品の売買に従事していた[22]。こうしてマニラへの米供給がより活発となる19世紀末には，ブラカン州内に27もの精米所(中国人経営のものを含む)が存在していた[23]。ブラカン州のマニラ湾沿岸地域からマニラへ供給された商品は，米や野菜などの食糧のみでない。19世紀初頭までに，ハゴノイ町などからは，燃料用のマングローブ材，屋根を葺くための椰子の葉などがマニラへ運搬されていた[24]。

19世紀初めにおいて，より人口の希薄だったブラカン州北部のサンミゲル町やアンガット(Angat)町からは，石や木材などの建築用資材や多様な種

類の織物がマニラへ運ばれた[25]。同じくブラカン州北部のバリワグ町では，400人以上の現地住民が帽子の織物業に家内制手工業として従事した。この帽子は現地住民によって好まれたほか，一部はアメリカやヨーロッパに向けて輸出されていたという。同時期のブラカン州全体の織物業についてみると，約2000人もの女性がさまざまな種類の織物製造に従事し，そのための作業場は約500を数えていた。また1500人以上の現地住民が，紡績業に従事していた[26]。19世紀末のブラカン州北部においても，プリラン(Pulilan)，バリワグ，キンガ(Quingua)，ギギント(Guiguinto)の諸町で，多様な種類の織物製品がつくられていた。とくに前三者の町ではタバコ入れの織物工芸品の製造が盛んで，マドリードの万国博覧会にも出展するほどの品質を誇っていたという[27]。

　19世紀末までのマニラとの交易において，ブラカン州は食糧供給をより活発化した。同州は，このほかにも工業製品や鉱物資源の供給基地としての性格を保持していた。マニラとブラカン州を包摂する首都市場圏において，19世紀全体を通じた特徴として，マニラから農村地域へ輸入品や工業製品が流れるというよりも，農産物や加工品・原料など農工業全般にわたる需要を通じて，マニラが周辺地域を引きつける求心性を有していたのである。

　このように19世紀後半までの首都市場圏では，中部ルソンのなかでもとりわけマニラ湾沿岸地域に交易活動が限定されていた。パンパンガ州の交易を考察することはできなかったが，16世紀後半のスペイン統治当初からマニラへの重要な食糧供給基地であったことから，同州もこの首都市場圏に含めることは十分に可能であろう。ブラカン州のマロロス町やブラカン町などとくに沿岸に近い地域からは，マニラへ，米や野菜などの食糧供給が活発化した。またアンガット町やサンミゲル町などの内陸部から，19世紀初めには石や木材などの建築資材，織物製品が搬出され，同世紀後半になっても織物の供給が継続していた。これらの商品は，マニラ市郊外のマラボン町にいったん集積されたあと，水路を通じてマニラへ運ばれるのが一般的であった。首都市場圏におけるブラカン州からマニラへのルートでは，地方市場圏と同様に交易品は現地住民の衣食住に要する物産が目立った。

ところがフィリピン全体で世界市場向けの農産物生産が興隆し，またマニラーダグパン間の鉄道が開通する1890年前後になると，マニラ湾沿岸地域のグアグア町，ブラカン町のほかに，パンガシナン州のスアル町など，地方の水路上に位置した幾つかの小規模な流通センターの衰退が顕著となる[28]。それと同時にブラカン州では，商品の販売形態も週市から商店へとよりいっそう変化し，マニラから商品が流入する機会が増大していたのである。

以下では，地方から流れる特定農産物が増大する状況について，ヌエバエシハ州の米穀取引を事例として検討することにしたい。

二　ヌエバエシハ州の農業開発——19世紀末から1910年代まで

本節では，まず第1項で，20世紀初頭を中心としたヌエバエシハ州の米を中心とした商品流通の特徴について吟味し，次いで第2項で，その商品流通と連関を持つ同州における土地所有の在り方について議論する。

1. 20世紀初頭までの商品流通

ここでは，ヌエバエシハ州中央のカバナトゥアン町に鉄道が敷設される1905年までの，同州の商品流通を確認する。19世紀末のヌエバエシハ州では，マニラと結ぶ商品流通の経由地は，州南部のサンイシドロ(San Isidro)町とガパン(Gapan)町，そして中央部のカバナトゥアン町というようにパンパンガ川沿いに点在していた[29]。当時の州内に居住した商人として重要だったのは，中国人であった。1870年代末まで州内に居住していた中国人のうち，18歳以上は420人を超え，その約半数はサンイシドロ町に集中していた[30]。なかでも州内の中国人商人は，マニラから運んだ綿布などの輸入品の卸売に従事したほか，多くの町で小売店も経営していた。したがって中国人商人には，流通組織上の階層別相違がみられた[31]。米の流通において集荷業務の役割も果たす精米所については，19世紀末のガパン町に中国人経営のものが幾つか存在していた[32]。

また，のちに籾の一大集荷拠点となるカバナトゥアン町での籾取引につい

図 5-2 ヌエバエシハ州（1930 年代）

出所）Philippines (Commonwealth), Commission of the Census, *Census of the Philippines, 1939*, 5 vols. (Manila: Bureau of Printing, 1940-43) (以下，*Census of 1939*), Vol. 1, Pt. 3.

て,「カバナトゥアン郷土史料文書」[33]は次のような事実を指摘している。それによると,スペイン統治も終わりに差しかかった頃,カバナトゥアン町ではタリパパ(Talipapa)[34]と呼ばれる村が交易地として発展していた。この村には12以上の倉庫が存在し,周囲に位置していたアリアガ(Aliaga)町,タラベラ(Talavera)町などに居住する農民たちが,そこへ籾を運んでいた。籾は,商人もしくは米倉の所有者へ売却された。その一方でブラカン,マニラ両州の現地住民商人が,カスコ(casco)と呼ばれたボートを使ってパンパンガ川を遡ってきた。そうした商人たちは,干し魚(tuyo),魚の燻製(tinapa),酢などさまざまな種類の商品を運んで,それらを籾と交換した。こうしたタリパパ村における経済活動は,フィリピン革命およびフィリピン・アメリカ戦争でしばらく中断したあと再開したが,1905年にカバナトゥアンに鉄道が開設すると消滅したという[35]。

このように20世紀初めのヌエバエシハ州中央部には,いまだマニラの商人が精米所を設立しておらず,マラボン町のほかにも,ブラカン州の主だった交易町の商人が籾の買い付けを行なっていたと推測される。20世紀初頭までのマニラ地域経済圏のなかで,のちにみるようなマニラの商人と産地精米業者が直接取引するような形態はみられず,精米業と関連した籾の集荷拠点は,マラボン町のほか中部ルソン平野各地に分散していた。

とはいえ,ヌエバエシハ州における米の生産は,19世紀後半から比較的順調に増大していたようである。当時の史料によると,1870年のヌエバエシハ州における農作物の耕作面積は,米1万8126 ha,次いでとうもろこし870 ha,タバコ754 ha,甘蔗499 haとなっている。米の生産量は,71万3691カバン(籾)であった[36]。1889年になると,米生産量は150万カバン(籾)に達し,こうした史料による統計がほぼ実態を反映していたとすると,1870年から約20年のあいだに2倍以上の生産量を記録するまでになっていた。1889年には,うち半分以上を占めた80万カバン分の籾がマニラをはじめとする州外に移出されていた。ただしヌエバエシハ州北部のウミンガン(Umingan),サンキンティン(San Quintin),バルンガオ(Balungao),ロサレス(Rosales)の4町(アメリカ統治下となる1902年に,ヌエバエシハ州

からパンガシナン州に所属を変えた）は，米やとうもろこしをアグノ川伝いにパンガシナン州へ移出していた[37]。

このようにヌエバエシハ州では，鉄道が開通する以前から河川を通じて米が州外に移出されていた。19世紀のヌエバエシハ州北部の地域は，パンガシナン州の市場圏に取り込まれていたが，州南部では比較的多くの中国人が定住して流通取引の拠点を構築し，輸入品を取り扱ったほか，マニラなどへ米を販売していた。そうした南部の地域は，州中央部と同様に，パンパンガ川を通じて連結した流通網に取り込まれていたと考えることができよう。

しかし州中央部では，米の生産がある程度進展していたにもかかわらず，米の流通取引はいまだ十分に組織されず，州外の現地住民も行商に近い形で買い付けに参加していた。19世紀後半までに，中国人メスティーソをはじめとする現地住民が商業活動を行ないながら土地集積にも従事し，また水平的な商品取引も発展していたブラカン州などと違って，ヌエバエシハ州中央部では現地住民の社会経済活動の十分な歴史的堆積がない状況において，外部の住民が商業活動に参入していたのである。中国人商人がヌエバエシハ州に籾取引の拠点を構築することになるのは，アメリカ統治期に入って州中央部まで鉄道が敷設されてからであった。

2. アメリカ統治下の土地所有

ここでは，アメリカ統治下のヌエバエシハ州における農業開発の特徴を知る上で重要となる土地所有の編成をみることにしよう。モノカルチャー化の性格を持つ近代植民地経済において，私的土地所有権の確定は，生産局面のみならず流通上の編成でもとりわけ重要な前提となる。

最初に，20世紀以降の時期における米の作付け面積と生産量に関して，比較的まとまったデータの得られる1910年代以降のものを表5-1で確認しよう。既述の1870年のデータと比較すると，1910～14年の米の作付け面積は約4.2倍に，生産量（籾）は約3倍に達していた。その後1920年代前半までに，州内の米の作付け適地は農民によってほぼ占有されて土地への人口圧力が高まり，しかも農業経営の集約化が進んでいたために，米の生産量（籾）

表5-1 米作付け面積・生産量の各年平均(全国・ヌエバエシハ州, 1910～38年)

	全国			ヌエバエシハ州		
	作付け面積 (1,000 ha)	生産量(籾) (1,000 cav.)	生産性 (cav./ha)	作付け面積 (1,000 ha)	生産量(籾) (1,000 cav.)	生産性 (cav./ha)
1910～14年	1,140(100)	19,649(100)	17.2	76(100)	2,159(100)	28.4
1915～19年	1,249(110)	27,310(139)	21.9	103(136)	3,376(156)	32.8
1920～24年	1,647(145)	41,324(210)	25.1	177(233)	7,194(333)	40.6
1925～29年(a)	1,770(155)	48,527(247)	27.4	188(248)	8,270(383)	44.0
1930～34年(b)	1,849(162)	49,874(253)	27.0	185(243)	8,329(386)	45.0
1935～38年(c)	1,842(162)	42,811(218)	23.2	209(275)	7,974(369)	38.2

(a) ヌエバエシハ州は、1926年を除く。
(b) ヌエバエシハ州は、1930, 32年のみ。
(c) 1937年を除く。
注1) 籾1カバン(cav.)は、44 kg。
注2) 括弧内は、1910～14年を100とする%を示す。
出所) Philippines (Commonwealth), Rice Commission, *Report of the Rice Commission to the President of the Philippines* (Manila: Bureau of Printing, 1936), pp. 60-63; *Census of 1939*, Vol. 2, Pt. 2, pp. 1168-1169, pp. 1184-1189; Z. M. Galang, *Encyclopedia of the Philippines*, 10 vols. (Manila: P. Vera & Sons Company, 1935), Vol. 3, pp. 140-141; Marshall S. Mclennan, "Peasant and Hacendero in Nueva Ecija," Ph.D. Dissertation, University of California, 1973, p. 403.

はその作付け面積を上回るスピードで増加した。こうしたヌエバエシハ州における米の土地生産性は、全国平均と比べても著しく高くなっていたことが同表からみてとれよう。19世紀以降のヌエバエシハ州における農業開発は、米の栽培面積および生産量の同時並行的拡大として進行した。その生産の主要部分は刈分け小作農や自作農によって担われ、とりわけ地主が小作料として収取した米は、中国人商人などに販売されて、鉄道を通じてマニラへと流れていくことになる。

すでに触れたように、スペイン統治下のヌエバエシハ州では専一的大土地所有となるアシエンダが形成されて、19世紀末までにはフィリピン人の手に集中するようになっていた。さらに、フィリピン史研究者ゲレロ(Milagros Guerrero)が指摘したように、1899年に設立されたフィリピン共和国政府のもとでも、社会改良に導く土地政策を実施することはできず、ヌエバエシハ州をはじめとする多くの地域で、プリンシパーリア(地方エリート)層によるさらなる土地集積へと導いていた。中央・地方政府の実権を掌握したフィリピン人エリートが社会改革の実施を支持しなかっただけでなく、共和

国大統領アギナルドは，エリートによる既存の土地所有や土地横奪の認可，土地の新たな下賜によって自分への政治的支持を取りつけていた。その一例として，アギナルドは，1898年6月に，カトリック修道会およびスペイン人の所有地は革命政府に帰する旨の布告を発したあと，1900年3月には数人の将軍にヌエバエシハ州サンホセ町の土地を論功行賞として下賜することを約束していたのである[38]。

次いで，アメリカ統治下のヌエバエシハ州における土地所有の動向について考察しよう。まず表5-2は，1908～18年(財政年度)の期間における，植民地政府土地局(Bureau of Lands)によるフィリピン全体での測量実績を示している[39]。アメリカ統治下の土地所有権確定事業における土地測量は，より安定した土地所有を求める者にとって手続き上の重要な前提であった。土地局による測量は，町別に行なった測量(町別測量，cadastral surveys)と個人申請に基づく測量(個別測量，miscellaneous isolated property surveys)に分けて集計されている。ただし個別測量は，私有地確定のための民間測量士による測量を意味するものではなく，土地局によって実施された測量で，任意に申請を行なう私有地・公有地処分に関するものを指す。さらに原典は区画(parcel)の定義を示していないが，1申請者が複数の地片の調査を依頼したケースも存在したと考えることができる。

町別測量と個別測量の進展の比較は，区画ごとの件数の場合項目⑤，面積の場合項目⑥において与えられる。まず前者測量を促進する地籍法(Cadastral Act, 1913)[40]が制定された1912年までの事業進展をみると，区画数，面積ともに個別測量の方が町別測量より進んでいた。とくに面積においてその動向は顕著で，1912年までに個別測量は町別測量の約32倍にも及んでいた。結果，測量地の1区画当り平均面積では，個別測量(19.52 ha)と町別測量(1.00 ha)のあいだに大きな格差が存在していた。

しかし1913～18年の期間になると，全体として町別測量は，区画数，面積ともに以前よりも実施ペースを上げている。個別測量との比較でも，区画数においてそれを大きく上回るようになったが，対象測量面積では，1918年を除いてそれを上回るに至っていない。また，個別測量の1区画当り平均

表5-2 土地局による測量実績(全国, 1908～18年)

財政年度	町別測量 区画数①	町別測量 面積(ha)②	町別測量 面積/区画	個別測量 区画数③	個別測量 面積(ha)④	個別測量 面積/区画	⑤ ③/①	⑥ ④/②
1908	n.a.	n.a.	n.a.	620	20,770	33.50	n.a.	n.a.
1909	n.a.	n.a.	n.a.	3,855	40,090	10.40	n.a.	n.a.
1910	3,070	4,604	1.50	7,467	85,325	11.43	2.43	18.53
1911	5,687	6,671	1.17	7,291	139,977	19.20	1.28	20.98
1912	8,215	6,434	0.29	8,835	262,089	29.66	1.08	40.74
小 計	16,962	16,909	1.00	28,088	548,251	19.52	1.66	32.42
1913	17,118	22,722	1.32	8,924	203,907	22.85	0.52	8.97
1914	48,380	164,684	3.40	10,952	181,514	16.57	0.23	1.10
1915	17,456	128,246	7.35	8,604	144,884	16.84	0.49	1.13
1916	12,983	84,198	7.03	8,926	111,475	12.49	0.69	1.32
1917	44,617	134,064	3.00	7,492	273,327	36.48	0.17	2.04
1918	52,341	108,610	2.07	8,354	88,190	10.56	0.16	0.81
小 計	192,895	642,524	3.38	53,252	1,003,297	18.84	0.28	1.56
総 計	209,857	659,433	3.14	81,340	1,551,548	19.07	0.39	2.35

出所) Special Report of the Director of Lands, Series 7: Subject File, Box 249, Manuel Quezon Papers.

面積(18.84 ha)は以前より小規模化しているが，町別測量の平均面積(3.38 ha)との格差は依然として大きいままである。

このように，1918年までの全期間における町別測量と個別測量の比較上の特徴は，1区画当りの平均面積の格差である。個別測量における1区画当りの平均面積は20 ha近くにも及んでいたから，農民層がその申請に対応していたとは考えにくい。むしろ小作経営や賃労働雇用に依存する大土地所有者を想定することが，ここでは妥当であろう。こうした動向は，アメリカ統治初めまでに未墾地が大規模に存在していたヌエバエシハ州においてより顕著であったことは，地主がそこでの土地所有の法的裏づけを必要とするために容易に想像されるのである。

公有地処分の展開に関連して，ヌエバエシハ州における諸階層の動向は表5-3で確認できる。表5-3は，1918年センサスにおける公有地処分の進展を示している。払下げ，貸借，ホームステッド(homestead)，フリーパテント(free patent)の処分方法の項目が含まれており，払下げと貸借は，個人，

表 5-3　公有地処分の進展状況(1904〜18年)

	申請数 (Filed)	認可数 (Approved)	認可率 (%)	却下数 (Cancelled)	審査中 (Pending)	認可総面積 (ha)	1認可当り面積 (ha)
個人への払下げ							
全　国	3,482	752	21.6	1,698	1,032	28,820	38
ヌエバエシハ州	771	212	27.5	376	183	9,552	45
法人・団体への払下げ							
全　国	536	41	7.6	80	415	10,152	248
ヌエバエシハ州	0	0	0.0	0	0	0	0
個人への貸借							
全　国	1,088	86	7.9	613	389	48,267	561
ヌエバエシハ州	289	18	6.2	178	93	4,991	277
法人・団体への貸借							
全　国	633	22	3.5	101	510	17,901	814
ヌエバエシハ州	64	1	1.6	5	58	1,024	1,024
ホームステッド							
全　国	60,365	28,978	48.0	31,387		355,650	12
ヌエバエシハ州	13,400	6,005	44.8	7,395		77,459	13
フリーパテント							
全　国	22,610	150	0.7	22,460		290	2
ヌエバエシハ州	n.a.	10	n.a.	n.a.		22	2

出所）Philippines, Census Office, *Census of the Philippine Islands: Taken under the Direction of the Philippine Legistlature in the Year 1918*, 4 vols. (Manila, Bureau of Printing, 1920-21), Vol. 3, pp. 892-913.

法人・団体別に集計されていた。ホームステッドは，アメリカ期に新たに占有実績を持つことで認可を得るものであり，フリーパテントは，スペイン期に本人もしくは先祖が一定の占有実績を持ち，かつアメリカ期にも一定の継続占有を行なっていることを条件として与えられる[41]。なおホームステッドとフリーパテントの場合，「却下数」と「審査中」は区別されていなかった。

　政策的意図として，新たな大土地所有の形成につながると判断することができる公有地処分方法は，個人，法人・団体の別を問わずに払下げと貸借となる。その一方で自作農形成となるのは，ホームステッドとフリーパテントである。全国的に認可数，認可総面積において顕著であったのは，個人への払下げとホームステッドであった。全国での個人への払下げでは，1認可当り面積は38 haとなっていた。うちヌエバエシハ州は，認可数において全国の約3割にも達し，1認可当り面積は45 haにも達していた。公有地法は，

個人への払下げ規模を1919年まで16 haに制限していたから[42]、これは、法的基準が遵守されずに個人への払下げが実施されていたことを示している。

　自作農創設のためのホームステッドは、全国、ヌエバエシハ州ともに認可数、認可総面積両者において最も進んだ項目であった。第一に指摘されるべきは、全国、ヌエバエシハ州ともに約5割近くにも及ぶ認可率の高さである。第二に、全国、ヌエバエシハ州ともに1認可当り面積が12 ha以上にも及んでいることである。機械化が進んでいない状況で、家族労働力に依存する農民が、上述規模の占有実績をつくることはほぼ不可能であろう。以上から、ホームステッド取得者のなかには、政治的権力を利用して不法に認可を受ける地方有力者が少なからず含まれていた、と考えることができる[43]。少なくない現地人有力者が、ホームステッドの手段を通じて、土地を無償で獲得していたのである。結局公有地政策は、全国、ヌエバエシハ州を問わず、自作農創設の目的のもとで、既存の大土地所有の面積規模拡大につながる性格を持っていた。

　このように、アメリカ統治下における土地測量を含んだ土地所有権確定事業は、ヌエバエシハ州における大土地所有の基盤をさらに強化することになったといっていいだろう。同事業はフィリピン共和国の土地政策を認めていなかったため、アギナルドによって土地の下賜を受けた者が、アメリカ統治下で不法に土地所有を認められていた可能性がある。ヌエバエシハ州の米作モノカルチャー化は、地主的土地所有とりわけアシエンダ的土地所有の拡大とともに進行していた。さらに次節で検討するように、ヌエバエシハ州での米生産量の増大は、マニラやマニラ経由の米消費地で、飯米購入量が拡大していたことも前提としていた。ヌエバエシハ州においてマニラへと流れる米の流通網を組織したのは、マニラ米穀卸売商を中心とする中国人商人であり、彼らはカバナトゥアン町などに精米所を設立することで籾の集荷拠点を構築したのである。次節では、この点について検討する。

三 20世紀前半のヌエバエシハ州における米の流通構造

　本節では，20世紀前半のヌエバエシハ州における米穀流通の特徴を吟味する。米穀流通の結節点となる精米所の地理的配置，米の流通ルート，米穀商による籾の買い付け方法について順に述べていくことにしよう。

　はじめに，精米所の設立動向から確認していきたい。アメリカ統治下における米の輸送手段は，河川から鉄道へと代わっていった。1905年にカバナトゥアン町がマニラと鉄道で連結したあと，鉄道輸送は，精米所の設立・配置にも影響したのである。1911年において，州内の精米所分布はサンイシドロ町2，カバナトゥアン町2，サンタロサ町1となっている[44]。しかし，のちにみるように，南部では徐々にガパン町が精米所の拠点として籾集荷の機能を集中させていった。また1918年の政府統計では，ヌエバエシハ州に9つの精米所が存在し，うち蒸気を動力とするもの7，石油2という構成になっている。1工場当りの精米能力/日は431.1カバンで，全国平均の105.5カバンと比較すると，より大規模なものとなっていた[45]。1910年代後半にもなると，ヌエバエシハ州はフィリピン有数の加工能力を持った精米所を抱えていたのである。

　次いで，アメリカ統治下のヌエバエシハ州における精米所設立の意義を，ブラカン州と比較しながら検討する。ここでヌエバエシハ州とブラカン州を比較する理由は，農業開発上における様相が住民の定住化や土地所有の形成などで相違していたために，それぞれの州の米穀取引も特徴的展開を示すようになったからにほかならない。表5-4は1920年代初めから30年代半ばまでの地域別・民族別の精米所の設立動向を示したものである。ただし中国系の精米所数については，筆者がその所有者名義から判断して算出している。

　同表によると，ヌエバエシハ州の精米所は，1922年から36年にかけて27から38に増加した。州内の精米所の地域別分布をみると，州南部のガパン町と中央部のカバナトゥアン町に集中しており，1936年までにこの2つの町とも精米所の数が7つに増加した。ヌエバエシハ州の精米所を民族別にみ

表5-4 精米所の地域別・民族別分布(1922, 36年)

	1922年		1936年	
	総数	中国系精米所 (所有者名義)	総数	中国系精米所 (所有者名義)
ヌエバエシハ州	27	7	38	12
カバナトゥアン町	5	4	7	4
ガパン町	4	1	7	4
ブラカン州	42	4	49	2

注) 1922年のデータは，合衆国島嶼局(Bureau of Insular Affairs)，1936年のデータは，フィリピン商業局(Bureau of Commerce)が受け取っていたものによる。

出所) Entry 5 150: 57/2/4, The United States, The National Archives, Record Group 350, Records of the Bureau of Insular Affairs; Philippines (Commonwealth), Rice Commission, *Report*, pp. 40-50.

ると，1936年までに中国系精米所が7から12へと，同州全体の動向と同様に増加した。さらに中国系精米所もまた，ガパン，カバナトゥアン両町に集中する傾向にあった。なお両町では，表5-4の1936年データの原典によると，とりわけ中国系精米所の精米能力が高くなっていた。とくにカバナトゥアン町の1精米所当り平均精米能力は32.8カバン/時となっており，州全体の平均19.2と比べるとその能力の高さが際立っていた[46]。

次いで，ヌエバエシハ州における精米所とブラカン州のそれを比較しよう。表5-4からブラカン州では，1922年と36年の両年において精米所の総数はヌエバエシハ州よりも多かったが，中国系の精米所数は圧倒的に少数であった。また1936年には，1時間当り最大可能精米量が10カバンに満たない精米所数はブラカン州全体の約8割を数えており[47]，ヌエバエシハ州における中国系精米所の多さおよび比率の大きさ，そして全体的な精米能力の高さが顕著である。

ブラカン州と比較して，ヌエバエシハ州における精米所設立の歴史的特徴をみると，以下を指摘することができよう。アメリカ統治下において米穀市場が大規模に展開する以前，首都市場圏および地方市場圏が展開したブラカン州では，中国人メスティーソをはじめとする現地住民が流通の主要な担い手となると同時に，週市を通じた住民間の水平的な取引も発展していた。し

たがって20世紀初めまでの同州では，後発の中国人商人が米穀流通や精米業に参入しにくい経済構造が存在していた。これに対してヌエバエシハ州，とくに州中央部では，州内の現地住民商人による経済活動は20世紀に入るまでまれで，遅れて参入した中国人商人が精米所を設立し，地主や農民と新たな取引関係を構築しやすい経済構造が存在していた。

　以上のように，鉄道が敷設されて以降，カバナトゥアンとガパン両町を二大中継地点とする米穀流通ルートの形成がみられた。前節でみたように，ヌエバエシハ州では1910年代以降も米の作付け面積・生産量を増大させており，地理的には州の南部から中央部・北部へと米の生産を拡大していた。とりわけカバナトゥアン町が流通拠点となる前提条件として，マニラと鉄道輸送で結びつくこと以外に，米の産地を後背地となる州中央部や北部に持つことが重要だったのである。

　ところで，カバナトゥアン町やガパン町に精米所を所有し，その経営を担った中国人は，如何なる商人であったのだろうか。精米輸送を担ったマニラ鉄道会社(Manila Railroad Company)は，1919年に中部ルソンに設立された中国系精米所の地理的配置とその経営者名を調査している。そこで取り上げられた全15の精米所所有者のうち，当時開催されたマニラ米穀卸売商による会議での署名から，少なくとも9人がマニラの米穀卸売業者であったことがわかる[48]。また1929年のヌエバエシハ州における米流通に関する調査によると，カバナトゥアン町には8つの大精米所が存在し，うち7つが中国人所有で，1つがフィリピン人所有であったという。そしてこれらの中国人所有精米所は，大規模なマニラ米穀卸売商によって所有されていた[49]。さらに1930年代前半に実施されたヌエバエシハ州の米流通に関する別の調査は，マニラ米穀卸売商とヌエバエシハ州の精米所のあいだに，融資において結びつく側面もあったとしている[50]。

　このようにヌエバエシハ州の中国系精米所の多くは，カバナトゥアン町を中心に，中国系マニラ米穀卸売商によって所有・経営されていた。マニラの中国人商人が，消費・集散両市場の動向を把握しながら，産地における籾の買い付けや出荷調整を行なっていたことは容易に想像ができよう。次に，中

国人の流通支配の要因として，農民および地主からの籾の買い付けについて考察することにしよう。

ヌエバエシハ州における籾の買い付けについて，1924年における州長官の観察は次のようであった。

> 商業目的のために使用される通貨の約80%は，籾の購入に振り向けられているとみて間違いない。大規模に籾の取引がなされる鉄道沿線のカバナトゥアン，クヤポ(Cuyapo)，ガパン，サンタロサなどの町にある巨大精米所を除いて，この州のそれぞれの町には1～4ヶ所の籾の取引所が存在している。〔中略〕ビジネスの大部分は，中国人によってコントロールされ，多くのケースで彼等は買い付けを行なう他の者に前貸し金を供与していた。こうして各購入者は，「ファーマー(farmer)」と大商人のあいだの仲買人として活躍する。彼らは，通常，資本家(capitalist)が穀物1カバン当りに課す額よりも，最低5%低い価格を提示するのである。
>
> 仲買人は，4～6人の大商人の資金を使用する。一般に，200～300カバンのみを持つ「ファーマー」は，より良い価格で籾を売却することはできない。なぜなら，価格が高くなるまでその売却を待つことはできないからである。籾の買い付けは，ほとんどが少数の中国人商人によって支配されていた。
>
> 籾の取引において，膨大な投機がなされていることには疑いない。
>
> 大規模な「ファーマー」は，仲買人が購入価格を決定する，既存の購入システムに影響されることはない。なぜなら，そうした「ファーマー」は，自分の生活必需品のための資金や資本を保有しているためである[51]。

(「 」は，筆者による)

この報告で引用された，200～300カバンのみを持つ「ファーマー」とは，如何なる生産者であろうか。第4章で検討したように，アシエンダの多いヌエバエシハ州では，1930年代後半までに，2～3 ha に標準化した刈分け小作農が大半を占めた。20年代前半における同地域の平均的な土地生産性は40

カバン/ha であったから(表5-1)，2～3 ha 程度を保有する刈分け小作農の手取り分は，地主との分配率を1/2とすると，60カバンにすぎないことになる。自作農の場合でも，300カバンを収穫するには 7.5 ha を必要とする。商人との取引において強い交渉力を持つにはそれ以上の経営面積を必要とするから，役畜と家族労働力に依存した生産状況において，大規模な「ファーマー」に直接生産者を想定することは不可能であろう。したがって，大規模な「ファーマー」とは，米作地主を指すものとみて間違いない。引用文献中の季節的な米価変動の影響を受けない階層とは，数十ヘクタール以上の所有規模を持つ米作地主のことであったとみていいだろう。

1924年における州長官の報告が示唆しているのは，籾を買い付ける相手の社会階層によって，中国人商人による買い付け条件は異なっていたということである。中国人商人は，仲買人を通じて，生活資金を必要とする小規模な農民から低価格で籾を購入していたが，米作地主は，農民に比べて中国人商人に対して強い交渉力を持ち，そうした購入システムによって不利な価格を強いられることはなかったのである[52]。1930年代のある調査は，大精米業者と生産者のあいだには次のような関係が存在していたことを示す。籾の買い付けにあたって，「大精米業者のあいだにはいかなる競争も存在しない。なぜなら，通常大精米業者は，生産者のなかに特定の取引相手を持っているためである。それは長年にわたるビジネス関係の過程で構築された」[53]。特定の取引関係が成立するためには，籾を供給する側に，籾を大量に，かつ安定的に販売する条件が重要であったことは言うまでもないであろう[54]。

また中国人精米業者は，1930年代までに倉庫業を通じて籾を購入していた。中国人商人は，籾の貯蔵受け入れに際して，「ケダン(quedan)」と呼ばれた倉庫受け入れ証を発行していた。籾を貯蔵した生産者は，ケダンを担保として，中国人商人から無利子で融資を得ることができた。生産者が倉庫利用料を課されることもなかったが，一定期間の貯蔵ののちに他の精米業者に籾を売却した場合，籾1カバン当り15センタボの倉庫利用料等が課されていたという[55]。したがって倉庫業やそれと結びついた金貸し業を通じて，中国人商人は籾の買い付け能力を高めていたといえる。

次に，ヌエバエシハ州における籾の買い付け方法と地域的特性との関係についてみることにしよう。1920年代末のある調査によれば，ヌエバエシハ州の各町から一定の割合で自作農・地主を抽出し，彼らによる精米所への籾の販売を調査した結果，自作農もしくは地主の大部分は，収穫前の契約に基づく販売ではなく，現金販売で籾を売り渡していたという。また同調査は，州内における自作農・地主の籾販売総量の約40％が仲買人を介さずに直接カバナトゥアン町の精米所へ売却されていたとした。商人や地方代理人などを介して間接的にカバナトゥアン町の精米所へ販売された籾も含めると，それは販売総量の約47％になったという。その一方で，州南部のガパン町，ペニャランダ町，北部のクヤポ町，サンホセ町，サントドミンゴ(Santo Domingo)町の精米所は，同じ町内の自作農・地主から籾の大部分を購入していた。同5町の精米所が購入した籾は，ヌエバエシハ州の販売総量の約19％にあたった[56]。このように比較的多くの精米業者が集中していたガパン町でさえ，籾の購入の地理的範囲は同じ町内に限られる傾向があったのに対して，大精米業者の集中したカバナトゥアン町の場合，広範な地域にわたって大量の籾を直接取引していたのである。

　最後に，表5-5から，1920年代のヌエバエシハ州におけるマニラへの鉄道精米輸送量を確認しよう。同表によると，ヌエバエシハ州からマニラへの精米輸送量は，他州と比較して大きくなっており，それはとくに1920年代後半に顕著である。各年の生産量に占める精米輸送量の割合も，1921年のケースを除いてヌエバエシハ州が大きかった。ヌエバエシハ州が米の一大産地となったのは，単に米の生産量が多かったからだけではなく，社会的分業が発達していなかったために，州内の精米消費市場が小さかったことによる。また，マニラへの流通ルートに米を供給するシステムが，効果的に構築されていたためでもあっただろう。それには中国人商人による集荷業務だけでなく，アシエンダと呼ばれた土地所有形態も関係していた。専一的な大土地所有において，差配人は小作料として収取する籾を効率的に大量に集荷して，それを精米業者に直接取引によって譲渡していたのである。

　ただし1920年代前半には，ブラカン州やパンパンガ州でも，生産量に占

表 5-5 精米の州別鉄道輸送量（マニラ向け、1921～29年）

(輸送量単位：カバン＝精米 57 kg)

	ヌエバエシハ州 輸送量	対生産量(%)	タルラック州 輸送量	対生産量(%)	パンガシナン州 輸送量	対生産量(%)	ブラカン州 輸送量	対生産量(%)	パンパンガ州 輸送量	対生産量(%)	輸送量合計
1921年	806,750 100.0	20.6	223,812 100.0	15.1	215,813 100.0	6.5	358,813 100.0	41.9	192,437 100.0	21.2	1,797,625
1922年	712,000 88.3	n.a.	251,187 112.2	n.a.	402,750 186.6	n.a.	301,062 83.9	n.a.	134,063 69.7	n.a.	1,801,062
1923年	893,237 110.7	22.7	250,688 112.0	20.0	473,563 219.4	13.0	196,375 54.7	21.7	98,000 50.9	10.7	1,911,863
1924年	532,000 65.9	16.6	79,313 35.4	9.5	75,187 34.8	2.4	149,375 41.6	19.3	40,000 20.8	5.1	875,875
1926年	1,327,250 164.5	n.a.	195,437 87.3	n.a.	144,750 67.1	n.a.	362,188 100.9	n.a.	146,500 76.1	n.a.	3,494,625
1927年	1,766,103 218.9	n.a.	293,753 131.2	n.a.	286,665 132.8	n.a.	341,873 95.3	n.a.	185,574 96.4	n.a.	2,873,968
1928年	1,540,289 190.9	34.7	287,430 128.4	21.6	259,206 120.1	6.8	250,601 69.8	23.6	143,861 74.8	15.1	2,481,387
1929年	1,183,925 146.8	n.a.	263,055 117.5	n.a.	512,417 237.4	n.a.	163,094 45.5	n.a.	58,608 30.5	n.a.	2,181,099
年平均	1,095,194		230,584		296,294		265,423		124,880		2,012,375

注1) 1925年は、除く。
注2) 輸送量における下段の数字は、1921年の輸送量に対する割合を示す。
出所) *The Philippine Agricultural Review*, Vol. 15, No. 2 (1922), p. 93; Vol. 18, No. 3 (1925), p. 229; Philippines, Bureau of Commerce and Industory, *Statistical Bulletin of the Philippine Islands, No. 7, 1924* (Manila: Bureau of Printing, 1925), pp. 99–100; Philippines, Bureau of Commerce and Industory, *Statistical Bulletin of the Philippine Islands, No. 12, 1929* (Manila: Bureau of Printing, 1930), p. 173.

める精米輸送量の割合が大きくなっていた。とくに 1921 年に同割合が高くなったのは，米価が高騰していた 1920 年までに投機目的の在庫が増えすぎたためであり，両州ともにマニラの価格動向に敏感に反応して精米を移出するような流通構造が形成されていた証左でもある。ブラカン州においては，他州から購入した籾を精米してマニラに大量移出していた可能性もあるだろう。

　1930 年以降になると，ヌエバエシハ州では，トラックによる精米の輸送量も増大していった。例えば，マニラ鉄道会社がヌエバエシハ州内におけるサンホセ町とカバナトゥアン町間のトラック輸送に従事したほか，ヌエバエシハ州のサントドミンゴ町やカバナトゥアン町からは，精米が直接マニラへトラック輸送されていた[57]。

　以上のように，1920～30 年代前半の中国人商人は，広大な米作地域を後背地としたカバナトゥアン町を中心に，仲買人を介した農家との間接取引，地主との直接取引，そして倉庫業を通じた取引など，多様な取引関係を通じて州内の籾を買い付けていた。仲買人を通じたネットワークは，鉄道沿線から離れた遠隔地も流通へと組み込んでいたため，小規模な農民は，季節的な米価変動のもと，低価格で籾を買い叩かれていた。その一方で地主は，そうした取引とは別に精米業者との直接的取引関係を構築し，より強い価格交渉力を持っていた。大量の籾が大精米業者の集中したカバナトゥアンへ仲買人を介さずに販売されていたという，両大戦間期におけるヌエバエシハ州の流通構造の一特徴は，こうした地主との特定的な取引関係を基礎としていた。しかしながらフィリピン人地主と中国人商人のあいだの取引において，全く問題が生じていなかったわけではない。次章でみるように，1930 年代半ばになると，地主と中国人精米業者の民族的・経済的対立が表面化していた。中国人による籾の買い付け業務に対して，地主の側も同業者団体を結成し，米穀流通業からの中国人排除を植民地政府に働きかける状況になったのである。

ま　と　め

　本章では，マニラ地域経済圏を，19世紀全体における地方市場圏と首都市場圏，およびそれを前提にした20世紀前半の産地での米穀流通取引の側面から考察してきた。考察の出発点となる，19世紀初めまでのブラカン州地方市場圏では，定期的に開かれる市において売り手はしばしば各世帯の余剰生産物を扱い，その販売後には買い手としても売買取引に参加して，世帯消費用の食糧や雑貨を買い求めていた。したがってブラカン州の地方市場圏は，この地域の自給的経済活動の性格が反映して，それほど大規模には展開していなかった。またブラカン州を含む首都市場圏では，19世紀に入るまでに，綿製品をはじめとする輸入品が地方にもたらされていたが，マニラから地方への商品の流れは小さかった。逆にマニラは，食糧のほかにも，手工業製品などの商品供給を受けて，近郊農村地域に対する求心性を保持していたのである。

　ブラカン州における市場取引は，19世紀を通じて大きく変化した。中国とメキシコを結ぶ中継貿易であるガレオン貿易が1815年に廃止され，1834年にマニラが開港すると，自由貿易システムのもとで，フィリピン各地では輸出農産物生産が活発化するようになった。ブラカン州における地方および首都両市場圏も，19世紀を通じた世界資本主義経済の展開のもとで大きく再編された。ブラカン州の地方市場圏では，各曜日ごとに各地で開催された週市は20世紀初めまでには消滅した。また19世紀末に敷設されてマニラと同州を結んだ鉄道は，それまでの流通の経由地と運搬のスピードを変えて両地域の経済的結びつきを強めた。市場向け農産物生産を拡大するブラカン州は首都市場圏にいっそう取り込まれるようになり，地主層をはじめとするフィリピン人の購買力は高まって，流通の結節点の町を中心に食糧や雑貨などの商店が設けられた。中部ルソン平野全体に目を移すと，米と甘蔗が生産されてマニラへ移出された。とりわけ米は，マニラおよび輸出農産物産地向けの家庭消費用商品作物として生産を拡大した。ただし第4章でも検討した

ように，20世紀前半の中部ルソン平野でも農閑期を利用した農外就業が存在していたため，ある程度の自給的性格を持った各地方市場圏は変容しつつ存続していたとみるべきであろう。

地方と首都両市場圏における交易は，19世紀を通じて河川を介してなされた。しかし20世紀初めにヌエバエシハ州でも鉄道が開設し，国内食糧市場の拡大に対応するように，同州での米生産が増大した。こうした事態に積極的に対応したのは，中国人商人とフィリピン人地主であった。この背景には，19世紀半ばから20世紀初頭までに漸次的に進んできた移動・営業の自由に関する制約解消，私的土地所有権の設定が制度的前提として存在していた。例えば，ヌエバエシハ州のフィリピン人地主はアメリカ統治下における土地政策に積極的に対応して，土地所有権の安定化やその拡大を行なっていた。こうしてフィリピン人地主は，刈分け小作農から集荷した米を大量に市場で売りさばくようになった。

また，19世紀半ばに中国人の地方居住や移動，職業選択の規制の緩和が進み，州長官による独占的交易参加も撤廃された。ただしアメリカが20世紀前半に実施した中国人移民政策は，中国人労働者の移民を禁止するものであったため，その職業選択に制約を課すものであった。しかしながら，20世紀初めまでに中国人の商業への参入は顕著に進んでおり，同政策は，中国人の商業支配の傾向をより促進したものとみることができよう。こうして20世紀初めのヌエバエシハ州では，中国人商人は鉄道沿線に倉庫と精米所を設けて米の集積拠点とし，中国人のマニラ米穀卸売商に精米を送ることになった。結果的に，米の一大産地における流通は，中国人が少なからず支配することになった。

他方で，19世紀初めまでに自律的な地方市場圏を抱えて，マニラとの交易も行なっていたブラカン州では，フィリピン人が所有する精米所数の割合が大きかった。現地住民がすでに一定の流通ネットワークを構築していたブラカン州では，中国人は米の流通における主導権を掌握しにくかったのである。19世紀のブラカン州では，農民の市場取引への直接参加，それと対応した取引拠点の分散的発展がみられ，その特質は20世紀前半に引き継がれ

たのであった。

　1920年代までのマニラとヌエバエシハ州を結ぶ米穀流通は，中国人のマニラ米穀卸売商を頂点とする階層構造のもとに置かれるようになった。19世紀を通した首都市場圏と比べて，流通をコントロールする拠点が中部ルソン平野各地に分散する複雑なシステムから，マニラを頂点とする中央統制的な流通システムへと移行していったのである。このように流通構造がより単純化していった理由としては，周辺地域となる産地での社会的分業関係が進んでいなかったことがあり，それはアシエンダ的土地所有の形成過程にも大きく関係していた。

1) Edgar Wickberg, *Chinese in Philippine Life, 1850-1898* (New Haven and London: Yale University Press, 1965), pp. 52-61.
2) Horacio De la Costa, S. J., *Readings in Philippine History* (Makati: Bookmark, 1992), p. 140.
3) 州長官は，人頭税とは別に，バンダラ(bandala)と呼ばれた物納税を徴収し，必要以上の分は交易取引に回していた。O. D. Corpuz, *The Roots of the Filipino Nation*, 2 vols. (Quezon City: AKLAHI Foundation, Inc., 1989), Vol. 1, p. 196; De la Costa, *Readings in Philippine History*, pp. 139-140.
4) Nicanor G. Tiongson, *The Women of Malolos* (Quezon City: Ateneo de Manila University Press, 2004), pp. 35-37.
5) Benito J. Legarda, Jr., *After the Galleons: Foreign Trade, Economic Change and Entrepreneurship in the Nineteenth-Century Philippines* (Quezon City: Ateneo de Manila University Press, 1999), pp. 162-166.
6) De la Costa, *Readings in Philippine History*, pp. 137-139; Adolfo Puya Ruiz, "Filipinas: Descripcion General de la Provincia de Bulacan, 1888," University of the Philippines-Diliman, Main Library, Local Historical File, n.d.
7) Joaquín Martínez de Zuñiga, trans. by Vicente del Carmen, *Status of the Philippines in 1800* (Manila: Filipiniana Book Guild, 1973) ［原著 Joaquín Martínez de Zuñiga, *Estadismo de las Islas Filipinas* (Madrid: Minuesa de los Rios, 1839)］, p. 327.
　　なお19世紀のスマトラ中・南部においても，河川沿いの各集散地が特定曜日に市を開催する現象がみられた。商人たちは曜日ごとに場所を変えて，集散地を巡回していたという。大木昌「19世紀スマトラ中・南部における河川交易：東南アジアの貿易構造に関する一視角」『東南アジア研究』第18巻第4号(1981年3月)，638頁。
8) Martínez de Zuñiga, *Status of the Philippines*, p. 268.

9) Martínez de Zuñiga, *Status of the Philippines*, pp. 285-287.
10) Ruiz, "Filipinas"; Martínez de Zuñiga, *Status of the Philippines*, pp. 332-333.
11) Ruiz, "Filipinas."
12) Martínez de Zuñiga, *Status of the Philippines*, p. 328; Tiongson, *The Women of Malolos*, pp. 25-30.
13) Daniel F. Doeppers, "The Development of Philippine Cities before 1900," *Journal of Asian Studies*, No. 31 (Aug. 1972), pp. 786-792.
14) Wickberg, *Chinese in Philippine Life*, p. 25.
15) Marshall S. Mclennan, "Peasant and Hacendero in Nueva Ecija: The Socioeconomic Origins of a Philippine Commercial Rice-Growing Region," Ph.D. Dissertation, University of California, 1973, pp. 77-139.
16) Dennis Morrow Roth, *The Friar Estates of the Philippines* (Albuquerque: University of New Mexico Press, 1977), p. 44.
17) Roth, *The Friar Estates*, pp. 90-96.
18) Yldefonso de Aragón, *Estados de la Población de Filipinas Correspondiente a el Año de 1818* (Manila: Imprenta de D.M.M., 1820), No. 1, pp. 6-9, pp. 13-14, pp. 26-27.
19) 19世紀初頭までのマラボン町では，250以上もの作業場で綿織物が製造されていた。1880年代には約160を数える織物製造職場の存在を確認することができ，女性のみならず男性も職工として働いていた。そこで製造されていたシャツ，スカート，スカーフは，マニラの中国人に売却された。タバコ加工業については，19世紀後半までに専売制度のもとでの大規模な葉巻製造工場が存在し，専売制度廃止以降の時期には数百もの小規模な民間経営組織が乱立する状況となっていた。Aragón, *Estados de la Población*, No. 1, pp. 4-6; Martínez de Zuñiga, *Status of the Philippines*, pp. 233-234.
20) Aragón, *Estados de la Población*, No. 1, pp. 4-6; Martínez de Zuñiga, *Status of the Philippines*, pp. 233-234; Isabelo de los Reyes, with a translation by Salud C. Dizon and Maria Elinora P. Imson, *El Folk-Lore Filipino* (Quezon City: University of the Philippines, 1994) [原著 Isabelo de los Reyes, *El Folk-Lore Filipino*, 2 vols. (Manila: Imprenta de Sta. Cruz, 1889)], pp. 509-533.
21) Martínez de Zuñiga, *Status of the Philippines*, p. 268.
22) Aragón, *Estados de la Población*, No. 1, p. 21; Martínez de Zuñiga, *Status of the Philippines*, p. 287.
23) Ruiz, "Filipinas."
24) Aragón, *Estados de la Población*, No. 3, pp. 2-3; Martínez de Zuñiga, *Status of the Philippines*, pp. 332-333; Tiongson, *The Women of Malolos*, p. 33; Daniel F. Doeppers, "Lighting a Fire: Home Fuel in Manila, 1850-1945," *Philippine Studies*, Vol. 55, No. 4 (2007), pp. 419-447.

25) Aragón, *Estados de la Población*, No. 3, pp. 7-10.
26) Aragón, *Estados de la Población*, No. 3, pp. 12-13; De la Costa, *Readings in Philippine History*, p. 136.
27) Ruiz, "Filipinas."
28) Doeppers, "The Development of Philippine Cities," pp. 786-792.
29) D. Joaquin Rajal y Larre, "Memoria acerca de la Provincia de Nueva Ecija en Filipinas," *Boletin de la Sociedad Geográfica de Madrid*, Vol. 27, No. 2 (1889), pp. 292-311.
30) Agustín de la Cavada y Méndez de Vigo, *Historia Geográfica Geológica y Estadística de Filipinas*, 2 tomos (Manila: Imprenta de Ramírez y Giraudier, 1876), 1 tomo, p. 71.
31) Rajal, "Memoria acerca de la Provincia de Nueva Ecija," pp. 292-311.
32) Wickberg, *Chinese in Philippine Life*, p. 103.
33) Cabanatuan, Historical Data Papers.
34) タリパパとは，タガログ語で，魚介類などを取引する一時的な市を意味する。
35) 19世紀から20世紀の世紀転換期におけるフィリピン革命およびフィリピン・アメリカ戦争は，米をはじめとする既存の流通取引を分断して，南部タガログ地方も含む多くの地域でフィリピン人住民を飢餓状態に陥れた。アメリカ軍による「保護区域」政策がそれまでの流通取引を分断したことに加えて，革命政府は，外国人商人への販売や州間取引に対して5％課税していた。Milagros Guerrero, "Luzon at War: Contradictions in Philippine Society, 1898-1902," Ph.D. Dissertation, University of Michigan, 1977, p. 111.
36) Cavada, *Historia Geográfica Geológica*, 1 tomo, p. 74.
37) Rajal, "Memoria acerca de la Provincia de Nueva Ecija," pp. 306-307, pp. 342-343.
38) Guerrero, "Luzon at War," pp. 123-149.
39) 当初，不十分な訓練を受けた民間測量士による測量書類の多くは，深刻な欠陥を持っていた。その結果，1908年までにフィリピン国民議会は，次のような義務を履行する測量士の雇用を土地局に課した。土地登記における測量資格を持つこと，また実際の土地権利証書取得の過程においては，土地局へ地図・報告書を送付して認可を受けることである。したがって表5-2は，土地局の測量体制が整備された1908年以降の測量，すなわちより立証性の高い土地権利証書を受け取ることになった土地を対象にしていることになる。梅原弘光『フィリピンの農村――その構造と変動』古今書院，1992年，103頁；W. Cameron Forbes, *The Philippine Islands* (Boston and New York: Houghton Mifflin, 1928), pp. 316-317.
40) 同法は，総督が公共の利益の観点から土地所有権確定を必要とすると認めた場合，土地局長もしくは土地所有者委任の（同局長が認可した）民間測量士によって測量が行なわれるとしたほか，測量や土地所有権に関する訴訟の手続きを詳細に定めている。

同法可決により，町ごとに土地測量が進むケースが増えていた。梅原『フィリピンの農村』，103〜105頁；*Act 2259, an Act Providing Certain Special Proceedings for the Settlement and Adjudication of Land Titles, Feb. 11, 1913*, Entry 5 150: 56/8/6, The United States, The National Archives, Record Group 350, Records of the Bureau of Insular Affairs, General Records.

41) 梅原『フィリピンの農村』，101〜103頁；"*An Act Temporarily to Provide for the Administration of the Affairs of Civil Government in the Philippine Islands, and for Other Purposes, July 1, 1902, Public, No. 235,*" *The Statutes at Large of the United States of America*, Vol. 32, Pt. 1, pp. 691-712; "*The Public Land Act, Oct. 7, 1903, No. 926*," United States, Bureau of Insular Affairs, *Eighth Annual Report of the Philippine Commission, 1907* (Washington: Govt. Printing Office, 1908), part 2, Appendix.

42) 1919年に公有地法は改定され，個人による購入の上限は100 haへ引き上げられた。Alice M. McDiarmid, "Agricultural Public Land Policy in the Philippines during the American Period," *Philippine Law Journal*, Vol. 33, No. 6 (Dec. 1953), pp. 873-877.

43) 1907年フィリピン委員会報告において土地局長は，ホームステッド規定を使い，土地を獲得しようとする地方有力者の事例を次のように報告していた。「無知な小作農は，ホームステッド法のもとで土地申請を行なうよう要求される。すなわち小作農は，地主の絶対的なコントロール下に置かれていたため，小作農自身が申請を実行したとしても，それは結果的に誰が土地権利証書を獲得する作業をしたのかには関係ない」。"Appendix E. Report of the Director of Lands," United States, Bureau of Insular Affairs, *Eighth Annual Report of the Philippine Commission, 1907*, part 2, p. 202. また，ヌエバエシハ州一村落の社会関係に関する研究でも，同様の事例が指摘されている。町財務官の職歴を持つ者が，ホームステッドを通して，本人と妻の名義で計36 haの土地を獲得したほか，1901年以降町長を務めた者も，1920年代にホームステッドを利用して土地を所有していたという。Willem Wolters, *Politics, Patronage and Class Conflict in Central Luzon* (Quezon City: New Day Publishers, 1984), pp. 53-54, p. 77.

44) L. E. Gleeck, *Nueva Ecija in American Times: Homesteaders, Hacenderos and Politics* (Manila: R. P. Garcia Publishing Co., 1981), pp. 78-79.

45) Philippines, Bureau of Commerce and Industry, *Statistical Bulletin of the Philippine Islands, No. 1, 1918* (Manila: Bureau of Printing, 1919), p. 45.

46) Philippines (Commonwealth), Rice Commission, *Report of the Rice Commission to the President of the Philippines* (Manila: Bureau of Printing, 1936), pp. 44-45.
　ヌエバエシハ州の精米所の分布については，1929年に実施された，同地域の米流通に関する調査からも確認できる。Daniel F. Asuncion, "A Study of Marketing Rice in Nueva Ecija," *The Philippine Agriculturist*, Vol. 11, No. 3 (Aug. 1932), pp.

177-193.
47) Philippines (Commonwealth), Rice Commission, *Report*, pp. 40-41.
48) 精米所は，町別に次のように位置していた。ブラカン州バリワグ町 Asuncion Tan Senguan & Co., Co Oco, Sy Nang Co., キンガ町 Co Oco, サンイルデフォンソ町 Co Oco, サンミゲル町 Cheng Liao Co., パンパンガ州アンヘレス (Angeles) 町 Chusa Chiaco, マガラン (Magalang) 町 Chusa Chiaco, タルラック州タルラック (Tarlac) 町 Antonio Tampoco, モンカダ (Moncada) 町 Lee Kee Co., ヌエバエシハ州サンイシドロ町 Cheng Liao Co., Ong Oco, サンタロサ町 Co Lecco, カバナトゥアン町 Gonzalo Co Toco, Ciy Cong Bieng & Co., Uy Eng Juy, J. M. Sy Hagan, パンガシナン州バウティスタ (Bautista) 町 Yu Biao Sontua Hermanos, ロサレス町 Ty Camco Sobrino。The General Manager of Manila Railroad Co. to One Chinese Rice Dealer, 1919, Series 7: Subject File, Box 504, Manuel Quezon Papers, Philippine National Library, Filipiniana Division; Agreement of the Rice Dealers, 1919, Series 7: Subject File, Box 504, Manuel Quezon Papers.
49) Asuncion, "A Study of Marketing Rice in Nueva Ecija," pp. 177-193.
50) Jose E. Velmonte, "Palay and Rice Prices," *The Philippine Agriculturist*, Vol. 15, No. 5 (Oct. 1936), pp. 382-410.
51) Annual Report of the Provincial Governor, Nueva Ecija, 1924, Series 8: Subject File, Box 108, Manuel Quezon Papers.
52) ほかに，1920年代の中国人商人による米作地主からの籾の買い付けにおいて両者の協力的関係を示唆するものとして，*The American Chamber of Commerce Journal*, Vol. 5, No. 2 (Feb. 1925), p. 20.
53) Velmonte, "Palay and Rice Prices," p. 390.
54) 産地における商人間の取引では，フィリピン人と中国人とのあいだに民族的対立が生じるケースがあった。例えば，1930年にヌエバエシハ州北部のムニョス (Muños) 町では，中国人商人とフィリピン人商人のあいだの民族的対立から暴力事件が発生し，州全体のフィリピン人のあいだに中国人との商取引をボイコットしようとする動きが生じていた。中国人商人との米の取引では，フィリピン人よりも中国人に対して有利な条件を提示していると，フィリピン人のあいだで信じられていたことがその原因であった。*La Opinion* August 21 1930.
55) J. A. Le Clerk, *Rice Trade in the Far East* (Washington: Govt. Printing Office, 1927), p. 58.
56) Asuncion, "A Study of Marketing Rice in Nueva Ecija," pp. 177-193.
57) Arturo G. Corpuz, *The Colonial Iron Horse: Railroads and Regional Development in the Philippines, 1875-1935* (Quezon City: University of the Philippines Press, 1999), p. 84.

第6章　両大戦間期の米穀流通
―― 中国人商人の支配と米穀危機 ――

　本章では，アメリカ統治下，とりわけ両大戦間期フィリピンの米穀市場を政治経済的に分析する。その際，ビサヤ諸島やミンダナオ島にまで広がるフィリピン米穀市場のなかに埋め込まれた，マニラ地域経済圏の政治経済的編成の在り方とその変化を探ることを課題としている。アメリカ統治下におけるフィリピン米穀市場は，マニラを頂点にして全国的に拡大する傾向にあった。

　分析視角は，アメリカ統治下における米穀流通に焦点を当てながら，多様な社会活動が交錯する米穀市場を考察するものである。米はフィリピン人の基本的食糧であったため，米穀流通はたびたび貧困層の飢餓と関係してきた。それはアメリカ統治下のフィリピンにおいて「米穀危機」と呼ばれ，食糧を獲得することができない困難によって引き起こされた社会不安を意味していた。飢餓がもたらされる背景を理解するためには，需要側における消費者の米獲得能力の減退を考察する必要があるが，ここでは米穀流通と政策に関する分析を重視する[1]。したがって本章は，米価政策が集中的に展開する1919年および1935年の米穀危機を取り上げていく。

　ところで，19世紀後半以降のフィリピンにおける対外貿易は，欧米向けの一次産品輸出を増大させている[2]。またフィリピンは，イギリスなどの国々からの綿製品のほかに，仏領インドシナからも米を輸入していた。アメリカ統治下に入ってとりわけ1909年以降になると，砂糖やマニラ麻などの熱帯産品を輸出し，工業製品を輸入する対米自由貿易を強めた。アメリカと

の従属的貿易関係は，食糧生産をめぐる東南アジア諸地域との分業体制を再生産するだけでなく，フィリピン内部において市場向け米生産に特化する産地を形成させることになった。こうしてフィリピンでも米産地の中部ルソンとの分業関係が，輸出作物産地や都市部マニラ3)とのあいだに形成されることになった。

なお19世紀後半から20世紀前半のフィリピンにおける対外貿易圏の動向に関しては，永野善子の一連の研究に詳しい。それによると，フィリピンの対外貿易は，19世紀後半から1910年代にはイギリス，スペイン，香港およびアメリカを軸として，総じてイギリス貿易圏内で展開していたという。ところが第一次世界大戦を画期として，対外貿易がアメリカ貿易圏に取り込まれ，砂糖，ココナッツ製品，マニラ麻，タバコの順に代表的商品輸出が展開していった。この時期には，日本からの綿製品の輸入も拡大したという。本章で扱う米の輸入も，そうした第一次世界大戦期における対外貿易圏の変化の一部を成している。1910年代後半になると，イギリス貿易圏内にあった香港やシンガポール経由での米輸入ルートは消失し，米は仏領インドシナやタイから直接に輸入されるようになったのである4)。

以下では，第一節で米穀市場の動向について考察したあと，第二節で1919年米穀危機を取り上げている。第三節では1935年米穀危機を主に考察し，植民地政府によって設立された国策会社の事業展開も分析している。その事業には，1935年米穀危機と結びついた，フィリピン米穀市場の構造的特質が反映されていた。

一　米の市場取引の展開

19世紀半ばのフィリピンでは，中国人の居住や経済活動に関する法的規制が緩和され，中国人人口が増大した。ウィックバーグやオーウェンらによると，中国人は輸出作物の主要産地，とくにアルバイ(Albay)州，レイテ州，サマール州などマニラ麻産地に進出し，欧米商館との仲買商業に従事したという。とりわけアルバイ州を含むビコール地方からマニラにかけて，マニラ

麻の交易が展開するとともに，その逆ルートでは，ビコール地方の恒常的な米不足を反映して米の交易が発展していた。ビコール地方の流通の末端に位置する中国人経営の小売店では，輸出商品の集荷と米・軽工業製品の販売の双方がなされた[5]。

また19世紀中葉のフィリピンでは，徐々に恒常的な米不足への対応がみられた。1855年には，消費者保護の観点から，米価が一定の上限価格を超えない限りにおいてのみ米輸出が自由に認められることになった。さらに1857年になると，米の輸入関税が廃止されることになった[6]。こうしてフィリピンは1870年代までに米の恒常的輸入地域となり，フィリピンの中国人商人が仏領インドシナのサイゴン米の輸入を担うことになった。このように，19世紀末までの米穀輸入およびマニラから南方消費地域への米流通において，中国人による流通取引が浸透していたことを確認できる。さらにアメリカ統治下に入ると，ヌエバエシハ州の米産地が台頭するとともに，そうした産地とマニラとのあいだに新たな流通上の結びつきも中国人を介して形成されていったのである。

次いで，19世紀末までに形成されていた米穀流通構造を前提にして，アメリカ統治下の米穀市場の動向を概観していくことにしたい。最初に，1910年代から米穀公社（National Rice and Corn Corporation）が登場する1930年代半ばまでの，食糧供給システムに関する法的枠組を確認しよう。1909年に合衆国議会によって制定された関税法は，輸入に依存するフィリピン米穀市場の実態を反映して，関税率の操作を通じて米穀輸入をコントロールすることで，国内価格と供給量が調整されていく方法を改めて確認することになった。この1909年関税法では，米穀関税率が100 kg当り2.0ペソから2.4ペソへ引き上げられるとともに，総督の判断によって，緊急時には関税率を前法律の水準に引き戻すこと，あるいは免税輸入することが認められた[7]。ところが，1916年制定のジョーンズ法（Jones Act）では，アメリカ以外との貿易取引に関する関税法は，アメリカ大統領の承認を必要とするものの，フィリピン植民地政府によって制定されることになった[8]。それ以降は，緊急時の総督権限は留保されたまま，フィリピン議会での米穀輸入関税の見

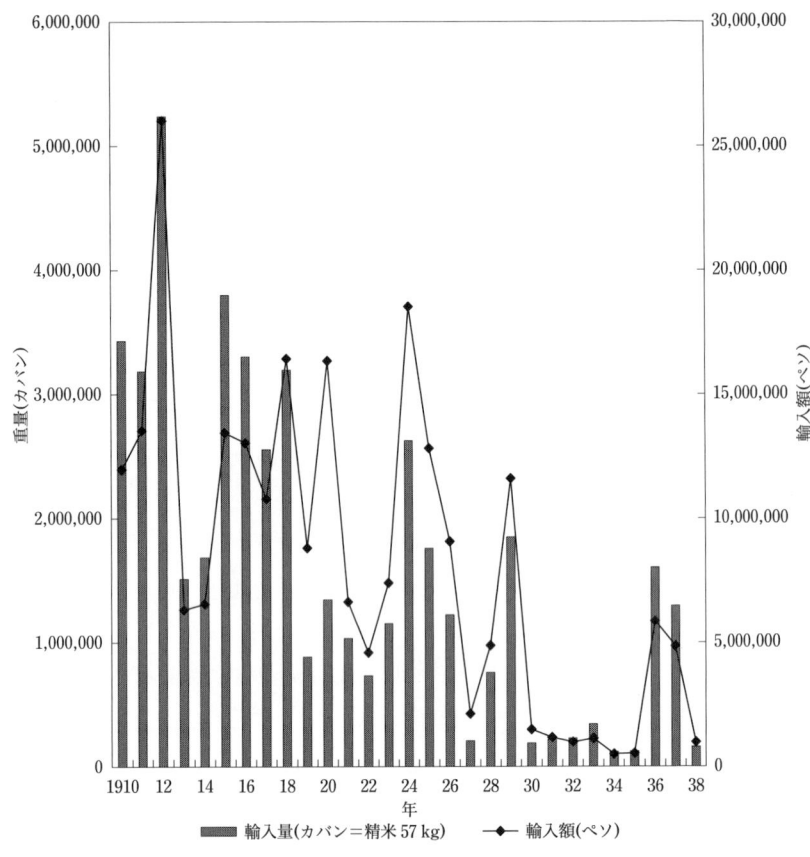

図 6-1 フィリピンの米輸入量の動向（1910〜38 年）

出所) Philippines, Bureau of Commerce and Industry, *Statistical Bulletin of the Philippine Islands, No. 12, 1929* (Manila: Bureau of Printing, 1930), p. 163; Philippines (Commonwealth), Bureau of Customs, *Annual Report of the Insular Collector of Customs, 1940* (Manila: Bureau of Printing, 1941), pp. 82-83, pp. 99-100.

直しが進んでいくことになる。さらに，独立準備期間となる 1935 年以降のコモンウェルス体制下では，総督制が廃止されたが，米穀関税審議に関する権限は植民地政府に留保された[9]。また同時期には国策会社として米穀公社も設立され，流通管理システム自体が大きく変化していくことになるのである。

こうした政策的環境を前提にして，中部ルソン平野の米の代表的産地であるヌエバエシハ州は，フィリピン全国でみても第一の米生産量を誇るようになった。ヌエバエシハ州では，中国人商人を介して，マニラ集散・消費市場と結びつく米の流通ルートが1910年代後半までに形成されていた。同州が抱えるようになった大規模精米所の多くは，大地主と籾の安定的な取引関係を構築した，中国系マニラ米穀卸売商によって経営されていたのである。ヌエバエシハ州では，中部ルソン地方の他州と比べて，米以外の農産物商品生産（砂糖など）はきわめて限定されると同時に，農業以外の生産・サービス活動の展開も弱かったため，州内の米消費市場の規模は小さく，大量の米がマニラへ流れた。第4章で検討したように，ヌエバエシハ州は周辺フロンティア地域であり，対照的にブラカン州などのマニラ近郊は人口稠密的農村としての特徴を備えていた。人口稠密的農村では，周辺フロンティア地域よりも社会的分業が進展していたため，各州内の消費市場が商品米を吸収する余地があった。これに対して，ヌエバエシハ州における社会的分業の未発展と地主による商品経済への直接的関与は，アシエンダの地主小作関係が農民の社会的分業を抑制する側面と，地主が小作料として大量に収取した米を市場に売却し，商品経済を促進する側面の両方の性格を備えていたとみることができる。

　フィリピンにおける全国的米穀流通の結節点は，マニラのトゥトゥバン米穀取引所（Tutuban Rice Exchange）であった。同取引所は，1922年にフィリピン中国人米穀商人組合（Philippine-Chinese Rice Merchants Association）によって設立された。取引所のメンバー構成は，マニラおよび地方における卸売商人や仲買人等から成っており，実質上，上述組合が会議や取引を行なう場所となっていた[10]。したがって，1930年代まで，同取引所は米価変動に関する情報収集の場ともなっており，中国人の流通ネットワークを維持する拠点として機能していた[11]。1923年に作成された取引所規約は，「メンバーが，鉄道各駅で米の取引をすることは認められず，取引は同取引所およびメンバーの正規事務所のみに限定される」としたのみでなく，取引所では中国語が使われるなどの取引慣行も存在したため，フィリピン人によ

る米穀取引への参入は制約された[12]。このように，マニラの米穀取引所では中国人特有の取引慣行がみられ，文化的要因が中国人の流通支配を維持する役割を果たしていたことがわかる。

ただし米の取引や価格設定の量的単位は，1930年代においてさえフィリピン全体で統一されていなかった。例えば，ルソン島北部のイロコス地方では，在来品種を取り扱う場合，籾11.5 kg分を重量とする1アローバ（arroba）を単位としていた。一方，中部ルソン地方とマニラは，籾で44 kg，精米で57 kgとなる1カバンを基本単位としていた。こうした取引単位は，それを扱う商人の取引慣行に従う傾向にあった。実際，マニラのトゥトゥバン米穀取引所は，1カバン（精米57 kg）を取引単位とすることを取引所規約として定めていたのである[13]。

次に，こうした流通上の制度を通じて，ヌエバエシハ州の米産地形成とフィリピンの市場規模の推移が，どのような対応関係にあったのか確認することにしよう。表6-1に，市場規模の動向を掲げている。これは，各年の地域・州別推定消費量から生産量を差し引いて上位の地域順に並べたものである。1918，38年には，地域・州別推定消費量のデータが存在しないため，州別の1人当り消費量の推定にあたって1935年を基準とした。すなわち，1918，38両年の州別1人当りの消費量は，1935年の州別1人当り消費量に1918，38両年の全国1人当り消費量の増加率を掛け合わせて算出した。

ただし表6-1は，米の市場規模そのものを示していないことに注意を要する。なぜなら，前年の在庫が消費に回されることもあるし，余剰がなくとも米が他州へ移出される場合もあるからである。しかし，市場規模の大まかな動向をみるのには最も有効なデータといえよう。同表から第一に注目すべきは，主要な米穀消費市場が，バタンガス州を除いて[14]，マニラ首都圏およびそれ以南の諸州から構成されていたことである。マニラ以南には，西ネグロス州やアルバイ州のように，砂糖やマニラ麻など対米輸出産品の主産地のほか，レイテ州やサマール州のように，土地生産性が低くかつ人口に比して米作用地の不足した地域を含んでいた。第二に，1918年から30年代前半まで，全国的な市場規模に拡大がみられたことがある。第三に，1930年代後半に

表 6-1 米不足量(推定消費量－生産量)上位 10 地域・州(1918～38 年)

(単位：カバン＝精米 57 kg, 括弧内は%)

1918 年		1930～34 年平均		1938 年	
マニラ―リサール	954,039(21.8)	マニラ―リサール	885,140(17.5)	マニラ―リサール	1,475,808(32.2)
レイテ	640,563(14.6)	レイテ	714,900(13.8)	バタンガス	577,628(12.6)
サマール	532,702(12.2)	サマール	687,730(13.3)	レイテ	504,176(11.0)
バタンガス	508,791(11.6)	バタンガス	660,300(12.8)	西ネグロス	354,622(7.7)
スールー	410,925(9.4)	スールー	543,650(10.5)	ダバオ	351,369(7.7)
カピス	302,443(6.9)	西ネグロス	496,340(9.6)	アルバイ	316,288(6.9)
ミサミス	270,852(6.2)	アルバイ	418,780(8.1)	サマール	307,206(6.7)
西ネグロス	265,742(6.1)	セブ	300,530(5.8)	サンボアンガ	242,590(5.3)
コタバト	255,122(5.8)	サンボアンガ	252,640(4.9)	スールー	232,380(5.1)
アルバイ	243,070(5.5)	アンティケ	216,550(4.2)	セブ	227,634(5.0)
10 地域・州合計	4,384,249(100.0)	10 地域・州合計	5,176,560(100.0)	10 地域・州合計	4,589,701(100.0)

注 1) 山岳地域は, 除く。
注 2) 1930～34 年平均の推計は, 農商務省(Department of Agriculture and Commerce)統計部門(Statistics Division)の推計による。1918 年, 38 年の消費量算出方法は, 次の計算式に基づく。

各年消費量＝(1935 年州別消費量/州別人口)×(各年州別人口)×(全国 1 人当り消費量の 1935 年に対する各年の増加率)

なお, 1935 年の州別人口数は, 保健局(Bureau of Health)の評価による。

出所) Philippines, Census Office, *Census of the Philippine Islands: Taken under the Direction of the Philippine Legislature in the Year 1918*, 4 vols. (Manila: Bureau of Printing, 1920-21), Vol. 2, Pt. 1, p. 99, Vol. 3, p. 335; Philippines (Commonwealth), Commission of the Census, *Census of the Philippines, 1939*, 5 vols. (Manila: Bureau of Printing, 1940-43), Vol. 2, Pt. 2, pp. 1185-1189, Special Bulletin No. 1, p. 3; Philippines (Commonwealth), Rice Commission, *Report of the Rice Commission to the President of the Philippines* (Manila: Bureau of Printing, 1936), pp. 66-67; Z. M. Galang, *Encyclopedia of the Philippines*, 10 vols. (Manila: P. Vera & Sons Company, 1935), Vol. 10, pp. 216-218.

は, マニラ首都圏を除いて, 全国的米穀市場の規模は停滞していたことが挙げられる。1930 年代に米穀市場が停滞した需要側の要因として, 当時農産物輸出が全般的に伸び悩んでいたために, 米の消費者の購買力が減退したことがある。

1930 年代以降の米穀市場における供給側の停滞要因に関する考察は第三節に譲ることにして, ここでは, 1920 年代にマニラ以南諸州の市場規模が拡大していることに注目したい。ただしこうした地域に米を供給したのは, マニラを集散地とする中部ルソン・南部タガログ地方のみでなく, ネグロス島に隣接するパナイ島も重要であった。パナイ島は, 19 世紀後半までにビコール地方にも米を移出したほか, 20 世紀に入るとネグロス島への米の重

要な供給地になった[15]。またミンダナオ島など一部地域では、食糧を増産して、米移入量を減少させた。その一方で西ネグロス州では、米生産量を減少させつつ、好調な砂糖生産は、プランテーション内部の職種細分化や外部での関連サービス業を展開させた[16]。こうして砂糖労働者や新たな職種に従事する飯米消費者の増加は、米移入量を増大させることになった。アルバイ州などのビコール地方では、アメリカ市場でのマニラ麻需要落ち込みやダバオでのマニラ麻生産拡大により、マニラ麻生産が不振となり、住民の購買力が低下して1人当りの米消費量は落ち込んだ。しかし、米作地拡大が伸び悩むなかでの人口増加は、結果的に米市場を拡大することになった[17]。このように米消費の動向は地域によって多様であるが、マニラ以南地域における市場拡大の需要側基本要因は、対米輸出産品の生産増に伴う購買力の上昇、人口増加であった。

ただしマニラからの米供給は、それぞれの州の米不足量を直接にすべて充足させていたわけではない。マニラからの沿岸交易による米の輸送については、表6-2のように、1920年代のデータを得ることができる。1922～29年におけるマニラからの年平均米移入量の上位10州をみると、やはり米不足が顕著であったレイテ州やサマール州が米の大量移入地域であった。第二に、ビコール地方に含まれるソルソゴン(Sorsogon)、アルバイ、南カマリネス(Camarines Sur)各州が、米移入量上位10州のなかに含まれている。第三に、セブ州とイロイロ州という地方交易の中心地域が、マニラから多くの米を受け入れており、これは、移入されたすべての米が必ずしも両州内で消費されていたわけではなく、流入した米の少なくない部分がセブ、イロイロ両港を通じて、再び西ネグロス州など近隣地域へと流出したためであろう。セブ、イロイロ両州周辺では、パナイ島からの米の供給とあわせて、複雑な流通経路を形成していたと考えられる。

1920年代、中部ルソン5州全体のマニラへの年平均精米鉄道輸送量(1921～29年)は201万2375カバンであり、フィリピンの年平均精米輸入量(1921～29年)126万2292カバンを加えた量は327万4667カバンであった。この数値は、商業・製造業と行政の中心であった、当時のマニラ市および近郊地

表 6-2 船舶による年平均精米移入量上位10州（マニラから各州へ，1922～29年）

(単位：カバン＝精米 57 kg)

	レイテ	セブ	ソルソゴン	アルベイ	イロイロ	サマール	ダバオ	南カマリネス	マスバテ	パラワン	全移出量
1922年	4,089	10,313	4,114	2,387	3,209	3,206	1,924	575	632	575	35,157
%	11.6	29.3	11.7	6.8	9.1	9.1	5.5	1.6	1.8	1.6	100.0
1923年	783,720	364,881	307,713	190,873	114,597	277,982	99,976	82,358	102,567	49,033	2,647,843
%	29.6	13.8	11.6	7.2	4.3	10.5	3.8	3.1	3.9	1.9	100.0
1924年	137,693	32,139	270,624	166,024	50,754	143,980	75,107	39,229	33,994	37,917	1,261,060
%	10.9	2.5	21.5	13.2	4.0	11.4	6.0	31.1	2.7	3.0	100.0
1925年	123,211	132,806	256,535	284,418	315,459	135,884	104,405	73,217	23,227	34,561	1,747,960
%	7.0	7.6	14.7	16.3	18.0	7.8	6.0	4.2	1.3	2.0	100.0
1926年	230,201	219,711	292,434	281,560	200,460	168,218	143,370	65,230	42,286	48,865	2,109,665
%	10.9	10.4	13.9	13.3	9.5	8.0	6.8	3.1	2.0	2.3	100.0
1927年	507,362	658,267	327,029	367,633	430,820	208,738	161,799	48,564	58,028	46,724	3,195,795
%	15.9	20.6	10.2	11.5	13.5	6.5	5.1	1.5	1.8	1.5	100.0
1928年	295,823	552,081	298,642	308,530	182,683	209,516	225,089	44,295	91,739	41,792	2,639,255
%	11.2	20.9	11.3	11.7	6.9	7.9	8.5	1.7	3.5	1.6	100.0
1929年	188,344	260,120	243,898	334,551	149,095	174,048	216,988	72,309	70,080	42,261	2,137,815
%	8.8	12.2	11.4	15.6	7.0	8.1	10.1	3.4	3.3	2.0	100.0
年平均	283,805	278,790	250,124	241,997	180,885	165,197	128,582	53,222	52,819	37,716	1,971,819
%	14.4	14.1	12.7	12.3	9.2	8.4	6.5	2.7	2.7	1.9	100.0

注) 下段の％は，各年のマニラからの精米全移出量を100.0％とした時の各州の構成比。
出所) Philippines, Bureau of Commerce and Industry, *Statistical Bulletin of the Philippine Islands, No. 5, 1922–No. 12, 1929* (Manila: Bureau of Printing, 1923–30).

域における米消費量の100万カバン弱と，マニラからの年平均精米船舶移出量(1922〜29年)197万1819カバンのかなりの部分を満たすものであったと理解されよう。ただしビコール地方は，マニラから同地域への敷設が伸びている鉄道を介して，米を移入していたことにも考慮する必要がある。またマニラに米を供給していた地域として，ラグナ州など南部タガログ地方を考慮する必要があるが，中部ルソン平野がフィリピン全体の米穀市場の主要な供給地域になっていたことに変わりはない。

とりわけヌエバエシハ州は，マニラや輸出作物産地との全国的分業体制のもとで米産地を形成してきた。地主的土地所有が支配的なヌエバエシハ州の米生産量の増加は，同地域からの米移出量の拡大と対応していたから，マニラや中部ルソンで中国人が主導する流通機構は，地主制を外部から補完する役割を果たしていたといえよう。

二 1919年米穀危機における諸階層の動向

第二節では，1919年米穀危機を分析する。最初に，図6-2でマニラの名目卸売米価の動向を確認すると，第一次世界大戦開始以降に上昇基調にあったことがわかる。対米農産物輸出がよりいっそう増大する状況下，フィリピン国立銀行が農産物輸出振興のための融資を展開したことや同銀行ニューヨーク支店における通貨準備基金の枯渇を背景に，通貨流通量が増大していたことがその要因にある[18]。また前掲図6-1のように，1910年代にもフィリピンは米の大量輸入を継続していたことが確認でき，その大部分を仏領インドシナから輸入したサイゴン米に依存していた。しかしコーチシナ(Cochin-China)の凶作を受けて，1919年3月以降，米輸入量を減少させた[19]。1919年には，こうした米輸入量の大幅な減少を受けて，米価が急激な高騰をみせていたのである。さらに1919年7月には，仏領インドシナが米の輸出を禁止することになった[20]。ただし当時における米不足と米価高騰は東南アジア全体でみられた現象であり，マラヤやビルマを含むイギリス植民地でも，政府当局は米の安定供給のためにさまざまな措置をとっていた[21]。

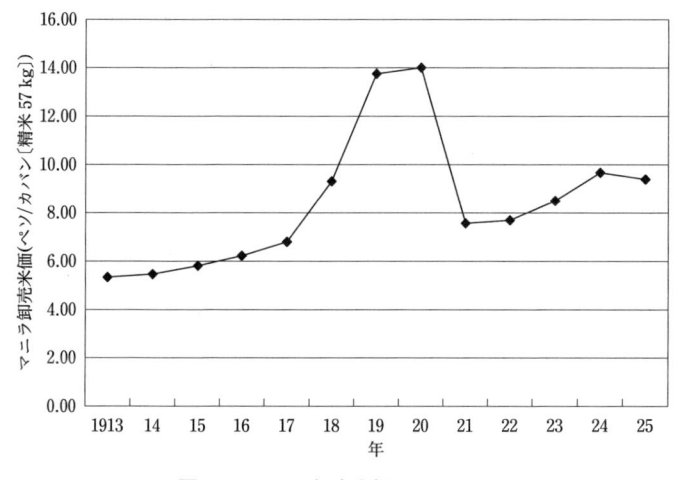

図 6-2 マニラ卸売米価(1913〜25 年)

注) すべての銘柄,等級に基づく平均価格。
出所) Philippines, Bureau of Commerce and Industry, *Statistical Bulletin of the Philippine Islands, No. 1, 1918-No. 12, 1929* (Manila: Bureau of Printing, 1919-30); Philippines (Commonwealth), Rice Commission, *Report*, p. 72.

　1917〜18 年のマニラでは,貿易量全体の拡大を受けて,以前よりも雇用拡大や名目賃金上昇がみられたが,1919 年には,多くのマニラ住民にとって生活費の上昇が収入の増加を上回ることになった[22]。また 1919〜20 年には,アメリカの景気後退を反映して,フィリピン輸出産品に対する需要が減退した。とくにマニラ麻の場合,平均輸出価格が,1918 年から 1919 年にかけて 1 ピクル(picul, 63.25 kg)当り 43.52 ペソから 28.03 ペソへと下落した[23]。この結果,マニラ麻の産地では,対米輸出不振が住民の購買力減退をもたらし,飯米購入をより難しくしていた。例えば,フィリピン最大規模の中国系米穀商社シ・コン・ビエン社(Ciy Cong Bieng & Co.)[24]は,マニラ麻産地となるビコール地方でひとつの流通上の問題を抱えていた。同社は,マニラでの米穀卸売業を中心に,ヌエバエシハ州カバナトゥアン町に精米所を抱えたほか,香港やマニラ麻産地でも幾つかの支店を経営して米とマニラ麻の交易に従事していた。マニラ麻産地の支店は,1919 年米穀危機が生じ

るまで米との交換でマニラ麻を買い付けていたが，本店では，住民が「マニラ麻の低価格のために，高価格の米を購入することができないでいる」[25]との報告を受けていた。こうして，高米価とマニラ麻価格の低落という事態が重複して，従来の交換比率とのギャップが大きくなりすぎたために，米とマニラ麻の交換取引が停止されることとなった。この事態への対処として同社は，実際の消費分の米のみを販売する配慮を住民に払っていたという。単なる米の在庫不足のみでなく，アメリカの景気後退に影響された輸出不振も，生産者の購買力を低落させ，米穀流通に影響を及ぼしていたのである。

　飯米消費の問題は，輸出作物産地ばかりでなく，他の地域でも深刻であった。1919年に，フィリピン警察軍(Philippine Constabulary)は，幾つかの州において米不足に起因する社会不安の警戒にあたっていた。同年の警察軍の報告によると，とくに中国人商人に対して倉庫・住居の放火，暴行がなされていたとしている[26]。また新聞紙上でも，輸出作物産地で多くの社会不安が生起していたことや，セブ州などでとうもろこしを代替食糧とする傾向がいっそう強まっていたことが報告されている[27]。

　ここで，大規模な中国系マニラ米穀卸売商がマニラ以南地域にも支店を抱えていたことを考慮しながら，マニラ内部や以南地域への米の流通組織を確認すると，一般的には次のように階層化していた。1919年に既述のシ・コン・ビエン社の代表アルフォンソ・シシップ(Alfonso SyCip)が，後述する販売規制への抗議のなかで示したところによると，マニラの流通取引では，上位の約40人程度の卸売商人を頂点に，中位に約100人規模の仲買商人が，下位に約1000人規模の小売商人が位置していたという。マニラ以外の地方における流通取引でも，マニラ卸売商を頂点とした3層構成を成していたという。各層の取引は信用に基づいてなされ，末端の小売店でも，「消費者への販売の大部分は，信用に基づいてなされる」としている[28]。このように，マニラ内部およびマニラと以南地域の消費市場を結びつける流通組織において，マニラの卸売商人を頂点に，中国人は，仲買商人，小売商人と続く階層的ネットワークを形成していたのである[29]。

　一方植民地政府は，1919年米穀危機にどのように対応していたのだろう

か。1919年7月以降になると，米価高騰の抑制や住民への飯米供給を目的として，同政府はマニラおよび諸地方で低価格の米を販売した。しかしながら米不足に伴う社会不安は，植民地政府による政策的対応によって助長される側面もあった。フィリピン議会は，1919年7月21日に次の2つの法律を可決している。法律第2868号では，米不足などの特別の状況において，籾，精米およびとうもろこしの流通・販売について独占・蓄蔵・投機を禁止した。次いで法律2869号では，米の輸出が禁止された[30]。後者の法律が可決された背景では，中国人商工会議所に属した商人が高米価の香港へ米を輸出するという事態が社会問題化していた[31]。前者の法律は，具体的には販売価格規制や籾・精米所有量の政府への申請義務によって実施されることになった。1919年8月から1920年5月までのマニラ卸売米価は14.25ペソの水準で規制されていたが，実際には，マニラおよび地方では流通の段階や米の等級が考慮されることなしに小売・卸売価格が統制された[32]。したがって，実際の流通上の3段階それぞれでの販売利益は保証されなかっただけでなく，とくに一等米など良質の精米は市場に出回らず，多くの中国人小売店が米の売却を控えることになった。その結果，同小売店と現地人飯米購入者とのあいだにさまざまな社会問題を引き起こすことになったのである[33]。

また14.25ペソの規制価格水準に関して，中国人商人・植民地政府間で交渉がなされていた。規制が行なわれる以前に，先のシ・コン・ビエン社は，商業局(Bureau of Commerce)との交渉において，次のような提案を行なっていた。「当時，平野部では籾の買い付け価格が7.00〜7.25ペソであったため，米価を16.25ペソ以下にするべきではない。16.25ペソの価格は，精米業者に2〜3％の利潤しか保証しないであろう」。価格規制の実施後は，中国人商工会議所が，すべての中国系精米所所有者による要請のもとに，16.00ペソの規制価格を申し出ていた。政府がこれを拒否したため，1919年10月，シ・コン・ビエン社は，通商省長官に15.75ペソの価格を要求した[34]。したがって，14.25ペソの規制価格は米の販売への誘因とは成りがたいもので，米商人にとって受け入れがたい水準であった。上述の政策形成・実施過程は，中国人商人の意向が規制価格に十分に反映していなかったことを示すものと

こうしたなか，米の移出地域であった中部ルソン平野は，米価高騰とどのような関係にあったのであろうか。1919年に，マニラ鉄道会社は中部ルソンにおける米の投機状況について調査を行なっている。

　6月21日，鉄道各駅には，輸送を待つ8万3500カバンもの精米が搬入されている。この時期，米の輸送が他の農産物に対して優先されており，精米所のストックはこの10日で2万9500カバンに減少している。この輸送ペースは，すべての精米所が24時間稼働した場合の産出能力を多少上回るものである。米の優先的輸送命令は，その後6月30日までに撤回され，米は精米加工と同じペースで輸送されることになった。
　8月1日に政府の価格規制が実施され，8月4日から24日までの21日間，マニラへの1日当り平均輸送量は，以前の1万～1万2000カバンから9000カバンへと落ち込んだ。〔中略〕この落ち込みは，幾つかの精米所からの輸送量自体を減少させる一方，大部分は精米活動のペースを遅らせることで実現された[35]。

これらの精米所の多くは，中国系マニラ米穀卸売商によって所有されていた。よって同精米業者は，産地における籾の買い付けに単に参入していただけでなく，中部ルソンに籾・精米のストックを抱えることによって，米価の動向に対応して出荷調整を行なっていたことがわかる。
　生産者の動向については，当時のフィリピン国立銀行総裁ファーガスン(Samuel Ferguson)の調査がそれをよく示している。彼は，1920年4月2日付けで，貨幣流通量および物価水準の調査結果を総督に書き送っている。それによると，米の産地に投機が存在したため，精米所は「合理的価格(a reasonable cost)」で籾を購入することができず，一方マニラの米穀市場では，地方の投機を理由に，日々，米価が上昇していたとしている。その部分を，次に引用しよう。

調査による発見は，投機が存在すること，精米業者が合理的価格で籾を購入できないでいること，したがってフィリピンの精米加工は制約を受けていることである。また現在のマニラの精米価格は，地方の精米と比較して低い水準になっている。昨日，フィリピン米は，サイゴン No.2 と同じ価格水準，すなわちマニラで1ピクル当り 6.6 ペソに達した。

異常な事態として，米のかなりの部分が，生産者，すなわち「農民(farmer)」によって保有されている。彼らは，精米所に籾を売却する代わりに，それを蓄蔵し，小額の前貸し金を確保することによって，より高い米価を待ち続けている。これは，これまでの私の記憶にはない状況であり，「農民」の側にひとつのビジネスが生起していることを意味する。
(「　」は，筆者による)

さらに続けてファーガスンは，大量に流通した通貨が一般的物価水準を上昇させているが，投機などの要因でそれをも上回る米価高騰が引き起こされ，多くの人々に生活費の負担増を強いたとしている[36]。既述の米の投機に関する法律は産地には適用されていなかったため，地主・農民による籾・精米の蓄蔵には効力を発揮していなかったのである。

経営上の再生産が限界の農家もしくは中小地主も借入れを通じて投機に参加していたが，むしろより大規模に投機に関与したのは「農民」ではなく，生活資金の借入れを必要としない大地主であっただろう[37]。すでに，米不足による社会不安がピークに達した1919年8月，中国人以外の商人から成るマニラ商人組合(Manila Merchants' Association)は，米穀危機の分析のなかで，「最大の利益享受者は，中国人商人ではなく，食糧産地の地主である」としている[38]。米作地主は，米の作付け面積の拡張や投機などによって利益獲得機会を拡大すると同時に，同業者団体などを通じて，自らの利害のための政治的働きかけを行なうようにもなっていた。当時，フィリピン農業者会議(Philippine Agricultural Congress)という団体[39]が，農業関係者の利害を政治に反映する役割を果たしていた。それまでは，ビサヤ地方の砂糖アセンデーロ(巨大地主)が同会議を支配して，労働者賃金を低く抑制すべく，安

い米価を要求していた。しかし，1920年9月初めに開かれた第五回同会議では，いまだ高水準の米価が続く状況下で，「ルソン島の米生産者（rice grower）」が，砂糖関係者に対して米の保護関税と中国人クーリー移民の支持に加わることを強いるまでになっていた[40]。第六回フィリピン農業者会議の同報告では，法定の輸入関税水準を，100 kg当り2.40ペソから5.00ペソへ引き上げるようフィリピン議会へ推奨するとともに，暫定的な措置として，実際の徴収額を2.00ペソから当面の最大水準である2.40ペソへ引き戻すよう総督に要求することが認められた。ヌエバエシハ州からは，数名の巨大地主が参加していた[41]。以下，米穀輸入関税に関する同会議の要求を要約して述べることにしよう。

　その文書では，関税率を上げる理由として，米の生産費用の格差が存在したために，国内米が輸入米と競争できないことを挙げている。合衆国議会が米輸入関税を設定した1909年と比較しても，国内生産費用は増大しており，内外の価格格差が著しく大きくなっているという。その事例として，ヌエバエシハ州カバナトゥアン町の二等地1.5 haの刈分け小作地が設定されている。土地価格に農具，水牛を含めた初期投資は1106.00ペソで，ほかに経営費用として，種籾，農業労働者賃金，脱穀機使用料，地租，そして水牛・農具の減価償却分が，1年当り190.16ペソと評価された。同地の収穫量および販売額を考慮して，390.00ペソを粗収入として経営費用と粗収入をそれぞれ地主・小作間で折半すると95.08ペソと195.00ペソとなり，後者から前者を差し引くと地主，小作農それぞれの純収入は99.92ペソとなる。この額は，初期資本をフィリピン国立銀行から9％の利率で借り入れた場合，利子返済のみに足る額で，地主にとって不十分であるという。他方小作農にとって，労働報酬である99.92ペソを実際の労働日である160日で割ると，1日当り0.62ペソの額となる。都市では少なくとも1日当り最低1.50ペソの賃金が得られるので，それゆえ小作農が，田畑を放棄して都市労働を選択するとしている。

　ここに述べられた事実の真偽は別として，文書に示された論理は，地主の利害を反映していることは明らかであろう。すなわち，フィリピン農業者会

議を通じた，米の輸入関税上昇への働きかけには，米作地主の利害を基調としていたことが確認されるのである。

結局，高米価は1920年後半まで続いた。それ以降の時期には，米の輸入量が平年並みに戻ったため，マニラの卸売米価も下降し始めている[42]。さらに1921年初めになると，国内の米生産が豊作となり，同年マニラの平均卸売米価は，前年の1カバン当り14.00ペソから7.56ペソへと急下降した。しかしながら，米価が米不足以前の水準に戻った時，逆にこの事態は，フィリピン議会で国内生産者保護の問題として取り上げられることになる。フィリピン議会は，1921年2月に一定期間の米輸入を禁止する権限を総督に付与する法律を可決しており，実際，同年に2度の米輸入の禁止がなされている[43]。

米穀輸入関税率については，1920年に，財政歳入を増大させる目的から既存の税収構造全体を見直す一環として，植民地政府内部において輸入米100 kg当り2.4ペソから4.0ペソへの増額が提案された[44]。この修正案はいったんフィリピン議会で却下されたが，結局関税率は，1922年に100 kg当り3.0ペソの水準に切り上げられた[45]。1920年にインフレーションは終息したが，その裏側で実施された輸入制限や関税率切り上げは，飯米購入者よりもむしろ生産者の利益を反映させるものとなっていたのである。以降，マニラ卸売米価は，1920年代を通じて他の商品価格よりも相対的に高く推移していくことになる[46]。

以上，1919年米穀危機が生起した理由として，アメリカの景気後退に基づく消費者の購買力減退があった。また供給側の理由として，米の輸入減少がある。

同米穀危機が生じた過程において，米作地主は，同業者団体を通じて輸入関税設定などの米価政策に働きかけていた。米作地主が政治的立場を強くしたのは，中部ルソン平野から全国市場への米供給量が増大する過程，すなわちその利益基盤が拡大するなかで生じていたのである。逆に中国人商人は，米穀危機で社会的非難の対象となり，米価規制をめぐる植民地政府との交渉では，その意向が排除される傾向にあったのである。中国人とフィリピン人

との民族的摩擦が，政府の対応を複雑なものにしていた。

三　1935年米穀危機と流通政策

　1919年米穀危機のあと，フィリピンでの米穀生産は順調に伸びたため，1927年には米の輸出禁止規制が撤廃されることになった[47]。しかし1931年になると，世界恐慌による米価低落と国内生産者保護を理由に，米の輸入関税を100 kg当り3ペソから5ペソへと切り上げることがフィリピン議会で可決され，1932年以降に実施されるに至った[48]。生産者に有利な市場環境が形成されるなか，1935年には再度米穀危機が発生する。世界恐慌を経た1930年代前半には，都市では失業が拡大し，農村では小作農が増大していた。1935年米穀危機は，貧困がより常態化するなかで生じていたのである。さらにフィリピンにおいて政治的・経済的ナショナリズムが高まるなかで政治的自律性を強めたコモンウェルス政府は，同米穀危機や高まる農民運動を契機にして米穀公社を設立し，新たな流通政策が展開していく。

　以下では，1935年に米価が高騰した経済的背景と，それを契機とした経済政策の展開をみていくことにしよう。

1. 1935年米穀危機とその背景

　1935年後半に，マニラの名目米価は上昇した。前年との比較で月別にみると，マニラ卸売米価は1935年7月以降に上昇し，11月には1カバン当り7.61ペソのピークに達した[49]。1919年米穀危機と比較して，名目米価の上昇幅はそれほど大きくなかったが，1935年の米価上昇の現地社会に対するインパクトは，世界恐慌の影響を受けて物価水準が一般的に低落していた状況や社会構造の変化と併せて考察する必要がある。輸出作物の主要産地であるビサヤ地方やビコール地方などでは，折からの不況・失業問題と併せて米価高騰が社会問題化し，民衆が町政府に食糧供与などを要求する事態が発生していた[50]。また中部ルソン平野全般でも，米を要求するデモ行進，盗難など多くの社会不安が発生していた[51]。こうした事態を背景に，ヌエバエシハ

州を含む中部ルソンの多くの町でも，救済米(政府が消費者のために免税の輸入米を低価格で提供)の販売がなされた[52]。しかしそうした救済米さえも購入できない小作農が存在し，しかも米の代表的産地であるヌエバエシハ州の多くの町でさえ，米の代替食糧として魚，グアバ等が消費されていたのである[53]。

　このように1919年米穀危機との相違点として，社会不安の地理的範囲が，穀倉地域である中部ルソン平野に広まっていたことがある。その要因のひとつは，中部ルソン住民の飯米購入者化が進んだことである。1930年代には，農村での小作地拡大や農業労働者の増加など社会構造の変化が進展した。また，地主が小作農への食糧・現金の前貸しを拒否するという事態が，米の消費に関連する社会不安を助長していたことも，当時の新聞で確認することができる[54]。これは，小作農にとってひとつの社会保障が消失したことを意味する。

　それでは，米穀危機をもたらした供給側の要因は如何なるものだったのだろうか。米価変動の研究や政策奨励のために植民地政府内に設立された米穀委員会(Rice Commission)の分析では，その理由のひとつとして米生産量の不足を挙げている。1935年の籾生産量4500万カバンと前年度持ち越し分300万カバンを合わせた4800万カバンは，同年の見込み消費量と等しかったが，流通上の分配の偏りもあって米不足につながったという。さらに米流通における投機活動や1935年末の水害による米収穫量の減少は，米の供給条件を悪化させたとしている[55]。

　投機については，1935年9月に，商業局が北部・中部ルソンにおける米の在庫状況を調査している。中部ルソンの在庫量は籾85万7000カバンと評価され，うちヌエバエシハ州には49万858カバンの量が存在した。ヌエバエシハ州の在庫量の内訳は，商人倉庫に37万9458カバン，生産者倉庫に11万1400カバンとなっている。商人倉庫の在庫量のうち，いまだ商人が8万カバンの籾を生産者から買い取っていなかったから，それを生産者分に加えると，生産者40％，商人60％の割合でそれぞれ籾を所有していたことになる[56]。

表6-3 マニラ卸売米価, 輸入米価, 産地籾価格の比較(1926〜40年)

(単位:ペソ/カバン〔精米57 kg〕)

	輸入価格		マニラ卸売価格		産地籾価格	
	c.i.f.	関税込み		(3)−(2)		(3)−(5)
	(1)	(2)	(3)	(4)	(5)	(6)
1926年	7.34	9.05	9.32	0.27	8.6	0.7
1927年	10.07	11.78	7.56	−4.22	6.7	0.9
1928年	6.36	8.07	7.86	−0.21	6.9	1.0
1929年	6.29	8.00	8.90	0.90	7.8	1.1
1930年	7.84	9.55	6.49	−3.06	5.5	1.0
1931年	5.46	7.17	4.81	−2.36	3.9	0.9
1932年	4.31	7.16	4.19	−2.97	3.7	0.5
1933年	3.32	6.17	4.80	−1.37	4.3	0.5
1934年	4.38	7.23	4.29	−2.94	3.5	0.8
1935年	4.36	7.21	5.59	−1.62	4.7	0.9
1936年	3.65	6.50	6.46	−0.04	6.1	0.4
1937年	3.74	6.59	5.48	−1.11	5.1	0.4
1938年	6.07	9.92	6.52	−3.40	6.1	0.4
1939年	4.58	7.43	6.41	−1.02	5.9	0.5
1940年	3.35	6.20	5.80	−0.40	n.a.	n.a.

注1) 1936年以降のマニラ卸売価格は,マカン(Macan)品種の一等米のものに限定されている。
注2) 産地籾価格は,ヌエバエシハ州カバナトゥアン町のものを指す。籾1カバン=44 kg分の価格を,精米1カバン57 kg分に換算した。
出所) Philippines (Commonwealth), Rice Commission, *Report*, pp. 71-72; Philippines (Commonwealth), Bureau of the Census and Statistics, *Yearbook of Philippine Statistics, 1940* (Manila: Bureau of Printing, 1941), pp. 99-100; V. D. Wickizer and M. K. Bennett, *The Rice Economy of Monsoon Asia* (California: Stanford University, 1941), pp. 332-333.

しかしながら既述の米穀委員会は,米価上昇の背景として,米穀輸入の動向に触れていない。ここで,米穀輸入も考慮して,より長期的な視野から1935年米価高騰の意味を考えてみたい。まず,米生産の推移を確認すると(表5-1),フィリピン全体の米生産量は1920年代にも順調に伸びており,同様に推移したヌエバエシハ州の生産量は,表中の年平均で全体の16.7〜18.6%を占めるに至っている。米の輸入量に対する米生産量の割合が増大するにつれ,マニラ卸売米価は,輸入米価よりもカバナトゥアン籾価格と対応した上下変動を示すようになっている(表6-3の(4)と(6)の比較,および表6-4でマニラ卸売米価・産地籾価格の単純相関係数の方が1に近い数値を示

表 6-4　マニラ卸売米価と輸入米価(関税込み)・産地籾価格の単純相関係数(1913〜39 年)

	1913〜16	1917〜19	1920〜22	1923〜25	1926〜28	1929〜31	1932〜34	1935〜37	1938〜39
マニラ価格・輸入価格	0.335	0.977	0.953	0.963	−0.413	0.245	−0.978	−0.512	0.997
マニラ価格・産地籾価格	n.a.	n.a.	n.a.	n.a.	0.998	1.000	0.917	0.927	0.996

出所）表 6-3 に同じ。

表 6-5　全国の人口推移と米の 1 人当り消費・供給量(1918〜38 年)

	人口数	人口成長率(%)	1 人当り消費量(カバン＝精米 57 kg)	1 人当り供給量(カバン＝精米 57 kg)
1918 年	10,314,310		1.94	3.78
1925 年	11,868,300	2.0	1.92	4.00
1929 年	12,859,300	2.0	1.93	4.02
1938 年	16,000,303	2.4	1.41	2.60

注）1 人当り供給量は，各年の生産量と輸入量を合わせたものから算出。
出所）Hugo H. Miller, *Principles of Economics Applied to the Philippines* (Boston: Ginn and Company, 1932), p. 565; Philippines (Commonwealth), Rice Commission, *Report*, p. 60, p. 64; F. L. Wernstedt and J. E. Spencer, *The Philippine Island World* (Berkeley and Los Angeles: University of California Press, 1967), pp. 631-632.

すようになったこと)。しかし 1930 年代に入ると，米生産面積の外延的拡張の終焉が明瞭になるとともに，米生産量の伸びは頭打ちとなった。表 6-5，6-6 にあるように，1930 年代以降，人口成長によってフィリピン全体の米穀需要の増大が見込まれていたから，米の増産が望めない以上，米の需要増加分は輸入によって補完されねばならなかったのである。

それでは，米穀貿易の動向はどのようになっていたのであろうか。1930 年代のアジアにおける国際米穀市場は供給過剰となっており，とりわけフィリピンの主な輸入元であった仏領インドシナでこの傾向は顕著であった。仏領インドシナの米穀輸出価格は，1930 年から 34 年までに半分以下に低落している[57]。ところが，1925〜29 年におけるフィリピンの年平均輸入量は 116 万 8182 カバンであったのに対し，1930〜34 年のそれは 22 万 2200 カバンと減少し，引き続く 35 年にも 12 万 7544 カバンときわめて低い輸入量を記録した。1930 年代前半の低調な輸入は，フィリピン全体で購買力が低下したことに加えて，仏領インドシナの米穀輸出価格が下落したにもかかわらず，

表6-6 フィリピン全体における米の供給量・
消費量の動向(1911～36年)

(単位：カバン＝精米57 kg)

	供給量	消費量	供給量－消費量
1911年	13,449,398	12,508,200	941,198
1912年	11,047,009	10,441,400	605,609
1913年	13,762,300	12,717,700	1,044,600
1914年	13,053,988	11,966,500	1,087,488
1915年	12,708,236	11,863,000	845,236
1916年	13,740,926	12,825,200	915,726
1917年	16,694,638	15,724,700	969,938
1918年	21,092,856	19,975,900	1,116,956
1919年	17,774,629	16,729,100	1,045,529
1920年	19,516,849	18,188,700	1,328,149
1921年	21,774,536	20,167,500	1,607,036
1922年	22,453,977	21,014,200	1,439,777
1923年	23,050,885	21,525,400	1,525,485
1924年	23,413,329	22,402,100	1,011,229
1925年	24,586,282	22,816,700	1,769,582
1926年	25,115,807	23,254,000	1,861,807
1927年	24,959,762	23,685,800	1,273,962
1928年	25,721,596	24,212,200	1,509,396
1929年	26,741,043	24,762,500	1,978,543
1930年	25,986,202	23,935,800	2,050,402
1931年	25,038,836	23,680,000	1,358,836
1932年	23,881,174	22,419,200	1,461,974
1933年	24,267,002	22,716,700	1,550,302
1934年	26,623,087	23,651,600	2,971,487
1935年	23,040,094	22,626,800	413,294
1936年	22,165,165	22,590,600	－425,435

注) 供給量は，各年の生産量と輸入量を合計したもの。
出所) Philippines (Commonwealth), Rice Commission, *Report*, pp. 60-64.

関税を含めた輸入米価がマニラ卸売価格を下回ることはなかったために引き起こされていた(表6-3)。これに関して，2つの理由が考えられる。第一に，1932年のフィリピンにおける米輸入関税率の引き上げである。これにより，1930年代の国内米価は，関税を含む輸入米価と比較して低水準に維持された。第二に，1934年になると，ドルにリンクしていたフィリピン通貨は，本国のドル切り下げに追随して，その価値を金に対して40％下落させた[58]。インドシナ通貨が金本位制を維持していたため，このことが為替レートを切

り下げる意味を持つことになり，1930年代後半の米穀輸入をさらに減少させる方向に作用していたことは留意されるべきであろう。

　このように，1930年代には米生産量の増加が見込めなかったため，米輸入量を増大させることが必要となったが，関税等による輸入米価の上昇は国内市場への米供給を減少させることとなった。こうした1930年代における米の供給動向の特徴は，表6-5，6-6に現われている。フィリピン全体における米の消費量が横ばい傾向を示す一方，供給量もまた増加しなかったために，1936年の国内ストックはマイナスに落ち込んだ。1935年の米穀危機は，こうした構造的背景を持ちあわせていたのである。

　次に，1935年米穀危機に対する政策的対応をみていこう。1935年8月下旬には，米穀危機への対応のために，植民地政府，生産者，中国人米穀商人の三者会議が設定された。関税を切り下げてサイゴン米を輸入する計画には生産者が強く反対し，中国人商人は態度を明確にしなかった。販売価格については，1カバン当り5ペソの水準に両者が反対しなかったことから，植民地政府は，同水準において両者が利益を得られると判断した。しかし生産者保護の問題は，生産者と中国人商人双方が大量の米のストックを抱えているとの判断から，植民地政府によって議論の対象から外された[59]。

　その一方で植民地政府内部では，農業・商業省(Department of Agriculture and Commerce)が，輸入関税の水準を100kg当り5ペソから3ペソへ一時的に引き下げる方策を追求し，総督もそれに同調していた。しかし同案は，最終的に実施に至るということはなかった。当時の日刊紙トリビューン(The Tribune)は，関税引き下げが国内輸入業者による際限のない輸入をもたらすだけでなく，国内米穀市場における「生産者」の立場を不利にするため，同案が放棄されたと報じている[60]。

　結局，1935年9月23日，関税引き下げ策に代わって，植民地政府自身が，免税で輸入した米を救済米として販売する法律第4198号が布告されることとなった[61]。しかしながら米作地主は，ヌエバエシハ地主同盟(Landowners League of Nueva Ecija)等を通じて，政府による救済米の輸入・販売にも反対し，輸入米との競合なしで国内米が販売されることを要求したの

である[62]。

　結果的に，植民地政府を代表して，商業局は，在香港アメリカ領事の協力のもとで直接に米を輸入したほか，イェク・フア貿易会社(Yek Hua Trading Corporation)，タン・シオ社(Tan Sio & Co.)，シ・コン・ビエン社などの在フィリピン中国系商社から，間接的に米を買い付けた。しかし商業局は，不利な条件で中国人商人から輸入米を購入することを強いられた。例えば，1935年9月26日付けの4000袋(1袋≒1カバン)の発注に対して，シ・コン・ビエン社は，10月5日に4000袋を3万8177.28ペソの価格で商業局に納入している。1カバン当りの価格は約9.5ペソとなり，当時の市場価格と比較しても非常に高い価格になる。ほかにも，輸入米を発注していなかったにもかかわらず，中国人商人により納入されるなどの事件が発生しており[63]，植民地政府は，輸入米の買い付けで，中国人商人に対してきわめて弱い立場にあったことがわかる。

　1935年9月30日から12月9日までのあいだに，商業局は約19万6601カバンの輸入米を購入しており，それは救済米として各町行政機関などを通じて売却されることになった。上述の高価格での購入経験から，1935年10月に商業局は，救済米を配給するにあたり，1カバン当り約5ペソの販売価格を設定した。しかし，政府自身により設定されたこの価格も実際には維持されず，国内米よりも高く販売された地域も報告されている[64]。さらにこの救済米の販売後も，平均米価は上昇し続けた。マニラ卸売米価は，11月までに1カバン当り7ペソの水準を維持し，実際に価格が低下し始めたのは新たな米の収穫が始まる12月であった[65]。救済米の販売が国内米価の下落に影響しなかったのみならず，次にみるように，消費者に安価な米を供給してその消費を十分に補助することもなかった。

　救済米の配分には，地域的な偏りがみられた。その地域別の分配構成は，マニラ市およびリサール州の首都圏に42.8%，次いでブラカン州12.2%，ラグナ州6.5%，パンパンガ州6.5%となっている。米の恒常的な移入地域であったマニラ以南諸州には，救済米の分配の割合は低くなっている[66]。このように，救済米の分配問題として，余剰米を生産するはずの中部ルソンにも

重点的に割り当てられた。しかもそれだけでなく，一部政府官僚による横流しの事件も発生していた[67]。中部ルソンに救済米が分配されたのは，商人による取引上の偏りを是正するだけでなく，農民運動を鎮静化させる，米産地農村の貧困対策にも使われていたことを意味している。

以上のように，フィリピン全体での米不足への対応として，一時的な輸入関税の引き下げが提唱されたが，米作地主の反対などによってその実施は難しかった。救済米の購入・分配でも，輸入における中国人商人への依存や産地における刈分け小作農・農業労働者の貧困化の問題は，政府の食糧消費対策の実施を制約することになったのである。

2. 米穀公社と中国人商人

農民運動が激しくなるなか，1935年米穀危機が発生して，米穀公社が設立される運びとなった。米穀公社は，開発公社(National Development Company)の下部機関として設立され，1936年に事業を開始した。米穀公社は，小農・小作農および消費者の利益を保護するため，輸入米購入と国内の籾購入・精米加工・販売に参入し，その購入価格および販売価格を一定水準に維持することを目的とした[68]。フィリピン植民地国家が自律性を高めるなか，米穀公社の活動は，貧困層の生活を助ける社会政策としての意味を持っていた。以下では，購入，販売の順で，同公社の事業展開に触れると同時に，その分析を通して1930年代後半におけるフィリピン米穀市場の構造に接近することにしよう。

1936年の米穀公社の事業は，輸入米の購入のみに限定されていた。同公社は，国内商社による入札を通じて，サイゴン米47万5000袋を購入した。同年は4社が落札し，なかでもマニラの中国系商社チェン・シオン・ラム社(Cheng Siong Lam & Co.)は，1社のみで25万袋の輸入を請け負った[69]。1937年になると国内米の買い付けが始まり，カバナトゥアン町におけるマカン二等米の価格に基づき，全購入量の95%が1カバン当り2.50ペソで購入された。また地域別の購入先では，ヌエバエシハ州が籾122万3458カバンと最も多く，全体の購入量の72.7%を占めた。当時，トラックと鉄道双方

でヌエバエシハ州からマニラへ移出される精米量は年間約160万カバンほどであったから,それを籾換算すると313万3568カバンとなる。したがってヌエバエシハ州での米穀公社購入分は,当時のヌエバエシハ州からマニラへの移出量の約39.0%にも相当していた[70]。

また米穀公社による産地での籾買い付けは,小作農・小農の貧困対策の目的を併せ持っていたことから,「小作農と小生産者にとって最も活発な販売時期である」収穫直後の1～3月のあいだになされた。1937年には,全購入量の籾168万3457カバンのうち,150万カバンが同3ヶ月のうちに購入された[71]。しかしながら,地主が米価の季節的格差を利用して投機に関与し,米穀公社に籾を売却しなかったことが問題となった。米穀公社自身の評価によると,1938～40年にかけて,ヌエバエシハ州での米穀公社所有分を除いた籾のストック量(カバン)は,1938年(4月21日)71万7803,1939年(4月25日)185万6972,1940年(5月15日)234万425となっている。他方で,この3ヶ月のヌエバエシハ州での米穀公社のストック量は,それぞれ1938年65万2071,1939年0(ストックなし),1940年53万9000であった。米穀公社は,1939年に籾の購入をほとんど行なわず,1940年には買い付け価格を1カバン当り2.50ペソから2.75ペソへと引き上げ,籾の購入量を73万3400カバンに増やしたが,米穀公社所有分以外の籾のストック量を減らすことはできなかった。こうした状況に関して,米穀公社の報告は,1940年のストック量の把握時期までに「2.75ペソで籾を売却しなかった生産者は,価格上昇を待ってストックを抱えていたという意味で,もはや生産者ではなく,投機家である」と非難している[72]。米穀公社が籾をできる限り大量に買い付け,加工した精米を低価格で販売しようとしても,地主の投機行動がその障壁となったのである。

その一方で籾・精米の販売についてみると,1937年には,前年の輸入米ストックの繰り越し分が37万7000カバン以上存在し,その販売方法をめぐって問題が生じた。国内米価よりも高価格で購入した輸入米を,売買差損を回避して国内市場で販売すれば,それが国内米価の上昇をもたらすと判断し,米穀公社は香港市場での販売を模索した。しかしそれは実現しなかった

ため，輸入米は，結局 4.50～6.24 ペソの水準で国内市場において売却された。また 1937 年の国内米全購入額は 418 万 4175 ペソで，同年の売却額は，精米 46 万 5058 ペソ，籾 78 万 9749 ペソにすぎなかった。精米の売却量が少なかった理由には，米穀公社が利用できる精米設備が少なかったことのほかに，中国人商人との競合ゆえの，販路の狭隘性がある[73]。

中国人商人が主要な担い手となっていた米穀市場では，中国人商人との競合が米穀公社の販売に重要な影響を及ぼしていた。米穀公社による米の倉庫渡し価格は，1937 年 1 カバン当り 6.65 ペソで，マニラの平均卸売価格 5.48 ペソを上回っていたため，米の売却が難しくなった。しかし 1938 年になると，マニラの平均卸売米価は 6.52 ペソへと上昇し，米穀公社の米・籾の販売量は，1 月 1 日～8 月 25 日のあいだ，籾量の評価で 142 万 2511 カバンに増加した[74]。1939 年(1 月 1 日～11 月 30 日)には，精米の全販売量は 153 万 196 カバンとなったが，国内米は購入されなかったため，サイゴン米とタイ米が全販売量の 92.6％を占めた。その輸入米の販売価格も，マニラの平均卸売価格を若干下回る程度にすぎなかった[75]。総じて，米穀公社の販売政策の実施状況は，米の市場価格によって左右されており，市場価格を引き下げる方向には十分作用しなかった。その意味で米穀公社の販売政策は，消費者の購買を援助するという当初の目的を十分に達成するものではなかったのである。

ここで，フィリピン人商人との比較で，中国人商人の数および取引量の全国的動向について確認しておく。満鉄東亜経済調査局の調査によると，1910 年代から 30 年代半ばまでの商人数について，小売・卸売双方でフィリピン人は中国人を追い抜くペースで増加し，1930 年までに小売のみでなく卸売でも前者は後者を上回った(小売：中国人 9500 人，フィリピン人 8 万 8040 人，卸売：中国人 3100 人，フィリピン人 3450 人)。しかし商業取引高では，1934 年時点でもいまだ中国人が優位に立って，全取引高の 40％を占めたのに対し，フィリピン人は 30％にすぎなかった[76]。次に，サリサリストア(sari-sari store)と呼ばれる，多くの庶民が利用する小規模の食料雑貨店を取り上げることにしよう。1938 年の国民経済会議(National Economic

Council)による国内商業の調査では，1935年マニラの中国人所有サリサリストアの数は1090で，全販売額の87％も占めたが，フィリピン人の店舗数は492，販売額比率は9％となっている[77]。中国人所有のサリサリストアの数・販売額が過大評価されている可能性はあるが，国民経済会議は，卸売も含めた中国人商人はとくに米と食料雑貨の分野で支配的であるとしている。中国人小売業者は，「輸入業者や卸売業者から特恵的取り扱いを受け」，他方「小規模で孤立的なフィリピン人小売業者は，外国人競合者と同等の条件で商品購入することができない」という。そうして中国人間取引が優位性を示すなか，「フィリピン人が米穀卸売業を始めようとする場合，小売への販路の狭隘性が障壁となる」としている。流通上における中国人優位の要因は，流通との「長期的な関与と巨大で組織化された購入(buying power)」にあるという[78]。以上のように，1910年代から30年代に至る商業の変化においてフィリピン人が徐々にその数を増す状況にあったが，国民経済会議の調査は，1930年代でも中国人による商業支配が根強かったことを指摘し，その要因として民族的な取引ネットワークの強さを挙げている[79]。

また1920年代から30年代前半にかけて，フィリピン全体での米穀輸入量は絶対量でも減少傾向を示していたが，1930年代半ばにおける救済米の輸入でもみたように，中国系マニラ米穀業者は，国際的な米の買い付けにも大きな力を発揮していたようである。米の輸入先別構成では(表6-7)，1930代前半まで仏領インドシナの比重が高くなっていた[80]。1920年代後半のある観察によると，マニラの中国人商人は，サイゴンの中国人商人との個人的関係を利用してインドシナとの直貿易に自ら従事し，所有船かチャーター船で輸送自体にも携わっていたという[81]。これに対して米穀公社も，1930年代半ば，香港の業者と提携して直接に米を輸入することを試みたが，実際に米の供給を受けることは難しかったのである[82]。

すでに確認したように，1920年代～30年代の全国的米穀消費市場の地域構成では，マニラおよびマニラ以南諸地域が大きな比重を占めていた。1930年代に入っても，大部分のマニラ米穀卸売商は信用で地方仲買商に売却し，さらにその米は信用もしくは現金で小売へと流れていた[83]。両大戦間期の全

表 6-7　東南アジア大陸部からの米輸入量(年平均, 1908～40年)

(単位：カバン＝精米57kg, ペソ)

	仏領インドシナ 重　量	仏領インドシナ 価　格	英領ビルマ 重　量	英領ビルマ 価　格	タ　イ 重　量	タ　イ 価　格
1908～15年(a)	2,630,777	10,051,441	109,939	506,245	128,240	609,904
％	85.6	82.8	3.6	4.2	4.2	5.0
1916～20年	1,988,879	10,044,484	15,812	89,109	270,635	2,938,045
％	87.4	76.8	0.7	0.7	11.9	22.5
1921～25年	1,325,222	8,883,076	9,735	66,128	140,195	1,045,556
％	89.8	88.8	0.7	0.7	9.8	10.5
1926～30年	825,742	5,597,773	296	1,898	25,459	232,241
％	97.0	95.8	0.0	0.0	3.0	4.0
1931～35年	195,569	822,160	45	272	4,994	25,976
％	93.5	92.9	0.0	0.0	2.4	2.9
1936～40年	691,093	2,654,803	33,249	110,293	392,854	1,339,877
％	61.5	63.8	0.8	2.7	34.9	32.2

(a) 1911年を除く。
注) 下段の％は，東南アジア大陸部以外も含めた米の全輸入量に対する割合。
出所) Philippines and Philippines (Commonwealth), Bureau of Customs, *Annual Report of the Insular Collector of Customs, 1908-40* (Manila: Bureau of Printing, 1909-41).

国的米穀流通における中国人商人の取引関係は，図6-3のように示すことができる。

　ただし中国人商人は，土地の集積を通じて地主化することはなかった。前章で検討したように，地主や農民への融資では土地を抵当化するのではなく，倉庫業を通じて生産物を担保にしており，商業に専念する傾向にあったといえよう。米の流通と生産の両局面において，民族的分業関係が成立していたのである。しかしそうした中国人の流通取引も，全く変化がなかったわけではない。1930年代の全国的米穀市場の規模は，生産量と輸入量がともに増加しなかったために停滞傾向にあった。また前掲表6-3の(6)にみられるように，世界恐慌期以降の時期になるとマニラ・カバナトゥアン間の価格格差は縮小し，1930年代半ばの物価上昇にもかかわらず，世界恐慌発生以前の価格格差の水準まで回復することはなかった。さらに1930年代後半の米穀市場では，中国人と米穀公社が流通上の主要な担い手となった。米穀公社による籾の買い付け参入も，カバナトゥアン町の籾価格を引き上げる効果を持ったと考えられる。このような米穀取引量の減少や価格条件の変化を含む市場

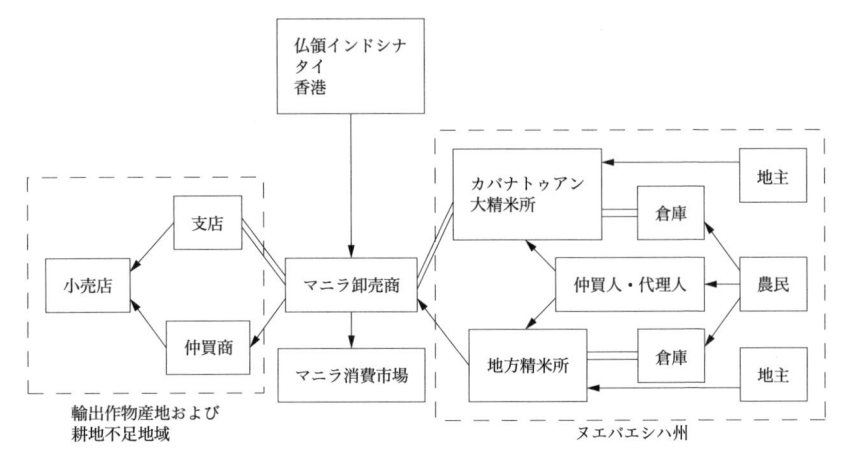

図 6-3　アメリカ統治下フィリピンの中国人による籾・精米取引の概念図
注）矢印は籾・精米の流れを，二重線は同一経営内での取引を示す。
出所）筆者作成。

構造の変化は，中国人米穀商人全体にとっての利益減退を意味しており，1930年代後半，中国人商人のなかには米穀公社に倉庫や精米所を貸与する者も現われた[84]。

米穀公社が設立された1935年には，地主が結成していたヌエバエシハ米生産者組合(Nueva Ecija Rice Growers Association)は，「消費者同様，米穀生産者とも対立する厄介な問題は，不当利得者，すなわち外国人商人(大部分が中国人)の排除に関わるものである」として，米産業の国民化計画案を当時のコモンウェルス政府大統領ケソンに提示していた[85]。こうした計画案は，地主と中国人商人との民族的・経済的対立関係を示唆していたといえる。

米の供給量不足を特徴とする1930年代の米穀市場において，フィリピンは，本来ならば米の輸入量を増大させなければならなかった。それを十分に実現することができなかったために，1930年代の全国的な米不足は，マニラや地方における飯米購入者の低下した購買力にさらに負担を強いることになった。とくにとうもろこしが主食として消費される傾向にあったセブ島，

ネグロス島，ボホール(Bohol)島，レイテ島，ミンダナオ島などでは，米価の問題は，米の代替食糧としてのとうもろこしの消費をさらに増やすことになった[86]。米穀公社は，地主や自作農のために籾・精米の価格水準を多少なりとも改善することはあっても，アメリカ統治下での米穀流通の矛盾を解決するために飯米を購入しなければならない貧困層の利益を擁護することはできなかったのである[87]。日本統治下になると，米穀公社は，日本軍によって米を確保するために利用されることになる。

まとめ

1920年代までに，東南アジア大陸部とフィリピンの食糧生産における分業関係は，フィリピン内部で成長した食糧生産部門がそれまでの輸入に代替することによって，縮小の方向へと向かった。この食糧生産は，地主制が支配的であったヌエバエシハ州が主に担い，同時に米穀市場における米作地主の籾販売量も拡大していった。こうして1920年代を通じて，米作地主の米穀市場への関与が深まっていった。周辺フロンティア地域のヌエバエシハ州が中国人商人との直接取引を通じて米を供給したのが，全国的米穀流通の結節点となったマニラ集散・消費市場であった。

1920年代までに，国内流通および輸入を通じて，広大な国内米穀市場を支えていたのは中国人であった。とくにマニラ米穀卸売商が，全国的な米穀流通を組織する立場にあった。しかしながら世界恐慌以降の時期になると，さまざまな構造的要因によって全国的米穀市場の規模は停滞し，米穀公社の設立などによってヌエバエシハ州とマニラとのあいだの価格格差は縮小することになった。こうした1930年代の米穀市場の構造変化は，地主を含む生産者に有利なものとなり，中国人商人の利益基盤は弱体化していった。

米価に関する地主の政治行動についてみると，その端緒は，1920年のフィリピン農業者会議において確認することができた。植民地政府の誘導で設立された同会議には，ヌエバエシハ州の数名の巨大米作地主を含んでおり，そうした地主が米穀輸入関税の引き上げを要求していた。これは実現に至ら

なかったが，1921年のフィリピン議会で，結局，生産者保護の観点から米の輸入禁止措置がとられた。さらに1930年代半ばまでには，ヌエバエシハ州の地主の同業者団体が，米価や米穀流通に関する政治行動を展開するようになる。1935年米穀危機の対応策として植民地政府がとった救済米輸入への抵抗（ヌエバエシハ地主同盟），流通からの中国人排除要求（ヌエバエシハ米生産者組合）がそれである。1935年米穀危機に対する植民地政府の対応は，そうした要求を直接的に反映するものではなかったが，結果的に，中国人商人や消費者よりも生産者サイド，とりわけ地主層の利益を優先したものになった。しかしながら，フィリピン政府が，救済米販売や米穀公社設立を通じて貧困層の生産・消費を援助しようとしたことの意義は大きかった。

　次いで，アメリカ統治下における2つの米穀危機の性格を，要約しておこう。2つの米穀危機は，食糧生産に代わる対米輸出産品生産の増大や人口増加がもたらした食糧輸入への依存という，フィリピンの食糧事情を示していた。1919年米穀危機では，米の供給量が不足するなかで，輸出作物産地における現地住民の購買力下落もまた米価上昇を際立たせ，米穀流通を機能不全に陥れた。

　また1935年米穀危機では，輸入関税が米穀輸入を停滞させていた。さらに，中部ルソン平野の小作農・農業労働者の飯米購入者化および困窮化という，地域の社会階層構成の変容と関連した現象がみられた。農民運動の高まるなかで，米穀公社は小作農を含む小生産者の利益擁護をひとつの目的としていたが，その設立による食糧供給システムの修正は，小作農よりも自作農や地主による籾販売に有利に作用した。小作農は，販売しうる籾を十分に持ちえなかっただけに，米穀公社の購入政策で恩恵を得ることは難しかっただろう。

　米穀流通からみたマニラ地域経済圏は，1920年代に至るまでに，中部ルソン平野に新たな開墾地域を取り込んで地理的範囲を拡大するとともに，その取引量を拡大して緊密性を増した。それは同時にマニラの取引所を頂点にして，全国的な米穀市場が組織される過程でもあり，マニラ地域経済圏は，米穀供給圏として全国的な市場圏のなかに取り込まれるようになった。さら

に1930年代までには，中部ルソン平野において農村階層構成に変化がみられ，地域内の食糧需要が高まると同時に，米穀公社による新たな米穀流通ルートが形成されたことは，マニラ地域経済圏内における米穀流通の在り方を複雑化させることになったといえるのである。

1）経済学者セン（Amartya Sen）は，飢餓がもたらされる背景を理解するためには，交易，生産資源の所有，労働，政策など多様な局面を理解する必要があるとするが，分析上，商人の役割は軽視した。アマルティア・セン著（黒崎卓・山崎幸治訳）『貧困と飢餓』岩波書店，2007年，1〜12頁。
2）世界資本主義経済に取り込まれた19世紀後半以降の東南アジアおよびフィリピンの貿易関係については，杉原薫『アジア間貿易の形成と構造』ミネルヴァ書房，1996年，1〜156頁；永野善子「フィリピンとアジア間貿易」『岩波講座東南アジア史6 植民地経済の繁栄と凋落』岩波書店，2001年，273〜295頁。
3）アメリカ統治下におけるマニラの都市化は，公務員の増減と対米輸出サイクルの影響を強く受けていたため，米価のほかにも，輸出需要がマニラ住民の購買力に影響していた。Daniel F. Doeppers, *Manila, 1900-1941: Social Change in a Late Colonial Metropolis* (New Haven: Yale University Southeast Asia Studies, 1984).
4）永野善子「フィリピン――マニラ麻と砂糖」『岩波講座東南アジア史6 植民地経済の繁栄と凋落』，89〜95頁；永野「フィリピンとアジア間貿易」，273〜295頁。
5）また米の一大消費地域であったマニラでも，小売店の中国人支配が顕著であった。Edgar Wickberg, *Chinese in Philippine Life, 1850-1898* (New Haven and London: Yale University Press, 1965), pp. 45-93, pp. 102-108; Norman G. Owen, *Prosperity without Progress : Manila Hemp and Material Life in the Colonial Philippines* (Quezon City: Ateneo de Manila University Press, 1984), pp. 56-70, pp. 121-138, pp. 182-192.

　ただし20世紀に入ると，フィリピン経済における中国人商人の役割にある程度の変化がみられた。ウォン・クウォック・チュウによると，それまで中国人商人は，マニラの外国商社と現地社会をつなぐ代理人として輸出用農産物を集荷する役割を担っていたが，20世紀初めまでには，外国商品の輸入・販売のほかフィリピンの加工品も取り扱うようになり，取り扱い商品の品目を拡大するようになった。Wong Kwok-Chu, *The Chinese in the Philippine Economy, 1898-1941* (Quezon City: Ateneo de Manila University Press, 1999), pp. 149-173.
6）Benito J. Legarda, Jr., *After the Galleons: Foreign Trade, Economic Change and Entrepreneurship in the Nineteenth-Century Philippines* (Quezon City: Ateneo de Manila University Press, 1999), p. 147, p. 157.
7）*Public Laws enacted by the Philippine Legislature*, Vol. 7, p. 367, pp. 397-399.

8) *The Statutes at Large of the United States of America*, Vol. 39, Pt. 1, pp. 545-556.
9) *The Statutes at Large of the United States of America*, Vol. 48, Pt. 1, pp. 456-465.
10) Philippines (Commonwealth), Rice Commission, *Report of the Rice Commission to the President of the Philippines* (Manila: Bureau of Printing, 1936), pp. 28-30.
11) Philippines (Commonwealth), Bureau of Commerce, *Annual Report of the Director of Commerce, 1937* (Manila: Bureau of Printing, 1938), p. 55.
12) Philippines (Commonwealth), Rice Commission, *Report*, pp. 28-30.
13) Philippines (Commonwealth), Rice Commission, *Report*, pp. 15-16, p. 29.
14) バタンガス州は，すでに19世紀末までには米の純移入地域となっていたため，フィリピン革命の時期には，食糧の流入が途絶え，多大な飢餓状況が引き起こされていた。Reynaldo C. Ileto, *Filipinos and their Revolution: Event, Discourse, and Historiography* (Quezon City: Ateneo de Manila University Press, 1998), pp. 106-107.
15) Wickberg, *Chinese in Philippine Life*, p. 102; Alfred W. McCoy, "A Queen Dies Slowly: The Rise and Decline of Iloilo city," Alfred W. McCoy and Ed. C. de Jesus, eds., *Philippine Social History: Global Trade and Local Transformations* (Quezon City: Ateneo de Manila University Press, 1982), pp. 298-300.
16) John A. Larkin, *Sugar and the Origins of Modern Philippine Society* (Berkeley: University of California Press, 1993), pp. 177-180.
17) Owen, *Prosperity without Progress*, pp. 129-145; Norman G. Owen, "Subsistence in the Slump: Agricultural Adjustment in the Provincial Philippines," Ian Brown, ed., *The Economies of Africa and Asia in the Inter-war Depression* (London and New York: Routledge, 1989), pp. 95-106.
18) 当時の信用インフレーションについて，永野善子『フィリピン銀行史研究――植民地体制と金融』御茶の水書房，2003年，92～96頁。
19) Philippines, Bureau of Commerce and Industry, *Statistical Bulletin of the Philippine Islands, No. 3, 1920* (Manila: Bureau of Printing, 1921), p. 170.
20) United States, War Department, *Report of the Governor General of the Philippine Islands, 1919* (Washington: Govt. Printing Office, 1920), pp. 201-202.
　　米輸入の減少が米価高騰を招く現象は，すでに1911年に経験していた。同年，国内米生産の不振も重なり，米価上昇は，米の被供給地域を混乱に巻き込んだ。当時の総督フォーブス (W. Cameron Forbes) は，サイゴンとラングーンから，米の緊急輸入を行なっていた。Lewis E. Gleeck, *Nueva Ecija in American Times: Homesteaders, Hacenderos and Politics* (Manila: R. P. Garcia Publishing Co., 1981), pp. 79-80.
21) Paul Kratoska, "The British Empire and the Southeast Asian Rice Crisis 1919-1921," *Modern Asian Studies*, Vol. 24, No. 1 (1990), pp. 115-146.
22) フィリピン経済は，そのモノカルチャー的性格および小規模性から，農産物輸出需

要の増減を通じて，アメリカの景気循環の影響を受けやすかった。Doeppers, *Manila, 1900-1941*, p. 30, pp. 36-50, pp. 74-79.
23) Owen, *Prosperity without Progress*, pp. 262-263.
24) シ・コン・ビエン社の創始者は，19世紀後半に中国からマニラへ移民したあとに同社を設立し，20世紀初めにはビコール地方における米の販売とマニラ麻の買い付けで事業を拡大した。1910年代以降になると，カバナトゥアン町の精米業やタヤバス州の森林伐採・製材業などに事業を多角化した。Wong, *The Chinese in the Philippine Economy*, pp. 43-44.
25) Siy Cong Bieng & Co. to the Secretary of Commerce and Communications, 1919, Series 7: Subject File, Box 506, Manuel Quezon Papers, Philippine National Library, Filipiniana Division.
26) 報告がなされていたのは，アルバイ，南カマリネス，イロイロ，ボホール(Bohol)，レイテ，西ネグロス，サマール，タヤバス，サンバレス(Zambales)の9つの州についてであった。Synopsis of Constabulary Reports, 1919, Series 7: Subject File, Box 504, Manuel Quezon Papers.
27) *The Manila Times* August 3, 25, September 7, 8, 9, 11, 26 1919.
28) *The Manila Times* August 18 1919.
29) しかしながら，マニラとマニラ以南地域の商人を結びつける沿岸輸送についてみると，とりわけ1920年代以降において，同輸送業からの中国人の後退がみられた。Wong, *The Chinese in the Philippine Economy*, pp. 86-88.
30) United States, *Report of the Governor General, 1919*, pp. 202-204; *The Manila Times* July 26 1919.
31) *The Manila Times* July 26, 27, August 2, 3 1919.
32) United States, *Report of the Governor General, 1919*, pp. 202-204; Philippines, Bureau of Commerce and Industry, *Statistical Bulletin of the Philippine Islands, No. 5, 1922* (Manila: Bureau of Printing, 1923), pp. 92-93; *The Manila Times* August 1 1919.
33) *The Manila Times* August 6, 7, 9, 18, September 9, October 2, 5 1919.
34) Siy Cong Bieng & Co. to the Secretary of Commerce and Communications, 1919, Series 7: Subject File, Box 504, Manuel Quezon Papers.
35) 同調査によると，さらに同年8月末の洪水が，米の鉄道輸送を麻痺させ，米不足に拍車をかけたとしている。General Manager of Manila Railroad Co. to One Chinese Rice Dealer, 1919, Series 7: Subject File, Box 504, Manuel Quezon Papers.
36) S. Ferguson to the Governor General, 1920, Series 7: Subject File, Box 504, Manuel Quezon Papers.
37) 前章でも検討したように，地主は，自分自身のための生活資金を十分に持っていたため，中国人がコントロールする既存の流通システムによって影響されることはなかった。

38) *The Manila Times* August 30 1919.
39) フィリピン農業者会議は，農業局(Bureau of Agriculture)の行政指導のもと，1914年に全国規模において組織された。同会員には，農作物の市場報告を掲載した，農業局発行の月刊誌 *The Philippine Farmer* を定期的に配布していたという。The Secretary of Public Instruction, the Philippines, to Manuel Quezon, 1913, Series 7: Subject File, Box 58, Manuel Quezon Papers.
40) United States, War Department, *Report of the Governor General of the Philippine Islands, 1920* (Washington: Govt. Printing Office, 1921), p. 16.
41) 第六回フィリピン農業者会議へのヌエバエシハ州からの代表者は，オカンポ(Simplicio Ocampo)，ティニオ(Manuel Tinio)の巨大地主(hacendero)2人のほか，国立中部ルソン大学(Central Luzon State University)学長モー(Kilmer Moe)，アメリカ人地主ヒル(Percy Hill)の計4人であった。Gleeck, *Nueva Ecija in American Times*, pp. 88-89.

ところで，フィリピンの米輸入関税は，1909年以降に100 kg当り2.40ペソに設定されていた。しかし1918年の時点で，米価上昇は労働者の生活費用増大を強いたとして，総督ハリソン(F. B. Harrison)は，米の輸入関税の実際の徴収量を100 kg当り2.40ペソから2.00ペソへと下げていた。Documento del Gobernador General al Senado de Filipinas, 1918, Series 7: Subject File, Box 504, Manuel Quezon Papers; Resolución Adoptada por el Quinto Congreso Agricola de Filipinas, 1920, Series 7: Subject File, Box 504, Manuel Quezon Papers.
42) Philippines, Bureau of Commerce and Industry, *Statistical Bulletin, No. 5, 1922*, pp. 92-93.
43) United States, War Department, *Report of the Governor General of the Philippine Islands, 1921* (Washington: Govt. Printing Office, 1922), p. 248.
44) 1920年3月に，フィリピン議会決議として，公務員の給与体系，税制および課税率を修正するため，財政委員会(Finance Commission)が設けられていた。United States, *Report of the Governor General, 1920*, p. 9; Finance Commission, "Report of the Finance Commission to the Secretary of Finance on the Condition of the Revenues of the Government," (unpublished, 1920), Vol. 2.

第一次世界大戦後におけるフィリピン財政の状況について，永野『フィリピン銀行史研究』; Vicente Angel S. Ybiernas, "Philippine Financial Standing in 1921: The First World War Boom and Bust," *Philippine Studies*, Vol. 55, No. 3 (2007), pp. 345-372.
45) *Public Laws enacted by the Philippine Legislature*, Vol. 17, pp. 240-241.
46) Doeppers, *Manila, 1900-1941*, p. 40.
47) 輸出禁止撤廃案は，総督の承認に基づき実施されたが，フィリピン議会上院において同案に賛同していたのは1人にすぎなかった。1927年の総督の年次報告によると，米価引き上げの観点から「米生産者」が米の輸出禁止撤廃を総督に要求しており，総

督はこれに基づいてその撤廃を行なったとしている。この事実は，総督の持つ権限の大きさを示すと同時に，そうした総督の権力は，米価上昇を望む社会的利害集団の意向の制約を受けていたことを意味している。ただし，米の輸出禁止撤廃が，当時の国内米価上昇に大きな影響を及ぼすことはなかった。Hugo H. Miller, *Principles of Economics Applied to the Philippines* (Boston: Ginn and Company, 1932), p. 208; United States, War Department, *Report of the Governor General of the Philippine Islands, 1927* (Washington: Govt. Printing Office, 1928), p. 15.

48) United States, War Department, *Report of the Governor General, 1927*, p. 208; *Public Laws enacted by the Philippine Legislature*, Vol. 27, p. 417; *The Tribune* July 21 1931.

49) Philippines (Commonwealth), Rice Commission, *Report*, pp. 71-72.

50) *The Tribune* September 10, 27 1935. また1935年10月の時点で，最も米の在庫が少ない州として，アンティケ(Antique)，カビテ，セブ，ダバオ，イロイロ，西ネグロス，ソルソゴンの7つの州が新聞紙上で報じられている。*The Tribune* October 3 1935.

51) *The Tribune* September 17, 21, 22, 27, 29, October 12, 24, November 8 1935.

52) *The Tribune* September 29, October 10, 15, 26 1935.

53) *The Tribune* October 10, 31 1935.

54) この事例は，ブラカン州とタルラック州で確認することができた。*The Tribune* September 28, October 4, 10 1935.

なおカークブリートによると，こうした地主小作関係の変容は，1920年代以降に中部ルソン一般に起きた現象であったという。Benedict J. Kerkvliet, *The Huk Rebellion: A Study of Peasant Revolt in the Philippines* (Berkley: University of California Press, 1977), pp. 1-60.

55) 1930～34年の平均生産量(籾)は4987万4120カバンであったのに対し，35年は4582万5100カバン，36年は4111万7200カバンとなっていた。Philippines (Commonwealth), Rice Commission, *Report*, pp. 23-27.

また米価高騰の要因について，政策当事者であった当時の総督マーフィー(Frank Murphy)も同様の理解に立っていた。Document of the Governor General, September 23 1935, Series 7: Subject File, Box 506, Manuel Quezon Papers.

56) その一方で，マニラやビサヤ地方などの米移入地域では，同年の収穫期までの2ヶ月分に必要な量は88万カバンと評価されている。*The Tribune* September 21 1935; Philippines (Commonwealth), Rice Commission, *Report*, p. 24.

57) サイゴンにおける輸出米価格の低落について，ラウンドホワイト(Round White)一等米の場合，1925～29年の平均価格(ピアストル/kg)は10.6で，30年の11.4を頂点に以降には年を追うごとに価格は下落し，34年には3.3を記録した。より品質が劣るホールホワイト(Whole White)二等米の価格も，同様の下降を示している。1930年代のアジアの米穀市場が供給過剰になった要因として，朝鮮と台湾において米の土

地生産性が上昇したために日本帝国域内の輸入量が減少したこと，また同年代半ばから中国市場が急速に収縮したことなどを挙げることができる。権上康男『フランス帝国主義とアジア――インドシナ銀行史研究』東京大学出版会，1985 年，320～338 頁；V. D. Wickizer and M. K. Bennett, *The Rice Economy of Monsoon Asia* (California: Stanford University, 1941), pp. 92-97, pp. 322-323, pp. 330-331.

58) 永野『フィリピン銀行史研究』，98～101 頁。
59) *The Tribune* August 31 1935.
60) *The Tribune* September 21 1935.
61) Document of the Governor General, September 23 1935, Series 7: Subject File, Box 506, Manuel Quezon Papers; The Department of Justice to the President of the Commonwealth Government, January 31 1936, Series 7: Subject File, Box 506, Manuel Quezon Papers; *The Tribune* August 28, September 18, 20 1935.
62) *The Tribune* September 26 1935; Philippines (Commonwealth), Rice Commission, *Report*, p. 25.
63) それらの商人名は，中国人総商工会議所(General Chinese Chamber of Commerce)の名簿において確認することができる。*Philippine-China Yearbook and Business Directory* (Manila: Philippine-China Society, 1938), Vol. 1; The Department of Justice to the President of the Commonwealth Government, January 31 1936, Series 7: Subject File, Box 506, Manuel Quezon Papers.
64) *The Tribune* October 2, 23 1935; Philippines (Commonwealth), Rice Commission, *Report*, pp. 25-27.
65) Philippines (Commonwealth), Rice Commission, *Report*, p. 72.
66) Relief Rice Imported and Distributed by the Bureau of Commerce, 1935, Series 7: Subject File, Box 506, Manuel Quezon Papers; Distribution of Relief Rice Imported by the Bureau of Commerce, 1935, Series 7: Subject File, Box 506, Manuel Quezon Papers.
67) *The Tribune* October 12, November 26 1935.
68) Philippines (Commonwealth), Rice Commission, *Report*, pp. 3-4; National Rice and Corn Corporation, *Annual Report of the Manager to the Board of Directors, 1936* (Manila: Bureau of Printing, 1937).
  なお米穀公社の輸入米や国内米の購入資金，その他設備費用の財政的裏づけは，アメリカからもたらされた椰子油基金を源泉とする中央政府歳入の増大にあった。中野聡『フィリピン独立問題史――独立法問題をめぐる米比関係史の研究(1929-46 年)』龍溪書舎，1997 年，105～131 頁。
69) National Rice and Corn Corporation, *Annual Report, 1936*, p. 25.
  またこうした米穀輸入は，米不足に対処するための備蓄にも充てられていた。Report of the Chairman of National Economic Council, February 14 to December 31 1936, Box 29, Manuel Roxas Papers, Philippine National Library, Filipiniana

Division.

70) 籾から精米への換算率(percentage of recovery)について，米穀公社は，1937年2月に幾つかの精米所の調査を行なっている。ヌエバエシハ州から17の精米所が取り上げられた結果，それらの換算率は48.00～52.73の範囲に分布し，1精米所当りの平均は51.06であった。本文中でも，51.06の換算比率で，籾の量を算出している。Report of the National Economic Council, 1938, Box 29, Manuel Roxas Papers; National Rice and Corn Corporation, *Annual Report of the Manager to the Board of Directors, 1937* (Manila, Bureau of Printing, 1938), pp. 27-31, pp. 46-48; Jose E. Velmonte, "Palay and Rice Prices," *The Philippine Agriculturist*, Vol. 15, No. 5 (Oct. 1936), p. 390, p. 408.

71) National Rice and Corn Corporation, *Annual Report, 1937*, pp. 25-26.

世界不況がとくに国内米価にも波及した1929～31年の期間を除いて，米価は，米の収穫が始まる年初に最も低い水準となり，収穫直前の年末には最高水準に達するという，季節的循環を形成していた。1933年の場合，カバナトゥアン町の籾の価格(1カバン)は，3月に最低の1.51ペソを記録し，7月には最高価格2.55ペソに達しており，その価格差は1.04ペソと大きかった。Philippines (Commonwealth), Rice Commission, *Report*, p. 71.

72) The Board of Directors, November 29 1939, Box 32, Manuel Roxas Papers; Memorandum of the Manager for Manuel Roxas, 1940, Box 32, Manuel Roxas Papers.

また1939年7月の米穀公社の会議によると，中部ルソンのタルラック州の例では，地主・自作農(producers)が1万4000カバンの籾を保有していたのに対し，小作農(kasamas)は500カバンを抱えていたにすぎなかったという。The Board of Directors, July 11 1939, Box 32, Manuel Roxas Papers.

このように地主によって保有された大量の籾のストックは，刈分け小作制のもとでの小作料収取によって初めて可能になるものであった。1939年センサスによると，ヌエバエシハ州の小作地率(自小作農を含む)は，78.9％にものぼっていた。Philippines (Commonwealth), Commission of the Census, *Census of the Philippines, 1939*, 4 vols. (Manila: Bureau of Printing, 1940), Vol. 2, Pt. 2, p. 972, p. 984.

73) 米穀公社は，所有設備に不足していたため，商人等から精米所や倉庫を借り受けていたが，すでに1936年から設備の貸付けの撤回が問題化していた。また米穀公社は，ほかの商人よりも高価格で籾の買い付けを行ない，高価格で販売できるビサヤ地方やミンダナオ島で売却した。Report of the Chairman of the National Economic Council, February 14 to December 31 1936, Box 29, Manuel Roxas Papers; National Rice and Corn Corporation, *Annual Report, 1937*, pp. 53-57.

74) Report of the National Economic Council, 1938, Box 29, Manuel Roxas Papers.

75) The Board of Directors, Oct. 2 1939, Box 32, Manuel Roxas Papers; Tables on

Operating Results, 1939, Box 32, Manuel Roxas Papers.
76) 満鉄東亜経済調査局『フィリピンにおける華僑』青史社，1986年，84～91頁。
77) National Economic Council, "Report of the Committee on Domestic Trade," (unpublished, 1938), pp. 6-9.
ちなみに，1925年に実施されたマニラのサリサリストアに関するある調査では，中国人のものが全体数の58.1％を占めていた。満鉄東亜経済調査局『フィリピンにおける華僑』，102～103頁。
78) National Economic Council, "Report of the Committee on Domestic Trade," pp. 15-16.
79) ただし1930年代までのマニラには，綿製品や陶磁器などの安価な雑貨類が日本から輸入されている。早瀬晋三によると，それに応ずるように，マニラにおける日本人の商業人口や商店規模も増大する傾向にあった。日本製品の輸入は，マニラ住民の消費行動や生活文化が変わるひとつの契機ともなっていたという。早瀬晋三「近代大衆消費社会出現の一考察——アメリカ植民支配下のフィリピンと日本商店・商品」『人文学報(京都大学人文科学研究所)』第91号(2004年12月)，141～170頁。
80) 1920年代前半において，フィリピン全体の米穀輸入量のうち香港を経由した中継貿易が占めた割合は，1920年73.8％，21年45.9％，22年34.7％，23年18.6％，24年25.0％となっている。J. A. Le Clerk, *Rice Trade in the Far East* (Washington: Govt. Printing Office, 1927), p. 28.
81) Le Clerk, *Rice Trade in the Far East*, pp. 60-61.
82) National Rice and Corn Corporation, *Annual Report, 1937*, pp. 54-55.
83) Miller, *Principles of Economics*, pp. 533-545.
またマニラの米穀卸売業者は，1921年に設立された中興銀行(China Banking Corporation)から融資を受けることが可能であった。フィリピンの有力な米穀商であったシ・コン・ビエン社のアルフォンソ・シシップは，当時の中国人総商工会議所の会頭を兼ねると同時に，同銀行の幹部にも強力な人脈を有していた。満鉄東亜経済調査局『フィリピンにおける華僑』，98～102頁，107～116頁；*Philippine-China Yearbook and Business Directory*, Vol. 1, p. 105, p. 134.
84) National Rice and Corn Corporation, *Annual Report, 1937*, pp. 30-31.
85) The Nueva Ecija Rice Growers Association to Manuel Quezon, 1935, Series 7: Subject File, Box 506, Manuel Quezon Papers; Kerkvliet, *The Huk Rebellion*, p. 55.
86) 永野善子『フィリピン経済史研究——糖業資本と地主制』勁草書房，1986年，435～436頁；Report of the Purchasing Agent, National Rice and Corn Corporation, 1940, Box 32, Manuel Roxas Papers; Owen, *Prosperity without Progress*, pp. 129-145; Owen, "Subsistence in the Slump," pp. 95-106; Miller, *Principles of Economics*, pp. 211-219.
87) ミアーズ(Leon A. Mears)らは，農業経済学的観点から，第二次世界大戦前の米穀公社の経済活動に触れている。それによると，米穀公社は，マニラ精米小売価格の季

節的格差の減少など，フィリピン国内米価の安定化に貢献したとしている。Leon A. Mears, et al., *Rice Economy of the Philippines* (Quezon City: University of the Philippines Press, 1974), pp. 5-12.

終　章　近代におけるマニラ地域経済圏の変容

1. 2つの視点からみた地域社会

　本書では，マニラとその後背地としての中部ルソン平野をひとつの地域として設定し，人と物の移動という2つの地域形成の契機を重視して分析してきた。

　物の移動(商品流通)という観点において，19世紀を通じたマニラ地域経済圏は，生産から消費までの完結した取引を行なう地域的まとまりとして，首都市場圏と地方市場圏の2つを含んでいた。19世紀初めまでにガレオン貿易という中継貿易の結節点であったマニラでは，目立ったフィリピン産品の輸出もなかったため，首都市場圏において周辺地域とは比較的緩やかな交易上の結びつきを有していた。19世紀初めまでの首都市場圏について，中部ルソン平野でマニラと結びついていたのは，労働力の送り出し地域でもあったマニラ湾沿岸のパンパンガ州とブラカン州の農村であった。中部ルソン平野などからマニラへ運ばれる商品の一集散地となっていたのは，マニラ郊外のマラボン町である。マラボン町などの集積地を介してブラカン州からマニラへ運ばれた商品は，米などの農産物，綿織物および関連工芸品，燃料用マングローブ材，屋根の原材料となる椰子の葉，建築用石材などであった。また中部ルソン平野南側のブラカン州における地方市場圏では，流通の結節点となる諸町において，地元住民が売り手と買い手として参加する週市が開催されていた。こうしたブラカン州の地方市場圏では，食糧などの生活必需品が主に取引された。19世紀初めまでの首都市場圏と地方市場圏双方では

現地住民の衣食住と関わる商品が基本的に取引されており，マニラ地域経済圏内部の生活文化の在り方が流通商品の品目を規定して，そこでの取引上の地域的まとまりを形づくっていた。

19世紀末になると，欧米支配の世界資本主義経済の影響を受けつつ，中部ルソン平野では鉄道をはじめとする交通網の整備が進んだ。ブラカン州では，現地住民の購買力の上昇を裏づけるように，商品の販売形態は，市から常設店舗を通じたものに変化した。また首都市場圏は，集散地・消費地としてのマニラを結節点として，全国市場向けに米穀を大量供給する流通ネットワークのなかによりいっそう埋め込まれていくことになった。それと同時に中部ルソン平野では，周辺フロンティアとなるヌエバエシハ州で米穀生産に投じられる農地の開発が進み，マニラへ米を供給する地域の地理的範囲は拡大した。砂糖などの世界市場向け農産物生産・輸出と連動して拡大する，国内市場向けの米穀生産が増大するようになってきたのである。したがって米の流通からみた場合，米産地とマニラ消費市場を結ぶ地域としてのマニラ地域経済圏は，全国的に拡大した市場圏のなかの一部として，周辺フロンティアに地理的範囲を広げると同時に緊密性を高めて存在することになったのである。

人の移動(労働力移動)という観点において，19世紀末までのマニラは，パンパンガ州とブラカン州から成る中部ルソン平野マニラ湾沿岸地域から多くの人を受け入れてきた。とりわけブラカン州は，水路を通じたマニラ都市社会への人口供給のパイプを形成して，当時のトンド町をはじめとする地域に文化的に同質的な社会をつくった。その一方で，19世紀における中部ルソン平野内陸部のヌエバエシハ州やタルラック州もまた，森林や草地，焼畑で覆われた地域が非移動性農地へと転換していく周辺フロンティア地域として，多くの労働力を受け入れていた。ヌエバエシハ州をはじめとする周辺フロンティアでは，ネグリート系先住民を排除して，マニラ周辺の人口稠密的農村や北部ルソンのイロコス地方から多くの農業移民を吸収した結果，1920年代には未墾地から非移動性農地への転換を完了させた。すなわち1920年代のヌエバエシハ州では，外部から人口を受け入れる潜在的能力は限界に達

することになった。こうしてマニラは，1920年代以降，タガログ語圏以外の地域のみならず，中部ルソン平野からも大量の移民を吸収して，人口増加のペースを早めていくことになるのである。

このように人と物の両者の移動からマニラ地域経済圏をみた場合，19世紀前半におけるその地理的範囲はマニラとマニラ湾沿岸地域を包摂するという共通性を有していた。20世紀に入ると，流通におけるマニラ地域経済圏は，世界市場向け農産物生産の拡大や鉄道網の整備によって中部ルソン平野全体に及ぶようになると同時に，全国的な米穀市場のなかに，その一部の機能を担うものとして埋め込まれる性格を強くしていた。人の移動からみた場合でも，1920年代までのタガログ語圏は，マニラやブラカン州を含むマニラ湾沿岸からヌエバエシハ州北部一帯にかけての地域にまで及ぶようになっていた。しかし，1920年代には労働力移動の在り方が大きく変化して，マニラは全国的に人の供給を受けるようになった。1930年代後半までには，同経済圏内部において非タガログ語圏出身者もタガログ語を共通語としてある程度受容するようになっていた。アメリカ統治下のマニラ地域経済圏において，さまざまな言語集団に属する者がタガログ語を共通語として受容したのには，フィリピン革命を経たのちのナショナリズム意識の進展とけっして無関係ではなかったであろう。しかしながらそのことは，非タガログ語圏出身の者にとって，タガログ語圏出身者に対する文化的周縁性を意味するものであったことは忘れてならないだろう。

マニラ地域経済圏の考察において，人と物の移動双方からみた地理的範囲が，19世紀末までにマニラ湾沿岸地域に限定されていたことは興味深い。このことは，人と物を運ぶ手段が単に河川などを走行する船舶に限定されていたということのみを示唆するものではないだろう。商品流通を媒介する商人がマニラの現地情報を地方にもたらし，それが労働力移動を促進していたといえよう。地域と地域のあいだにいったん人と人の結びつきが形成されると，とくに血縁・地縁関係を通じて移民の連鎖が引き起こされ，マニラと特定地域との人の移動を通じた結びつきが強くなっていた。この意味で，労働力移動と商品流通は，マニラ地域経済圏の形成において相互補完的役割を果

たしていたのである。

　今後の課題のひとつには，マニラから中部ルソン平野へと流れる商品流通を，住民の消費構造と併せて考察することが残されている。ただし1930年代までに，日本からの綿製品や雑貨類の輸入品が中部ルソン平野へと流通する量は増大したと考えられるが，逆ルートでの米などの特産品の流通量に比べるとその量は限定的であっただろう。その供給側の理由として，都市・農村間において製造業をめぐる分業関係が，十分に発展してこなかったことがある。マニラは，葉巻などの製造業を大規模に発展させることはあっても，フィリピン内部市場よりもアメリカを中心とする外国にそれら製品を輸出してきた。またブラカン州などの農村工業の展開や自給自足的経済活動も，併せて考慮する必要があろう。需要側の理由としては，刈分け小作農を中心とする農村社会において，購買力が制約されていたことを挙げることができる。

2. 都市，農村双方における社会的結びつき

　ここでは，マニラ地域経済圏における社会的ネットワークの基礎的単位となる，労働現場におけるフィリピン人の社会的結びつきおよび共同性について，農業，都市製造業の順に考えてみたい。

　まずマニラ地域経済圏における米作農業について，南部タガログ地方の一部を含めて考察した人口稠密的農村では，多様な経営規模階層を含む農民は就業機会や借入れ先に恵まれていた。それと同時に，一部の刈分け小作農は複数の地主から土地を貸借して，地主から委託された刈分け小作農による管理を受けていたために，多くの小作農は，周辺フロンティアとの比較において自律的な関係を地主とのあいだに構築していた。その一方で，副業への就業が制約された周辺フロンティアでは，融資などでの地主へ依存する度合いは全体的に強くならざるをえなかった。しかしながら人口稠密的農村と周辺フロンティア両地域ともに，小作農が田植えや収穫において世帯外から労働力を雇い入れるという農業経営上の特徴を有していた。そうした雇入れの費用の一部は地主も負担して，地主が刈分け小作農と協業者的役割を果たしていた。したがってこの地主による協業者的役割は，とりわけ労働力が不足し

ている状況では，農業経営や地主小作関係を安定させる意味を持っていただろう。また当時のフィリピン農村では，そうした村内の雇用慣行を取り仕きるさまざまな互助的村落組織が，村の祭りや社会儀礼の運営においても重要な役割を果たす公共性を有していた。1930年代以降になると，人口稠密的農村において農業労働者が増加し始めるが，そうした農業労働者は，従来から存在した雇用慣行に新たに適応する形で農村に滞留するようになってくるのである。

このように中部ルソン平野における米作刈分け小作経営の労働力編成をみた場合，経済的には，生産分業を通してそれに参加する村内構成員の共同性を高めていた。その一方で所得分配面では，雇用労働費用の一部を負担する地主からの取り分を増やして，直接労働力が受け取る経済的パイを増加させていた。ただし1920年代以降の中部ルソン平野では，未墾地が消滅した結果，農業労働者が増加して農村における経済格差は拡大する傾向にあった。そうした状況において，刈分け小作経営における旧来の雇用慣行は，農業経営主体に参入できなかった者たちを農村社会につなぎとめる新たな役割を果たすと同時に，農村における自律的活動を促すひとつの契機にもなっていたのである。

また，アメリカ統治下のマニラにおいて代表的製造業であった葉巻産業は，中部ルソン平野のマニラ湾沿岸地域から多くの葉巻製造工を地縁・血縁関係に基づいて雇用していた。葉巻製造工は，その基幹工程においてフォアマンとマエストロという現場監督者のもとで働いた。とりわけマエストロの職位には，一般葉巻製造工が長期勤務ののちに，男性女性を問わず昇進していた。こうしたマエストロは，多くの葉巻製造工と職場における利害を共有して，経営管理側との対立を緩衝する役割を果たし，葉巻製造工が働きやすい職場環境を維持する立場にあった。また葉巻産業が構造不況業種となった1920年代になると，労働組合が経営者側からの賃金引き下げ要求に抵抗するなか，出来高賃金制度のもとにあった葉巻製造工の労働時間・日は減少した。当時の労働組合が抵抗していたのは賃率引き下げであり，作業割当量の増大すなわち労働時間・日の延長を要求してはいなかった。この理由は，当

時における一時休業や労働時間の減少が葉巻製造工の解雇を抑制する役目を果たしていたことに，葉巻製造工自らが気づいていたからではあるまいか。マニラにおける葉巻製造工は，マニラと地方農村社会を結びつける上で結節点となった職場において，仲間全体の生活を防衛するために結束していたのである。

マニラの葉巻製造工は職人的気質を持って自律的生産活動に従事していたが，構造不況に陥った1920年代には，解雇の抑制を通じて，労働者相互の経済的平等性を指向していた。経済的格差の縮小は，マエストロと葉巻製造工の稼得賃金のあいだでも確認することができた。当時，葉巻製造工の多くが参加した労働組合運動は，こうした社会経済的背景を持ちあわせていたのである。

本書では，統計的史料を駆使して，マニラ地域経済圏における米作農業および葉巻製造業における社会労働の客観的側面を描き出そうとしてきた。両産業ともに，地縁・血縁関係を土台にして，働き手は，それぞれ独自の形で協働組織を形成して労働環境を維持してきた。とりわけ1920年代以降における村落社会や工場では，未墾地の枯渇や構造不況を背景にして，従来の協働組織を維持することが難しくなっていた。しかしながら，従来の社会労働における共同性には，労働環境の危機を緩和する契機が内包されていたのである。

ただし本書では，マニラにおける都市型雇用労働の分析と関連して，葉巻製造業以外の種々雑多な都市就労を十分に考察することができなかった。アメリカ統治下のフィリピンは農業モノカルチャー経済を基本としており，葉巻製造業を例外として，マニラ都市社会では十分な製造業が発展していなかった。多様な産業にわたって，とりわけ零細企業での就業を考察することが，今後の研究において必要であろう。実際，現代のマニラ首都圏におけるインフォーマルセクターが形成される歴史的過程として，とくに向都移動が活発化する1920年代以降，サービス部門を中心とする就業や失業状況を考察することが重要になってくる。また，本書の検討課題をさらに押し広げるものとして，スペイン統治下の社会労働をより長期的視点から分析すること

がある。現代フィリピン経済における海外就労や製造業の展開の在り方を鑑みて，近代における労働経済の在り方をより長期的に，かつ詳細に検討することが必要であろう。

3. マニラ地域経済圏の時期区分

　本書において，フィリピンの一地域すなわちマニラ地域経済圏の社会経済史を分析する課題のひとつは，植民地支配の在地社会への影響を考察することであった。その意図は，世界システムとの関係において近代フィリピン社会がどのように変化してきたのかを探ることにある。ここでは，スペイン統治下にあった19世紀初頭以降の時期について，アメリカ植民地支配を強く意識しながら，マニラ地域経済圏が如何に変容してきたのかという問題について議論したい[1]。労働力移動と商品流通の視点からマニラ地域経済圏の変化を分析する本書において，周辺フロンティア，とりわけヌエバエシハ州の経済開発の動向が重要であった。そうすると，とりわけ第一次世界大戦の時期が，マニラ地域経済圏の編成上の変化にとって大きな画期になっていたことをあらかじめ指摘しておこう。

　スペイン統治下の19世紀全体の変化において，第一に，1834年のマニラ開港という歴史的出来事を取り上げなければならない。同開港を画期として，フィリピン全体が商品経済の波に巻き込まれた。こうしてマニラ地域経済圏の労働力移動や商品流通も，より世界経済と結びつく形で編成されていった。19世紀半ばになると，中国人の地方居住や移動，職業選択に関する規制も緩和され，フィリピン全体で中国人が商業に参入する傾向が強まった。その後，マニラ地域経済圏の労働力移動と商品流通の性格は，第一次世界大戦まで変わらなかった。

　アメリカ統治と関連して，モノカルチャー経済を基本とするマニラ地域経済圏の歴史は，「農業開発の時代」(1899～1920年)，「農村の相対的安定と都市過剰化の時代」(1920～29年)，「全般的過剰労働力の時代」(1929～41年)の3つの時期に分けられよう。フィリピン・アメリカ戦争下の荒廃したフィリピン社会が，農業開発の出発点であった。その後，行政・立法制度の整備や

米比間自由貿易の実施を経て，米などの農業生産がピークに達するのが1920年代である。ただしこの時期には，都市農村双方における過剰労働力は潜在的に蓄積されていた。それが顕在化するのが，世界恐慌以降である。

　こうした時期区分のメルクマールとして，2つの時期に集中した平定政策および植民地政策がマニラ地域経済圏の変容に影響してきた。1つは，19世紀から20世紀への世紀転換期に勃発したフィリピン・アメリカ戦争に前後して実施されたものである。例えば，同戦争前から実施された中国人移民政策は，マニラ地域経済圏における民族別就業編成に影響した。フィリピンへの中国人労働者の移民を禁止したため，マニラにおける中国人労働者の増大を制約した。このことは，アメリカ統治下のマニラ地域経済圏において，中国人労働者よりも中国人商人の存在をいっそう際立たせることになっていた。結果として，周辺フロンティア地域で新たに開発された米作地帯には，中国系マニラ米穀卸売商が進出して，同地域とマニラを結ぶ流通を支配した。またマニラを中心とする製造業，サービス業では，フィリピン人と中国人が業種や職種ごとに棲み分けていた。中国人労働力は，製靴業，料理人，衣服の仕立てなどの業種を中心に根強く存在していたが，量的比重は減退させた。

　その一方で，農業にはフィリピン人が独占的に従事していた。農業生産の在り方に大きく影響して階層間格差を拡大したのは，19世紀後半から実施された土地所有権確定事業であった。アメリカ統治下における土地所有権確定事業は，スペイン期のそれを継承しつつ，1900年代初めに導入された。フィリピン人地主が土地所有権基盤を強化・拡大したことは，そのもとでフィリピン人小作農が農業生産に従事しただけでなく，米穀流通での取引関係も規定した。

　次いで，第一次世界大戦前後の時期に実施された植民地政策が現地社会に強く関係した。その代表的なものには，米比間自由貿易関係の構築を挙げることができる。これにより，輸出農産物生産がフィリピン各地でいっそう活発化することになった。マニラ地域経済圏の周辺フロンティアでは，そうした地域に米を供給するための経済開発がなされた。またマニラ地域経済圏における就業は，米比間自由貿易関係によってアメリカの景気動向の影響を強

く受けるようになった。その一方で第一次世界大戦以降のマニラ地域経済圏では，周辺フロンティアの未墾地が枯渇して，労働力移動の在り方は向都移動を基本線とするものに変容していくことになった。都市農村双方における過剰労働力が顕在化し，両地域での労働をめぐる社会関係も変化をきたすようになったのである。こうして世界恐慌の時期には，フィリピン各地からマニラへの労働力移動が促進されていた。

米穀流通では，1920年代にはヌエバエシハ州の米作生産量がほぼピークに達すると同時に，中国人商人によって大量の米がマニラへ送り込まれることになった。それは同時に，フィリピン米穀市場では，関税率の操作などを通じて，中部ルソン平野の米作地主の利益が強く反映されるようになる過程でもあった。第一次世界大戦以降の時期には，植民地政府でのフィリピン人の政治的権限が増し，とりわけ1916年可決のジョーンズ法は，米の輸出入に関する関税法を植民地政府の審議・制定事項としていたためである。

以上のように，アメリカ統治下のマニラ地域経済圏では，フィリピン・アメリカ戦争と第一次世界大戦の時期を画期としてその内容編成を転換させた。ただし近代以降のマニラ地域経済圏を通時的にみた場合，国家の役割として，移動・営業の自由に関する制約解消，私的土地所有権の設定の2点が重要であった。宗主国の変化，その間におけるフィリピン共和国の誕生という事実にもかかわらず，2点に関わる政策は，スペイン統治下からアメリカ統治下まで漸次的に実施されたものである。それぞれの政策には，中国人商人とフィリピン人地主が積極的に対応した。ただし，変化の在り方はマニラ地域経済圏内部でも多様であった。19世紀初めまでに，農民が市場取引に直接参加するなど，住民の水平的市場取引の発展した人口稠密的農村では，地主的土地所有も既存の農業経営に影響されて展開し，20世紀前半でも中国人商人の米穀取引への参入は抑制的であった。これに対して，20世紀前半の周辺フロンティアには，マニラを拠点にする中国人商人が効率的な米穀取引関係を構築した。その背景では，人口稠密的農村から流入する，農民の大規模な移動が存在した。専一的大土地所有を形成した地主は，未墾地への小作農の定着や米穀生産を指揮し，中国人商人に大量の籾を供給することになっ

たのである。以上のような社会経済構造を背景とするマニラ地域経済圏は，日本による軍政支配，独立を経たあとも，国民経済開発のもとで食糧基地としての役割をより明確にすると同時に，社会不安の温床という性格も保持し続けるのであった。

1) これまでのアメリカ統治下のフィリピンに関する経済史研究において，とりわけ本書と関連した時期区分を提示したものに，永野善子『フィリピン銀行史研究』がある。同書は，多様な分析手法を駆使して，アメリカ植民地期におけるフィリピン銀行史の分析を通してフィリピン政治経済構造の特質を明らかにした。宗主国と植民地双方における政治・行政制度と植民地における通貨制度や銀行業の展開との複雑な関係を踏まえ，第一次世界大戦を分水嶺として，アメリカ支配がフィリピン国内の権力関係に植民地言説を通して浸透したことを指摘している。その際，対外的見地として，貿易関係や銀行業の展開におけるアジアでのイギリス支配圏からアメリカ支配圏への移行が，対内的見地として，財政運営の統制と政治・行政制度の整備が重要であったという。永野善子『フィリピン銀行史研究——植民地体制と金融』御茶の水書房，2003年。

参考文献

I 未公刊史料

Historical Data Papers (Philippine National Library, Filipiniana Division 所蔵).
Manuel Quezon Papers (Philippine National Library, Filipiniana Division 所蔵).
Manuel Roxas Papers (Philippine National Library, Filipiniana Division 所蔵).
National Economic Council, "Report of the Committee on Domestic Trade," (unpublished, 1938) (Malacañang Palace Library 所蔵).
Philippines, Finance Commission, "Report of the Finance Commission to the Secretary of Finance on the Condition of the Revenues of the Government," (unpublished, 1920) (Malacañang Palace Library 所蔵).
Record Group 350, Records of the Bureau of Insular Affairs (The United States, The National Archives 所蔵).
Ruiz, Adolfo Puya, "Filipinas: Descripcion General de la Provincia de Bulacan, 1888," (unpublished, n.d.) (University of the Philippines-Diliman, Main Library, Local Historical File 所蔵).
William Howard Taft Papers (The United States, Library of Congress, Manuscript Division 所蔵).

II 新聞・雑誌

The American Chamber of Commerce Journal, Vol. 1, No. 1 (June 1921)-Vol. 5, No. 12 (Dec. 1925).
Bulletin of the Department of Labor [U.S.], No. 32 (1901).
The Manila Times, 1919, 1926, 1927.
The Philippine Agricultural Review, Vol. 15, No. 2 (1922), Vol. 18, No. 3 (1925).
La Opinion, 1930.
The Tribune, 1931, 1933, 1935.

III 政府刊行物

National Rice and Corn Corporation, *Annual Report of the Manager to the Board of Directors, 1936-1937* (Manila: Bureau of Printing, 1937-38).
Philippines, *Guía Oficial de Filipinas, 1893* (Manila: 1893).
Philippines, Bureau of Commerce and Industry, *Statistical Bulletin of the Philippine*

Islands, No. 1, 1918-No. 12, 1929 (Manila: Bureau of Printing, 1919-30).

Philippines, Bureau of Customs, *Annual Report of the Insular Collector of Customs, 1904-1933* (Manila: Bureau of Public Printing or Bureau of Printing, 1905-34).

Philippines, Bureau of Labor, *Annual Report of the Bureau of Labor, 1911-1934* (Manila: Bureau of Printing, 1912-35).

Philippines, Census Office, *Census of the Philippine Islands: Taken under the Direction of the Philippine Legislature in the Year 1918*, 4 vols. (Manila: Bureau of Printing, 1920-21).

Philippines (Commonwealth), Bureau of the Census and Statistics, *Yearbook of Philippine Statistics, 1940* (Manila: Bureau of Printing, 1941).

Philippines (Commonwealth), Bureau of Customs, *Annual Report of the Insular Collector of Customs, 1936-1940* (Manila: Bureau of Printing, 1937-41).

Philippines (Commonwealth), Commission of the Census, *Census of the Philippines, 1939*, 5 vols. (Manila: Bureau of Printing, 1940-43).

Philippines (Commonwealth), Rice Commission, *Report of the Rice Commission to the President of the Philippines* (Manila: Bureau of Printing, 1936).

Public Laws enacted by the Philippine Legislature (Manila: Bureau of Printing), Vol. 7 (1910), Vol. 17 (1922), Vol. 27 (1932).

The Statutes at Large of the United States of America (Washington: Govt. Printing Office), Vol. 25 (1889), Vol. 32 Pt. 1 (1903), Vol. 39 Pt. 1 (1917), Vol. 48 Pt. 1 (1934).

United States, Bureau of the Census, *Census of the Philippine Islands: Taken under the Direction of the Philippine Commission in the Year 1903*, 4 vols. (Washington: Govt. Printing Office, 1905).

United States, Bureau of Insular Affairs, *Annual Report of the Philippine Commission, 1900-1908* (Washington: Govt. Printing Office, 1900-09).

United States, Bureau of Insular Affairs, *What Has Been Done in the Philippines: A Record of Practical Accomplishments under Civil Government* (Washington: Govt. Printing Office, 1904).

United States, Congressional Record (Washington: Govt. Printing Office), Vol. 36 (1903).

United States, House of Representatives, 61st Congress, 3rd Session, *Administration of Philippine Lands* (Washington: Govt. Printing Office, 1911).

United States, War Department, *Report of the Governor General of the Philippine Islands, 1919-1927* (Washington: Govt. Printing Office, 1920-28).

IV　公刊論文・著作および学位論文

Aragón, Yldefonso de, *Estados de la Población de Filipinas Correspondiente a el Año de 1818* (Manila: Imprenta de D.M.M., 1820).

Asuncion, Daniel F., "A Study of Marketing Rice in Nueva Ecija," *The Philippine*

Agriculturist, Vol. 11, No. 3 (Aug. 1932), pp. 177-193.

Balmaceda, Julian C., "'Turnuhan' as Practiced in Various Provinces," *The Philippine Agricultural Review*, Vol. 20, No. 4 (Fourth Quarter 1927), pp. 381-421.

Bankoff, Greg, "'The Tree as the Enemy of Man': Changing Attitudes to the Forests of the Philippines, 1565-1898," *Philippine Studies*, Vol. 52, No. 3 (June 2004), pp. 320-344.

Blair, Emma and Alexander Robertson, ed., *The Philippine Islands, 1493-1803* (Cleveland and Ohio: A. H. Clark Co., 1903-09).

Borromeo, Soledad Magsangkay, "El Cadiz Filipino: Colonial Cavite, 1571-1896," Ph. D. Dissertation, University of California, 1973.

Borromeo-Buehler, Soledad, "The Inquilinos of Cavite: A Social Class in Nineteenth-Century Philippines," *Journal of Southeast Asian Studies*, Vol. 16, No. 1 (Mar. 1985), pp. 69-98.

Camagay, Maria Luisa T., *Kasaysayang Panlipunan ng Maynila, 1765-1898* [マニラ社会史，1765～1898年] (Quezon City: University of the Philippines Press, 1992).

―――, *Working Women of Manila in the 19th Century* (Quezon City: University of the Philippines Press, 1995).

Camus, Jose S., "Rice in the Philippines," *The Philippine Agricultural Review*, Vol. 14, No. 1 (1921), pp. 7-86.

Cannell, Fenella, *Power and Intimacy in the Christian Philippines* (Quezon City: Ateneo de Manila University Press, 1999).

Castles, Lance, *Religion, Politics and Economic Behaviour in Java: The Kudus Cigarette Industry* (New Haven: Southeast Asia Studies, Yale University, 1967).

Cavada y Méndez de Vigo, Agustín de la, *Historia Geográfica Geológica y Estadística de Filipinas*, 2 tomos (Manila: Imprenta de Ramírez y Giraudier, 1876).

Chiba, Yoshihiro, "Cigar Makers in American Colonial Manila: Survival under Structural Depression in the 1920s," *Journal of Southeast Asian Studies*, Vol. 36, No. 3 (Oct. 2005), pp. 373-397.

Chinese Chamber of Commerce, *Petition Addressed by the Chinese Chamber of Commerce for the Philippine Islands, to the Secretary of War, The Honorable William H. Taft, and Committee of Honorable Senators and Representatives* (Manila: Tipo Litografia de Pedro de Guzman, 1905).

Clark, Victor S., "Labor Conditions in the Philippines," *Bulletin of the Bureau of Labor* [U.S.], No. 58 (May 1905), pp. 721-905.

Coolidge, Mary Roberts, *Chinese Immigration* (New York: Henry Holt and Company, 1909).

Cooper, Patricia A., *Once a Cigar Maker: Men, Women, and Work Culture in American Cigar Factories, 1900-1919* (Urbana and Chicago: University of Illinois Press, 1987).

Corpuz, Arturo G., *The Colonial Iron Horse: Railroads and Regional Development in the Philippines, 1875-1935* (Quezon City: University of the Philippines Press, 1999).

Corpuz, O. D., *The Roots of the Filipino Nation*, 2 vols. (Quezon City: AKLAHI Foundation, Inc., 1989).

Cortes, Rosario Mendoza, *Pangasinan, 1901-1986: A Political, Socioeconomic and Cultural History* (Quezon City: New Day Publishers, 1990).

Cullinene, Michael, *Ilustrado Politics: Filipino Elite Responses to American Rule, 1898-1908* (Quezon City: Ateneo de Manila University Press, 2003).

D'Alençon, Duc, trans. by E. Aguilar Cruz, *Luzon and Mindanao* (Manila: National Historical Institute, 1986) [原著―――, *Luçon et Mindanao* (Paris: Michel Lévy frères, 1870)].

Dalisay, Amando M., "Types of Tenancy Contracts on Rice Farms of Nueva Ecija," *The Philippine Agriculturist*, Vol. 26, No. 2 (1937), pp. 159-198.

De Bevoise, Ken, *Agents of Apocalypse: Epidemic Disease in the Colonial Philippines* (New Jersey: Princeton University Press, 1995).

De Jesus, Edilberto, "Manila's First Factories," *Philippine Historical Review*, No. 4 (1971), pp. 97-109.

―――, *The Tobacco Monopoly in the Philippines: Bureaucratic Enterprise and Social Change, 1766-1880* (Quezon City: Ateneo de Manila University Press, 1980).

De la Costa, Horacio, S. J., *Readings in Philippine History* (Makati: Bookmark, 1992).

De los Reyes, Isabelo, trans. by Salud C. Dizon and Maria Elinora P. Imson, *El Folk-Lore Filipino* (Quezon City: University of the Philippines, 1994) [原著―――, *El Folk-Lore Filipino*, 2 vols. (Manila: Imprenta de Sta. Cruz, 1889-90)].

Doeppers, Daniel F., "The Development of Philippine Cities before 1900," *Journal of Asian Studies*, No. 31 (Aug. 1972), p. 769-792.

―――, *Manila, 1900-1941: Social Change in a Late Colonial Metropolis* (New Haven: Yale University Southeast Asia Studies, 1984).

―――, "Destination, Selection and Turnover among Chinese Migrants to Philippine Cities in the Nineteenth Century," *Journal of Historical Geography*, Vol. 12, No. 4 (Oct. 1986), pp. 381-401.

―――, "Migration to Manila: Changing Gender Representation, Migration Field, and Urban Structure," D. F. Doeppers and P. Xenos, eds., *Population and History: The Demographic Origins of the Modern Philippines* (Madison: University of Wisconsin-Madison, Center for Southeast Asian Studies, 1998), pp. 139-179.

―――, "Migrants in Urban Labor Markets: The Social Stratification of Tondo and Sampaloc in the 1890s," D. F. Doeppers and P. Xenos, eds., *Population and History*, pp. 253-263.

―――, "Lighting a Fire: Home Fuel in Manila, 1850-1945," *Philippine Studies*, Vol.

55, No. 4 (2007), pp. 419-447.
Doeppers, Daniel F. and Peter Xenos, "A Demographic Frame for Philippine History," D. F. Doeppers and P. Xenos, eds., *Population and History*, pp. 3-16.
Elson, R. E., *The End of the Peasantry in Southeast Asia: A Social and Economic History of Peasant Livelihood, 1800-1990s* (Macmillan: London, 1997).
Endriga, Jose N., "Friar Land Settlement: Promise and Performance," *Philippine Journal of Public Administration*, Vol. 14, No. 4 (Oct. 1970), pp. 397-413.
Fegan, Brian, "Folk-Capitalism: Economic Strategies of Peasants in a Philippines Wet-Rice Village," Ph.D. Dissertation, Yale University, 1979.
―――, "Entrepreneurs in Votes and Violence: Three Generations of a Peasant Political Family," Alfred W. McCoy, ed., *An Anarchy of Families: State and Family in the Philippines* (Quezon City: Ateneo de Manila University Press, 1994), pp. 33-107.
Fonacier, Tomas S., "The Chinese Exclusion Policy in the Philippines," *Philippine Social Sciences and Humanities Review*, Vol. 14, No. 1 (Mar. 1949), pp. 3-28.
Forbes, W. Cameron, *The Philippine Islands* (Boston and New York: Houghton Mifflin, 1928).
Foreman, John, *The Philippines*, A Reprint of the 1906 Third ed. (Manila: Filipiniana Book Guild, 1980).
Galang, Zoilo M., *Encyclopedia of the Philippines*, 10 vols. (Manila: P. Vera & Sons Company, 1935).
Gates, John M., "War-Related Deaths in the Philippines," *Pacific Historical Review*, Vol. 53, No. 3 (Aug. 1984), pp. 367-378.
Giralt Raventos, Emili, *La Compañía General de Tabacos de Filipinas 1881-1981* (Barcelona: Compañía General de Tabacos de Filipinas, 1981).
Gleeck, Lewis E., Jr., *Laguna in American Times: Coconuts and Revolucionarios* (Manila: Historical Conservation Society, 1981).
―――, *Nueva Ecija in American Times: Homesteaders, Hacenderos and Politics* (Manila: R. P. Garcia Publishing Co., 1981).
Golay, Frank Hindman, *Face of Empire: United States-Philippine Relations, 1898-1946* (Quezon City: Ateneo de Manila University Press, 1997).
Guerrero, Milagros, "Luzon at War: Contradictions in Philippine Society, 1898-1902," Ph.D. Dissertation, University of Michigan, 1977.
Hester, Evett D., Pablo Mabbun, et al., "Some Economic and Social Aspects of Philippine Rice Tenancies," *The Philippine Agriculturist*, Vol. 12 (1924), pp. 267-444.
Highm, John, *Strangers in the Land: Patterns of American Nativism 1860-1925* (New York: Atheneum, 1974).
Hill, Percy A., "Old History in Nueva Ecija," *Philippine Magazine*, Vol. 27, No. 5 (Oct.

1930), pp. 300-301.

Huetz de Lemps, Xavier, "Shifts in Meaning of 'Manila' in the Nineteenth Century," C. J-H. Macdonald and G. M. Pesigan, eds., *Old Ties and New Solidarities: Studies on Philippine Communities* (Quezon City: Ateneo de Manila University Press, 2000), pp. 219-233.

———, "Waters in Nineteenth Century Manila," *Philippine Studies*, Vol. 49, No. 4 (2001), pp. 488-517.

Hutchinson, E. P., *Legislative History of American Immigration Policy 1798-1965* (Philadelphia: University of Pennsylvania Press, 1981).

Ileto, Reynaldo C., "Cholera and the Origins of the American Sanitary Order in the Philippines," David Arnold, ed., *Imperial Medicine and Indigenous Societies* (Manchester: Manchester University Press, 1988), pp. 125-148.

———, *Filipinos and their Revolution: Event, Discourse, and Historiography* (Quezon City: Ateneo de Manila University Press, 1998).

Jones, Maldwyn Allen, *American Immigration* (Chicago and London: The University of Chicago Press, 1960).

Kerkvliet, Benedict J., "Peasant Society and Unrest prior to the Huk Revolution in the Philippines," *Asian Studies*, Vol. 9, No. 2 (Aug. 1971), pp. 164-213.

———, *The Huk Rebellion: A Study of Peasant Revolt in the Philippines* (Berkley: University of California Press, 1977).

———, "Toward a More Comprehensive Analysis of Philippine Politics: Beyond the Patron-Client, Factional Framework," *Journal of Southeast Asian Studies*, Vol. 26, No. 2 (Sept. 1995), pp. 401-419.

Kerkvliet, Melinda Tria, *Manila Workers' Unions, 1900-1950* (Quezon City: New Day Publishers, 1992).

Kratoska, Paul, "The British Empire and the Southeast Asian Rice Crisis 1919-1921," *Modern Asian Studies*, Vol. 24, No. 1 (1990), pp. 115-146.

Kurihara, Kenneth K., *Labor in the Philippine Economy*, A Reprint of the Edition of 1945 (New York: AMS Press, 1973).

Lande, Carl H., *Leaders, Factions, and Parties: The Structure of Philippine Politics* (New Haven: Yale University, Southeast Asia Studies, 1965).

Larkin, John A., *The Pampangans: Colonial Society in a Philippine Province* (Berkeley: University of California Press, 1972).

———, "Philippine History Reconsidered: A Socioeconomic Perspective," *The American Historical Review*, Vol. 87, No. 3 (June 1982), pp. 595-628.

———, *Sugar and the Origins of Modern Philippine Society* (Berkeley: University of California Press, 1993).

Le Clerk, J. A., *Rice Trade in the Far East* (Washington: Govt. Printing Office, 1927).

Legarda, Benito J., Jr., *After the Galleons: Foreign Trade, Economic Change and*

Entrepreneurship in the Nineteenth-Century Philippines (Quezon City: Ateneo de Manila University Press, 1999).

Mallat, Jean, trans. by Pura Santillan, *The Philippines: History, Geography, Customs, Agriculture, Industry and Commerce of the Spanish Colonies in Oceania* (Manila: National Historical Institute, 1994) [原著―――, *Les Philippines: Histoire, Geographie, Mœurs, Agriculture, Industrie, Commerce des Colonies Espagnoles dans L'Ocèanie* (Paris: Arthus Bertrand, 1846)].

Martínez de Zuñiga, Joaquín, trans. by Vicente del Carmen, *Status of the Philippines in 1800* (Manila: Filipiniana Book Guild, 1973) [原著―――, *Estadismo de las Islas Filipinas* (Madrid: Minuesa de los Rios, 1839)].

May, Glenn A., *Social Engineering in the Philippines: The Aims, Execution, and Impact of American Colonial Policy, 1900-1913* (Quezon City: New Day Publishers, 1984).

―――, "150,000 Missing Filipinos: A Demographic Crisis in Batangas, 1887-1903," *Annales de Dêmographie de Historique* (1985), pp. 215-243.

McCoy, Alfred W., "Introduction: The Social History of an Archipelago," A. W. McCoy and Ed. C. de Jesus, eds., *Philippine Social History: Global Trade and Local Transformations* (Quezon City: Ateneo de Manila University Press, 1982), pp. 1-18.

―――, "A Queen Dies Slowly: The Rise and Decline of Iloilo city," A. W. McCoy and Ed. C. de Jesus, eds., *Philippine Social History*, pp. 297-358.

―――, "The Iloilo General Strike: Defeat of the Proletariat in a Philippine Colonial City," *Journal of Southeast Asian Studies*, Vol. 15, No. 2 (Sept. 1984), pp. 330-364.

McDiarmid, Alice M., "Agricultural Public Land Policy in the Philippines during the American Period," *Philippine Law Journal*, Vol. 33, No. 6 (Dec. 1953), pp. 851-888.

Mclennan, Marshall S., "Land and Tenancy in the Central Luzon Plain," *Philippine Studies*, Vol. 18, No. 4 (Oct. 1969), pp. 582-651.

―――, "Peasant and Hacendero in Nueva Ecija: The Socioeconomic Origins of a Philippine Commercial Rice-Growing Region," Ph.D. Dissertation, University of California, 1973.

―――, "Changing Human Ecology on the Central Luzon Plain: Nueva Ecija, 1705-1939," A. W. McCoy and Ed. C. de Jesus, eds., *Philippine Social History*, pp. 57-90.

Mears, Leon A., et al., *Rice Economy of the Philippines* (Quezon City: University of the Philippines Press, 1974).

Medina, Isagani R., "The Social, Economic and Cultural Life of Manila in the 19th Century," Wilfrido V. Villacorta, Isagani R. Cruz, and Ma. Lourdes Brillantes, eds., *Manila: History, People & Culture* (Manila: De La Salle University Press, 1989), pp. 408-416.

Miller, Hugo H., *Principles of Economics Applied to the Philippines* (Boston: Ginn and Company, 1932).

O'Connor, Richard A., "Indigenous Urbanism: Class, City and Society in Southeast Asia," *Journal of Southeast Asian Studies*, Vol. 26, No. 1 (Mar. 1995), pp. 30–45.

Ofreneo, Rene E., "Philippine Industrialization and Industrial Relations," Anil Verma, Thomas A. Kochan and Russell D. Lansbury, eds., *Employment Relations in the Growing Asian Economics* (London and New York: Routledge, 1995), pp. 194–247.

Owen, Norman G., "Philippine Economic Development and American Policy: A Reappraisal," Norman G. Owen, ed., *Compadre Colonialism: Studies on the Philippines under American Rule* (Ann Arbor: University of Michigan, Center for South and Southeast Asian Studies, 1971), pp. 103–128.

―――, *Prosperity without Progress: Manila Hemp and Material Life in the Colonial Philippines* (Quezon City: Ateneo de Manila University Press, 1984).

―――, "Toward a History of Health in Southeast Asia," Norman G. Owen, ed., *Death and Disease in Southeast Asia: Explanations in Social, Medical and Demographic History* (Singapore: Oxford University Press, 1987), pp. 3–30.

―――, "The Paradox of Nineteenth-century Population Growth in southeast Asia: Evidence from Java and the Philippines," *Journal of Southeast Asian Studies*, Vol. 18, No. 1 (Mar. 1987), pp. 45–57.

―――, "Subsistence in the Slump: Agricultural Adjustment in the Provincial Philippines," Ian Brown, ed., *The Economies of Africa and Asia in the Inter-war Depression* (London and New York: Routledge, 1989), pp. 95–114.

―――, ed., *The Emergence of Modern Southeast Asia* (Honolulu: University of Hawai'i Press, 2005).

Paguirigan, Domingo B., and Ulpiano V. Madamba, "Notes on the Manufacture of Tobacco in the Philippines," *The Philippine Agricultural Review*, Vol. 20, No. 1 (1927), pp. 5–81.

Philippine-China Yearbook and Business Directory (Manila: Philippine-China Society, 1938).

Rajal y Larre, D. Joaquin, "Memoria acerca de la Provincia de Nueva Ecija en Filipinas," *Boletín de la Sociedad Geográfica de Madrid*, Vol. 27, No. 2 (1889), pp. 290–355.

Reid, Anthony, *Southeast Asia in the Age of Commerce 1450–1680, Vol. 1, The Lands below the Winds* (New Haven and London: Yale University Press, 1988).

Roth, Dennis Morrow, *The Friar Estates of the Philippines* (Albuquerque: University of New Mexico Press, 1977).

Rydell, Robert W., *All the World's a Fair: Visions of Empire at American International Expositions, 1876–1916* (Chicago and London: University of Chicago Press, 1984).

Sacay, Francisco M., "The Cost of Producing Rice, 1926–27," *The Philippine Agriculturist*, Vol. 16 (1927–28), pp. 235–251.

Salamanca, Bonifacio S., *The Filipino Reaction to American Rule, 1901-1913* (Quezon City: New Day Publishers, 1984).
Salazar, Wigan Maria Walther Tristan, "German Economic Involvement in the Philippines, 1871-1918," Ph.D. Dissertation, School of Oriental and African Studies, University of London, 2000.
Scott, William Henry, *Cracks in the Parchment Curtain and Other Essays in Philippine History* (Quezon City: New Day Publishers, 1985).
―――, *Barangay: Sixteenth-Century Philippine Culture and Society* (Quezon City: Ateneo de Manila University Press, 1994).
See, Chinben, "Chinese Organizations and Ethnic Identity in the Philippines," J. Cushman and Wang Gungwu, eds., *Changing Identities of the Southeast Asian Chinese since World War II* (Hong Kong: Hong Kong University Press, 1988), pp. 319-334.
Smith, Peter C., "Changing Patterns of Nuptiality," Wilhelm Flieger and Peter C. Smith, eds., *A Demographic Path to Modernity: Patterns of Early-Transition in the Philippines* (Quezon City: University of the Philippines Press, 1975), pp. 41-81.
Sturtevant, David R., *Popular Uprising in the Philippines, 1840-1940* (Ithaca and London: Cornell University Press, 1976).
Tiongson, Nicanor G., *The Women of Malolos* (Quezon City: Ateneo de Manila University Press, 2004).
Velmonte, Jose E., "Palay and Rice Prices," *The Philippine Agriculturist*, Vol. 15, No. 5 (Oct. 1936), pp. 382-410.
Warren, James F., *The Sulu Zone, 1768-1898: The Dynamics of External Trade, Slavery, and Ethnicity in the Transformation of a Southeast Asian Maritime State* (Quezon City: New Day Publishers, 1985).
Wernstedt, Frederick L. and Joseph E. Spencer, *The Philippine Island World: A Physical, Cultural, and Regional Geography* (Berkeley and Los Angeles: University of California Press, 1967).
Wickberg, Edgar, *Chinese in Philippine Life, 1850-1898* (New Haven and London: Yale University Press, 1965).
Wickizer, V. D., and M. K. Bennett, *The Rice Economy of Monsoon Asia* (California: Stanford University, 1941).
Wilson, Andrew Roger, "Ambition and Identity: China and the Chinese in the Colonial Philippines, 1885-1912," Ph.D. Dissertation, Harvard University, 1998.
Wolters, Willem, *Politics, Patronage and Class Conflict in Central Luzon* (Quezon City: New Day Publishers, 1984).
Wong, Kwok-Chu, *The Chinese in the Philippine Economy, 1898-1941* (Quezon City: Ateneo de Manila University Press, 1999).
Ybiernas, Vicente Angel S., "Philippine Financial Standing in 1921: The First World

War Boom and Bust," *Philippine Studies*, Vol. 55, No. 3 (2007), pp. 345–372.

赤崎雄一「恐慌期蘭領東インドの丁字入りたばこ産業――たばこ税導入への対応」『東南アジア――歴史と文化』第38号(2009年)，168～186頁。
池端雪浦『フィリピン革命とカトリシズム』勁草書房，1987年。
―――「フィリピンにおける現地人官僚制度の変容」石井米雄ほか編『東南アジア世界の歴史的位相』東京大学出版会，1992年，176～199頁。
―――「フィリピン国民国家の創出」池端雪浦編『変わる東南アジア史像』山川出版社，1994年，306～327頁。
―――「フィリピン革命――単一国家と連邦制のせめぎ合い」『岩波講座世界歴史20　アジアの〈近代〉』岩波書店，1999年，245～268頁。
―――「フィリピン革命――ビサヤの視点から」『岩波講座東南アジア史7　植民地抵抗運動とナショナリズムの展開』岩波書店，2002年，111～134頁。
板垣雄三『歴史の現在と地域学――現代中東への視角』岩波書店，1992年。
イレート，レイナルド・Cほか著(永野善子編・監訳)『フィリピン歴史研究と植民地言説』めこん，2004年。
イレート，レイナルド・C著(清水展・永野善子監修)『キリスト受難詩と革命』法政大学出版局，2005年。
内山史子「フィリピンの国民形成についての一考察――1934年憲法制定議会における国語制定議論」『東南アジア――歴史と文化』第29号(2000年)，81～104頁。
梅原弘光『フィリピンの農村――その構造と変動』古今書院，1992年。
―――「フィリピンの農村社会変容――中部ルソン米作農村における不耕作農民・契約労働者関係成立の事例」梅原弘光編『グローバリゼイション下の東南アジアの社会変容と地域変化』立教大学文学部地理学教室，2003年，314～334頁。
大木昌「19世紀スマトラ中・南部における河川交易：東南アジアの貿易構造に関する一視角」『東南アジア研究』第18巻第4号(1981年3月)，612～642頁。
―――「病と癒しの歴史――もうひとつのインドネシア史研究を目指して」『東南アジア研究』第34巻第2号(1996年9月)，339～369頁。
大塚久雄「近代化と産業化の歴史的関連について――とくに比較経済史の視角から」『季刊経済学論集』第32巻第1号(1966年4月)，1～10頁。
―――『大塚久雄著作集第5巻　資本主義社会の形成II』岩波書店，1969年。
尾高煌之助編『アジアの熟練――開発と人材育成』アジア経済研究所，1989年。
―――『新版　職人の世界・工場の世界』NTT出版，2000年。
川田順造「文化と地域」濱下武志・辛島昇編『地域の世界史1　地域史とは何か』山川出版社，1997年，210～248頁。
―――「生態がつくる地域・地域間交渉がつくる地域」川田順造・大貫良夫編『地域の世界史4　生態の地域史』山川出版社，2000年，396～419頁。
ギアーツ，クリフォード著(池本幸生訳)『インボリューション――内に向かう発展』NTT出版，2001年。

菊池眞夫「フィリピンの一米作農村における農地保有制度の変化——農地改革・緑の革命・農地市場」『アジア経済』第40巻第4号(1999年9月), 23～49頁。

貴堂嘉之「「帰化不能外人」の創造——1882年排華移民法制定過程」『アメリカ研究』第29号(1995年), 177～196頁。

―――「〈アメリカ人〉の境界の帝国的再編：世紀転換期における中国人移民政策の変容 1882～1906」『東京大学 アメリカン・スタディーズ』第5巻(2000年), 87～104頁。

―――「アメリカ移民史研究の現在」『歴史評論』第625号(2002年5月), 17～30頁。

黒田明伸『中華帝国の構造と世界経済』名古屋大学出版会, 1994年。

―――「伝統市場と地域流動性の比較史」篠塚信義・石坂昭雄・高橋秀行編著『地域工業化の比較史的研究』北海道大学図書刊行会, 2003年, 91～121頁。

小谷汪之「ポストコロニアル・アジア史研究の視界」『思想』第949号(2003年5月), 23～41頁。

権上康男『フランス帝国主義とアジア——インドシナ銀行史研究』東京大学出版会, 1985年。

コンスタンティーノ, レナト著(鶴見良行ほか訳)『フィリピン民衆の歴史II 第1巻 往時再訪2』井村文化事業社, 1991年。

斎藤修「市場経済の類型学と比較経済発展論」篠塚信義ほか編著『地域工業化の比較史的研究』, 35～62頁。

桜井由躬雄「東南アジア「近世」の開始」朝尾直弘編『日本の近世1 世界史のなかの近世』中央公論社, 1991年, 305～354頁。

―――「総説東南アジアの原史——歴史圏の誕生」『岩波講座東南アジア史1 原史東南アジア世界』岩波書店, 2001年, 1～25頁。

清水展『出来事の民族誌：フィリピン・ネグリート社会の変化と持続』九州大学出版会, 1990年。

―――「植民都市マニラの形成と発展——イントラムロス(城壁都市)の建設を中心に」『東洋文化』第72号(1992年3月), 61～93頁。

菅谷成子「18世紀半ばフィリピンにおける中国人移民社会のカトリック化と中国人メスティーソの興隆——「結婚調査文書」を手がかりとして」『東洋文化研究所紀要(東京大学)』第139冊(2000年3月), 444～420頁。

―――「スペイン植民都市マニラの形成と発展」中西徹・小玉徹・新津晃一編『アジアの大都市[4]マニラ』日本評論社, 2001年, 21～47頁。

杉原薫「課題と方法——19世紀世界史像の再構築のために」杉原薫・玉井金五編『世界資本主義と非白人労働』大阪市立大学経済学会, 1983年, 1～11頁。

―――『アジア間貿易の形成と構造』ミネルヴァ書房, 1996年。

―――「近代世界システムと人間の移動」『岩波講座世界歴史19 移動と移民——地域を結ぶダイナミズム』岩波書店, 1999年, 3～61頁。

スコット, ジェームス・C著(高橋彰訳)『モーラル・エコノミー——東南アジアの農民叛乱と生存維持』勁草書房, 1999年。

セン，アマルティア著(黒崎卓・山崎幸治訳)『貧困と飢餓』岩波書店，2007年。
高田洋子「フランス植民地期ベトナムにおける華僑政策——コーチシナを中心に」『国際教養学論集(千葉敬愛短期大学)』第1巻(1991年)，59〜89頁。
高橋彰『中部ルソンの米作農村——カトリナン村の社会経済構造』アジア経済研究所，1965年。
高谷好一『新世界秩序を求めて——21世紀への生態史観』中公新書，1993年。
滝川勉『東南アジア農業問題論』勁草書房，1994年。
千葉芳広「アメリカ植民地下フィリピンにおける米穀危機の政治経済——米価政策と華人商人・地主の対応」『アジア経済』第39巻第9号(1998年9月)，21〜48頁。
――――「アメリカ期フィリピンにおける小作経営と農業労働——中・南部ルソン人口稠密地域における米作農業」『経済学研究(北海道大学)』第50巻第4号(2001年3月)，24〜49頁。
――――「中国人移民と植民地開発——アメリカ統治初期フィリピンにおける支配の様相」『歴史学研究』第770号(2002年12月)，1〜17頁。
――――「フィリピン農村の就業構造——ブラカン州ハゴノイ町の事例」『アジア研究』第49巻第4号(2003年10月)，60〜73頁。
――――「フィリピンにおける地域経済圏の形成——19〜20世紀前半のマニラと中部ルソンにおける労働力移動」『アジア経済』第47巻第7号(2006年7月)，29〜53頁。
――――「フィリピン社会経済史研究——アメリカ統治下のマニラ地域経済圏」北海道大学審査学位論文(論文博士，経済学)(2007年3月)。
――――「マニラ地域経済圏における流通取引の展開——19世紀から20世紀前半における米穀取引を中心に」一橋大学経済研究所プロジェクト「社会科学の統計分析拠点構築」http://hi-stat.ier.hit-u.ac.jp(2008年1月)，1〜26頁。
中野聡『フィリピン独立問題史——独立法問題をめぐる米比関係史の研究(1929-46年)』龍渓書舎，1997年。
――――「民主主義と他者認識——選挙制度をめぐる米比関係史に関する試論」大津留(北川)智恵子ほか編著『アメリカが語る民主主義』ミネルヴァ書房，2000年，239〜267頁。
――――「米国植民地下のフィリピン国民国家形成」『岩波講座東南アジア史7　植民地抵抗運動とナショナリズムの展開』，135〜159頁。
――――「アメリカ帝国とフィリピーノ」『歴史学研究』第777号(2003年7月)，12〜22頁。
永野善子『フィリピン経済史研究——糖業資本と地主制』勁草書房，1986年。
――――「フィリピン——マニラ麻と砂糖」『岩波講座東南アジア史6　植民地経済の繁栄と凋落』岩波書店，2001年，89〜113頁。
――――「フィリピンとアジア間貿易」『岩波講座東南アジア史6　植民地経済の繁栄と凋落』，273〜295頁。
――――『フィリピン銀行史研究——植民地体制と金融』御茶の水書房，2003年。
ハイアム，ジョン著(斎藤眞ほか訳)『自由の女神のもとへ』平凡社，1994年。

濱下武志『近代中国の国際的契機』東京大学出版会，1990年。
―――「歴史研究と地域研究」濱下武志・辛島昇編『地域の世界史1　地域史とは何か』，16〜52頁。
早瀬晋三『ベンゲット移民の虚像と実像――近代日本・東南アジア関係史の一考察』同文舘，1989年。
―――「フィリピンの植民地開発と陸上交通網――アメリカ統治期の住民への影響」石井米雄ほか編『東南アジア世界の歴史的位相』，200〜219頁。
―――『海域イスラーム社会の歴史』岩波書店，2003年。
―――「近代大衆消費社会出現の一考察――アメリカ植民支配下のフィリピンと日本商店・商品」『人文学報（京都大学人文科学研究所）』第91号（2004年12月），141〜170頁。
―――「歴史空間としての海域世界」山室信一編『岩波講座「帝国」日本の学知　第8巻　空間形成と世界認識』岩波書店，2006年，277〜309頁。
ブーケ，J・H著（永易浩一訳）『二重経済論――インドネシア社会における経済構造分析』秋童書房，1979年。
フランク，A・G著（山下範久訳）『リオリエント――アジア時代のグローバル・エコノミー』藤原書店，2000年。
古田元夫「地域区分論――つくられる地域，こわされる地域」『岩波講座世界歴史1　世界史へのアプローチ』岩波書店，1998年，37〜53頁。
ポランニー，K著（玉野井芳郎・栗本慎一郎訳）『人間の経済I，II』岩波書店，1998年。
松井透「商人と市場」『岩波講座世界歴史15　商人と市場――ネットワークの中の国家』岩波書店，1999年，6〜33頁。
満鉄東亜経済調査局『フィリピンにおける華僑』青史社，1986年。
宮本謙介『インドネシア経済史研究――植民地社会の成立と構造』ミネルヴァ書房，1993年。
―――「植民地都市バタヴィアの社会と経済」宮本謙介・小長谷一之編『アジアの大都市[2]ジャカルタ』日本評論社，1999年，27〜56頁。
―――「インドネシア都史経済史覚書」『経済学研究（北海道大学）』第53巻第3号（2003年12月），165〜182頁。
家島彦一『イスラム世界の成立と国際商業――国際商業ネットワークの変動を中心に』岩波書店，1991年。
油井大三郎「19世紀後半のサンフランシスコ社会と中国人排斥運動」油井大三郎ほか『世紀転換期の世界――帝国主義支配の重層構造』未来社，1989年，19〜80頁。

あとがき

　筆者がこれまでの研究業績をまとめあげて感じるのは，それを成し遂げるのに多大な時間を費やしてしまったことと北海道で東南アジアを研究することの難しさである。とりわけ後者に関して，北海道は東南アジアの研究蓄積や情報がほとんどなく，研究を手探りで進めていかなければならなかったことを痛感している。現在に至るまでフィリピン研究を曲がりなりにも続けてくることができたのは，多くの人々の支えがあってこそである。

　筆者がフィリピン経済史の研究を始めたのは，1990年に北海道大学経済学部経済学科3年に進学してからのことになる。それまでは，北海道大学新聞会というサークルに所属してほとんど授業に出ることもなかった私は，経済学の基本的素養を身につけていなかったばかりでなく，東南アジアという地域がどのような場所なのか全く想像すらできない状況であった。フィリピンについては，当時，貧困問題として世界的にクローズアップされていたネグロスキャンペーンなどをかろうじて知るのみであった。フィリピンには，南北問題的関心から貧困というイメージしか持っていなかった。ただし新聞をつくる活動を通じて，馴染みのない社会問題にも独力で情報収集し，また文章を書く能力をある程度身につけることができた。アイヌ民族に関わる社会問題にも，目を開いた。現在フィリピン経済史を研究するにあたっては，この時のサークル活動の経験が大きく生きていると感じている。

　フィリピン経済史を勉強するようになってから，学部と大学院を通じて，とにかく日本語と英語の文献を読み込んだ。フィリピン固有の発展の論理を知ることの重要性も，学んだ。しかし悩んだのは，北海道の地で東南アジアを研究することにいったいどのような意味があるのかということである。周りに東南アジアを研究する人も少なく，それに関する研究上の刺激もなかった。フィリピン経済史を研究することは孤独との戦いでもあったが，それで

も日本や欧米を対象とする経済史研究から刺激を得ようと努めた。

　最初にフィリピンに渡ったのは，1996年，北海道大学大学院経済学研究科の博士後期課程2年の時であった。その時の感動は，今でも忘れることはできない。それまで本の世界でしか知らなかったフィリピンの風景が，圧倒的な迫力で視界に飛び込んできた。約1年ほどの最初の滞在では，フィリピンの自然と社会を肌で実感しつつ，史料収集やタガログ語の修得に努めた。その際国立フィリピン大学歴史学科（Department of History, University of the Philippines）の方々にお世話になった。

　その後本書を出版するまでに数多くの苦難が待ち構えていたが，その都度，多くの人々にお世話になってきた。北海道大学大学院に在学中には，経済学部以来，自分の指導教官であったインドネシア研究者宮本謙介先生をはじめ，研究会に集う多くの経済史研究者からご支援を頂いた。とくに博士論文の審査にあたった高井哲彦先生，田中慎一先生には感謝したい。また小樽商科大学の今西一先生，高田聡先生にも，研究会を通じてお世話になった。札幌大学の五十嵐一成先生には，スペイン語やスペインからの文献の取り寄せ方についてご教示頂いた。

　東京や大阪などでの研究会や学会では，池端雪浦先生，梅原弘光先生，川島緑先生，菅谷成子先生，中野聡先生，早瀬晋三先生など，数多くのフィリピン研究者のお世話になっている。とりわけ永野善子先生から受けた学恩やさまざまなアドバイスには，はかり知れないものがある。この場を借りて，お礼を申し上げたい。また本書の一部について，一橋大学経済研究所の関係者の方々にディスカッションペーパーとして取り上げて頂いた。

　フィリピンでの調査の際には，国立フィリピン大学のカマガイ（Maria Luisa T. Camagay）先生ほか，調査地域の多くの人々に援助を頂いた。現在，マニラのデラサール大学（De La Salle University）で教鞭をとられている荒哲先生には，折に触れて研究などの相談をさせて頂いている。

　史料収集においては，北海道大学附属図書館をはじめ，アメリカ合衆国国立公文書館，アメリカ議会図書館，フィリピン国立図書館，国立フィリピン大学ディリマン（Diliman）校総合図書館，アテネオ・デ・マニラ（Ateneo de

Manila)大学図書館，ロペス記念博物館・図書館(Lopez Memorial Museum-Library)，東京外国語大学アジア・アフリカ言語文化研究所図書室，日本貿易振興会アジア経済研究所図書館，一橋大学経済研究所資料室，京都大学東南アジア研究所図書室などを利用している。関係者の方々に，お礼を申し上げたい。

　本書を出版するにあたっては，北海道大学より「平成21年度学術成果刊行助成」を受けることができた。また本書の編集を，大学院時代に一緒に勉強した北海道大学出版会今中智佳子さんに担当して頂いたことはこの上ない幸運であった。

　現在は，北海道医療大学大学教育開発センターに専任講師として従事し，多くの方のお世話になっている。最後に，私事になるが，これまでの研究生活を支えてくれた妻直子，2人の娘詩織と風花に感謝したい。

　2009年6月

千葉芳広

初出一覧

本書は以下の各論文を土台としているが，執筆にあたっては内容を大幅に加筆・修正している。

序　章　書下ろし

第1章　「フィリピンにおける地域経済圏の形成——19〜20世紀前半のマニラと中部ルソンにおける労働力移動」『アジア経済』第47巻第7号(2006年7月)

第2章　「中国人移民と植民地開発——アメリカ統治初期フィリピンにおける支配の様相」『歴史学研究』第770号(2002年12月)

第3章　"Cigar Makers in American Colonial Manila: Survival under Structural Depression in the 1920s," *Journal of Southeast Asian Studies*, Vol. 36, No. 3 (Oct. 2005)

第4章　「アメリカ期フィリピンにおける小作経営と農業労働——中・南部ルソン人口稠密地域における米作農業」『経済学研究(北海道大学)』第50巻第4号(2001年3月)

第5章　「マニラ地域経済圏における流通取引の展開——19世紀から20世紀前半における米穀取引を中心に」一橋大学経済研究所プロジェクト「社会科学の統計分析拠点構築」http://hi-stat.ier.hit-u.ac.jp (2008年1月)と「アメリカ植民地下フィリピンにおける米穀危機の政治経済——米価政策と華人商人・地主の対応」『アジア経済』第39巻第9号(1998年9月)の一部

第6章　前掲「アメリカ植民地下フィリピンにおける米穀危機の政治経済」の一部

終　章　書下ろし

索　引

あ 行

アギナルド，エミリオ(Emilio Aguinaldo)　212, 215
アグノ川(Agno)　44, 45, 199, 210
アシエンダ(Hacienda)　15, 24, 29, 47, 48, 152, 158, 159, 161, 162, 171, 202, 203, 211, 219, 221, 235
アシエンダ的土地所有　14, 15, 152, 160, 215, 226
アメリカ人商工会議所(American Chamber of Commerce)　91
アリアガ町(Aliaga)　209
アルバイ州(Albay)　232, 236, 238
アロセロス地区(Arroceros)　117
アンガット町(Angat)　205, 206
アンダーウッド・シモンズ関税法(Underwood-Simmons Tariff Act)　114
池端雪浦　6, 9, 10
板垣雄三　6
医療・衛生政策　42, 58, 60, 63
イルストラード(Ilustrado)　5, 11, 90, 142
イレート，レイナルド・C (Reynaldo C. Ileto)　6, 42
イロイロ(州)(Iloilo)　4, 10, 198, 201, 238
イロカノ(Ilocano)　17-19, 22, 47, 48, 61, 65, 66, 177
イロコス地方(Ilocos)　14, 41, 47, 172, 199, 236, 274
インキリーノ(inquilino)　48, 155, 159, 202, 203
インドネシア　46, 113
イントラムロス(Intramuros)　49, 50, 54, 56
ウィックパーク，エドガー(Edgar Wickberg)　29, 202, 232
ウミンガン町(Umingan)　209
梅原弘光　158
エルミタ(地区)(Ermita)　57
オーウェン，ノーマン・G (Norman G. Owen)　29, 30, 232
オティス，エルウェル・S (Elwell S. Otis)　77, 78
オバンド町(Obando)　53
親方　94-97, 100
オリエンタリズム　26, 27

か 行

海域東南アジア東部　13
開発公社(National Development Company)　255
カガヤン(州)(Cagayan)　10, 18
カークブリート，M・T (M. T. Kerkvliet)　23, 24, 119
河川交易　198
カティプーナン(Katipunan)　6
カトリック修道会　48, 155, 158, 159, 202, 203, 212
家内制手工業　172, 206
カバナトゥアン(町)(Cabanatuan)　45, 47, 207, 209, 215, 216, 218, 219, 221, 223, 241, 246, 255, 259
ガパン町(Gapan)　47, 207, 216-219, 221
カビテ州(Cavite)　10, 18, 55, 83, 94, 155, 159, 170, 172, 173, 177, 182
カビテ町(Cavite)　117
カラシャオ町(Calasiao)　153, 156-159, 161, 162, 167, 169, 171, 172, 174, 176, 178, 179, 181
カラバリオ山地(Caraballo)　44
刈分け小作経営　24, 26, 28, 152, 162, 168, 277
カルンピット町(Calumpit)　199, 201
ガレオン貿易(galleon)　4, 224, 273
カロオカン町(Caloocan)　52
キアポ(地区)(Quiapo)　51, 56, 118, 119, 133
ギギント町(Guiguinto)　206
北イロコス州(Ilocos Norte)　58

救済米　249, 253, 254, 258, 262
キューバ人　122, 123, 126, 128
教区司祭　46, 51
共同性　277, 278
キンガ町(Quinga)　206
ギンバ町(Guimba)　48
グアグア町(Guagua)　202, 207
クヤポ町(Cuyapo)　48, 219, 221
クラーク，ビクター・S (Victor S. Clark)　55, 121, 122, 125, 126
ケソン，マヌエル(Manuel Quezon)　260
ケダン(quedan)　220
ゲレロ，ミラグロス(Milagros Guerrero)　211
検査工　124, 126, 128, 129, 133
公共性　28, 277
公有地(public land)　161, 212-214
公有地法(Public Land Act)　214
国王領(Realengas)　15, 47, 160
国民経済会議(National Economic Council)　257
互助組織　168
互助的村落組織　277
コーチシナ(Cochin-China)　240

さ 行

サイゴン米(Saigon rice)　233, 240, 255, 257
サクダル(Sakdal)　65
桜井由躬雄　7
差配人　162, 169, 221
サマール(州)(Samar)　18, 232, 236, 238
サリサリストア(sari-sari store)　257
サンイシドロ町(San Isidro)　207, 216
サンキンティン町(San Quintin)　209
サンタクルス(地区)(Santa Cruz)　51, 117, 118, 120
サンタロサ町(Santa Rosa)　155, 157-159, 162, 163, 166, 169-171, 174, 176, 178, 179, 181, 216, 219
サントドミンゴ町(Santo Domingo)　221, 223
サンニコラス地区(San Nicolas)　118, 120
サンバレス山脈(Zambales)　43
サンパロク(町)(Sampaloc)　51, 53, 62
サンホセ町(San Jose)　48, 212, 221, 223

サンミゲル(地区)(San Miguel, Manila)　51, 117, 118, 120
サンミゲル町(San Miguel, Bulacan)　25, 153, 156, 158, 160-163, 166-169, 171, 172, 174, 179, 181, 205, 206
シエラマドレ山脈(Sierra Madre)　43
シ・コン・ビエン社(Ciy Cong Bieng & Co.)　241-243, 254
シシップ，アルフォンソ(Alfonso SyCip)　242
地主小作関係　26, 151, 152, 168, 171, 177, 235, 277
死亡率　58, 61, 176-178
シャーマン，ジェイコブ・G (Jacob G. Schurman)　86
週市　199-201, 217, 224, 273
州長官(Provincial Governor)　198, 199, 219, 220, 225
修道会農園　48, 203
修道会領地払下げ政策　158, 159, 186
修道会領地法(Friar Lands Act)　155
周辺フロンティア　3-5, 8, 17, 19, 24, 25, 31, 41-43, 49, 52, 61, 100, 153, 159, 161, 162, 166, 171, 175-178, 185-187, 235, 261, 274, 276, 279-281
シュースター，W・モーガン(W. Morgan Shuster)　83, 84
出生率　58, 60, 176
首都市場圏　5, 29, 30, 198, 201-204, 206, 217, 224, 226, 273, 274
植民地政策　17, 280
ジョーンズ法(Jones Act)　233, 281
シンガポール　232
人口成長率　17, 42, 51, 58, 61, 62, 177, 178
人口稠密な農村　3-5, 8, 19, 20, 24-27, 41, 42, 48, 49, 52, 151-153, 159-163, 166, 171, 174, 176-179, 181, 182, 185-187, 235, 274, 276, 277, 281
スアル(港)(Sual)　45, 199, 207
菅谷成子　50
杉原薫　7
スニガ，ホアキン・M・デ(Joaquín Martínez de Zuñiga)　53
スミス，ジェームス・F (James F. Smith)　83

索　引　303

スミス，ピーター・C（Peter C. Smith）　185
スールー諸島（Sulu）　4, 13
生産関係　3, 4, 8, 14, 16, 159
精米所　173, 205, 207, 209, 215-219, 221, 225, 235, 241, 244, 260
世界恐慌　42, 64, 65, 135, 248, 259, 280, 281
セブ（州）（Cebu）　4, 10, 18, 172, 198, 201, 238, 242, 260
組織法（Organic Act）　89, 99
ソルソゴン州（Sorsogon）　238

た　行

タイ　31, 46, 232, 257
第二次フィリピン統治委員会（Philippine Commission）　74, 78, 79, 85-88, 91, 97
タガログ（Tagalog）　17, 18, 20, 22, 23, 47-49, 51, 53, 56, 62, 65, 66, 112, 204, 275
ダグパン（町）（Dagupan）　58, 153
ダッパース，ダニエル・F（Daniel F. Doeppers）　18, 19, 24, 55, 201, 202
ダバオ州（Davao）　16, 238
タバカレラ社（Tabacalera）　89, 118, 120, 124
タバコ専売制度　10, 23, 47, 51, 111, 113, 117, 118, 133, 134
タフト，W・H（W. H. Taft）　63, 87, 88, 90, 91
タヤバス州（Tayabas）　172
タラベラ町（Talavera）　209
タリパパ村（Talipapa）　209
タルラック州（Tarlac）　18, 41, 43, 45, 58, 274
タングラン（Tangulan）　65
タンボボン（Tambobong）　204
地籍法（Cadastral Act）　212
地方市場圏　5, 29, 30, 198-201, 206, 217, 224, 225, 273
地方有力者層　10
中国人商工会議所（Chinese Chamber of Commerce）　75, 91, 243
中国人メスティーソ　10, 14, 15, 22, 47, 48, 54, 74, 155, 159, 198-205, 210, 217
出来高賃金制度　126, 134, 136, 138, 142
デ・ヘスス，E（E. de Jesus）　125
デ・ロス・レイエス，イサベロ（Isabelo de los Reyes）　205
トゥトゥバン米穀取引所（Tutuban Rice Exchange）　235, 236
東南アジア　5, 7, 31, 32, 41, 43, 46, 76, 113, 172, 232, 240, 261
トウロソ町（Torozo）　51, 53
土地所有　3, 8, 14-16, 22, 24-26, 29, 30, 151, 152, 160, 166, 171, 186, 197, 201, 207, 210-213, 215, 216, 221, 240, 281
土地所有権確定事業　31, 158, 159, 161, 186, 212, 215, 280
土地政策　8, 15, 158, 211, 215, 225
トンド（町）（Tondo）　50, 51, 54-56, 62, 65, 117-120, 142, 203, 204, 274
トンド州（Tondo）　50, 53, 203, 204

な　行

ナイック町（Naic）　155-159, 162, 163, 166, 169, 171, 172, 174, 176, 178, 179
永野善子　15, 16, 158
南部タガログ地方（Southern Tagalog）　18, 24, 26, 27, 64, 65, 90, 151, 153, 157, 167, 168, 171, 172, 176, 177, 186, 202, 237, 240, 276
西ネグロス州（Negros Occidental）　10, 236, 238
ヌエバエシハ米生産者組合（Nueva Ecija Rice Growers Association）　260, 262
ヌエバエシハ地主同盟（Landowners League of Nueva Ecija）　253, 262
ネグリート（Negrito）　3, 4, 43, 274
ネグロス島（Negros）　15, 16, 18, 237, 261

は　行

排華移民法　77
バイ町（Bay）　155-159, 161-163, 167-169, 171, 174, 176, 178, 179, 181
ハエン町（Jaen）　47
パオンボン町（Paombong）　53, 201
パコ（地区）（Paco）　117, 118, 120
ハゴノイ町（Hagonoy）　53, 154, 155, 157-159, 161-163, 166, 172, 174, 176, 178, 179, 181, 201
パシグ川（Pasig）　17, 49, 51, 53, 57, 61, 142, 203

バスコ・イ・バルガス，ホセ(José Basco y Vargas) 113
バタアン州(Bataan) 18, 55, 205
バタンガス州(Batangas) 10, 170, 172, 236
パトロン・クライアント関係 26, 27
パナイ島(Panay) 15, 18, 237
早瀬晋三 13, 29
パリアン(Parian) 49
バリワグ町(Baliuag) 199, 206
バルンガオ町(Balungao) 209
パンガシナン州(Pangasinan) 18, 22, 45, 58, 61, 153, 172, 173, 182, 186, 199, 207, 210
パンパンガ(州)(Pampanga) 10, 14-16, 18, 22-24, 41, 44, 45, 48, 52-55, 58, 61, 63-66, 83, 112, 142, 199, 202-206, 221, 254, 273, 274
パンパンガ川(Pampanga) 44, 45, 53, 202, 207, 209
ビガア町(Bigaa) 52
ビコール(地方)(Bicol) 10, 16, 29, 58, 61, 64, 232, 233, 237, 238, 240, 241, 248
ビサヤ(地方)(Visayas) 6, 15, 52, 61, 62, 114, 231, 245, 248
ビノンド(町)(Binondo) 49-51, 54, 56, 65, 117-120, 202-204
ヒルダー，フランク・F (Frank F. Hilder) 127
ビルマ 240
ファーガスン，サミュエル(Samuel Ferguson) 244, 245
フィリピン・アメリカ戦争(Philippine-American War) 6, 9, 17, 18, 20, 42, 56, 58, 59, 61, 63, 74, 78, 90, 128, 135, 158, 178, 209, 279-281
フィリピン革命(Philippine Revolution) 6, 9, 17, 18, 20, 42, 56, 58, 59, 61, 63, 73, 77, 78, 90, 111, 158, 178, 209, 275
フィリピン議会(Philippine Legislature) 5, 233, 243, 246-248, 262
フィリピン共和国(Malolos Republic) 6, 211, 215, 281
フィリピン警察軍(Philippine Constabulary) 242
フィリピン国立銀行(Philippine National Bank) 240, 244, 246
フィリピンタバコ会社(Compañía General de Tabacos) 118
フィリピン中国人米穀商人組合(Philippine-Chinese Rice Merchants Association) 235
フィリピン農業者会議(Philippine Agricultural Congress) 245, 246, 261
フィリピン葉巻製造工組合(Union de Tabaqueros de Filipinas) 133
フェガン，ブライアン(Brian Fegan) 25, 153, 158, 160
ブエンカミノ，フェリペ(Felipe Buencamino) 63
フォアマン(foreman) 23, 125, 126, 128, 129, 132-134, 277
フォナシエール，トマス・S (Tomas S. Fonancier) 21, 22
ブーケ，J・H (J. H. Boeke) 7
仏領インドシナ 31, 232, 233, 240, 251, 258
ブラカン町(Bulacan) 52, 199, 206, 207
プリラン町(Pulilan) 206
プリンシパーリア(principalia) 9, 10, 90
分散的土地所有 14, 15, 152, 161
米穀委員会(Rice Commission) 249, 250
米穀危機 31, 32, 231, 232, 240-242, 247-249, 253, 255, 262
米穀公社 233, 234, 248, 255, 256, 259, 261-263
平定政策 42, 56
ペイン・オルドリッチ関税法(Payne-Aldrich Tariff Act) 114
ペニャランダ町(Peñaranda) 168, 221
ボカウエ町(Bocaue) 47, 52, 199
北部ルソン地方(Northern Luzon) 47, 52, 65, 114, 199, 274
保護区域政策(concentration camps) 42, 56, 178
ボホール島(Bohol) 261
ポロ町(Polo) 47, 52, 199, 200, 202, 205
香港 232, 241, 256

ま 行

マエストロ(maestro) 23, 112, 122, 123, 126, 128, 129, 133, 134, 142, 277, 278
マクレナン，マーシャル・S (Marshall S. Mclennan) 14, 15, 25, 152

マッキンレー，ウィリアム(William McKinley)　74, 86, 90
マッコイ，アルフレッド・W (Alfred W. McCoy)　10, 11
マニラ開港　198, 279
マニラ州　204, 209
マニラ商人組合(Manila Merchants' Association)　245
マニラタバコ組合(Manila Tobacco Association)　138, 140
マニラ鉄道会社(Manila Railroad Company)　218, 244
マニラ葉巻製造工組合(Union de Tabaqueros de Manila)　133
マニラ米穀卸売商　31, 215, 218, 225, 235, 242, 244, 258, 261, 280
マニラ湾沿岸地域　17, 18, 44, 47, 65, 142, 151, 202, 205-207, 274, 275, 277
マラテ(地区)(Malate)　57, 62
マラボン町(Malabon)　53, 58, 117, 118, 120, 133, 201, 204-206, 209, 273
マラヤ　240
マリラオ町(Marilao)　52
マロロス町(Malolos)　45, 155, 199, 201, 202, 205, 206
南カマリネス州(Camarines Sur)　238
宮本謙介　7
ミラー，ヒューゴ・H (Hugo H. Miller)　117, 172
ミンダナオ島(Mindanao)　13, 18, 231, 238, 261
メイカワヤン町(Meycauayan)　47, 52

や　行

誘引政策(attraction policy)　20, 90, 99

ら　行

ライト，ルーク・E (Luke E. Wright)　87
ラーキン，ジョン・A (John A. Larkin)　14, 16-18
ラグナ州(Laguna)　48, 49, 83, 155, 157, 170, 172, 174, 177, 178, 182, 184, 203, 240, 254
ラ・フロール・デ・ラ・イサベラ工場(La Flor de la Isabela)　119-121, 124, 125, 138, 139
ランデ，カール・H (Carl H. Lande)　27
リサール州(Rizal)　18, 56, 58, 120, 254
リンガエン湾(Lingayen)　44, 186
レイテ(州)(Leyte)　18, 232, 236, 238, 261
労働組合　23, 28, 129, 132, 138, 142, 278
労働交換　167, 169, 171
労働組織　14, 16
ロサレス町(Rosales)　209
ロス，デニス・モロー(Dennis Morrow Roth)　202

わ　行

ワレン，ジェームス・F (James F. Warren)　13

千葉 芳広(ちば よしひろ)

- 1967年　宮城県に生まれる
- 1992年　北海道大学経済学部経済学科卒業
- 1995年　北海道大学大学院経済学研究科経済学専攻修士課程修了
- 1999年　北海道大学大学院経済学研究科経済学専攻博士後期課程修了
  北海道大学経済学部助手，札幌医科大学医学部非常勤講師等を経て，
- 現　在　北海道医療大学大学教育開発センター専任講師。
  博士(経済学)

フィリピン社会経済史──都市と農村の織り成す生活世界
2009年9月30日　第1刷発行

著　者　千　葉　芳　広
発行者　吉　田　克　己

発行所　北海道大学出版会
札幌市北区北9条西8丁目 北海道大学構内(〒060-0809)
Tel. 011(747)2308・Fax. 011(736)8605・http://www.hup.gr.jp

アイワード／石田製本　　　　　　　　　　　　© 2009　千葉芳広

ISBN978-4-8329-6713-7

書名	著者	体裁・価格
アジア日系企業と労働格差	宮本謙介 著	A5・196頁 定価2800円
アジア開発最前線の労働市場	宮本謙介 著	A5・330頁 定価6000円
アメリカ銀行恐慌と預金者保護政策 ―1930年代における商業銀行の再編―	小林真之 著	A5・418頁 定価5600円
ドイツ・ユニバーサルバンキングの展開	大矢繁夫 著	A5・270頁 定価4700円
ドイツ証券市場史 ―取引所の地域特性と統合過程―	山口博教 著	A5・328頁 定価6300円
政府系中小企業金融機関の創成 ―日・英・米・独の比較研究―	三好 元 著	A5・246頁 定価3800円
西欧近代と農村工業	メンデルス ブラウン 外著 篠塚・石坂・安元 編訳	A5・426頁 定価7000円
地域工業化の比較史的研究	篠塚信義 石坂昭雄 編著 高橋秀行	A5・434頁 定価7000円
北樺太石油コンセッション 1925-1944	村上 隆 著	A5・458頁 定価8500円
石油・ガスとロシア経済	田畑伸一郎 編著	A5・308頁 定価2800円

〈価格は消費税を含まず〉

――― 北海道大学出版会 ―――